富山自然・人工地名の探究

中葉博文

桂書房

発刊に寄せて

元富山県文化財保護審議会長
佐伯安一

先の大著『北陸地名伝承の研究』（平成十年）、『越中富山地名伝承論』（平成二十一年）に続いて久し振りに成果をまとめられた。

収めるところは、「富山の地名」の諸論考で、富山の海・野・山の自然地名から人工地名（二次地名）に至るまで、充実した業績が満載されている。

著者の関心は、地名を分析して分類と構造を明らかにすること、つまり、命名法を知ることである。

近年は路線バスにおける「バス停名」や高速自動車道に関わる「インターチェンジ名」・「橋（橋梁）名」・「トンネル（隧道）名」など、現代ネーミングといわれる新しい分野に及んでいる。

また、川に架かる橋（橋梁）名は、どうして付けられたかにまで広がっている。

研究・考察に当たっては資料を博捜するとともに、現地を丹念に歩いて観察している。

本書でも「「溜池名」の分類とその特徴について―氷見市を例に―」では、一五〇〇余階といわれる氷見市内の溜池を全部歩いて確かめ、聞き取りを行っている。また、「土砂災害に関連する地名―氷見市久目地区を例に―」でも、現地の地形を観察して地名との関係を結びつけるという手法であった。

このように現地主義が、著者の研究スタンスの真骨頂である。

以前、『氷見市史』民俗編で「氷見市の地名」の調査を共にしたが、そのときもこれを実感した。

本書には、一編を割いて「地名研究からの様々な出会い」についてふれている。三十数年に及ぶ長い研究生活で出会った人々についての回顧である。

そこでは恩師池田末則先生をはじめ、谷川健一・鏡味明克先生など、地名研究のトップクラスの人々が出てくる。このような先生方の指導を受けたことは幸いであった。また、その交流の記述は、日本の地名研究史の一断面でもある。

また、著者は高校教員として高岡商業高校をはじめ二上工業高校・志貴野高校・福岡高校や高岡市万葉歴史館・富山県［立山博物館］・富山県芸術文化協会・富山県立保育専門学院・富山県民生涯学習カレッジ砺波地区センターなどに勤務し、勤務先々で、仕事の傍ら地名研究にも没頭し、その成果を教育現場や生涯学習の場で活かしてきたことを述べている。

本書は研究生活の集大成の形をとっているが、著者は研究者としてはまだ脂ののっている盛りである。今までの蘊蓄を活かして、更なる大成を目ざされることを期待したい。

平成二十八年七月吉日

序

三重大学名誉教授
鏡味明克

すでに『北陸地名伝承の研究』（五月書房、平成十年）、『越中富山地名伝承論』（クレス出版、平成二十一年）の二冊の大著と多くの小報告書を有する中葉博文氏の最新の大著、『富山 自然・人工地名の探究』が刊行されるとのことで、うれしく、お祝い申し上げます。

日本の地名を論ずるには、まずは熟知している郷土の地名を徹底的に研究し、その基盤に立って全国の地名を論ずるという考えは、まさに、中葉君の師、池田末則先生の教えであり、先生の実践されてこられたところである。

池田末則先生は、大和地名研究所を昭和十七年に創設された中野文彦先生のもとで奈良県の地名の現地調査と地籍図調査を徹底的に実施され、中野先生とともに昭和二十七年『大和地名大辞典・同索引』を編集刊行、昭和三十一年研究所は京都の中野先生宅に移り、日本地名学研究所となって、会誌「地名学研究」を編集、我が国最初の全国地名研究学会となった。昭和三十二・三十三年には私の父、鏡味完二の『日本地名学』科学篇・地図篇を刊行していただいた。昭和四十一年には、池田先生が所長になられ、研究所は奈良市に移った。奈良市内の先生所有の池田ビルに多大の蔵書と研究室等を備えて、全国の地名研究者の閲覧交流に多大の援助をして下さった。折しも、先生の奈良県の地名を論述された『日本地名伝承論』（平凡社、昭和五十二年）の大著により国学院大学で文学博士の学位を得られ、新設された奈良大学の文学部で地名学を講ぜられることになったのである。この関係で若い人材が池田先生のもとに集まり、先生を囲んで若者の研究サロンが形成されたのである。そのころ、私もまだ若く、ちょうど奈良県では市町村史の編さんが盛んで、私も方言調査の担当を依頼され、しばしば奈良市で打合せの会合があり、池田ビルに集まる若い諸君とも楽しく交流していた。この方言調査は岩井宏實氏と共編の『奈良県史　第13巻　民俗（下）』（名著出版、昭和六十三年）に収録されている。奈良大学グループの初代はのちに奈良工業高等専門学校教授になられた大矢良哲氏、当時奈良女子大学の学生で、のちに大矢夫人になられた比嘉紀美枝さん、そして中葉博文さんが主なメンバーであった。私もまだ若かったので、楽しく仲間に入れていただき、池田先生を囲んで地名のご講説を拝聴した。

中葉さんは、地元近くの金沢経済大学を卒業後、奈良大学文学部に学士入学して、池田先生の地名学の講義に接し、先生所蔵の日本地名学研究所の蔵書で勉強し、学友とも語り合って学識を深め、研究者の道へ進まれたが、卒業後は郷里に帰り、高校教諭として勤めながら、営々として地元を中心に北陸地方の地名研究を持続し、多くの論著を発表された。この地元の研究から日本の地名を解明する方法は、恩師池田末則先生の教えに十分答える見事な選択であった。

今回の目次を見ると、郷土の地名に徹した方法は変わらないが、研究対象が「バス停名」「自動車道路関係」など現代地名の考察が多くなっており、期待して読みたい。また、「地名研究からの様々な出会い」をこれまでに接し学んだ研究者や教育家諸氏の研究方法を振り返り、これらの出会いを「高校教育」「生涯教育」に活かす展望が語られているということで、これまで携わってきた高校教育のふし目を本書において考察しつつ、今後の大成に向かわれる構想が語られている成果にも期待したい。

著者の若き日の向学の情熱の思い出と、地名研究の一大権威になられた現在の著者への賞賛とを交えながら、序文を書かさせていただいた。

本書の誕生を祝福し、著者の今後のさらなるご健筆と、ご研究成果のますますの弥や栄をお祈りしてお祝いの言葉とします。

平成二十九年十月

目次

第二編　地名研究からの様々な出会い

富山　自然・人工地名の探究

第一編　富山の自然・人工地名いろいろ

——海・野・山の地名から——

第一章　シマ（島）に関する地名

一　シマ（島）地名とは何か

シマには「島」以外の表記も少なくない。志摩・志麻・四万・志万・新万などに表記され、いずれもシマと呼称する。例えば、現在の三重県にある志摩半島は、かつての志麻国（現在の三重県の一部）に属した。この志麻のシマは、水に囲まれた陸地（島）が多いという意から命名された名称である。この意が通例の「島」のことで、志麻は、「シマ」を二字化したものである。

現在の富山市新庄町は、中世の頃は志麻郷、近世では島郷とよばれた所である。この地は、常願寺川左岸に位置し、かつて同川が乱流し、川の周辺に島状の微高地ができ、次いで川近くには集落もできた。このシマ（島・志摩・志万その他）郷の地名の意には、「水に囲まれた場所（微高地）・水に囲まれた集落あるいは水辺近くの集落」の意が込められたものである。

さらに、島の意は、広義的に使用され、海面に出ている岩礁や暗礁をシマと呼称する例もある。また、平野にしばしばみられる語尾に島が付く地名においては、低湿地の中に分布する自然堤防上の集落名であることが多い。

島（シマ）地名の意を整理すると、「①周囲を水に囲まれた陸地。②半島など島状の地。③岩礁、顕礁、暗礁など「～礁」に関する意。④磯。⑤海中の砂地。⑥川に臨んでいる洲や河道中の島地（微高地）。さらに川の合流点の洲をいう場合もあるか。⑦川の曲がり目や川端の低地などにできた耕地。ひとつづきの広い田地。⑧集落、村落の意。⑨村中の小区画。ある一区画をなした土地。限られた地帯、特定の地帯をいう。界隈。」の意が考えられる（『地名用語語源辞典』を参考）。

①〜⑤は、主に海に関するシマ（島）地名で、⑥と⑦は、陸の平野部を流れる水辺（河口近くのデルタ地帯や川や湖沼の沿岸の低湿地や、かつては実際に水をめぐらした洲のような所）に関するシマ（島）地名である。⑧と⑨は、平野部の水辺近く、あるいは、直接、川・湖沼などの地表水と関係のない地域で孤立的に散在する村落を、集落を意とする何々シマ（島）と呼称するものである。

では、富山県ではどうだろうか。海と野に分け「島（シマ）」地名について述べてみたい。

二　海に関する「島（シマ）」地名

富山県が面する海は、能登半島と本州のちょうど間にできた入り海、富山湾である。氷見市脇の沖合に浮かぶ仏島から黒部市生地鼻を結ぶ線の以南を限定して、富山湾と呼んでいる。同湾の西方、氷見市から高岡市にかけて、そして、黒部市生地や宮崎の海岸周辺には島や岩礁が多く散在する。

前記の海に関する「島（シマ）」地名の語意の中でも、①の周囲を水に囲まれた陸地と③の岩礁の意のものが、富山湾内に浮かぶ島々において多く見られる。また、富山湾に浮かぶ島々には、伝承を伴う島もある。

1　「周囲を水に囲まれた陸地」の意を表す、富山湾に浮かぶ島（シマ）地名

① 虻が島

氷見市姿から東方の沖合に浮かぶ虻が島は、富山湾内最大級の島である。

昔から、島の西方に位置する石川・富山両県の県境に聳える石動山と深い関わりがある島といわれている。島の中に淡水が湧き出る井泉があり、この井泉は石動山にある蓮池に通じ、この蓮池から大蛇が時々現れては、近在の人々に害をもたらしていた。石動山衆僧がこの大蛇を斬り殺し、その頭部が飛んできてこの島に落ち、尾は焼尾の地に落ちた。その後、この島の沖を通る船がよく難破したので「大蛇」のたたりではないかと、「大蛇」の「蛇」の字を「虻」に改め、「虻が島」となったという。

また、その昔、この島の向こう岸の集落、中田村に九七という漁師がいたそうだ。ある日、九七は仲間たち数人と、この島に船で渡ろうとした時、急に海中から「大蛸」が現れ、大蛸が八本の足を大きく広げ、島を抱えてしまった。そこで、九七とその仲間たちは、自分たちが持ってきた竿と錘で、その大蛸を捕らえようとした。しかし、その大蛸の足の吸盤に吸い付けられ、危うく命を落とすところだった。九七とその仲間たちは決死の思いで大蛸から逃れ、何とか対岸の中田村に帰り着いた。それからしばらくして、漁師たちはこの島を「たこが島」とも呼ぶようになり、気味悪がって近づく者がいなくなったという伝承が残っている。

写真１　虻が島

この虻が島には、いつくかの別称がある。この島は、二つの岩礁からなる。一つの島「虻が島」としてとらえるのではなく、島を一つ一つの「岩礁」としてとらえ、一つの岩礁は男島と呼ばれ、その岩礁にタブの木（つまま）が多く植生していることから別名「たぶのき島」とも呼ばれ、もう一方の岩礁は、男島に相対して女島と呼ばれ、この岩礁にはマツが多く生えているので「まつのき島」とも呼ばれている。(1)

写真２　仏島

②　仏島

虻が島の北寄り、ちょうど富山・石川の県境付近に浮かぶ面積約一〇〇〇平方メートルの島を仏島という。同島は県境に位置することから、昔から領地権争いが絶えない島だった。

かつて越中脇村（現富山県氷見市脇）と能登大泊村（現石川県七尾市大泊）のちょうど間に位置し、どちらの領地か、なかなか解決しなかった。そこで両村の人たちは、この島の領地争いをしばらく「ほっとけ」ということになった。その「ほっとけ」が訛って、さらに「仏」の字を当て「仏島（ほとけじま）」となったという島名の由来である。

③　唐島

氷見市の中央部を流れる上庄川河口から、沖合三〇〇メートルのところに浮かぶ島を唐島という。この島の名称は、表記通り、中国の唐に因んだという言い伝えがある。その昔、唐の国の名刹「南経山」が大火に包まれ、その時、突然、豪雨となり、たちまち火が消え、焼失をまぬがれたそうである。人々は、なぜ、突然、火が消えたのだろうと驚いた。すると、ある高僧が「海の彼方の日本（倭）の氷見というところの光禅寺開祖「明峰禅師」が、仏に供えた水を当地に向かってまいたためである」といわれたそうである。「日本（倭）の氷見の明峰禅師様が救ってくださったのか」と、唐の人々はたいそう感謝して、そのお礼として唐から宝の島を贈ることにした。この唐から流れ（贈られ）着いた島を、氷見の人たちは、「唐島」と呼ぶようになったという。

また、「唐島」と呼ばれる以前は、この島は「雪島」と呼んでいたというも言い伝えもある。『氷見町史考』には「昔、この島には大和撫子が密生し、開花の頃に眺望するとあたかも島全体が白雪でおおわれたように見えたことから雪島と呼ばれた」と記している。

④　牛島

唐島から約五〇〇メートル沖合にある、比較的大きい「岩礁（島）」を牛島という。この岩礁（島）の形状が、「牛」の形に似ている。しかも、近くまで行くと牛が四つ足をまげて臥しているのによく似ており、まるで生きているように見えるともいわれ、漁師たちが命名したといわれている。この牛島には、次のような言い伝えも残っている。かつて暴風による荒波の日、波がこの牛島に激しくぶちあたり、その跳ね返りの勢いで、波しぶきが地上一〇〇メートルにも跳ね上がり、その波音が「ゴオーゴオー」といい、まるで牛が吠えるようにも聞こえ、漁師たちは大変恐れたともいわれている。

2　岩礁、顕礁、暗礁など「〜礁」に関する意を表す、富山湾に浮かぶ島（シマ）地名

「〜島」・「〜岩」と呼称する基準というものはなく、あくまでも命名者が、命名する対象物の「見た目（の判断）」により、命名しているのが実情である。

例えば、命名された対象物（岩礁）が、唐島の沖合に浮かぶ牛島より、次に述べる女岩・男岩やへたの岩の方が、かなり大きいのに「〜岩」と呼称されていることからも明らかである。

①　女岩・男岩

高岡市の雨晴海岸付近は風光明媚な地として全国的に知られている。この海岸沖にはいくつかの岩礁が散在している。

例えば、江戸末期に記された『旧蹟調書』には、「女岩、太田村領、岩崎之内、渋谷尻浜より十間ばかり沖にあり、岩のまわり二十間。男岩、太田村領、岩崎之内、紅葉川尻浜より五、六町、岩のまわり三十間」と見え、現在の高岡

写真３　雨晴海岸・女岩付近

市太田の渋谷と同市伏木国分の沖合に浮かぶ女岩（めいわ）・男岩（おいわ）について記している。

また、『射水郡誌』にも、この男岩や女岩の他に「塩引岩、ワカイ島、御花岩、祖岩、大島、平岩、黒土、聾岩、布郡岩など」と見え、この雨晴海岸から国分浜海岸付近には、かつてから多くの岩礁がある地域であることがわかる。

②　へたの岩

新潟県寄りに位置する朝日町の宮崎海岸沖合二〇〇メートルに、「へたの岩」と呼ぶ岩礁がある。この「へたの岩」の「へたの」とは「二つの」が訛った意だといわれている。この宮崎海岸の沖合は、「へたの岩」と呼称する岩礁の他に、大小数多くの岩礁がある。

ちなみに、宮崎の地名の起こりも、かつてこの地が岩礁地帯であったことを物語っている。同地の鹿島神社（お宮）は、少し内陸部に鎮座しているが、もとは神社前は岩礁地帯で、その岩礁の突端部（岬）にお宮が祀られたので、「宮崎」と名付けられたといわれている。

このように、富山湾に浮かぶ島々の岩礁の名には、その形状・その島に生える植物名さらには相対からの命名や何かの言い伝え、伝承から名付けられることが得てして多い。

三　野に関する「島（シマ）」地名

小矢部・砺波・南砺市の平野部には、「～島」の地名が多く散在する。この地でのシマ（島）地名の命名は、かつての加賀藩の政策が大きな起因と考えられる。

加賀藩は、改作仕法を貢租の基本として、田畑一枚一枚について実測し、土質の良否を判定して各村の石高（面積）免租を決定した。しかも、貢租（年貢米）の納入については、各村ごとの高持（土地所有者）の共同責任とし、田地割によって一応の所有地は決まるが、貢租の公正を期するためある年限ごとに田地割を実施した。藩では便宜上、村をいくつかの区画に区分し、土地の所在をわかりやすくする必要があり、ひとつづきの広い田地そして村落や集落の名称に、その土地の先住者、開拓者の名前、開拓由来などを冠にして「～シマ（島）」と命名するようになったといわれる。

ちなみに、地理学上、砺波・南砺・小矢部市に広がる砺波平野では、この「～シマ（島）」を構成する「村落」を散村と呼ぶ。また、この散村を構成するにあたり、屋敷林を構えた農家が基本単位とされている。この単位を「孤立住宅」と名付けられ、この「孤立住宅」のいくつかをひとまとめとして村落（「散村」）が構成されている。この村落名に「～島」地名が非常に多い。

写真４　砺波平野の散居村

かつて加賀藩は、砺波平野を流れる暴れ川といわれた庄川本流の大規模な治水工事を施し、この工事によって現在の流路に落ち着き、土地開発や新田整備も一気に進んだ。この時に成立した村落の大部分は、散村形態を取りながらも、かつて庄川の分流や支流が流れた「流路と流路」との微高地（島状）上に「孤立住宅」を構えたという。この時期、庄川の本流をはじめ分流・支流に形成された「微高地」が、「シマ（島）」と呼称されるようになった。流路からわずか数十センチから一メートルあまり高いだけの微高地の地形が、この地の「シマ（島）」地名の命名由来の起因と考えられる。

ちなみに、砺波市では、一九六〇年代初期から八〇年代半ばにかけて、大規模な圃場整備が行われた。その結果、水田の景観は大きく変化し、この地に住む人たちがかつて、「島」のようにとらえていた微高地の存在もわかりにくくなってしまった。

野に関する小矢部市の島（シマ）地名について―島（シマ）地名の分類例から

小矢部市の「水辺」地名の中では、このシマ（島）に関する地名が最も多く、水辺地名の約六四％を占める。小矢部市のシマ（島）地名の大部分は、小矢部川本流及び支流河川の近くに立地し、周囲を水（河川・湿地帯・水田など）に囲まれた陸地や洲・曲がり目・低地などにできた耕地・水辺にできた田地の意と考えられる。

小矢部市の主なシマ（島）地名を分類すると、次のようになる。

①　動植物に起因する島地名

動物の鷲や鴨の付くシマ（島）地名はこの分類に属する。鷲島の鷲にはハシ（端）の転訛、鴨島のカモ（鴨）にはカミ（上）の転訛、カハ（川）・オモ（面）の約の意も考えられる。植物では、胡麻島の胡麻はゴマ科の植物の植生、栽培に因む意も考えられる。コマには狭い土地の意やゴウ（川）・マ（間）の転訛の意もある。

②　形状に関するシマ地名

丸山島。鍋田島のなべ（鍋）は平坦地・緩傾斜地・鍋を伏せたような形の意。豚島はフダで深田・泥田、フカダ（深田）の略と考えられる。多田島の多田は動詞タタフの語幹で「ふくれた地形」とくに川幅の広がった所、あるいは貯水池・堰、タダ（直）で「まっすぐな地形」の意と思われる。箱島のハコ（箱）は川床の両側が切り立った岩になっている地形、ハケの転訛で「崖地」、ハ（端）・コ（処）も考えられ、突出した所の意。

③　位置・方向に関するシマ地名

位置に関するシマ地名は、川向島、外島、内島、向島、上・下島などがある。特に、向島が小矢部市に多い。方位に関するシマ地名は、東西南北の付くシマ地名がある。袖島のソデ（袖）は山を越した向こう側、山稜の裏側、脇、端、ソト（外）・デ（出）の約で「外へ向かって出張った所」、外・戸外・山林の出張った所の意がある。また、川幡のハタ（幡）は、ハタはハシと同意で端の意。袖島・川幡もいずれもこの分類に属するシマ地名と考えられる。川合田島は、川の合流点に位置し開墾されたシマ地名と考えられる。落合島の落合は、動詞オチアウ（落合）の連用形で、川の合流点の意で、川合田島と同意と思われる。寄島の地名も小矢部市にはいくつか見られる。寄島のヨリ（寄）は動詞ヨル（寄）の連用形で、ある場所や方向に近づいて位置していることを示す。水辺近くを寄りと表現したと考えられる。島影のカゲ（影）は日影あるいは北側を示すと考えられ、この分類に属すると考えられる。樋掛島はヒカケはヒカゲ（日陰）の転訛とも考えられ、島影と同意かも知れない。ちなみに、カケ（掛）には、崖・断崖・岸、カゲ（陰）で「日陰地」のこと、カハ（川）・ゲ（接尾語）の略の意もある。宝ヶ島や宝勝島のタカラ（宝）は財宝の意で瑞祥地名も考えられるが、シマ地名が付く場合は、タカ（高）・ラ（接尾語）の意からの命名ではなかろうか。

④　瑞祥・美称を付けたと考えられるシマ地名

瑞祥の付くシマ地名は、吉島や吉田島など「吉」の付くものや和泉島のように「和」のつくもの。桜町は桜花の美に因んだ瑞祥地名の意、サ（狭。または接頭語）・クラという地名か、バラ科サクラ属の植物の植生による地名か。

⑤　開墾した人物が起因すると思われる人名に関するシマ地名

仁左エ門島、次郎右エ門島、甚蔵島、孫六島、次郎島、三郎島、又六島などがある。

⑥　区画・地積など坪・割に関するシマ地名

高割島、割道島、五歩一島、千歩島、五十間島、三歩島、五十間島など。また、七丁島のチョウ（丁）は行政区画・尺貫法の距離の単位や地積の単位の意があり、この分類に属すると思われる。

⑦　信仰に関するシマ地名
浄土島、御坊島、坊島、神明島、稲荷島、宮前島、宮野島、本堂島など。
⑧　水辺の様子をさらに強調するシマ地名
沢島が考えられる。
⑨　比喩と思われるシマ地名
天狗島がこの分に属すると思われる。

注

（1）蛇が島は、文献により様々に表記されている。「蛇が島」「蛇ヶ島」「蛇ケ島」「蛇ガ島」など統一されていない。私自身も、「蛇ヶ島考」（拙著『北陸地名伝承の研究』五月書房、一九九八年）では「蛇ヶ島」である。この初出は、「蛇ヶ島」（『万華鏡』第四三号の特集「蛇が島」一九九五年四月）である。その後、拙著『越中富山地名伝承論』（クレス出版、二〇〇九年）の「第八章一　富山湾に浮かぶ島々の伝承」における島の表記は「蛇が島」で、本章では、確固たる根拠はないが、「蛇が島」と表記した。また、筆者を含め、今までの文献等においても別名の表記において、カナカナや平仮名あるいはカタカナ平仮名交じり、平仮名カタカナ交じりと、島名同様、統一されてはいない。本章では「たぶのき島」、「まつのき島」と表記した。

さらに、同島の「面積」「総面積」においても筆者を含め今までの文献・資料において、統一はなされていない。その上、筆者が同島から対岸の距離を、『北陸地名伝承の研究』では「氷見市姿の九殿浜から東方沖合約一・八キロ」と、また、『越中富山地名伝承論』では「氷見市姿から東方約一・八キロ」と、どの地点からの距離ということが曖昧であったので、距離に関する表記ついては適切ではないと考え、本章では同島の対岸からの距離に関しては表記しなかった。

泉治夫先生から、高岡生物研究会の機関紙『ＪＡＮＯＬＵＳ』別冊（№29）で、先生がお書きになった「蛇が島の面積と島名について」「蛇が島に関する文献と内容略記」の抜刷の寄贈を受け、筆者の今までの「蛇が島」に関するいくつかの表記に対して、先生からご指摘を受けた。ご指摘に対して感謝申し上げる次第である。

参考文献

拙著『越中富山地名伝承論』クレス出版、二〇〇九年
片平博文「地形と地名―人々の空間認識―」吉田金彦・糸井通浩編『日本地名学を学ぶ人のために』世界思想社、二〇〇四年
松尾俊郎『地名の探究』新人物往来社、一九八五年

第二章　土砂災害に関連する地名　——氷見市久目地区を例に——

一　富山県の自然条件と河川沿岸

富山県は三方が山々に囲まれ、三方の山々からは多くの川が流れ富山湾に注いでいる。しかも、呉羽丘陵を境に東側（東部）の河川は、主に標高三千メートル級の山地（北アルプス連峰）を水源地とし、流路延長二〇～三〇キロで、急流河川が多い。その代表的な河川として、黒部川・早月川・片貝川・常願寺川などがあげられる。これら河川の水源地は荒廃が著しく、特に常願寺川上流には、立山火山噴出物が堆積し、カルデラと呼ばれる火山噴出により陥没してできた鍋状の窪地があり、その窪地はもろくて崩れやすい荒廃の惨状で、ことばで言い表せない状況である。また、呉羽丘陵西側（西部）の河川は、庄川・小矢部川に代表され、東部の河川に比べて緩流で、本流から枝分かれした川である支川が多く発達している。その支川の河岸地域は浸食が激しい。

氷見及び県中南部地域の地すべり多発地帯は、新第三紀層の砂岩、泥岩、礫岩、凝灰岩等の互層からなっており非常に崩壊しやすく、融雪期・降雨期に地すべりが多く発生し、富山県はかつては土砂災害の起こりやすい土地柄であった。

二　土砂災害に対する法令

1　土砂災害とは何か　―砂防三法と土砂災害防止法について―

土砂災害とは、急傾斜地崩壊（崖崩れ）・土石流・地すべり、あるいは火山の噴火に伴う火山泥流・溶岩流・火砕流などにより、人々の生命及び財産が脅かされる災害のことをいう。

日本では、ほとんどの都道府県で土砂災害が毎年発生している。平成二十六年度時点で、日本全土で土砂災害の危険箇所は、五二万か所あるといわれている。国は治山・砂防事業などによる防災対策を進めてはいるが、依然として（気象条件により著しく増減はするが）年間五〇〇～一〇〇〇か所で土砂災害が発生しているのが現状である。

日本では土砂災害を防止するために、砂防三法（「急傾斜地の崩壊による災害の防止に関する法律（急傾斜地法）」・「砂防法」・「地すべり等防止法」）といわれる法律がある。

これらの法律は、いずれも行政により土砂災害防止施設（砂防ダムや崖崩れ防止用の擁壁など）を設置する際や地すべり防止工事などの根拠法として定められたものである(1)。

これら砂防三法の法律に対して、地球温暖化の影響からか突然集中豪雨が多発するようになったことや近年の新たな宅地開発が進んだことに伴い、年々、土砂災害が発生する恐れのある箇所が増加する傾向から、国は、人家に影響を及ぼす恐れのある土砂災害の発生する可能性のある区域を、土砂災害施設の有無にかかわらずすべて明らかにし、警備避難態勢の整備や開発行為の制限など、土砂災害の防止対策の推進を図る目的で、「土砂災害警戒区域等における土砂災害防止対策の推進に関する法律」、通称「土砂災害防止法」を平成十二年五月に制定し、同十三年五月一日から施行した。

同法律第二条では、「土砂災害」を「急傾斜地の崩壊、土石流又は地すべりを発生原因として国民の生命又は身体に生ずる被害」と定義している。

急傾斜地の崩壊とは、傾斜度が三〇度以上である土地が崩壊する自然現象をいい、急傾斜地の崩壊を「がけ（崖）崩れ」ともいう。崖崩れは、斜面上の土砂や岩塊が安定性を失って崩落する現象をいう。また、崖崩れと関連して、「山崩れ」という類語があるが、山地の急斜面の岩石や土がひと塊となって急に崩れ落ちる現象を「山崩れ」といい、山（山地）が次第に削り取られていく浸食現象の一過程で、雪解け水や大雨などにより水分が地下にしみ込んで地盤が緩んだり、さらに、地震や火山の噴火などが原因となって発生する。山（山地）の急斜面の箇所に起こりやすく、同じ急斜面でも、特に岩石のもろい所、地層の傾斜が斜面と平行な所に起こりやすい。山崩れは、地すべりよりも移動速度が速く、被害を及ぼすことが多々ある。

崖崩れの発生しやすい所は、a崖の上部が覆いかぶさっている所、b崖の傾斜度が三〇度を超え特に一〇〜二〇メートルの斜面の所、c地割が発生し湧水が濁り石積などに割目がある所などである。

また、崖崩れが発生する前兆現象には、a崖に割目がみえる、b崖から水が湧き出ている、c崖から小石がぱちぱちと落ちている、d崖から木の根が切れる等の音がするなどが考えられる。

土石流とは、土砂が水（雨水や地下水）と混合して、河川・渓流などを流下する現象をいう。日本の法令上は「土石流」について「山腹が崩壊して生じた土石等又は渓流の土石等が水と一体となって流下する自然現象」と定義している。土石流は、昔から、「山津波」とか「鉄砲水」「出し」などと呼ばれ非常に不可解な現象として恐れられ、さらに「蛇抜け」とも呼称され、「白い雨が降る」「谷の水が止まる」などの怪奇現象が起こると土石流が起こるとも伝えられている。土石流は、一概には言えないものの、大きな川（大川）よりも、普段は流量も少なく幅も狭いしかも傾斜が急である小さい川（小川）で発生することが多いとわれている。なお分類上、流れてきたものが土砂の割合が多ければ「土石流」、水分の割合が多ければ「鉄砲水」と区別している。

土石流の発生しやすい所は、ａ河床に堆積している不安定土砂が土石流となって流下する所、ｂ大雨により山腹崩壊や渓岸浸食を起し直接土石流となって流下する所、ｃ山腹崩壊の土砂により河道が埋まりダムアップしてその土砂がいっきに土石流となって流下する所などである。

また、土石流が発生する前兆現象には、ａ山鳴りがする、ｂ急に川の流れが濁り流木が混ざっている、ｃ雨が降り続いているのに川の水位が下がる、ｄ腐った土の臭いがするなどが考えられている。

地すべりとは、日本の法令上（地すべり等防止法）では「土地の一部が地下水等に起因してすべる現象又はこれに伴って移動する現象」と定義され、山腹斜面の滑落現象の一つをいう。

地形の発達過程から見れば、地すべりも崩壊も、山地斜面の一部が重力の法則に従って、高い位置から低い位置に移動するごく普通の浸食現象といえる。しかし、この二つには極めて明瞭な相異点がある。崩壊は山腹の表層付近がもろくなり、豪雨によって急激に削られる現象であるが、地すべりは地山岩盤の深部（二〇～三〇メートル）から滑動するもので、その運動は極めて緩慢で、一般に発生する地域は限られている。

地すべりは、漢字で表記する際に「地辷り」や「地滑り」と書き記されるが、正しくは「地辷り」と表記する。「辷」が常用漢字ではないため、日本地すべり学会では「地すべり」と表記している。法令上は、地すべり等防止法では「地すべり」と表記、土砂災害防止法の場合は「地滑り」と表記している。

地すべりの発生しやすい所は、ａ過去に地すべりの発生した所、ｂ人家の基礎・道路などにクラック（亀裂）の発生が見られる所などである。

また、地すべりが発生する前兆現象には、ａ沢や井戸の水が濁る、ｂ地面にひび割れができる、ｃ斜面から水が噴き出す、ｄ家や擁壁に亀裂が入る、ｅ家や擁壁、樹木や電柱が傾くなどがある。

2　急傾斜地崩壊危険箇所及び土石流危険渓流に関する調査

国は、全国各地で発生する土砂災害に対して、まずは砂防三法に基づいて計画的に対策を推進するため、急傾斜地崩壊危険箇所及び土石流危険渓流に関する調査を全国的に実施し、その危険箇所等の把握に努めた。

急傾斜地崩壊危険箇所とは、傾斜度三〇度以上、高さ五メートル以上の急傾斜地で人家に被害を及ぼす恐れのある箇所をいい、これに人家はないものの今後新規の住宅立地等が見込まれる箇所（一定の要件を満たしたもの）を含めたものを「急傾斜地崩壊危険箇所等」という。

土石流危険渓流とは、土石流の発生の危険性があり、人家に被害を及ぼす恐れのある渓流をいい、これに人家はないものの今後新規の住宅立地等が見込まれる渓流（一定の要件を満たしたもの）を含めたものを「土石流危険渓流等」という。

表1　富山県の急傾斜地崩壊危険箇所と土石流危険渓流

急傾斜地崩壊危険箇所		土石流危険渓流	
平成９年	86,651か所	平成５年	79,318渓流
平成15年	113,557か所	平成15年	89,518渓流

いずれも人家５戸以上

国は、「急傾斜地崩壊危険箇所（人家五戸以上等）」について平成九年に公表し、「土石流危険渓流（人家五戸以上等）」は平成五年に公表した。平成九年と同五年いずれの調査においても、土石流や崖崩れにより影響の及ぶ範囲内に人家五戸以上又は官公署、学校、病院等の公共的な施設のある渓流及び箇所を対象に公表している。平成十五年の調査においては、前回の調査と比較している。

土砂災害危険箇所とは、「急傾斜地崩壊危険箇所」、「土石流危険渓流」、「地すべり危険箇所」などの総称をいう。この土砂災害危険箇所は、平成十三年五月に施行された「土砂災害防止法」の砂防施設の設置などを主目的に、国土交通省（旧建設省）の指示により都道府県が調査公表するもので、土砂災害防止法の制定以前から行われており、土砂災害防止法に基づき、人家に影響を及ぼすおそれのある区域を現地調査し、行政は「土砂災害警戒区域」（通称「イエローゾーン」、法第六条）と「土砂災害特別警戒区域」（通称「レッドゾーン」、法第八条）を指定する。

土砂災害危険箇所が、土砂災害警戒区域に重複して指定されることもあり、この場合は土砂災害防止法による規制がある。

「急傾斜地崩壊危険箇所」とは、急傾斜地の崩壊が発生する危険性があり、傾斜度三〇度以上、高さ五メートル以上の急傾斜地で、被害想定区域に人家が一戸以上（人家が無くても、官公署・学校・病院及び社会福祉施設等の災害時要援護者関連施設・駅・旅館・発電所等の公共施設のある場合を含む）に被害を生じる恐れがあるとして、地形等が国土交通省の定めた基準に該当する箇所をいう。

急傾斜地崩壊危険箇所は被害想定区域に存在する人家の戸数によって区分され、人家の数が五戸以上又は五戸以下でも公共施設のある箇所については急傾斜地崩壊危険箇所Ⅰ、人家の数が一～四戸の箇所を急傾斜地崩壊危険箇所Ⅱとし、また、調査時点では被害想定区域内に人家が無い箇所のうち、別に定める調査対象範囲において延長が一〇〇メートルを越える斜面を、急傾斜地崩壊危険箇所に準ずる斜面Ⅲという。

「土石流危険渓流」とは、土石流の発生の危険性があると認められた川や沢をいい、一戸以上の人家（人家が無くても、官公署・学校・病院及び社会福祉施設等の災害時要援護者関連施設・駅・旅館・発電所等の公共施設のある場合を含む）に被害を生じる恐れがあるとして、地形等が国土交通省の定めた基準に該当する渓流のことをいう。

土石流危険渓流は保全人家の戸数によって区分されており、保全人家が五戸以上又は五戸以下でも公共施設のある渓流について土石流危険渓流Ⅰ、保全人家が一～四戸の渓流を土石流危険渓流Ⅱとし、また、調査時点では保全人家は無いが、今後住宅等の建設の可能性があると考えられる区域に流入する渓流を土石流危険渓流に準ずる渓流Ⅲとしている。

表２　富山県の土砂災害危険箇所等

急傾斜崩壊危険箇所等 注１）				土石流危険渓流等 注２）				地すべり危険箇所 注３）	土砂災害危険箇所等 注４）		
Ⅰ	Ⅱ	Ⅲ	合計（Ⅰ～Ⅲ）	Ⅰ	Ⅱ	Ⅲ	合計（Ⅰ～Ⅲ）		合計（Ⅰ）	合計（Ⅰ～Ⅱ）	合計（Ⅰ～Ⅲ）
1,004	1,465	366	2,835	556	376	498	1,430	194	1,754	3,595	4,459

注１）平成14年度公表。

「Ⅰ」：人家５戸以上等の箇所、「Ⅱ」：人家１～４戸の箇所、「Ⅲ」：人家はないが今後新規の住宅立地等が見込まれる箇所。

注２）平成14年度公表。

「Ⅰ」：人家５戸以上等の渓流、「Ⅱ」：人家１～４戸の渓流、「Ⅲ」：人家はないが今後新規の住宅立地等が見込まれる渓流。

注３）平成10年度公表。

注４）土砂災害危険箇所等とは土石流危険渓流等、地すべり危険箇所、急傾斜地崩壊危険箇所等の総称。

合計（Ⅰ）は土石流危険渓流Ⅰ、地すべり危険箇所、急傾斜地崩壊危険箇所Ⅰの総和。

合計（Ⅰ～Ⅱ）は土石流危険渓流Ⅰ～Ⅱ、地すべり危険箇所、急傾斜地崩壊危険箇所Ⅰ～Ⅱの総和。

合計（Ⅰ～Ⅲ）は土石流危険渓流Ⅰ～Ⅲ、地すべり危険箇所、急傾斜地崩壊危険箇所Ⅰ～Ⅲの総和。


土石流危険渓流は、以下のように三つのレベルに区分される。なお、各区分の指定数はすべて平成十五年現在の値である。

土石流危険渓流Ⅰ　八万九五一八渓流
土石流危険渓流Ⅱ　七万三三九〇渓流
土石流危険渓流Ⅲ　二万九五五渓流

「地すべり危険箇所」とは、地すべりが発生する危険性があり、河川、道路、鉄道、公共建物、人家等に被害が生ずるおそれがあるとして、地形等が国土交通省の定めた基準に該当する箇所をいい、また、農地等に被害が生ずるおそれがあるとして、地形等が農林水産省の定めた基準に該当する箇所など、地すべり防止区域の指定基準に該当する箇所のことをいう。

地すべり地は、一般に地すべり地形と呼ばれる独特の地形的特性がある。地すべり地の頭部の引っ張る力のかかる部分では、馬蹄形状の滑落崖、中間部ではなだらかな斜面や階段状の地形の連続、末端部の圧縮する力のかかる部分では土地の隆起などが見られる。

「土砂災害警戒区域」（通称「イエローゾーン」、法第六条）とは、土砂災害が発生した場合、住民等の生命又は身体に危害が生ずる恐れがあると認められる区域をいい、危険の周知、警戒避難体制の整備が行われる区域である。

急傾斜地の崩壊警戒区域に該当するのは、ａ傾斜度が三〇度以上で高さが五メートル以上の区域、ｂ急傾斜地の上端から水平距離が一〇メートル以内の区域、ｃ急傾斜地の下端から急傾斜地高さの二倍（五〇メートルを超える場合は五〇メートル）以内の区域である。

表３　富山県における土砂災害警戒区域・特別警戒区域

急傾斜地の崩壊	警戒区域	2,843	うち特別警戒区域	2,781
土　石　流	警戒区域	1,383	うち特別警戒区域	885
地すべり	警戒区域	657	うち特別警戒区域	1
計		4,883	計	3,667

（平成27年3月14日現在）

土石流警戒区域に該当するのは、土石流の発生のおそれのある渓流において、扇頂部から下流で勾配が二度以上の区域である。

地すべり警戒区域に該当するのは、ａ地すべり区域（地すべりしている区域または地すべりするおそれのある区域）、ｂ地すべり区域下端から地すべり地塊の長さに相当する距離（二五〇メートルを超える場合は二五〇メートル）の範囲内の区域である。

また、「土砂災害特別警戒区域」（通称「レッドゾーン」、法第八条）とは、土砂災害が発生した場合、建築物に損壊が生じ、住民等の生命または身体に著しい危害が生ずるおそれがあると認められる区域をいい、特定の開発行為に対する許可制、建築物の構造規制などが行われる。さらに、急傾斜の崩壊に伴う土石等の移動・堆積により建築物に作用する力の大きさが、通常の建築物が土石等の移動に対して住民の生命または身体に著しい危害が生ずるおそれのある崩壊を生ずることなく耐えることのできる力を上回る区域（ただし、地すべりについては、地すべり地塊の滑りに伴って生じた土石等により力が建築物に作用した時から三〇分間が経過した時において建築物に作用する力の大きさとし、地すべり区域の下端から最大で六〇メートル範囲内の区域）をもいう。

富山県内では、まず平成二十四年五月三十一日に土砂災害警戒区域等に富山市、氷見市、砺波市、小矢部市、南砺市、射水市が指定された。同年七月三十一日には、高岡市、魚津市、黒部市を、同年十二月十四日には、上市町と立山町を指定した。翌二十五年三月十三日には南砺市が、同年五月十日において富山市を指定し、さらに翌二十六年八月六日においては、高岡市を指定した。

我々が、土砂災害から身を守る基本的な方法として、日頃から、①今、自分たちが住んでいる場所が「土砂災害危険箇所」なのかどうなのかを確認しておく。また、どこへ避難したらよいのか避難場所も確認しておく。②雨が降り出したら土砂災害警戒情報に注視する。③土砂災害警戒情報が公表されたら、すぐに避難する。この三つのことが大切ではなかろうか。

平成二十六年八月には、広島県を襲った豪雨により多くの被害が出た。これを機に「土砂災害警戒区域等における土砂災害防止対策の推進に関する法律の一部を改正する法律（改正土砂災害防止法）」が平成二十七年一月に施行された。

三　富山県の過去の土砂災害

富山県においても、大地震、集中豪雨、継続的な長雨、融雪出水、台風などの原因によって、土砂災害が発生している。主なものとして、天正十三年十一月二十九日、現在の砺波市金屋（合併前の庄川町金屋）で大地震が発生し、大規模な山崩れで庄川が堰き止められ、庄川の流路が変更されたという天正の大地震（白山大地震）や、安政五年二月二十六日未明に発生し越中・飛騨両地域にわたり被害が出た安政の大地震がある。安政の大地震では、常願寺川上流の立山カルデラで大鳶山・小鳶山が大崩壊をおこし、その土砂で湯川・真川の各渓流を堰き止め一大天然ダムを形成し、二週間後この天然ダムが決壊し泥水が土石流となり、一気に下流の富山平野に流れ一面が泥沼と化した。明治に入り、同二十三年四月二十三日や同四十二年九月十八日に、氷見市論田・熊無地区で、融雪出水や集中豪雨により地すべりが発生し、多くの田畑・山林に被害をもたらし、多くの人家が被災した。大正期では、同三年八月十三日、集中豪雨により県内各地に被害をもたらし、中でも神通川沿岸、特に富山市を中心に大水害を起こし、三十数名の死者・行方不明者を出した。昭和期では、同九年七月十二日、同二十七年六月三十日に、梅雨前線による豪雨により県内各地で大水害となり、同二十七年六月三十日に発生した豪雨により県東部で土石流によって死者七名が出た。

また、昭和四十四年八月八日から同月十二日にかけて、主として県東部の山沿いを中心に襲った驚異的な集中豪雨によって、土石流、がけ崩れ、洪水が多発し、死者五名、負傷者二四名、床上床下浸水九六〇二戸、家屋全壊五〇戸、半壊九二戸、一部損壊一二一戸など甚大な被害をもたらした。戦後、富山県の土砂災害として最大のものであった。

さらに、県内の地すべり災害で、県内最大といわれる地すべりは、同三十九年七月十六日、氷見市胡桃地区で発生した。継続的な長雨が原因で、同地区の約七〇ヘクタールがすべり、人家も八六戸が被災した。

富山県では、土砂災害の中でも地すべりは、氷見市から小矢部市にかけての西部丘陵、富山市八尾町の中部山麓丘陵、朝日町の東部丘陵に集中的に分布するものと、これらの背後で庄川地域〜井田川流域、上市川流域〜角川流域にかけて帯状に分布するものとがある。前者を地層間地すべり、後者を山崩れ型地すべりと呼ばれている。

平成に入っても、融雪出水・集中豪雨・継続的な長雨・台風などの原因により、県内各地で、斜面崩壊・土石流・地すべりなどの土砂災害が起き、中でも地すべりが氷見市の山間部で多く発生している。

四　氷見市の土砂災害と地すべり地名

1　氷見市の地すべり警戒区域と地すべり発生地区

氷見市は、富山県内では富山市に次いで、土砂災害警戒区域の指定の多いところである。中でも地すべり警戒区域が多い。氷見市には一五五か所の地すべり警戒区域が存在し、土砂災害警戒区域の面積は市の面積の約四分の一になるという。

氷見地方は、古来より地すべり多発地帯として有名である。その中でも明治四十二年九月十八日の論田・熊無地区の大地すべり、大正七年三月十八日の国見地区の大地すべり、昭和三十九年七月十六日の胡桃地区の大地すべりが特に有名である。（他にも、論田・熊無地区では明治十二年・同十四年・同二十三年・同四十二年に、国見地区では大正六年・昭和五年・平成元年・同二年・同六年に、胡桃地区では大正六年・同十五年にそれぞれ地すべりが発生している。）

さらに、同地方の他地区で山間部に位置する五十谷地区（明治四十年・昭和十一年・同十三年・同十四年・同二十九年・同五十二年）・北八代地区（昭和三十六年）・針木地区（昭和三十四年）・角間地区（享保十七年・天保元年・明治五年・昭和五年・同二十七年・同三十一年・同三十三年・平成九年）・小滝地区（明治三十年・昭和二十四年・同三十一年）・谷屋地区（平成十四年）・赤毛地区（明治四十年）・赤毛土倉地区（平成十二年）・坪池地区（嘉永二年）などでも、地すべりが発生している。

2　氷見市の土砂災害を示す地名―中でも地すべりを示す地名

氷見地方の地すべりに関係する地名は、例えば、大字名「中波」に蛇喰《じゃばみ》という地名がある。大昔の人びとが大鯰が地震を起こしたと考えたように、大蛇が土地を食べて地すべりを起こすと考えたのではなかろうか。蛇崩《へびくずれ》（角間・長坂）・貝喰《かいばみ》（北八代）・抜処《ぬけど》（長坂）も同様の考え方から命名されたのでなかろうか。

久目地区に大字「赤毛」という地名がある。赤毛はもともと赤羽毛《あかはげ》で、住民たちは語呂をきらって、大正三年頃「赤毛」と改称した。赤羽毛とは、地すべりによって赤い山肌・崖が露出していたことから命名されたのであろう。赤毛の山々には、赤禿となっている箇所が今でも少し見られる。

同地方においてハゲの付く地名は、横羽毛《よこはげ》（鞍川）、羽毛下《はげした》（中谷内）、ハゲ（角間）などがある。ハゲがハギに転訛して、植物名の萩（ハギ）と同様に表記される場合もある。地すべりを示す地名は、植物名と関係する地名語も多々ある。大字「薮田」のハギ、大字「矢田部」の大ハギ等がそれに該当する。

また、大字「床鍋」は、同地の地形が鍋に似ている。大字「坪池」は、地形が坪（壺）の形に似ている。さらに、大字「小窪」あるいは大字「上戸津宮」の大窪は、地すべりによる凹地の意から命名された地名ではないか。

氷見地方及びその周辺の山間部に、かつてハラ（原）の付く地名が多くみられ、今もいくつか残っている。かつて富山・石川県の分水嶺上に、大原・中原・北木原という三つの山間集落があった。現在の石川県羽咋市福水町あたりで、明治四十三年に発生した久江《くえ》の大地すべりによって廃村となった。また、氷見地方と接する石川県側であるが、石動山の西側に蟻ヶ原（近年廃村）、羽咋市との県境に近い山間部に神子原《みこはら》、その南方に清水原があり、さらに旧志雄町（現宝達志水町）の山間部に所司原・漆原・入道原・原などの山間集落がある。これらハラの付く集落はともに山間の地すべり地域で、地すべりによってできた「山間の小盆地」の意より命名された地名ではないだろうか。

ちなみに、昭和三十九年七月に大地すべりが起こった胡桃集落は、江戸時代には「クルミバラ（胡桃原）」と呼称されていた。明治二十二年にクルミと改称された。この胡桃集落は、標高二〇〇メートルの急傾斜地に位置し、かつては植物の「クルミ（胡桃）」の木々も多く繁茂していた。クルミ地名は、高原・小盆地・尾根などの形状に見られる地名で、クルメの転訛した「小平地」という意がある。同集落の命名は、植物名の「胡桃」も考えなくもないが、古来より多く発生している地すべりによってできた「山間の小盆地・小平地」の意で地形から命名された地すべりを示す地名ではないだろうか。

さらに、氷見地方の西方山地に論田という集落がある。古来より地すべり地帯として有名である。地すべりによって田地が移動したり、面積が変化したりして、論争がおこったために命名された地名といわれている。また、小矢部市内の倶利伽羅峠の北方にも論田（旧南谷村）という地名があるが、ここも地すべり地帯である。

このように、氷見地方には、土砂災害の中でも地すべりと関連する地名が多くみられ、地形の形状をそのまま命名するもの、あるいは形状の地名語が訛って植物名と一体化し命名されるもの、さらには形状から伝説や伝承など口承・民俗学的なことも付随して命名されるものなど、土砂災害に関連する地名の命名の仕方が読み取れる。

現在、氷見市の大字名で、土砂災害に関連すると思われる地名をあげて見れば、次のような地名が考えられる。

赤毛（赤毛・土倉）、味川、五十谷、岩瀬、老谷、大浦、大窪、小窪、小滝、角間、懸札、上味川、北八代、葛葉、熊無、国見、久目（池田）、胡桃、桑院、碁石、平、棚懸、坪池、戸津宮、針木、一刎、平沢、触坂、見内、三尾、論田、吉池、吉岡、吉懸、吉滝

＊五十音順。傍線を引いた地名は久目地区に属する大字名である。

中でも、久目地区のほとんどの大字名が土砂災害に関連する地名と考えられる。

次の節では、久目地区を例に、「土砂災害」に関連する地名には、どのような地名語があり、どのようにしてその

地名語を命名したのか、土砂災害に関連する地名の命名法とその分類（系統）について探ってみたい。

五　氷見市久目地区の土砂災害を示す地名

1　氷見市久目地区とは

久目地区は氷見市西方にあり、宝達丘陵などの山々を境に西側は石川県羽咋市や宝達志水町と接し、南は高岡市と接する所に位置する。また、同地区は上庄川上流の谷にあり、大部分が山地でもある。

現在、同地区には、久目（池田）、触坂、桑院、坪池、棚懸、岩瀬、老谷、見内、赤毛の九つの大字がある。これらの大字は、明治二十二年より久目村の大字となり、昭和二十九年に氷見市に編入され、同市の大字名として継承された。池田については、編入を契機に久目と改称された。

写真１　池田地区にある「土石流危険渓流」の表示板

久目村は、江戸時代の加賀藩政の十村組では、はじめは仏生寺組に属し、文政四年より上庄組に属した。明治に入り、はじめ射水郡に属し、明治二十九年からは氷見郡に所属した。昭和に入って同二十九年に氷見市に編入され現在に至る。

久目地区に属するすべての大字の地は、平成二十二年三月三十一日に「土砂災害警戒区域等（自然現象の種類「急傾斜地の崩壊」）」の指定を受けた所である。同地区に属する大字の地名由来は次の通りで、いずれも土砂災害に関連す

写真２　池田地区にある「急傾斜地崩壊危険区域」の表示板

る地名である。

①　池田（イケダ）（久目）

イケとは池の意もあり、湿地の意もあり、タは単に田の意で、イケダは水はけの悪い湿地田の意からの命名と思われる。同地は、中央部を上庄川が流れ、その両岸には水田が広がり、さらに両側には急傾斜の山々が連なっている。その山々から上庄川の枝川が流れ、その枝川には豪雨の際の土砂災害に備え写真1のように「土石流危険渓流」に指定する看板が立ち、また、急傾斜の山々も写真2のように「急傾斜地崩壊危険区域」の看板が立っている。

②　触坂（フレザカ）

フレザカとは、ク（ku）ネ（ne）がフ（fu）レ（re）に子音交替してフレザカと転訛したのではなかろうか。クネとは、くねり・曲がった意。ザカは坂の意で、しかも急坂の急傾斜地の意。「曲がりくねった急傾斜地の多い所。」という意から命名されたのではなかろうか。同地にも急傾斜地崩壊危険区域の看板が立っている。

③　桑院（クワノイン）

クワ（桑）は植物名もあるが、言語学的にクワには谷間のくぼんだ所の意がある。ノは助詞。インは陰（カゲ・ガケ）で崖の意がある。

桑院の立地する地形は、周囲を山々に囲まれ狭い谷間に盆地状をなし、底部には窪地が多い。そして、同地の地形を物語るタニ関係の地名が非常に多く、大谷内・がわ谷内・水谷・あず谷・城戸谷・志げん谷・ごん坊谷内・滝むの谷内・はさみ谷内・あと谷・間谷・池ノ谷・一ノ谷などがある。しかも、狭い谷間を表すはざ・中尾などの地名も見られ、同地に残存する小字名・俗称地名の約四三%がタニ（谷）関係の地名である。また、底部を表す地名として庭床という地名があり、窪地など湿地を表す地名としては、はいな窪・柳窪などの～窪地名、湿地状況を表す地名として奥茂路・茂路・深田などが残っている。がけ（崖）崩れに関する地名では、くずれ山・がめ山・瀧ノ谷内（滝は崖を意味する）などがある。

このように、同地に残存する小字・俗称地名から探ると、「谷間のくぼんだ所」という意から命名され、桑院という地名は土砂災害に関連する所である。

④　坪池（ツボイケ）

ツボイケの地形は、三方が山々に囲まれ、中央部が高原状の壺形盆地をなし、しかも傾斜地なため水田は棚田をなし、棚田の水が「池」のように見える意から「坪池（ツボイケ）」と命名されたといわれている。また、伝承では、同地の中央にある諏訪の池周辺に住み着いた人家が集落化し、同地の景観（形状の壺形と近くの池）に因んで、「つぼいけ」と名付けたともいわれる。語源上、「つぼ」には、壺形の意の他に、くぼみ（窪み）・「穴」などの意もある。

写真３　坪池地区にある「地すべり防止区域」の表示板

前節で坪池について述べたが、同地は「急傾斜地崩壊危険区域」で、写真3で分かるように、「地すべり防止区域」に指定された看板が立つ。古来より地すべりが多く起こった所で、度重なる地すべりにより、壺形の凹地となり、凹地の斜面に棚田を作り、棚田の水が遠望から見ると池にように見えたことから「ツボイケ」と命名されたのではないだろうか。同地には、坪池の字義と相対する。

「窪」・「池」に関する桜窪・柳窪・吉池窪・大窪（巻）・大窪（長尾）・蛇池

写真４　氷見市棚懸

写真５　棚懸地区にある「急傾斜地崩壊危険区域」の表示板

写真６　岩瀬地区にある「地すべり防止区域」の表示板

（小字前田）・桜池・諏訪の池・三池・蛇池（小字酉越）など、土砂災害と関連する小字名や俗称地名が多く残っている。

⑤　棚懸（タナガケ）

タナガケは、タンカケとも呼称する。言語学的に、タナ（tana）のnaの母音aが脱落してタン（tan）に転訛しやすく、タナ・タンはいずれも、急傾斜の意。ガケ・カケは崖の意である。棚懸（写真４）は、江戸期には「棚掛」・「谷欠」とも表記した。タナガケの地名由来は、「谷がけ」の意で、地勢より命名された典型的な土砂災害に関連する地名である。

写真５の看板でも分かるように、同地は「急傾斜地崩壊危険区域」であり、「土砂災害警戒区域・土砂災害特別警戒区域」である。同地の小字名や俗称地名には、谷（つい谷込・かつら谷内・馬谷・堀ケ谷・松倉谷・上松倉谷・ス

ガダン・オイダン・下松倉谷・アズツガダニ・ニシガヤチなど）・崖（棚の高・クズレなど）・尾（高尾・サクラオ・ブイザオなど）・峰（城ヶ峯・ウガミネ・峯など）など、大字名の棚懸が土砂災害に関連する地名であることを証明するがごとく、土砂災害に関連する地名が大変多く残っている。

⑥　岩瀬（イワガセ）

イワガセは、言語学的に、イワは字義通り岩石の意、セは川の浅い所の意である。地名学的には、イワは本来の岩石の多い土地の意から転じて、単に山を示す意もある。同地の地形景観は、崩れやすい山々に囲まれ、集落の近くを上庄川本流や同川支流である老谷川が流れている。両川を瀬と表し、近くの山々からの落石で、かつて岩が土石流によって瀬に流れ出た意から、イワガセ（岩瀬）と命名されたと考えられる。同地には「地すべり防止区域」（写真6）の看板があり、「土石流危険渓流」の看板も設置されている。

同地の小字名や俗称地名には、谷をタニ（吉ヶタニなど）・タン（熊谷など）・ダン（大岩谷など）、原をハラ（竹原など）・ワラ（蒲原など）・バラ（松原など）などと、同じ意味で同表記でありながら色々な呼び方をしている地名も見られる。また、崖を意味する語も色々と表記され、瀧（瀧ノ谷）・岳（岳の下）・懸（樋懸）・崩（蛇崩）などが見られる。いずれの地も土砂災害に関連する所である。

⑦　老谷（オイダニ）

オイダニはオクタニの訛ったもので、奥の谷の意、または単に背後に山地を負った地という意から命名されたと考えられる。同地には、単にタニ（谷）を示す地名や谷の形状及び谷の斜面の様子を示す地名も多く残っている。例えば、小屋谷・乗越・内札・井谷・谷田坂・高ノ坂・北谷・後谷・谷・東谷・坂尻・杉ナ谷・南谷・ノボリ・さがり・マァタン・ウチコシなどである。同地には「地すべり防止区域」の看板が立っている。

⑧　見内（ミウチ）

ミウチは、ミ（見）はミズ（水）の略語、ウチ（内）は内側・中間の意で、水（上庄川）が集落の中間を流れているということから命名された典型的な地形・地貌地名である。

また、集落背後は、崩れやすい山々が連なり、崖に関するがけした・はげじゃ・滝の谷などの地名がある。

⑨　赤毛（アカゲ）

アカゲの地は、地質学上、第三紀層の泥岩・頁岩に属し水に溶け易い地層のため、山崩れ・地すべりが起こり易い所で、かつての山崩れ・地すべりによって山肌が露出した状態より命名された地形・地貌地名である。前述したが、アカゲは大正三年頃に、語呂が良くないとアカハゲをアカゲに改称した。アカ（赤）は土（赤土）の色で、ハゲ（禿・羽毛）はハケ・ハッケ・バケ・バッケと同系語で、崖または単に崩れを表す語である。同地には「地すべり防止区域」の看板が立っている。

同地の俗称地名には、崖に関係する姉ち滝（滝は崖表記）・崩れの下・土佐滝・大滝ノ上・ころがしなどの地名がある。

2　久目地区の土砂災害を示す地名語

土砂災害とは、「急傾斜地（がけ崩れ）の崩壊」「土石流」「地すべり」などの総称をいうので、これを基に分類を試みてみたい。

＊以下、傍線を引いてある地名語は、土砂災害に関する地名語が植物名化したと思われる地名を示す。

①　急傾斜地（がけ崩れ）の崩壊に関係する地名語

・アス・アズ・アズキ（小豆）の付く地名…アスは①アサの転訛。②アズキは植物名に関係する他に、アズ（坍）と同じく崩崖など「崩壊地形」を示す地名か。例：小豆で（久目）

・アナの付く地名…ハナ（端）の転訛で崖地や傾斜地の意。例：穴田（久目）、風穴（坪池）
・アワ（粟）の付く地名…植物名に関係する他に、アワは動詞アハクの語幹から崩壊した所や崩れた所を示す意。また、アワは川や土が暴れるの略語とも考えられる。例：あわの前（棚懸）、あわの本（赤毛）、粟ノ前（赤毛）
・イソの付く地名…断崖絶壁の山から崩れ落ちる土砂の意。例：古磯（触坂）
・イワの付く地名…崖の意。例：岩瀬
・カケ・ガケの付く地名…ガケ（崖）は急傾斜地の崩壊地でつねに危険を伴う地。地すべり地域に多く見られる。ガケは滝・懸・岳などに表記される。例：掛樋下（久目）、かけの下（坪池）、横懸（坪池）、棚懸、樋懸（岩瀬）、がけした（見内）、がめ山（桑院）、樋懸（岩瀬）
・カブ・ガブの付く地名…カブ・ガブは動詞カブス（傾）の語幹で、傾斜地を示す意。例：がふ（赤毛）
・カマ・ガマ（蒲）の付く地名…植物名に関係する他に、カマ・ガマ（蒲）は崖のえぐれて喰いこんでいる所の意。他に、川の深くなっている淵や堤が切れて水が込りこんだ地、穴、滝壺の意などがある。例：がま田（坪池）、がま田（赤毛）
・クイの付く地名…杭（クイ）またはク・エで崩れの意。クイ地名の多くは、崩壊地の所が多い。クエはクイの転訛で、山肌の地割れなどの前兆が起これば、崩壊の恐れがある所と考えられる。例：杭境（久目）、定杭（赤毛）
・クズ（葛）の付く地名…植物名に関係する他に、クズは動詞クズレル（崩）の語幹で崩壊を示す地名語。例：くず山（久目）、くずわ山（桑院）、葛葉谷内（見内）
・クズレの付く地名…クズレは動詞クズレルの連用形の名詞化で崩壊を示す地名語。例：蛇崩（岩瀬）、クズレ（棚懸）、くずれ山（桑院）、崩れの下（赤毛）
・クラの付く地名…クラは山間部に多い地名で、一部気象を指す場合もあるが傾斜地・崩壊地そして崖をいう。クラは「倉」と表記するものが多い。クラには他に谷・岩場・座・鞍・倉庫などの意がある。例：松倉（棚懸）、土倉（赤毛）、西倉（岩瀬）

・クリ（栗）（クレ）の付く地名…植物名に関係する他に、クリは山腹傾斜地のクレもあり、クリはクレ（崩）で大なり小なりの土砂災害地である。例：平栗（久目）

・コシの付く地名…コシはコエと同語で崖、急傾斜地、谷々の険岨な所の意。コシ・コエには、峠を意味する場合もある。例：岩の腰（坪池）、とりごえ（棚懸）、鳥越（岩瀬）、流小越（岩瀬）、門の越（岩瀬）、左衛門腰（老谷）、八左衛門腰（老谷）、庄五郎腰（老谷）、五平腰（老谷）、左次平腰（老谷）、市助腰（老谷）、三十郎腰（老谷）、六右衛門腰（老谷）、松の腰（老谷）、藤平腰（老谷）、打越（老谷）、乗越（老谷）、ウチコシ（老谷）、家腰（老谷）、東腰（老谷）、林ノこし（赤毛）、よ三平こし（赤毛）、前丸山こし（赤毛）、上滝ノこし（赤毛）、丸山こし（赤毛）、義平腰（赤毛）、打こし（赤毛）、又三郎腰（赤毛）、竹ノこし（赤毛）、大竹こし（赤毛）、前指ヶ腰（赤毛）、土倉ノ滝ノこし（赤毛）

・サカの付く地名…サ（狭）・コ（処）の転訛で、谷間の意。あるいは、逆立ったようなけわしい坂や傾斜して勾配のある所。例：赤坂（久目）、触坂、谷田坂（老谷）、高ノ坂（老谷）、坂尻（老谷）、坂ノ尻（桑院）、坂ノ上（桑院）、白坂（坪池）、さかじり（棚懸）、はしご坂（岩瀬）、亀坂（岩瀬）、すなこざか（岩瀬）、赤坂（見内）、六升坂（赤毛）、赤坂（赤毛）

・スギ（杉）・スゲ（菅）の付く地名…植物名に関係する他に、スギ・スゲは、ス（剝）・キで、剥げ落ちる所、崩壊地。ス・ゲはスギと同語で、スゲ・スガと転訛して削（す）ぎ、剥げ・削（す）げの意である。例：杉井（久目）、杉崎下（久目）、杉谷（触坂）、杉木（桑院）、すげ田（坪池）、杉名谷（岩瀬）、菅の谷（岩瀬）、杉な畑（老谷）、杉無し（見内）、杉の木田（見内）

・タケ・タキ・ダケの付く地名…ハケ・ホケ・ホキ・ナギ・ゴロウ・カケ・ガケと同語で崖を表す。水が湧き立ち激しく流れる所。高い崖から流れ落ちる水。タキの方言には、山・山腹の急傾斜地、崖（四国・石見・壱岐・隠岐・大分・長崎）の意がある。タケは植物名に関係する他に方言に岳・長・高・崖の意がある。ダケは、岩の露出のはなはだしい岩山で、木の少ない山、崖を意味する。災害の主役的な地名「タキ（滝）」がある。タキの意味は大方が「崖」の意。例：勇滝（久目）、滝ノ頭（触坂）、姉ね滝（赤毛）、滝の谷（見内）、瀧ノ谷（岩瀬）、滝ノ谷内（桑院）、岳の下（岩瀬）、土佐滝（赤毛）、大滝ノ上（赤毛）、竹谷内（桑院）、竹ノ谷内（桑院）、竹下（棚懸）、バンバダケ（棚懸）、岳の下（岩瀬）、滝ノ高（老谷）、滝ノ上（老谷）、滝の下（見内）、滝の谷（見内）、滝ノ下（赤毛）、さかさま竹（赤毛）、清水滝（赤毛）、太毛（赤毛）

・ハケ・ハゲ・ハネの付く地名…ハッケ・バケ・バッケと同語で崖または単に崩れを表す語である。ハケは、崖・ガケ、山の斜面のくずれた所、また急傾斜の地。ハゲは、樹木のない山など禿げ山、山中で岩や土の露出している所、なだれの跡、山くずれ、不毛地、動詞ハグ（剥）の連用形の名詞化。ハネは、ハニ（埴）の転訛、ハネ（刎）で「離れた」の意、また「切り落とす」の意もあるか。例：赤毛、赤羽毛太毛（赤毛）、はげじゃ（見内）

・モロの付く地名…モロは形容詞モロシから崩崖・洞穴など崩壊地を示す意がある。例：茂路（桑院）、奥茂路（桑院）

②　土石流に関係する地名語

・ショウブ（菖蒲）の付く地名…植物名に関係する他に、ショウブは、用水路の浄化のために昔は菖蒲を植えたことから、用水路の意がある。例えば、菖蒲ふけ（久目）は水分の多い湿地にある用水路の意からの命名か。

・フキ（蕗）の付く地名…植物名に関係する他にフキはフケの訛りで、ハケ・ハゲ・ホキ・ボケと同語で地すべり・崩壊地を示めし、また、沼沢地や湿地を示す地名語か。例：ふき（久目）、小吹（久目）

・マキ（槇）の付く地名…植物名に関係する他に、マキは捲られるで、山で取り囲まれた崩崖・崩壊地名を示す意や崩壊土砂が表流水などとともに流れでて土石流の発生原因となる場合もある。例：八升巻（久目）、八升巻（触坂）、牧野（桑院）、巻（坪池）、笹尾巻（坪池）、藤巻（岩瀬）

・ミズの付く地名…水分、川、河流、湿地などの意。例：見内、深水（触坂）、池ノ尻（桑院）、桜池（坪池）、諏訪の池（坪池）、あまいけ（棚懸）、池ヶ沢（岩瀬）、宝沢（岩瀬）、深沢（岩瀬）、うすいけ（岩瀬）、池下ノ沢（老谷）、小池（赤毛）、池尻（赤毛）、吉池（赤毛）、戸川（赤毛）、江川（赤毛）、小池清水（赤毛）、太毛池（赤毛）

③　地すべりに関係する地名語

・ウシの付く地名…ウシの転訛語ウサ・ウスなどは①洪水の氾濫地帯、②地すべり地帯に命名されている。例：牛返り（坪池）、うしゃ（棚懸）、牛くろび（赤毛）

・ウメ（梅）の付く地名…植物名に関係する他に、山腹崩落土の堆積地にウメ地名があり、平坦地のウメ地名は埋立地、山間ウメ地名は地すべり地が多い。例：梅木谷（久目）、梅木ノ谷（久目）、梅ノ木沢（老谷）、梅の木竿（老谷）

・ジャの付く地名…ジャ（蛇）はザレ・ゾレに通じ、地すべりや崩れに通じる意。また、大蛇伝説による地名もある。例：蛇池（坪池）、蛇正時（岩瀬）、蛇池（赤毛）、蛇畑池中（赤毛）

④　土砂災害が発生しそうなあるいは発生した後にできた景観に関係する地名語

・キリ（桐）の付く地名…植物名に関係する他に、キリはキリ（切）で、断崖など「断ち切られた地形」「切り立った地形」の意。例：切戸（久目）、女切（触坂）、みそきり場（棚懸）、中切（岩瀬）、小切畑（老谷）、切畑（老谷）、桐ノ木田（赤毛）、小池桐木田（赤毛）

・クワ（桑）の付く地名…植物名に関係する他に、谷間のくぼんだ所または崩壊性の土地の意。例：桑院

・セリ（芹）の付く地名…植物名に関係する他に、セリは動詞セル（迫）の連用形で「山が迫る・狭まる所」の意が考えられる。例：せりやま（棚懸）、セリ田（赤毛）

・タニ・タン・ダン・ヤチの付く地名…谷のことで、山と山の間、両側に山の迫っている所をいう。例：吉谷（久目）、子浦谷内（久目）、滝ヶ谷内（久目）、浅谷内（触坂）、君ヶ谷内（触坂）、北谷内（触坂）、吉ヶタニ（岩瀬）、熊谷（岩瀬）、大岩谷（岩瀬）、大谷内（岩瀬）、長の谷内（岩瀬）、北の谷内（岩瀬）、矢谷（岩瀬）、むじな谷（岩瀬）、松名谷（岩瀬）、お石ヶ谷（岩瀬）、熊谷（岩瀬）、おいわだん（岩瀬）、かつら谷内（棚懸）、馬谷（棚懸）、堀ヶ谷（棚懸）、松倉谷（棚懸）、上松倉谷（棚懸）、スガダン（棚懸）、オイダン（棚懸）、下松倉谷（棚懸）、アズツガダニ（棚懸）、ニシガヤチ（棚懸）、おいだん（棚懸）、やのやち（棚懸）、すがだん（棚懸）、やちのみね（棚懸）、やちのやに（棚懸）、吉谷（桑院）、水谷（桑院）、大谷内（桑院）、がわ谷内（桑院）、あず谷（桑院）、城戸谷（桑院）、志げん谷（桑院）、ごん坊谷内（桑院）、滝むの谷内（桑院）、はさみ谷内（桑院）、あと谷（桑院）、押ヶ谷（桑院）、間谷（桑院）、池ノ谷（桑院）、一ノ谷（桑院）、湯ノ谷（桑院）、諏訪原谷（坪池）、谷内（坪池）、谷口（坪池）、がば谷内（坪池）、表すはら谷（坪池）、日尾谷（坪池）、をんの谷（坪池）、しゃこう谷（坪池）、かつら谷内（棚懸）、ほっきだに（棚懸）、にしがやち（棚懸）、老谷、小屋谷（老谷）、井谷（老谷）、北谷（老谷）、後谷（老谷）、谷（老谷）、東谷（老谷）、杉十谷（老谷）、南谷（老谷）、マァタン（老谷）、小屋谷内（老谷）、堀田ノ谷内（老谷）、卯谷谷内（老谷）、谷（老谷）、蔵谷（見内）、沼田谷内（見内）、今谷内（見内）、ちょんなやち（見内）、間谷（赤毛）、風吹谷（赤毛）、小谷（赤毛）、めのん谷（赤毛）、下谷（赤毛）、小松谷（赤毛）、谷（赤毛）、蔵谷（赤毛）、西ヶ谷内（赤毛）、吉谷（赤毛）、猪ノ谷内（赤毛）、あくび谷（赤毛）、林ノ谷（赤毛）、林場谷（赤毛）、谷ノ山（赤毛）

例に見えるカツラ（桂）は、植物名に関係する他に、カツラク（滑落）の略語で崩壊や山間部の急斜面での地すべ

りを示す意も考えられる。

・ツボ・クボの付く地名…つぼんだ・くぼんだ地形・深くえぐられた地形の意。例：柳窪（久目）、大坪（久目）、坪池、桜窪（坪池）、柳窪（坪池）、吉池窪（坪池）、大窪（坪池）、堂久保（坪池）、堂ノ窪（坪池）、はいな窪（桑院）、柳窪（桑院）、がら窪（棚懸）、中坪（棚懸）、あまくぼ（棚懸）、下の窪（岩瀬）、大窪（岩瀬）、浦の窪（岩瀬）、西所窪（老谷）、いもくぼ（老谷）、清水窪（老谷）、おおくぼ（老谷）、水窪（赤毛）、びる窪（赤毛）、坪尻（赤毛）、のり坪尻（赤毛）、かか坪（赤毛）、矢坪（赤毛）、いものくぼ（赤毛）

例に見えるサクラ（桜）は、植物名に関係する他に、サ（狭）・クラ（刳）あるいはサク（裂く）・リ（刳り）で土や水をしゃくる意で、崩壊を示す地名か。また、ヤナギ（柳）は、植物名に関係する他に、ヤナ（斜面・堤防）・ギ（接尾語）の意がある。

・チャ（茶）の付く地名…植物名に関係する他に、チャは「潰す」の意のチャブスの訛った語で崩壊や浸食を示す意がある。例：茶円（久目）、茶ノ木（桑院）、茶橋（赤毛）

・ナシ（梨）の付く地名…植物名に関係する他に、ナシはナルの転訛語で「小平坦地」の意で、ナル・ナロと同語で小平坦地の他に緩傾斜地の意もある。例：梨谷（久目）、梨谷内（久目）、梨谷下（久目）、梨ノ木（久目）、梨谷山（久目）、梨子の木（岩瀬）

・ハザの付く地名…両側を山丘に挟まれた地形、狭長な地形の意。地形が急に狭まって河川と山地が相接するような地形をいう。例：葉佐（坪池）、間谷（桑院）、はさみ谷（桑院）、間谷（赤毛）、羽座（触坂）、はざ（桑院）、はざの池（老谷）、小上はざ（赤毛）、上はざ（赤毛）、下はざ（赤毛）

・ハラ・ヒラの付く地名…山間部に分布するハラやヒラ地名は、地すべりや崖崩れによってできた平坦地や小平地の意がある。例：背戸原（桑院）、柳原（坪池）、畑原（坪池）、新堂原（坪池）、新道原（坪池）、大平（桑院）、かまん平（坪池）、上ノ平（坪池）、池の原（棚懸）、宮原（棚懸）、新道原（棚懸）、上平（棚懸）、大原（棚懸）、こい原（棚懸）、まえひら（棚懸）、柿木原（岩瀬）、蒲原（岩瀬）、竹原（岩瀬）、松原（岩瀬）、やんばら（岩瀬）、北原（老谷）、福原（老谷）、田ノ平（老谷）、飯原（老谷）、平谷（見内）、向原（見内）、大平（赤毛）、柳原（赤毛）、平坂（赤毛）、柿原（赤毛）、大平ノ上（赤毛）、平（赤毛）、中柳原（赤毛）、北原（赤毛）、足原（赤毛）、柿ヶ首（赤毛）

例に見えるカキ（柿）は、植物名に関係する他に、動詞カク（欠）の連用形の名詞化で崩壊してできた平坦地の意か。

・ワの付く地名…山裾の曲がりくねったあたりの意。例：月輪（触坂）、月ノ輪（桑院）

⑤　その他、土砂災害に関係する地名

例：堤（触坂）、尻無（触坂）、ころがし（赤毛）、おすわ（桑院）、庭床（桑院）、八尻（坪池）、山し（坪池）、つぼり（坪池）、けおとし（坪池）、打金（坪池）、石名田（坪池）、又葉（棚懸）、つい込み（棚懸）、しゃま出（棚懸）、鳥くぐり（棚懸）、ごうだら（棚懸）、おおにげと（棚懸）、あっちわら（棚懸）、佐子（岩瀬）、打流れ（岩瀬）、よこびき（岩瀬）、けおとし（岩瀬）、はぐれやま（岩瀬）、打札（老谷）、にげ間（老谷）、下がり（老谷）、大曲り（赤毛）、さこ田（赤毛）、がん田（赤毛）、笹原畑（赤毛）、ふた返し（赤毛）、小池ころし（赤毛）、がべ（赤毛）、ばたん（赤毛）、ねこかやし（赤毛）、さいつつ（赤毛）

六　土砂災害を示す地名語

ここでは、前節で取り上げなかった土砂災害を示す地名語を紹介する。

ａ　地形そのものと関連する地名語

・アド…アズ・アヅ・アトとも呼称され、古くは阿戸・安土・足利等とも表記されるが、いずれも当て字である。崩れやすい川岸や崖という意がある。
・アラシ…山の急斜面、崖地や崩れ落ちた崖などの急な場所をいう。また、アラス（荒）の連用形で、アラスは「損なう」の意があり、「崩壊地形」を示す用語でもある。
・オロシ…崖、急傾斜地の意で、動詞オロスの連用形が名詞化したものか。
・カンカケ・ガンカケ・ガッカケなど…いずれも崩れた崖や絶壁の意で、カギカケ（鍵掛）の地名を、カギカケ・カイカケとも呼称する所がある。カンカケやガンカケは、他に絶壁の意がある。カム（噛）・カケ（欠。崖）の形状であろうか。
・ガンケ・ガンセキ…断崖・崖の意と思われる。
・ガンド…堤防・洞穴系統と同意の「崖。斜面（坂）」である。
・タナ…段丘など棚状の土地で、山間部では割合狭く、やや凹凸のある緩やかな傾斜のある所に多く、やはり崖や崩れを示す地名と考えられる。
・ツエ・クエ…ツエなどは潰（つい）ゆ、潰えると同根。クエは崩れることからきたもの。ツエ・クエいずれも崖崩れに関係する地名と考えられる。
・ヌケ…動詞ヌケ（抜）の連用形で、山などの崩れた所で、山が崩れることを今日でも「山が抜ける」という所もある。
・ホキ・ホギ…北九州地方では断崖の箇所をホキ・ホギと呼称する。また、ホキ・ホギは、日陰の箇所や山腹の峻しい所をいう古語でもある。
・ホゲ…穴のことといい、穴が空いていることをホゲル、また穴を空けることをホガスという。いずれも、ホキ・ホギと同語根。

・ホケ…山などの切り立った所や単に崖、あるいは山間部で、しかも水辺に接した崖などをいう。
・ハバ…ハ（端）・マ（間）のことで「端と端との間」で、崖や傾斜地、土手の斜面また土手そのものを示す地名語と考えられる。ハマ、ハブ、ババなどとつながる地名語か。
・ナギ…動詞ナグ（薙）の連用形の名詞化（『日本国語大辞典』）で、動詞ナグ（薙）には「切る」「落とす」などの意があり、山の崩れた所や崖を示す崩壊・浸食地形を示す地名語ではなかろうか。
・ノケ・ノゲ…ヌケ（抜）の転訛で、崖崩れや地すべりを示す地名語で、特に崖崩れや単に崖を示す地名語と考えられる。

b　植物名と関連する地名語

それぞれの植物は、植物名に関係する他に、土砂災害を示す語意もある。ここでは、前節で扱った植物名と関連する地名語以外のものについて述べる。
・アサ（麻）…アサはアザで波の浸食によって生じる洞穴や方言から断崖の意を示す地名語。
・アザミ（薊）…アザミはアサ・ミ（浅・水）で湿地・軟弱地盤地帯、アズ・ミで崩岸・崩窪地を示す地名語。
・アシ（葦）…アス・アズの転訛語で、崩れ地や崖の意を示す地名語。
・イバラ（茨）…イバラの古名はウバハラ。ウバはアバの転訛語で、イハラなども同転訛語で、崖状あるいは急傾斜地の意を示す地名語。
・イモ（芋）…イモの古名はウモ（芋）。現在の里芋・山芋で、イモの付く地名は、傾斜地の滑落土の堆積地に多く分布する。
・カシ（樫）…傾（かし）ぐのことで、傾斜地を示す意。樫の木に名を借りた地名で、特に地すべりを示す地名語と考えられる。

・カジ（梶）…動詞カジル（掻）の語幹で、「ひっ掻かれたような地形」で、崖や崩壊地などを示す地名語と考えられる。
・カヤ（茅・萱）…カヤは方言で「かやった」ひっくり返ったという意で、山間地や山麓地のカヤ地名は、過去に地すべり、崩壊のあった地形で、土地がカヤったという意からの命名も考えられる。
・クキ（茎）…ク・キ（漏き）で隙間をくぐるで、山の洞穴のある所の意。クキ地名が分布する山間部は崩壊地形が多い。
・クス（楠）…クスネ（楠根）と同根か。クスは低い丘陵地で、嶺や山麓にあたるところで崩れている土地。クスはクスレ「崩れ」の語呂合わせ的な地名とも考えられる。また、クスは川崖の地も考えられる地名語か。
・クヌギ（椚・櫟）…クキ・ヌギの縮語で、崩壊を示す地名語か。
・クルミ（胡桃）…クル・ミで、刳り（くり・えぐる）の転訛語で、地すべり地や崩壊地などを示す地名語。
・タチバナ（橘）…タチ（断ち）・バナ（端）で、断崖状の崩壊地名か。
・ツバキ（椿）…動詞ツバクの連用形で、土地がツバエルことから崩壊や地すべりを示す土砂災害に関する地名語か。
・ハギ（萩）…ハギ・ハキは動詞ハグ（剥）の連用形で「剥ぎ取られた」の意で、ハケ・ハク・ハゲ・フキ・フケ・ボケなど同語で、崩壊や崖を示す地名語か。
・ヒエ（稗）…動詞ヒウの連用形で「削り取られた土地」の意で、崩壊地を示めす地名語か。
・ボケ（木瓜・葉下・保家）…バケは山などが切り立った所や崖の意で、ホケ・ホゲの転訛で崩壊地形、浸食地形を示す地名語か。
・ムギ（麦）…ムクで土が剥れる・剝けるの意で、地すべり・崩壊地を示す地名語か。
・モモ（桃）・李（スモモ）…モモはママの転訛で、崖を意味する地名語か。スモモは、スボ・ミまたはスボメで地形が窄まった土地の意で、崩壊を示す地名語か。

・ユリ（百合）…緩やかな所、あるいは揺れる・揺るがす・揺り動かすなど土地の揺れを百合に当て字されたものか。または、地すべりで土地が動くのを「揺り」に掛けて当て字した地名語か。

・ヨモギ（蓬）…ヨ・モギで、ヨはエの転で枝、モギ（捥ぎ）は、ねぢり切る、もぎる。枝（土地の一部）をもぎ取ることから土石流・地すべり・崩壊地を示す地名語か。

・ワラビ（蕨）…ワラ（割ら）・ビ（接尾語）で、割り込み意で、崩壊に関する地名語か。

以上、本論考で取り扱った土砂災害に関すると思われる地名は、あくまでも長年の私自身の地名研究による私見である。

注

（1）「急傾斜法」は、崩壊危険区域での一定の開発行為を禁止し、都道府県が行う崩壊防止工事の補助を行ってきた法律で、昭和四十四年七月に制定された。また「砂防法」は、砂防施設等に関する事項を定めた法律で、明治三十年三月に制定され、平成十八年六月に最終改正された法律。「地すべり等防止法」は、地すべり及びぼた山の崩壊による被害を除却し、又は軽減するため、地すべり及びぼた山の崩壊を防止し、もって国土の保全と民生の安定を目的に、昭和三十三年三月に制定された法律。

参考・引用文献

小川豊『災害と植物地名』山海堂、一九八七年
片平博文「地形と地名―人々の空間認識」吉田金彦・糸井通浩編『日本地名学を学ぶ人のために』世界思想社、二〇〇四年
楠原佑介・溝手理太郎編『地名用語語源辞典』東京堂出版、一九八三年、六八頁・八六頁・一〇五頁・四七八頁
久目村史編集委員会編『久目村史』久目村史刊行委員会、一九九〇年
小境卓治「漁村の民俗」『新修 七尾市史』13民俗編、二〇〇三年、四〇頁

清水一布編『灘浦誌』灘浦氏子会館、一九六〇年、一頁
中葉博文『北陸地名伝承の研究』五月書房、一九九八年、四二三～四三二頁
中葉博文『越中富山地名伝承論』クレス出版、二〇〇九年
氷見市史編修委員会編『氷見市史』氷見市、一九六三年、一三一頁
松尾俊郎『日本の地名』新人物往来社、一九七七年、二二二～二二三頁・二四八～二四九頁
『歴史百科〈第五号〉日本地名事典』新人物往来社、一九七九年、七一頁・七五頁
国土交通省「土砂災害防止法（土砂災害警戒区域等における土砂災害防止対策の推進に関する法律）」http://www.mlit.go.jp/river/sabo/linksinpou.htm|
国土交通省「土砂災害防止法の概要」www.mlit.go.jp/river/sabo/sinpoupdf/gaiyou.pdf
富山県土木部砂防課http://www.pref.toyama.jp/cms_sec/1505/土砂災害警戒避難マニュアル（災害時要援護者関連施設用）作成ガイドラインについて、土砂災害危険箇所区域地図、土砂災害警戒区域等指定状況など

第三章　「山名」の名づけ方について

一　「山」とは何か

一般的に、平地よりも少しでも高ければ「山」と呼ばれる。小さな古墳などを丸山などという例は全国的にも多い。また、山林を「山」という場合もある。さらには、平地で多少高くて樹木に覆われた林も「山」と呼ばれることもある。

「山」は、海抜が高ければ高いほど山らしい。そんな高い山を「岳（ダケ）」ともいい、また、山中の一峰を「岳（ダケ）」という場合がある。さらには、高い山のことを「高山」と表記してタケヤマと呼んだり、「嶽」と表記しタケと呼ぶ場合もあるように、「山」そのものを意味する語尾語も「山」の表記以外に「岳」・「嶽」などいろいろな表記があり、その上、同じ表記でも、土地によっては表音が違うことがある。さらには、「ヤマ（山）」と「タケ（岳）」で山岳という一つの言葉をつくり、山を総称する意ともなる。

「山」とは何か。要するに、「山」とは「高く凸起した所。語源はイヤ（弥）・マ（間）か。森林。林（平地林も含む）山の幸のある所」（『時代別国語大辞典』上代編）のことで、換言的に述べれば、「地殻（地表）の凸部（突起部）に対する地形の総体的名称」ではないだろうか。

「岳」は、「山」を示す語の中でも、その大なるもの、高いもの、けわしいもの、尊いもの、などの特別のものをいうのである。当用漢字の制定以前は「嶽」と書き、「岳」は「嶽」の新字であるとする辞書もある。同字であるから山の名称の場合どちらの表記でもよいはずであるが、そこは固有名詞のこと、なかなかそうはいかないこともあったり、あるいは宗教的な理由もあったり、名称に重みをもたせる意図もあるのか、「嶽」の字を表記する山もある。

「岳」は、山の上に「丘」が被さったような意からで、山の上にさらに「山」がある。いうなれば、「岳」は山が重なっている相貌を示す山容となり、おのずと高いもの（山）となる。「嶽」はごつごつした山の意を示すといわれている。

日本の地形は、概して複雑でけわしいのが特質である。「岳」の付く山は西日本ことに九州に多いといわれ、また、中国地方では「山」をセンと呼び、東北・四国地方ではモリと称する山が多いといわれている。

単に「山」を示す接尾語について「呼び方」や「表記」面から多少あげただけでも、「山」の名称は特異な存在である。「山」は我々人間生活において広きにわたって関わりをもつため、山の名称を決定する上において「山」に関わる接尾語をはじめ山名の語幹をなす語は、さまざまな視点から決定されたと思われる。例えば、語幹をなす語は、単に山の形状からきた名をはじめ、祀られた神仏の名からきたもの、境界的性格を示すもの、交通路と関わるもの、動・植物との関係、あるいは由来的に外来語との関係など多方面にわたる。「山」に関する名称は、地名的性格の複雑さから見ても、自然地名の中では特性を放っていると考える。

ここで「山」の意を示す語を整理したい。

(1)　「嶺」と「峰」

山の頂が高く突き出たところが峰。「峯（ホウ）」は、当用漢字以後は「峰」に統一されたが、固有名詞にはしばしば現在でも使用され呼称されている。また、小さい山の峰は「岑」であり、「崟」または「岑」がいくつか亘なれば「嶺」であるが、必ずしもそのような理屈通りに呼称されているわけではない。さらには、峰のピークの名が、そのまま山の名となっているものが多いのが現状である。また、嶺線を連ねた山なみを称して山脈という呼び名でいう場合もある。

(2) 「丘」「岡」と「陵」

地表の小高く盛り上がった高まりは「オカ」という。「山」そのものも地表の高まりであるが、どの程度あるいはどの位の高さが「オカ」なのか「ヤマ」なのかは、別に規定があるわけではない。オカは丘・岡・阜・陵などに表記されることが多い。「丘」と「陵」はしばしば使われ、丘陵という言葉をつくり、最も普遍的である。分析的にいえば、丘は小さい「オカ」、陵は「大きいオカ」をいうのではないか。つまり、丘陵とは「大小のいろいろなオカ（丘）のことで、陵が小さくなってオカ（丘）となり、さらに小さくなると阜となる。阜は一方において大きい意味をもつ。岡は山の背が平なところで、したがって低い山、小さい山をいう。岡は小さいオカ、陵は大きいオカということで、阜陵も同意で、岡阜（オカフ）や丘阜（キュウフ）などになれば、より小さいオカの集まりを示すものといえるのではないだろうか。大きい山を示す意では、陵（オカ）は畏敬の意に転訛されて、ミササギ（御陵）は皇室の古墳の意となる。人工的なものは一般に「塚」と呼称されているのではないだろうか。

(3) 「山地」と「山脈」そして「丘陵」

山地とは、いくつもの山々が集まり、一つのまとまりとなる地域をなすと見た場合の呼び名である。また、山地は、平地と対比され、大きな起伏や傾斜を持つ広い山々の地域をいう。換言すれば、山地は近くの突起部の一般的な用語として総括的、包括的な意味において用いる言葉である。

山脈とは、多くの山々が連なって脈状に続く山地をいう。また、低地の間に挟まれる細長く連続的に伸びる山地をもいう。さらに、山地のうち細長く伸びるものも山脈という。いうなれば、山並みで山々が脈状になっている状態のような地形を、特に山脈という。

丘陵とは、なだらかな起伏や緩傾斜の低い小山（コヤマ）や丘（オカ）が続く地形をいう。また、地形学では、山より小さく台地より大きい地形を丘陵という。日本においては、概ね海抜三〇〇メートル以下程度のものをいうのか。では、「山地」と「丘陵」とは、何を基準に区別しているのか。「山地」は、通常、起伏や高度によって、高山性山地、中山性山地、低山性山地の三つに分けられている。丘陵は、低山性山地に該当する。低山性山地とは、起伏が三〇〇メートル以下で高度の低い山地をいう。また、高山性山地とは高度がほぼ二〇〇〇メートル以上、起伏が一〇〇〇メートル以上をいい、中山性山地は起伏が一〇〇〇メートル未満をいうことになっている。しかし、これらの数値は、特に固定的に決められているものでもない。地形的性質の基準は数字ではないものであると考える。山名の命名においても、明確にこれくらいの高さの場合は岳・山・峰という、数値による基準というものはやはり考えることはできないと思われる。

「山地」　例：両白山地（リョウハクサンチ）

「山脈」　例：飛騨山脈（ヒダサンミャク）

「丘陵」　例：宝達丘陵（ホウタツキュウリョウ）、呉羽丘陵（クレハキュウリョウ）

雨晴海岸から見た立山連峰

(4)　連峰

連峰とは、連なり続ける峰々（支脈）をいう。富山県を代表する連峰として、立山連峰と後立山連峰がある。二つの連峰は、富山県東部、飛騨山脈から黒部川によって東西に区切られ、西側の支脈を立山連峰といい、東側の主脈は後立山連峰と呼ばれている。立山連峰は、南は三俣蓮華岳から北へ薬師岳、浄土山、雄山、大汝山、剱岳と三〇〇〇メートル級の急峻な山々が続き、北端は毛勝山、駒ヶ岳、僧ヶ岳に至る。

一方、後立山連峰は、飛騨山脈のうち黒部川の東側に連なる峰々をいい、黒部川を隔てて立山連峰と対峙する。この後立山連峰の山稜に沿って、富山県と新潟県、富山県と長野県のそれぞれの県境が設けられている。

例：大日連峰（ダイニチレンポウ）、立山連峰（タテヤマレンポウ）、後立山連峰（ウシロタテヤマレンポウ）

二　山名を名づける対象　―富山県内の山名を例に―

自然物に対する呼び名のうちで、山や丘は誰の目にもつき易いので、早くから土地の人びとによって呼ばれてきた名称があった。それらの名称はふつう、特定の人が命名したというものではなく、いつとはなく、まただれということなく呼びならわされた名称が、それぞれ山名として固定したものである。

それらの山名にもさまざまな種類があるが、中でも山の形からきたものや、山に祀られた神社に因むものなどは特に多く、いたる所に見受けられる。その他、山に生えた樹木によるもの、遠望する山の色による名称、また、山の位置をいうもの、滝・泉・池などの存在を言い表したもの、特殊な岩の名前からきたもの、火山作用に関連したもの、日射あるいは気象条件にもとづくもの、狩猟に関係あるもの、遠望する場所をいう名称、その他いろいろの事項による山名があり、その種類は多様である。

以下、例としてあげた山名は、富山県内における山名例である。また、二つの分類項目に属すると思われるものに、＊印を付けた。

(1)　何かの形状を対象とした山

山の形状から命名された名称には、遠くから見た全体的な輪郭の特徴によるものが多い。

①　○・△・□形などに似ているもの

(イ)　マル形

単に、山容が丸い、三角、四角い形に似ているという意から命名された「山」の名称が、この①の分類に属し、中でも「丸い」形を示す山名が全国的にも多い。マルの付く山は、ゆるやかな丸み形の意から命名されたと思われる「丸山」が最も多く、また、丸森や丸森山など「森（モリ）」を付加した山名も見られ、東北地方に多く見られる。

・森（モリ）　例：森石山、森田山

マル形を「丸」の他に「円」と表記する山名も少なくない。円はマルの他にツブラあるいはツブテとも呼ばれる。円は、丸みでもごく緩やかなものから、もっと急な湾曲的な鐘状に似たものまで、いろいろな変形型の丸みかかった山を示す語である。

また、古代朝鮮語では、「山」のことをマルやモリと呼んだ。日本では、マルに「丸」を当て、モリは「森」や「盛」の字を当てたものが多い。「円（ツブラ・ツブテ）」には「頭」をいうツブリ（頭）と関係し、ツブはツボ（坪）から転訛したものではないかと考えられる。よって、ツブラ・ツブテは「頭」の意のことで、「頭」はいうなれば山頂の意でありながらも円（マル）の意も含み、マル（円）には「丸みかかった」という広義の意も発生したと考えられる。

マルは、いうなれば丸みかかった（円形）の意を主に、他に球形を示す山名の意。また、山裾の湾曲部、円形の田や山間小平地などの意があると思われる。丸山（マルヤマ）は、特に円墳にも名付けられる名称でもある。

・丸（円）（マル）　例：布施円山、丸*坪山、マルツンボリ山（丸い形のツンボリは容器・道具の意か。）、丸山、丸*山南峰、丸*山北峰

(ロ)　三角形

山の上部（山頂辺り）が侵蝕などの関係によって、トンガリ（尖り）状の形状をなすものが、この三角形の分類で

は代表的な形状である。

・尖（トガリ）　ト（尖）がった意から頂上の意。例：尖山、とぎのしま山（動詞トグ（鋭）の連用形で、鋭く尖った山の意か。）

(ハ)　四角形

山全体が四角形や台地状になっているのがこの分類に属し、代表的な形状は「マスカタ・マスガタ（升形・枡形）」である。

・升、枡（マス）　山容が升形に見立てての意からか。マスカタ・マスガタには城郭関係の意もあるか。例：升方山、*升形山、枡形山、*増山、*枡山

(ニ)　その他（富士、船・舟形）

・富士（フジ）　富士山の形に似ている意からか。富士山がこの形の代表的名な山で、この形の山には、富士の名にあやかって富士山・小富士山・小富士と呼ぶものがあり、別名何々富士と称する山も全国的に多い。例：*座主坊富士（座主坊山）、*南保富士、*富士ノ折立

・船、舟（フナ）　山容が船・舟形に見立てた意からか。例：*船窪岳、*舟平、舟見山

②　人間そのものや人間の身体部分に似ているもの

人間に関する営みや人間の身体部分に似ている意から命名されたと思われる山名がこの分類に属する。

・早乙女（サオトメ）　サオトメの雪形に見立てての意からか。例：早乙女岳

・八乙女（ヤオトメ）　残雪が乙女の舞う形に似ている。しかも八乙女は神楽の舞姫という意からか。例：*八乙女山、*前八乙女山

・爺（ジイ）　老人の姿に見立てた爺（ジイ）の形をした雪形の意からか。チヂで動詞チヂム（縮）の語幹で「岩な

どの固まった地形」あるいは「波打つたような地形」の意からか。例：爺ヶ岳、祖父岳

・人形（ニンギョウ）　雪形が人形に似ている意からの命名か。例：人形山

・二子（フタゴ）　フタゴは二つの山が双子の形のように立ち並ぶ意からか。例：二子山

・夫婦（メオト）　山が二つ並んでいる様を夫婦に見立てた意からか。例：夫婦山

・唇（クチビル）　唇形の意か。例：唇ノ頭

・鼻（ハナ）　身体の鼻の形に似ている意からか。ハナ（端）で、単に突き出た地形あるいは台地という意もある。

例：鼻峰

・尻（シリ）　身体のお尻の形に似ていて台形をいう場合がある。また、裾、背後、端という意もある。例：尻高山、平尻山*

・髻（モトドリ）　山容を「髻」に見立てた意からか。モト（戻）は動詞モドルの語幹で「曲がった地形」、トリはトロの転訛で緩傾斜地の意からか。例：元取山（モトドリヤマ）

・瘤（コブ）　瘤状の突起地形の意。例：瘤杉山（コブスキヤマ。こぶ状でスキはスクと同系語で崩れる・崖の意で崩壊地形を示す意か。）迯（ニケ）山は、塔倉山西方の尾根一角の一コブといわれている。ニケはニゲ同系語で、ヌケ（抜）で山などで崩れた所を示す意で崩壊地形を示す語か。

③　道具に似ているもの

・臼・薄（ウス）　ウスは臼形、臼に見立てた意。例：臼ケ峰、臼越山、薄波山（ウス形をしたナミはナメ（滑）の転訛で緩傾斜地や平坦地あるいは垂直に近く切り立った所の意もある。）

・扇（オウギ）　扇形の地形の意からか。全国的にも多い山名で、富士型の山に命名され、海岸のほどよい所に位置する時は、ゆるやかな尾を引く山の容姿から航行する船の目標となる場合があるともいわれている。例：扇山

・笠（カサ）　笠形・傘形に見立てた意か。笠・傘の付く山は、いずれもおだやかな丸みのあるものが多い。これは、被り物の笠になぞられたものに相違ない。また、カサはカミ（上）を意味する場合がある。河川の上流や村落の上手をカサガタというなど、上方を示す場合のカサは笠・傘・嵩などの意とも考えられるのではないだろうか。例：大笠山、笠かぶり山、笠尻山、笠取山、*東笠山、*西笠山

・鐘釣（カネツリ）　梵鐘を吊ったような鐘釣の形の意からか。例：奥鐘山（鐘は鐘釣の略。）、*東釣鐘山、*西釣鐘山

・鏡（カガミ）　カカ（欠処）・ミ（廻）で崖などの崩壊地形を示す意か。あるいは動詞カガム（屈）の連用形で折れ曲がった地形の意。単に、鏡石あるいは鏡形からの命名か。鏡伝説も考えられる。例：鏡山

・鍋（ナベ）　鍋形に似たような山容からの意。ナベはナメラ（滑）で急傾斜で崩壊地形を示す語か。例：*鍋冠山、*鍋倉山、鍋床山、鍋山

・釜（カマ）　傾斜の急な釜を伏せた形からの意からか。例：大釜山、釜谷山

・冠（カンムリ）　冠に見立てた意からか。カムリで頂上の意からか。例：*鍋冠山

・兜（カブト）　カブ（傾）・ト（処）で傾斜地。兜に似た山の意からか。例：兜山

・杓子（シャクシ）　杓子の形に見立てた意からか。あるいは、ジャクと同系語で崖などの斜面の土砂が緩み崩れる意からか。例：杓子岳、ジャクズイ山、錫杖岳

・鋤（スキ）　スき（坏）で高所や動詞スキ（剥）の連用形スキで薄く切り取られた状態から崩壊地形を示す語か。例：鋤山

・つぼ（ツボ）　ツボは壺形の意。あるいは動詞ツボムの語幹で「つぼんだ地形。深く抉られた地形。壺（窪）状の地形。」。また、窪んだ地が湿地から水辺に関する意もある。例：高坪山、*坪野城山、*丸坪山

・剣（ツルギ・ケン）　嶮しい山や突出した山を剣と例える意からか。例：劔御前、劔岳（剣の刀を並べ突き立てた

ような山容から、そう呼ばれるようになったのか。剱岳は古くから山そのものが不動明王として拝されてきたところでもある。）、宝剣岳[*]、名剣山

・鉢（ハチ）　山容が鉢（円錐形）の形に似ている意からか。あるいは動詞ハツル（削）の語幹ハツの転訛で「削られた地形」の崩壊地形を示す語か。例：鉢ヶ岳、鉢伏山、鉢巻山（マキ（巻）は山で取りまとめられる意か。また動詞マク（蒔）で散らばる。崖崩れなどで崩壊地形を示す語か。）

・矢（ヤ）　山容を矢の形に見立てた意からか。例：矢立山

・鑓（ヤリ）　山容を鑓の形に見立てた意からか。例：鑓ヶ岳

④　衣・食に関する「物」に似ているもの

(イ)　「衣」を対象にしたもの

・布引（ヌノビキ）　山容の何かが布引したように見えたことから命名された意か。例：布引山

・袴（ハカマ）　山容が袴の形に似ていた意からか。例：袴腰山

・烏帽子（エボシ）　烏帽子に似た形からの意からか。エボシは山地においては断崖や岩の意もある。例：烏帽子山、烏帽子岳、エボシ山

・袖（ソデ）　着物のソデ（袖）のように地形が出っ張った所、あるいは山の峰続き、山を越した向こう側という意がある。例：袖ノ谷山、ソデ山、袖山

・鋲（ビョウ）　ビョウは山容を鋲の頭に見立てた意か。例：鋲ヶ岳

(ロ)　「食」を対象にしたもの

・稲場、稲葉（イナバ）　イナバは稲干場の意からか。イナバはイナムラと同義語であり、稲葉（稲場）にイナムラの並ぶ情景からイナバという名称が発生したと考えられる。全国各地にあるイナバヤマはイナムラ型と思うが、イナ

バ・イナムラの山は、ふっくらとした饅頭形が多いといわれている。例：稲葉山

・ニオウ　ニオウは寺の仁王門のあった所の意もあるだろうが、ニオの長音化でニホ（稲積）の意で「稲積形の山」の意か。単に、奥山の意も考えられる。例：二王山、二王平峰

⑤　動物の形状を対象としたもの

・牛（ウシ）　牛に見立てた。例：赤牛岳*、牛岳、牛首山（クビは入口・端の意の他に崩れの転訛ともいわれる。）、臥牛山（ネウはネフで動詞ネブル（舐）の語幹でなめる意で「崩す」と関係する意か。）

・犬（イヌ）　犬神信仰、狼信仰もあるか。例：犬ヶ岳

・猪（イノシシ）　水源地、川の源流という意もある。イリノの略で、入り込んだ地形。例：猪頭山、猪ノ根山、猪越山

・蟹（カニ）　カニ（蟹）などの甲殻類の生息する水辺の意からか。例：ガンザオ山（ガンはカニ（蟹）の転訛で、ザオはサワ（沢））、サワガニ山

・熊（クマ）　動物のクマ（熊）が生息している意もあるが、山の麓から峰につづく稜線。動詞クマス剥き出すで、崩壊地形を示す語でもある。また、クマは奥まった所、隅という意もある。例：大熊山、熊尾山

・駒（コマ）・馬（ウマ）　「駒形」の意で「馬の姿をした形あるいは雪形」の意からか。例：北駒ケ岳、駒ヶ岳、白馬岳*（黒々とした代掻き馬の雪形が、いつの頃からか白馬に表記するようになった。）、馬鬣山（山容が馬の鬣に似ていることからの命名か。）

・猿（サル）　サルは動物の猿の棲息地もあろうが、サラ・サリ・サレなどの転訛から突出地を示す意や断崖の立岩、崖地に関連する崩壊地形を示す語でもある。例：猿ヶ山、猿倉山、さるくら山

・獅子（シシ）　シシは、鹿、猪、熊などの棲息に関連する意の他に、断崖と関連する崩壊地形の意もある。また、

奇岩怪石が見られる地形に「獅子」と名付けたとも考えられる。例：大獅子山、獅子岳

・僧（ソウ）　僧形の雪形から命名されたという。例：*僧ケ岳、*前僧ヶ岳

・鷹（タカ）　形容詞タカシ（高）の語幹で「高い所」、台地の端。タカ（鷹）の棲息地。タカが羽根を広げたような形に似ている意など。例：御鷹巣山、御鷹山、鷹打山

・鶏冠（トサカ）　鶏冠の形に山容が似ている意からか。例：突坂山（トッサカヤマ。トッサカはトサカ（鶏冠）が訛ったもの）

・虎（トラ）　動物の虎の形、あるいは斑状の毛色に似ている意からか。あるいは動詞トル（取）の連用形トリ、あるいはトラク（散）と関係し、崖などの崩壊地形からの意からか。例：虎谷山

・鳥（トリ）　鳥類と関係する意。特に鳥類が羽根を広げたような形に似ている意からか。例：*白鳥山、天鳥山（テンは頂上、山頂あるいは高い所という意もある。）、鳥ケ尾山

・鳶（トンビ）　鳥類の鳶に山容が似ている意からか。あるいはトビが動詞トブの連用形で、山が崩れる崩壊地形を示す語か。例：鳶山

・猫（ネコ）　山容が動物のネコに似ている意か。あるいはネキ（根際）の転訛で「側。かたわら」の意とか、ネ（根）・コ（処）の意で峰・高い所・微高地、あるいは崩壊地形を示す語か。例：猫坂山、猫又山

・鼠（ネズミ・（ネヅ））　ネズ（ネズミ）は、動物のネズミの形に山容が似ている意か。あるいは、ネ（根）・ツ（接頭語）か。あるいはネブ（舐）の転訛からの崩壊地形を示す語か。例：鼠尾山

・鵯（ヒヨドリ）　鳥類のヒヨドリに因む意からか。ヒヨは嶺、山の嶺。トリは動詞トル（取）の連用形で「切り取られたような地形」から崩壊地形を示す意か。例：ひよどり山

・貉（ムジナ）　山容がムジナ（穴熊、タヌキなど）の形に似ている意からか。あるいはムジナの棲息する意からか。

動詞ムジルから、方向を変える曲がった地形という意で、崩壊地形を示す語か。例：貉ヶ城、貉嶺

・群（ムレ）　ある動物の群れの意からか。例：峯山（ムレヤマ）

・鷲（ワシ）　鳥類ワシ（鷲）に因む。仏語でインドの霊山を鷲山という。急傾斜地、横に長く延びた地形の意か。

例：大鷲山、鷲岳、鷲羽岳

(2)　「色」を対象とした山

・青（アオ）　山容が青く見える意からか。例：青石山

・赤（アカ）　山容が赤く見える意からか。例：*赤牛岳、赤男山、赤木岳、赤沢岳、*赤瀬良山、*赤祖父山、赤岳、赤谷の頭、*赤ハゲ山、赤谷山、*赤摩木古山、赤堂山

・黒（クロ）　山容が黒く見える意からか。例：*黒岩山、*黒菱山、大黒岳

・白（シロ）　山容が白く見える意からか。例：白倉山、白岳、白谷山、*白鳥山、*白萩山、*白馬岳、白金ノ頭（シロ（白）・カ（助詞）・ネ（根・峰）で、白は雪で、雪に覆われた山の意か。）、*白ハゲ山

(3)　「気象」に関係することを対象とした山

・旭・朝日（アサヒ）　朝日の当たる所。ご来光の見える所。例：旭岳、朝日山、朝日岳、裏旭岳、小旭岳

・風吹（カゼフキ）　風が吹き抜ける山の意か。カザフキはカゼフキと同意で、実際に風が強く吹く所を呼んだ意か。また、風神を祀った所の意からの命名か。例：風吹山

・雷（カミナリ）　例：カンナ尾ヤマ。カンナオのカンナは雷の略で、雷の鳴る尾根の意からか。

・虹（ニジ）　気象の虹の発生からの命名の意も考えられるが、ニジは動詞ニジル（躙）の語幹で崩壊地形を示す語でもある。また、ゆるやかな円弧を描く曲線を虹に形容したものの意か。例：虹岳（同山周辺は地すべり区域でもある。）

・日尾（ヒオ）　ヒオは日なたで日の当たる所。単にヒ・ヲ（峰）という意か。例：日尾御前山、飛尾山
・御影（ミカゲ）　ミカゲは日蔭の意か。例：御影山
・雪（ユキ）　山に雪がかかる様子からの意か。例：初雪山（特に初雪が降った頃の山容が美しい意からの命名か。）、雪見岳、雪見平、雪持山

(4)「社寺信仰」に関係することを対象とした山

①　神仏両方を対象としたもの
・大門（ダイモン）　社寺に関係する尾根（道）の意からか。例：大門山
・室堂（ムロドウ）　神仏の籠り堂のあった意からか。例：室堂山
・来拝（ライハイ）　礼拝所の意からか。例：来拝山（この山から立山を望み拝んだことから命名されたか。）

②　寺院関係を対象としたもの
・医王（イオウ）　「医王」は薬師如来の異称。例：医王山（イオウゼン）
・えびす（エビス）　エビス信仰の意からか。例：蛭子山
・笈（オイズル）　修験者などがもつ仏具などを背負う「おいずる」に似ている、あるいは関係する意からか。例：*笈ヶ岳、前*笈ヶ岳
・餓鬼（ガキ）　仏語の餓鬼に関する意か。あるいはカケ（欠）で、同意の崖など崩壊地形を示す意か。例：餓鬼山、下餓鬼
・伽羅陀（カラダ）　カラダとは地蔵浄土の梵語で、地獄谷の亡者救済の聖地といわれている。例：伽羅陀山
・カラモン　例：カラモン峰（人形山山頂への「山門」。カラは「空」または「唐」の意。「モン」は人形山頂への関門の意。）

・経（キョウ）　仏教の経典、あるいは単に仏教に関係する意からか。キョウは峡で峡谷的地形の意からか。例：経嶽山、経ヶ峰（キョウガミネは、経文を埋めた峰の意か。）、京ヶ峰

・極楽（ゴクラク）　極楽浄土の意からか。例：極楽坂山

・御坊（ゴボウ）　ゴボウは「御房」で寺院・僧房を呼んだ尊称敬語からの地名化と考えられる。例：御坊山

・御来光（ゴライコウ）　太陽（朝日）を拝む意からか。例：御来光山

・権現（ゴンゲン）　仏語で「仏菩薩が仮の姿をとって現世に現れることの意」の権現信仰の意か。例：権現山、富士屋権現山

・金剛（コンゴウ）　仏語「金中最剛」の略で金剛界のこと。最も固いもので、仏道を極めて物に迷わないことの意といわれる。金剛蔵王菩薩信仰による意からか。例：*金剛堂山（前金剛、中金剛、奥金剛）

・蔵王（ザオウ）　ザオウは本来蔵王権現を祀った蔵王堂による。ザ・サは狭い、オウは山の背・峰。単に高い所の意からか。例：蔵王山（同山は石動山信仰による山で、別名高坂山という。）

・ジャラ　宗教用語で龍神の意とか。例：大ジャラ、中ンジャラ

・浄土（ジョウド）　仏語の「浄土」で、仏の国土。極楽浄土の意か。例：浄土山

・大師（タイシ）　タイシは仏語「大導師」の略で、仏菩薩や高徳の僧の意からか。例：大師ケ岳（同山は近くの国泰寺の開祖清泉大師が登った山の意から。あるいは同山から吹く風をダシ・タイシといい、ダシの山からという説もある。）

・大乗（ダイジョウ）　ダイジョウは仏語の「大乗」による山名か。例：大乗悟山

・大日（ダイニチ）　ダイニチは仏語の「大日如来」の略の意からか。大日如来信仰による山名か。例：*大日岳、*中大日岳、*奥大日岳、*前大日岳

・寺（テラ）　単に仏教関係の意からか。あるいは、タヒラ（平）の転訛で「平坦地、緩傾斜地」の意からか。例：寺地山

・火燈（ヒトボシ）　燈籠・蝋燭の火明かりからの命名か。例：火燈山（同山に安養寺御坊の墓所がある。）

・不動（フドウ）　不動明王信仰に関する意からか。例：不動壁山、不動岳

・ボウ（ボウ）　宿坊など寺院に関係する意からか。例：*座主坊山、三千坊、三千坊山

・宝剣（ホウケン）　ホウケンは修験道の宝剣の義に関する意からか。あるいは山容が剣に似ている意からか。例：*宝剣岳

・坊主（ボウズ）　坊主頭からきた丸い山の意か。ボウズは一坊の主、住職、僧侶のこと。寺領地を示す語からか。あるいは、樹木があまり生えていない坊主頭からの意か。例：坊主山

・法華（ホッケ）　ホッケは仏語で法華経・法華宗に因む意からか。ホッケはボッケと同系語で崖・崖崩れなど崩壊地形の意もある。例：法華ヶ峯

・妙仏・御世仏（ミョウブツ）　ミョウブツは仏法・仏教に関係する意からか。例：御世仏山

・薬師（ヤクシ）　仏語の「薬師」で、薬師如来信仰による意か。例：北薬師岳、薬師岳（ミサノマツという職人が薬師如来に導かれて登頂した意からか。）

・龍王（リュウオウ）　仏教でいう八大龍王のことで、雨乞いの守護神の意からか。例：龍王岳（水神である龍神の意からか。）、りゅうご峰

・蓮華（レンゲ）　仏語「蓮華」に因む意からか。例：蓮華岳

③　神社関係を対象としたもの

・大汝（オオナンジ）　大己貴命の神名の意からか。例：大汝山

・山の神（ヤマノカミ）　例：山神堂（サンシンドウ。山の神を祀るお堂の意からか。）、山の神
・神宮（ジングウ）　神社に関係する地の意。例：神宮山
・諏訪（スワ）　諏訪神社を祀る意からか。例：諏訪山
・大明神（ダイミョウジン）　神号の一種の明神信仰に因む意からか。例：大明神山（山神大明神の祀る祠がある。）
・天神（テンジン）　天神信仰を関係する意からか。例：天神山
・二上（フタガミ）　フタガミは二神を祀る意か。あるいは双頂の山の意からか。例：二上山
・宮（ミヤ）　宮の鎮座する地の意からか。例：宮野山
・山伏（ヤマブシ）　修験道の道者や山伏の居住地の意からか。例：山伏平

(5)　城郭・城塞に関係することを対象とした山

・ジョウ　ジョウには城・城郭の意もある。例：三条山（室町時代に「千代ヶ様城」という山城があったという。）、城ケ平山、城ケ山、城山、千石城山（中世城館があった所という。）、坪野城山*、東城山、松根城の山、水尾城山*
・シロ　城（シロ）で「城郭。城塞」の意か。例：池田城の山（山頂に主郭。）、金山城山、松倉城山
・マスガタ・マスカタ　城郭に関係する意もある。例：升形山*、増山*、枡山*

(6)　水辺（川・池・沼）関係を対象とした山

・アクミ　アクミとはアク（芥）・ミの略で湿地。例：あくみ山（地元では単にアクミと呼称。同山周辺は窪地が非常に多い所である。）
・イケ　窪地に自然に水が溜まった所、湖沼を示す地名及びその語尾にも使われている。泉、水路、川、及び湿地などを示す例もありうる。山岳地帯では、山頂または中腹の平らな場所。山の中腹から麓のあたり。山中にある平らな所。例：池ノ平山*、池ノ山、菅池山*

・オザナミ　例：小佐波御前山（山近くの沢の水を集め、サザナミのように静かな瀬となり、立山より幼い小さい意より命名されたという。）
・シミズ・ショウズ・水　泉。湧水。単に水辺の意。例：清水岳、清水山、高清水山、水尾城山*
・スイギョウ　スイ（水）・キョウ（峡谷）で水辺・水際に近い谷や渓谷の多い所の意か。例：水行山
・ニゴ　ニゴは動詞ニゴ（濁）の語幹で「濁った所」、湿地や沼・川地の意。また、ヌケ（抜）の転訛で崩壊地形を示す語でもあるか。例：濁谷山
・ヌ　ヌ（沼）で、湿地、沼地の意。例：布尾山（ノ（助詞）・オ（尾）で山頂、高い所、山頂から裾へ曳く傾斜。尾根筋などの意がある。かつては布勢水海の突出したところだったと思われる。）

(7)　植物関係を対象とした山（植物名が土砂災害と関係するものも含む）

・麻（アサ）　アサは植物の麻の意もあるが、アス・アズの転訛で崩崖など崩壊地形。あるいは、オソ（遅）に通じ緩傾斜地、あるいは水の滞る地（湿地）などの意と思われる。例：麻谷山
・柿（カキ）　植物の柿の意もあるが、カキはカケ（欠）と同意の崖など崩壊を示す意ではないか。例：柿ケ原山
・柏（カシ）　カシは植物の柏の意もあるが、谷壁、山麓など傾斜地の意か。例：大柏山、樫ノ木平山
・カリヤス　植物の刈安の意もあるが、刈り払われやすい崩壊地形、崖崩れしやすい意か。例：刈安山
・木（キ）　例：毛勝山（ケカチは木勝で木の多い山の意か。終年雪の消えぬ谷の意もある。ケ（欠）・カツ（河谷）で崩壊地形の意か。）
・葛（クズ）　クズは、植物の葛の意もあるが、動詞クズレル（崩）で崩壊地形を示す意からか。例：北葛岳、クズバ山
・鍬・桑（クワ）　クワは、植物の桑の意もあるが、ワキ・ソバ・キワの意。キハ（際）の転訛か。クエ（崩）と同

系語で崩壊地形を示す語。あるいは尾根のくぼんだ所という意もあるか。例：鍬崎山、桑山

・笹（ササ）　ササは植物の笹の意もあるが、狭い・炸裂、裂かれるなどの意から急峻な崖・崩れ易い所を示す場合もある崩壊地形を示す語でもある。例：笹尾ノ頭、笹津山（ササ（淤）・ツ（津）にはいずれも水辺の意もあるので、同山は神通川沿いの単に山の意からか。）

・杉（スギ）　スギは、植物の杉の意もあるが、スキ（坏）で高所。あるいは単に動詞スキ（剝）の連用形で薄く切り取られた地形で崩壊を示す語か。例：大杉山、すぎおい山（スギオイヤマとは、スギはスキ（坏）で高所の意か。薄く切り取られた地形で崩壊を示す語か。オイはヲウの長音化で峰・丘・尾の意を示す語か。）、杉山、高杉山

・篠竹（スズタケ）　植物のスズタケの植生する意か。あるいはミ（美称）・スズと同じくススキの植生も考えられる。ススは山路、山の尾根という意もあるか。例：水須山

・白木（シラキ）　シラキは白色の幹の樹木という意もあるが、杉などの樹木も繁茂している所もある。山の斜面という崩壊地形を示す意などもある。例：小白木峰、白木峰

・菅（スゲ）　植物の菅が植生する意もあるが、スゲ・スガは動詞スゲル（挿）の語幹で「差しこむ」地形で崩れ易い崩壊地形を示す意からか。例：*菅池山

・蕎麦（ソバ）　ソバは植物の蕎麦の植生の意もあるが、ソバはソハ（岨）で、険しい所、崖、絶壁、急斜面、急坂という崩壊地形を示す語の意もあるか。例：ソバツボ山（ソバツボのソバとはソハ（岨）で「険しい所、崖、絶壁、急斜面、急坂」の意がある。また、ソハには「聳えるや斜めにする。傾ける。」などの意がある。ツボはツブの転訛で、ツボ（坪）＝ツブ（円）で、山頂の意で。ツブリ（頭）とも関係する語か。また、ツボには深く抉られた地形の意もある。）、そばかど峰（植物の蕎麦の実に似ている意からか。）

・竹（タケ）　タケは植物の竹の意もあるが、ダケと同意で崖や高所、川の上流の意の他に、急斜面など崩壊地形な

どの意を示す。例：岩竹山、*竹原山、竹里山

・栂（ツガ）　植物の栂の植生の意もあるが、ツギ（継）と関係し、段丘など段差のある地形。例：長栂山

・槻（ツキ）　ケヤキの古称ツキ（槻）で、その植生によるものか。ツキには高所、台地、動詞ツク（突）で突き出た所の意、崖などで崩壊地形を示す意もある。例：高附山（タカツキヤマ）、*月ケ原山、つくばね山

・栃（トチ）　植物の栃の植生の意もあるが、動詞トヅ（閉）と関係し、山などが取り囲んだ所。閉ざした所。あるいは閉ざして落ちる。崩れるから崩壊地形を示す意からか。例：朴ノ木山（トチノキヤマ）、栃平山

・梨（ナシ）　植物の梨の植生の意もあるが、ナラシ（平）の転訛で、平坦地や緩傾斜地。あるいはナシ（無）で、ない所で崩壊地形を示す語か。例：梨ノ木平山

・杯（ハイ）　ハイはハヤシ（林）の略で、単に樹木の茂った山の意と考えられる。例：御杯山（オハイヤマ。現地では、御林山と書きゴリンザンやオバヤシマとも呼称している。）

・萩（ハギ）　植物の萩が植生する意もあるが、ハギは動詞ハグ（剥）の連用形で崖や崩崖など崩壊地形を示す意もある。例：*白萩山

・榛（ハリ）　植物の榛の植生する意もあるが、ハリ（張）で張り出した所。あるいはハ（端）・リ（接頭語）の意もあるか。例：針ノ木岳、春木山（ハルはハリの転訛でハリと同系語か。）

・藤（フジ）　植物の藤が植生している意からか。例：後藤山（ゴウはコウ（高）・ト（処）で高い所の意も考えられる。）

・葡萄（ブドウ）　ブドウは植物の葡萄の植生する意もあるが、ブドウは連嶺、鈍頂の山や丘、低くて小さな谷という意もあるか。例：*葡萄原

・松（マツ）　マツは植物の松の植生の意もあるが、マツチ（真土）粘土で、単に土という意もあるか。例：高松山

・黄連（オウレン）　ミツバオウレン（漢方薬の原料）の植生している意。例：黄連山

・山葡萄（ヤマブドウ）　多くの山ぶどうが植生する所からの意か。例：軍頭峯（グンドウ（軍頭）とは山ぶとうの意。）

(8)　土砂災害（崖・地すべり・土石流・雪崩）関係を対象とした山

・アマゴ　アマは高所「天」の意か。ア（接頭語）・マガ（曲）か。アバ（褫）の転訛で浸食地形、崩壊地形。例：尼子谷山

・アラ　山の急傾斜面をいう山言葉。崖地。山崩れもしくは山暴で崩れ落ちた崖などの意。例：荒惣山、荒山

・ウチ　ウチ（内）で入り込んだ地形。山谷の小平地の意か。例：大地山

・ウド　崖、谷。狭い谷、山の奥深い所の意など。例：ウドノ頭

・オレ　折れは動詞ヲレル（折）の連用形で「曲がりたわんだ」状態をいうか。また、ヲレ（折）には「くじける」意もある。

・カキ　カキにはカケ（欠）と同じく崖や崩崖の意で崩壊地形を示す意もある。例：千垣山

・カクマ　動詞カグマル（囲）から谷頭・河谷などに囲まれた地形。カクレル（隠）で日陰。水流の屈曲した所の意か。例：小鹿熊山

・ガン　ガンは山の崩れた所。例：雁谷峯（ダンは谷で、山や谷あいの崩れやすい意からか。）

・クエ　クエは山崩れ、崖の意からか。例：久江原山

・クズレ　動詞クズレル（崩）の連用形で崩壊地形を示す。例：岩崩山

・クボ　クボは周囲より低く窪んだ所。谷間。山頂の窪み。尾根のたわみ。山間の湿地で崩壊地形を示す語か。例：船窪山

・クラ　クラは、山中の切り立つ地形、岩壁、断崖、山の岩の多い所、谷を意味する古語。例：大倉山、鞍骨山*（かつて同山に山城があった。鞍骨山城山を略して鞍骨山と呼称するが、もともと崩壊地形に造営された山城である。）、

定倉山、*白倉山、高倉山、*滝倉山、*塔倉山、七倉山、*鍋倉山、*肉蔵山

・ゴロウ　ゴロウ（五郎）はゴロの長音化で、大きな石・岩がごろごろしている所の意からか。例：野口五郎岳（峰の入口に位置し、山全体が石・岩でごろごろしている所の意からか。）

・サカ　サカは傾斜している所。山の峠。サ（狭）・カで、カはコの転訛で処の意。崩壊地形を示す意からか。例：坂本山

・シナ　シナ（段）は段丘。傾斜地。浅い皿状の小盆地。例：大品山（大きく傾斜し段丘をなす意からか。）

・ジャ　ジャ（蛇）はザレ・ゾレに通じ、「崖地」を示す。大蛇伝説に関係する意もあるか。例：蛇ヶ谷山

・シラ　シラは山の斜面の意か。例：白子ノ頭（コは処の意か。）

・スゴ　スゴは恐ろしいほど荒涼とした意からか。例：スゴノ頭

・セト　セトは両側から山迫った狭い谷の意からか。例：瀬戸蔵山、背戸山、*樋瀬戸山

・セラ　急傾斜地の意か。例：*赤瀬良山

・センバ　センバはセマ（狭）・バ（処）で狭い所の意からか。例：千羽山

・ソウレイ・ソウレ　ソウレイ・ソウレはソレと同系語で、崖や傾斜地を示す語か。地すべりや山崩れを起こしやすい地形。山などの土が崩れ落ちて崖になった所。例：大双嶺山、北ソウレ山、高草嶺、日尾双嶺山

・タイラ・ヒラ　従来の平地や平原の他に、山岳地帯では、山頂または中腹の平らな場所。山の中腹から麓のあたり。山中にある平らな所。例：*池ノ平山、大平山、*平ヶ原、開木山、*平尻山、平山、*舟平、向平

・タキ　山・山腹の急傾斜地。絶壁。山の側稜と側稜の間の沢の意か。例：大滝山、*滝倉山、滝又山

・タロウ　タロウはタラと同語。タロウ・タラは「穏斜」の意か。また、タラ・タロウはタイラの転訛からか。タロウには、峠または坂の意もあるのか。例：太郎山（「太郎」とはタラに当て字したもの。太郎の山は、ゆるやかな傾

斜をもつ山の意か。）
・クレ　クレ（崩）の意もあるので崩壊地形も考えられる。例：古能久札山（コノグレヤマは、コ（木）のクレ（暗）で、木々が鬱蒼としげり暗い日陰が多い山の意からか。）
・タテ　タテは高くなった所。岩壁。急傾斜地。動詞タツ（断）と関係し、崩壊地形を示す語か。館という意も考えられる。例：立山
・ツブリ　ツブリは頂上、山頂等の意で、動詞ツブ（潰）の連用形で崩壊地形などを示す意か。例：タカツブリ山
・ツル・ズル　ツル・ズルは動詞のズレ・ズルで「崩れる」の意か。例：笈ヶ岳（オイズル・オイツルはオヒ・ズルで、オヒは動詞オブ（帯）の連用形で「細長くめぐった状態」の帯に見立てた地形の意か。）、負釣山、負釣山南峰
・ツン　例：ツンボリ山（ツンボリのツンは突き出た意か。ボリはホリと同系語で掘・穿などで抉り取られの崩壊地形を示す意がある。）
・トウ　トウは山頂。ト（鋭）の長音化。動詞タウス（倒）の語幹タフの転訛で傾斜地や崖の意か。例：塔倉山
・トギ　動詞トグ（利・鋭）の連用形で鋭く尖った地の意。例：とぎのしま山（ノは助詞。本来、シマは周囲が水に囲まれた陸地の意が多いが、山々においても突き出た島状の地形を場合がある。）
・ナデ　動詞ナヅ（撫）の連用形で崩壊地形を示す平坦地や緩傾斜地をいうのか。例：輪撫山（ワ（輪）は曲がりくねった意からか。）
・ナナ　ナナはナナメ（斜）の下略形で傾斜地の意で、ナナには数多くという意もある。例：七尾山
・ナラ　ナラは動詞ナラス（均）の語幹、あるいはナル（平）の転訛。平坦地、緩傾斜地で、崩壊地形に関係する語か。例：奈良岳
・ナル　ナルはナル（平）・コ（処）で平坦地や山中などの平坦地の意か。ナル（鳴）で川音などの音響近くの意も

あるか。四国・中国地方には、ナロ・ナルと呼ぶ地名が多い。「奈路」の他「成」を当ててナロと呼び、「平」と書いてナラあるいはナル・ナロと呼ばせる所もあれば「坪」や「鳴」をナロと読ませている所もある。これらの地名は、山地に多く穏斜あるいは平らな場所を示す語か。例：鳴沢岳、成谷山

・ニク　ニクはヌク（抜）の転訛で、落ちる・崩れる意で、崩壊地形を示す語か。例：*肉蔵山

・ノマ　ノマとは雪崩の意か。例：大沼山（ヌマはノマの転訛で、オオヌマはオオノマ・オヌマで大雪崩の意か。）

・ハゲ　山中で岩や土の露出した山。山くずれし易い山。例：*赤ハゲ山、*白ハゲ山、ハゲ山

・ハツ　動詞ハツル（削）の語幹で崩壊地形を示す語か。例：八丁山（チョウはチャ・フの転訛で崖などが崩れる崩壊地形を示す語か。）

・ハッカ　ハッカ（八ヶ）は崖の意か。例：八ヶ山

・ババ　ババは崖・傾斜地・斜面など崩壊地形を示す語か。例：祖母岳

・ハラ　ハラはヒロ（広）、ヒラ（平）の義。山腹。林。単に場所の意もある。例：*竹原山、*月ケ原山、*平ヶ原、*葡萄原

・ヒシ　ヒシ（菱）は切り立った岩壁。崖。斜めに傾いている意の崩壊地形を示す語である。例：黒菱山、五龍岳（ゴヒシ（御菱）が訛ってゴリュウ（五龍に当て字）になったといわれている。）

・ヒノ　ヒノはヒ（樋＝水）・ノ（野）で水の流れる野、湿地にある崩壊地形を示す語か。例：*樋瀬戸山

・ホラ　ホラは山などの崩れた所。崖。谷間の行き詰った所。山間の谷地など崩壊地形を示す語か。例：洞山

・堀（ホリ）　例：唐堀山（カラ（空）・ホリ（堀）で乾いた干しあがった堀・窪地の意からか。）

・マド　マドは山が切れ落ちている大きな鞍部。あるいはマドカ（円）から円形の形状・地形の意からか。例：小窓ノ王

・ミスミ・ミスマ　ミスミ・ミスマはミ（接頭語）・スミ（隅）で片隅の意で、ミ（接頭語）・スビ（窄）の転訛ですぼまった地形の意で崩壊地形を示す語か。例：三角山

・ミズナシ　ミズナシ（水無）はがらがらの岩の沢。ミズ（水）・ナシ（成）で湿地の意もあるか。湿地で崩れやすい意からか崩壊地形を示す語か。例：水無山

・モモ　モモはママの転訛で崖系の語か。例：モモアセ山（アセは水の浅い所。アズの転で崩崖など崩壊地形を示す意か。）

・ヤキ・ヤギ　ヤゲの転訛で岩や木の陰の意か。山間の狭い小谷の意で崩壊地形を示す意からか。例：焼山

・ワリモ　ワリは割れた地形で崩壊を示す語か。モ（面）で表面の意か。例：割谷山、ワリモ岳

(9)　「鉱物」関係を対象とした山

・アカマッコ　例：*赤摩木古山（もともと現在の見越山だといわれているが、山頂直下が石英粗面岩の露出のため赤く見え、さらに岩壁を意味するマクが訛ってマッコとなり、アカマッコヤマとなったのではといわれている。根拠は薄弱。）

・イシ・イワ　岩石全体の総称。例：石場山、*岩崩山、*岩竹山、岩長山、*黒岩山、碁石ヶ峰（小石の多い意か。）

・カワラ　瓦となる地質の山で、瓦を焼いていたことからの命名か。例：瓦山

・キクイシ　菊石はアンモナイトの和名で、頂上付近でアンモナイトが発見されたことからの意か。例：菊石山

・スイショウ　水晶の採掘される山の意からか。例：水晶岳

・スバリ　スバ（岩）が張り出したところの意からか。例：スバリ岳

・ソフ　ソフはたまり水に浮かんだ鉄さびのように光るもの。泥の中の酸化鉄。副詞ゾブゾブで水の音に通じて湿地を示す語か。例：*赤祖父山、祖父岳

・マサゴ　マサゴは花崗岩の風化した砂で覆われているところから命名されたのか。例：真砂岳

⑽　「伝承」・「伝説」関係を対象とした山

・オニ・オンド　オニは鬼伝説。奇岩怪石などの露出した地形。ヲネ（峰・峯・尾根）またウネ（畝）の転訛などが考えられる。オンドはオン（陰）・ド（処）で日陰地。オンドはオニトでオニとも同系語か。例：鬼場倉ノ頭、隠土山、オンダン山（ウンタン・オニタンと同系語か。）

・キラズ　山の神の祟りを恐れて山の木を切らないという意からか。例：キラズ山（かつて木羅良山とも表記した。）

・源（ゲン）　源氏と平家に関係する意か。例：源氏ヶ峰、源平山

・木挽（コビキ）　山中で樹木を伐採して木を挽いたことに由来する意か。例：*奥木挽山、*木挽山

・仙人（センニン）　仙人の居そうな奥深い地の意からか。仙人伝説のある地。例：*南仙人山、*北仙人山、*仙人山

・天狗（テング）　天狗を祀った所。天狗伝説によるもの。また山頂をいう場合もある。例：天狗ノ頭、天狗山（妖怪的山神として畏敬された天狗に因んで命名されたか。）

・仁王（ニオウ）　例：仁王山（仁王様になったような思いで、山から四方八方に睨みを利かせるという意から命名されたといわれている。）

⑾　瑞祥に関係する意からのもの

・大観（ダイカン）　大展望のできる地の意で、瑞祥を示す語か。例：大観峰

⑿　「人名」関係を対象としたもの

市兵衛山、ダイジロ（大次郎）山、太郎山は、人名の意の他に、タロウには小平地、峠、鞍部、撓んだ地形の意もある。南保山は、南保氏が居住した意からか。*南保富士は、南保山と同意の南保氏の居住した富士形の山の意からか。八若山は、後醍醐天皇の第八の宮（尹良親王）に因む意といわれている。

⒀　対象不明でユニークな山名

阿別当山（アベットウヤマ）、一山山（イッサンヤマ）、一服山（イップクヤマ）、イブリ山（エブリで水田の土をならす農具のことで、地元の人たちが訛ってイブリになったという。）、不帰岳（カエラズ）、不帰嶮（カエラズノケン）（動詞カヘル（反・返）の連用形で「傾斜地」の意。あるいはカヘリ（帰）で、谷の行き止まり。山が険しく一度入ったならば出戻れないほど険しい意からか。）、タカツブリ山（タカ（高）・ツブリ（山頂・頂上）で、単に高い山の意からか。）、潟山（カタヤマは、潟の近くの山。あるいは林など山際という意からか。）、小糸山（コイトヤマはコシ（越）・ト（処）で越すところ、峠のある意か。）、御殿山（ゴテンヤマは台地、あるいは頂上付近が平坦な所で邸宅・社殿・山城などがあった所ともいわれる。）、天王山（テンノウザンは長慶天皇の陵墓という意もある。山頂、頂上を示すテンジョウの転訛という説もある。）、高落場山（タカオチバヤマ。オチとは元にもどる、若返る、水が再生する、誕生する。オチはオチ（落）で傾斜地、崖などの意。ウチ（内）に通じ、小盆地の意からか。オンヂ（隠地）の転訛で、日陰地で湿地で水辺に関係するのか。近くに夫婦滝がある。）

⒁　単に山の「位置」「場所」関係を対象とした山

・クニミ　山頂で展望のきく所。かつて国境を見るのに見晴らしのいい場所の意からか。小高く眺望のできる山の意からか。例：国見岳、国見山

・サカイ　境は境界・区切りなどの意。山を境界にする場合が多い。例：三国境、三国山

・ナビ　ナビは並ぶ意か。例：サンナビキ山（サン（山）・ナビ（並）・キ（割）で、キは割れる、いうなれば間で、同山は毛勝山と駒ヶ岳の間にある山の意からか。）

⒂　単に「山」の意を重複語化したもの

雄山（オヤマ）、高尾山（タカオヤマ）、高頭山（タカズコヤマ）、高津峰山（タカツミネヤマ）、高場（タカバ）、

高峰（タカミネ）、高峰山（タカミネヤマ）、タカンボウ山（タカン（高）・ボウはホウ（峰）山の意からか。）、高山（タカヤマ）、多子津山（タゴツヤマは、タゴ（高い所）・ツ（単に場所）で、単に高い山という意からか。）、峠山（トウゲノヤマ）、土山（ドヤマ）、中尾（ナカオ）、長尾山（ナガオヤマ）、中背山（ナカセヤマ）、間山（マヤマ）

⒃「分割」・「方向」・「前後」の意を示す修飾語が付く山

・前　マエ（前）は、前方、前面。特に神社や仏閣の前方にある。例：前医王*（イオウは薬師如来の異称で、マエイオウは、医王山の本峰の前方にあるという意からの命名か。医王山は山々自体、ご神仏が宿る山として崇めたので、前医王という呼び方をしたのかもしれない。また、単に語呂が良かったとも考えられる。）、前劔〈劔岳〉、前朝日*〈朝日岳〉、前笈ヶ岳〈笈ヶ岳*〉、前八乙女山〈八乙女山*〉

・裏　例：裏旭岳〈旭岳*〉

・奥　例：奥赤谷山〈赤谷山*〉、奥医王山〈医王山*〉、奥木挽山〈木挽山*〉、奥南保富士*〈南保富士〉

・御前　例：立山*、小佐波御前山、御前山、劔御前〈劔岳*〉

・三方　例：三方山*、三方山Ⅰ峰、奥山＝三方山*、猿ヶ山、袴腰山

・東、西　例：東笠山*、西笠山、東釣鐘山*、西釣鐘山

・南、北　例：丸山南峰*、丸山北峰

・三峯（単称・南・北）　例：仙人山*・南仙人山・北仙人山

・野手　例：野手高津峰山〈高津峰山*〉（ノテは高津峰山の日蔭側の意からか。）

・前・中・奥　例：前金剛・中金剛・奥金剛〈金剛堂山*〉

・四峯（単称・前・中・奥）　例：大日岳・前大日岳*・中大日岳・奥大日岳

・夫婦・男・女　例：夫婦山*・女山*・男山*

三　「ヤマ（山）」を意味する接尾語　―富山県内の山名を例に―

「山」そのものを意味する名称に「～山」の表記の他に、～岳《たけ》（～嶽、ダケ）・～峰《みね》（嶺）・～根《ね》・～尾・～森・～林・～頭など、いろいろと表記される。これら「山」をさす接尾語は、何か一定の基準があって、山・岳・峰・根・尾・森・林・頭などの接尾語が用いられるのか。例えば、～モリ（森）は四国・東北地方に分布が限られる「山」をさす接尾語といわれている。

「ヤマ（山）」は、一般的に起伏の大きな地形を意味するが、全国的に屋敷林や雑木林、平地林にも「ヤマ」の語が用いられることが多い。もともとヤマは地形をさす語ではなく、木が生えている場所を単にヤマと呼んだのではなかろうか。

例えば、地形的にはタニ（谷）とかクボ（窪）がふさわしいような場所もヤマと呼ばれる場合がある。日本では、大方、木が茂っていたり、傾斜地が多く、田畑として利用できない山地などは概ねヤマと呼ばれている。ちなみに、『出雲風土記』では、木の生えている山はヤマ、そうでない山はヌ（野）というように区別されている。また、畑のことをヤマと呼び、農作業のことをヤマシゴトと呼ぶ地域も全国的に多い。富山県におけるモリやハヤシの付く地名を全国的に比較検討してみる限り、木の生えている場所をあらわすヤマとはいいがたい。

(1)　富山県内の「山」を意味する接尾語

富山県の山名を例に、「ヤマ（山）」を意味する語尾語を考えてみたい。

①　～山〈Aヤマ、Bザン、Cサン、Dセン、Eゼン〉

何々山の「山」は、ヤマと呼ぶものとサン（ザン）と呼ぶものとは、一般的には「ヤマ（山）」そのものによって大体決まっている。富士山はフジサン、浅間山はアサマヤマ、阿蘇山はアソザン、立山はタテヤマというように、それぞれの山によっておおむね一般的呼称が決まっている。この一般的な呼称は、それぞれの山の語音・語調・語呂によることが多い。

ただし、何々サンか何々ザンかは、地元の人の間でも必ずしもはっきりしない。例えば、何々岳の「岳」がタケかダケか明確でない場合があるのと同様である。

Aヤマは高く凸起した所。語源はイヤ（弥）・マ（間）か。森林。林。山の幸のある所。Bザンは山名語尾。懸崖。崖。濁音読み。Cサンは山名語尾。ヤマ（山）の音読。仏寺の山号による地名。Dセンは字音のセン（山）で、山名語尾として使われることが中国地方に多い。滝や丘陵の意もある。Eゼンは字音のゼン（前）で手前の意。センの濁音化。特に山名語尾は濁音化している例が多い。

山をセンと呼ぶ例は、鳥取県の大山を筆頭に中国山地に多く見られるが、ことに鳥取・岡山両県の県界山地が中心的分布をなしている。鏡味完二氏の『地名学』には、山の地名について「-sen（山或は仙）、-take（岳）、-mori（森）、-mine（峯）などの種々の型に対して、-yama（山）だけが太古から今日まで、山岳の意味をもちつづけて、ついには国語となったので、地名としても全国的に通用され、分布するようになったものと解される。」と記す。

例：A太郎山（タロウヤマ）、寺地山（テラチヤマ）、天狗山（テングヤマ）、布引山（ヌノビキヤマ）・牛首山（ウシクビヤマ）など。B浄土山（ジョウドザン）、仁王山（ニオウザン）、猿倉山（サルクラザン）など。C別山（ベッサン）、黒部別山（クロベベッサン）、小鹿熊山（オガクマサン）など。D伽羅陀山（カラダセン）など。E医王山（イオウゼン）、奥医王山（オクイオウゼン）など。

②　〜岳（岳・嶽・嵩）〈Aダケ、Bタケ〉

Aダケ・Bタケは高い山に多く見られ、飛騨山脈などは大半の山がタケである。ヤマに木が茂っている所という意味を含んでいるため、森林限界をこえた高山は、ヤマとは呼ばなかったからではないだろうか。低い山でもタケのつく場合があるが、岩石が露出して木の生えないような所をさすか。方言においてダケは崖、断崖をいう例があるが、岳山や御岳山などのようにタケにヤマが付く山名が各地にあるのは、ヤマが山岳をあらわす一般的な語として優勢になったため、後に山を追加したのではなかろうか。

これらの意は、「相当に古く、多く中央アジアや蒙古・西蔵に見る蒙古語Tagu（山）にもとずく語であると思う。『古事記』の天孫降臨の段に「久土流高千穂之多気」に天降るという多気即ちタケはこれである。そしてダケに丘や嶽とあてるのは一見してわが国音のようであるが、実は外来音である」という。

タケは、山、高山、高所。「岳」「嶽」の用字で山名語尾としても使われる。ダケと同じく崖など崩壊地形・浸食地形を示す。ダケは、山、山岳、北アルプスの山々の称、信仰と関係のある山の称、絶壁・崖。岩石の露出した山。

「岳」と「嶽」は同じである。岳は新字であって嶽はその古字である。

例：A三俣蓮華岳（ミツマタレンゲダケ）、野口五郎岳（ノグチゴロウダケ）（別名：中ノ俣岳）、鷲羽岳（ワシバダケ）、赤岳（アカダケ）など。B赤木岳（アカギタケ）など。

③　～頭〈Aズコ、Bアタマ、Cカシラ〉

何々頭と呼称する「ヤマ（山）」も少なくない。「山」を意味する接尾語としての頭は、谷や沢の源の突起部、あるいは枝尾根が主脈に合するあたりの隆起が目立っている場合に「何（沢）ノ頭」などと呼称する例が多い。頭は、主峰的な存在または何山・何岳と呼ばれるような顕著な独立的存在でない場合が多い。しかし、中には何山・何岳と呼ばれて然るべきものもあり、必ずしも厳密な区別はなされていない。

Aズコは、ズコウと同意で絶壁の頂点の意。ズコはツコで、塚の転訛で「高所」をいうのか。Bアタマは、渓谷や渓流の源に当たる峰。また凸起ならざる尾根の上部にも当てる。山名語尾として用いられることがある。Cカシラはカシラ（頭）で「源頭」の意。カシ（傾）・ラ（接尾語）で傾斜地を示し、山をも示す。トウに「頭」の字を当て訓読したか。
例：Aスゴノ頭（スゴノズコ）、鬼場倉ノ頭（オンバグラノズコ）など。B天狗ノ頭（テングノアタマ）、大谷ノ頭（オオタニノアタマ）など。C赤谷ノ頭（アカンダンノカシラ）など。〈山の意を重複した語尾語：頭山〉：高頭山（タカズコヤマ）

④　〜根（嶺・峰）〈ネ〉／〜峰・峯〈Aミネ、Bホウ、Cボウ、Dポウ、Eツボ〉

「ネ（根）」は、富士ヶ根・筑波根・浅間根などのように、「山」と同義に使われてきた。「嶺」や「峰」をネと読ませていることも多い。しかし、「ネ（根）」は、「山」と同義の他に「丘の麓」を意味することもある。山や丘の裾によくある「山之根」という地名などの根は、山麓をさしている。山城の麓にできた城下集落をいう根小屋の「根」も、山という意よりも、山麓の意とみるのが適切であろう。

ネはネ（嶺）で、「山頂」の意、ミネ（嶺）の上略形か、ネ（根）と同源か、ヲネ（尾根）の意か。ネ（根）で、「根元、付根」「麓。裾。」の意か。Aミネは山頂、山稜、山の峠。Bホウは山などに囲まれた地形。Cボウ・Dポウは各地の山名語尾。崩壊地形の所。Eツボはツブの転訛で、頂上、山頂をいうか、頭をいうツブリと同源か。また、ツボはツバで動詞のツバクム（凸）と関係し、突き出して高くなった所の意か。

〜ネ（嶺）に美称のミをつけたのがミネ（峯）。峰・嶺・峯と表記する。大峰・三峯など山の名として使われているが、もとは山全体ではなく山頂あるいは山頂以外の頂をさしたものか。ミネが三つあるので三峰、三峰山となる例などはその典型で、富士山や御岳山の剣ヶ峰も山の一部である。山や台地の麓を意味する地名で、根と表記する。
例：〈根〉：北横根（キタヨコネ）。〈山の意を重複した語尾語：根山〉：横根山（ヨコネヤマ）、木ノ根山（キノネヤマ）など。〈峰・峯〉：A押場峯（オシバミネ）、戸田峰（トドミネ）、高峰（タカミネ）、白木峰（シラキミネ）、奥座峰（オクザミネ〉。〈山の意を重複した語尾語：峰山〉：高峰山〈タカミネヤマ〉、高津峰山〈タカツミネヤマ〉など。Bカラモン峰〈カラモンホウ〉、雁谷峯〈ダンダンホウ〉など。C大観峰〈ダイカンボウ〉。〈山の意を重複した語尾語：ボウ山〉：タカンボウ山〈タカンボウヤマ〉など。D三方山I峰〈サンポウザンイッポウ〉、黒部別山南峰〈クロベベッサンナンポウ〉、黒部別山北峰〈クロベベッサンホッポウ〉など。D三峰〈ミツボ〉など。

⑤　〜尾〈オ・ヲ〉／〜丘（岡）〈オカ〉・〜畝〈ウネ〉

オ（尾）は、古くから「山」と同義に用いられてきた。例えば、長尾・高尾・槇尾・栂尾など山の近くにある「尾」が付く地名は、「山」に関する地名である。また、高尾山・長尾山など「尾」と「山」が同一に付く地名は、「山」の意を重複した表現である。尾尻・尾崎・尾附などの地名は山や丘の斜面が長くのびて平地に終わる麓にある場合がある。この時の「尾」は、「山」あるいは「丘」そのものよりも、むしろ「山」や「丘」の麓をさすと見る方が妥当であると思われる。すなわち、「尾」は「根」と同様に、「山」・「峰」の意の他に、「山麓」の意もあるということである。

「オカ（岡・丘）」は、一般的に「山」よりも低平で、山や岡・丘の一部が長く尾をひいて連なれば、それはオカではなく、むしろオネとなる。またウネもオネと同語である。

オは、ヲ（小）で「小」「細」の意。ヲ（峰・丘）で「陸。高み。峰。連峰」の意。ヲ（尾）で山裾の末端をいう。オカは、ヲ（峰）・カ（処）で丘、岡、丘陵、山稜、主稜から分かれて谷へ下る尾根、側稜。ウネは、小高く連なった所、小高く連なる丘陵、峰または頂上、峰の頂上、傾斜地などの意がある。

例：奥山西ノ尾〈オクヤマニシノオ〉、中尾〈ナカオ〉、〈山の意を重複した語尾語：尾山〉：高尾山〈タカオヤマ〉、長尾山〈ナガオヤマ〉

⑥　〜折立〈オリタテ〉

オリタテ（折立）は、下り斜面になった所。ヲリ（折）・タチ（立）で「崖をともなった台地や急傾斜地」をいう。

山名語尾に用いられることもある。例：富士ノ折立（フジノオリタテ）

⑦　～平〈Aダイラ、Bビラ、Cヒラ〉

Aダイラ・タイラは、山頂または中腹の平らな場所、あるいは山の中腹から麓あたり。あるいは山中にある平らな所などの意か。Bビラ・Cヒラは、崖、傾斜地、斜面、山の中腹、山腹、坂、山の一部が平らになった所、台地。例：A雪見平（ユキミダイラ）、舟平（フナダイラ）。Bマッキン平（マッキンビラ）、向平（ムカイビラ）など。C大平（オオヒラ）など。

⑧　～御前（ゴゼン）

ゴゼンは、神前、神社のある所、オホ（大）・マヘ（前）。例：剱御前（ツルギゴゼン）

⑨　～剱（ツルギ）、嶮（ケン）

嶮しい山や突出した山を剣にたとえた地名か。鋭く尖ったという字義による漢語。例：一服剱（イップクツルギ）、前剱（マエツルギ）など。

⑩　～境（ザカイ・サカイ）

動詞サカフ（境）の連用形で「境界、区切り」の意。日本人は古来、山稜（峠）などを自然境界として強く認識してきた。山の峠＝境界の意。例：三国境（サンコクザカイ）など。

⑪　富士（フジ）

フシ（節）で高い所、微高地の意。富士山に似た型の山の意。「～富士」の名は万葉時代に各地に伝播したという。「富士山」の山名を借りた美称地名。例：南保富士（ナンボフジ）など。

⑫　原（ハラ）

ハラには、従来のヒロ（広）、またヒラ（平）の義や広い平野の意があるが、山岳においては、林、神聖な地・場所または山腹という意がある。例：葡萄原（ブドウハラ）、平ヶ原（ヒラガハラ）など。

⑬　～堂（ドウ）

ドウはトウと同意で、山頂、山の峰つづきの最高所、峠の意など。例：山神堂（サンシンドウ）〈山の意を重複した語尾語：堂山〉：金剛堂山（コンゴウドウザン）

⑭　金剛（コンゴウ）

仏語「金中最剛」の略で、金剛界のこと。「最も固いもの。仏道を極めて物に迷わないこと」をいう。金剛蔵王菩薩信仰による地名。また山号・寺号の地名化。例：奥金剛（オクコンゴウ）、前金剛（マエコンゴウ）、中金剛（ナカコンゴウ）

⑮　坊（ボウ）

ボウ（坊）で堂宇の意。ホ（秀）の濁音化か。ホ（秀）で、秀でた所の意から突き出たもの、各地の山名語尾にあり。例：三千坊（サンゼンボウ）

⑯　嶺（レイ）

山を示す接尾語。漢語「嶺」よりか。例：高草嶺（タカソウレイ）

⑰　山の神（ヤマノカミ）

ヤマノカミは、山に宿る神の総称のことで、地域によっては山神（ヤマガミ）ともいい、また、実際の神の名称は地域によっても異なる。ただし、総称は「山の神」や「山神」で共通である。ちなみに、「山の神」の原像は、『日本書紀』・『古事記』のイザナミノミコトとも一致し、日本神話では大山祇神などの山の神として登場する。また、比叡山や松尾山の大山咋神、白山の白山比咩神社など特定の山と結びついた山の神をもいう。例：山の神（ヤマノカミ）

⑱　又（マタ）

マタは沢の支流や谷、二股状に分かれた谷の分岐点をいう。マタテ（馬立など）は、まっすぐに立つ意か、谷壁、山腹、谷頭、川や山壁で取り囲まれた地形、峡谷のけわしい地形、台地・段丘の上の意など。例：天ノ又（テンノマタ）

⑲　尾山（オヤマ）

ヲ（小）・ヤマ（山）で、小山のこと。ヲ（大）・ヤマ（山）で、大きい山の意もあるか。ヲ（峰）・ヤマ（山）で、類義語を重ねたもの。鎮守の森。特定の霊山の代名詞でもある。小山、雄山、御山、小山など。例：尾山（オヤマ）、雄山（オヤマ）

⑳　露（ロ）

ロは接尾語、ラと同じく漠然と「場所」を示すか。ド（処）の転訛もあるか。また、ロウマルからか山脚や円頂峰の対地名か。例：宇津露（ウツロ）

㉑　寺（テラ、デラ）

テラ・デラには、寺院、仏寺の他に、タヒラの転訛で平坦地、緩傾斜地をいう。あるいは山中の平らな所、単に傾斜地という意もある。例：上寺（ウワデラ）

㉒　坂（サカ、ザカ）

サカ・ザカは、坂の意の他に、傾斜して勾配のある所、山の峠。サカ・ザカ（坂）は「峠」を示す古語。サカヒ（境界）の意。また、サカ・ザカは逆立ったような険しい地形をもいう。例：祝坂（イワイザカ）

㉓　城山（Aシロヤマ、Bジョウヤマ）

シロヤマ・ジョウヤマは、城塞のつくられた山や城塞のあった山の意か。例：A城山（シロヤマ）、B城山（ジョウヤマ）

㉔　城（シロ）

シロ（城）で城塞・城郭の意で、語源はシロ（代）の義。例：貉ケ城（ムジナガシロ）

㉕　峠山（トウゲヤマ）

峠にある山の意。鞍部にある山の意。タワ・コエからの意か。例：峠山（トウゲヤマ）

㉖　道（ドウ）

ドウはトウと同意で、山頂、山の峰つづきの最高所。峠の意ではないか。例：尾道（オドウ）

㉗　高場（タカバ）

タカバはタカハと同意で、タカ（高）・ハ（端）で、高所または高所の端部という意か。例：高場（タカバ）

(2)　立山連峰における特殊接尾語

①　塀（ヘイ）

薬師岳では一ノ塀・二ノ塀という「～ノ塀」がある。これは、山の主稜から横に張り出した尾根筋を「塀」に見立てたものである。

②　窓（マド）

山稜の深く切れた地形を「窓」という。剱岳の大窓・小窓・三ノ窓（三ノ窓王ともいう王（オウ）はヲ（峰・尾）のことである。）などがある。

③　「ビンガ」「ガビン」「ヒシ（菱）」

「～ビンガ」「～ガビン」「～ヒシ（菱）」のいずれかが語尾に付く地名は、富山の山岳地帯では岩壁を示す語である。富山県は岩壁をカベと呼ぶ。なかでもビンガ、ガビンとは大岩壁をいう。黒部峡谷に黒ビンカ、大タテガビンがある。「～ヒシ」とは、菱餅を重ねたような岩壁をいう。早月川の左岸に天狗菱、道山菱がある。

④　「チンネ」
ドイツ語で巨大な岩壁をもつ鋭峰や尖峰のこと。劔岳頂上から北東八〇〇メートルの岩場をチンネといい、外来語が固有名詞化したもの。日本では、ふつう劔岳の近くのある三ノ窓王の東側にある所をチンネと呼称している。

⑤　「ジャンダルム」
チンネからさらに北東五〇メートルのところにある岩場をジャンダルムという。フランス語で警官や護衛兵のことで、尾根上の通行を邪魔をする岩の意という。山名では前衛峰をいう。チンネの前にあるので命名されたという。

⑥　「ゼッコ」
古代の律令制下において、戸口の死亡により戸を構成する人がまったくいなくなることを、ゼッコ（絶戸）といった。ここでのゼッコも人が一人もいないという意からの呼称か。

⑦　「ジャラ」
宗教用語で龍神の意か。例：大ジャラ、中ンジャラ

四　山と信仰について　―立山・二上山・医王山・石動山を例に―

(1)　立山と山岳信仰

①　立山の名称
タテヤマは、『万葉集』をはじめ古い文献ではタチヤマとなっている。タチヤマは「太刀山の意」であるという通俗的な解釈は、後世になってから「太刀」のイメージが加わったと考えた方が穏当である。タテヤマは、本来、「聳え立ちたる山」、「切り立ちたる山」のことで、それに神の顕現を意味する顕ち山が重なったのであろう。

この立山とは、富山県南東部に位置し、北アルプス（飛騨山脈）の北部にあたる山である。立山には、三つのピーク（頂上）がある。雄山（三〇〇三メートル）、大汝山（三〇一五メートル）、富士ノ折立（二九九九メートル：富士権現を祀り、岩が切り立ったような危険な峰のよう）で、三つの頂上が一つの巨大な山塊を構成している。

②　後立山の名称

「後立山」という名称は、立山の背後にあたることを意味する。越中国（富山県）側から見ての呼称である。越中の古文献に「後立山（ゴリュウザン）」という山名が見えるが、これは現在の鹿島槍ヶ岳だといわれている。

立山は古来より信仰の対象とされていた。よって、立山連峰の山々の山名や地名には、山岳信仰に関連する名称が多くみられる。それに比べると後立山連峰の山々は、宗教色は薄い。

③　立山をさす場合

立山をどこまでさすかは、いろいろな解釈がある。狭義的には、三つのピーク（雄山、大汝山、富士ノ折立）を立山と呼ぶ。俗に立山本峰ともいう。

立山本峰のここでの「峰」とは、「その山の山頂、山稜、または尾根筋の意。」をいう。立山信仰の中心である峰本社が座する雄山という山名は、江戸時代の絵図にはみえない。「立山」「立山御前」と記されたり、あるいは「峰本社」「御本社」と記されている。また、仏教用語で、仏の三十二相の一つ「頂髻相（ちょうけいそう）」である仏の頭の形に似ているため「鳥瑟（うしつ）の峰」とも記されている。現在の呼称はかなり後になっての呼び方である。

立山をさらに狭く解釈して、雄山神社の峰本社が鎮座する雄山だけをさす場合と、三ピークで最も高い大汝山（『古事記』に見える大穴牟遅の神（大国主神）という国魂神を祀る祠が、同時にあったので命名されたという。）だけをさす場合もある。

また、立山本峰（雄山、大汝山、富士ノ折立）とその南北に聳える浄土山と別山をあわせて立山三山と呼ぶこともある。浄土山とは、「仏教の浄土に見立てて命名された山の意。」と考えられ、立山曼荼羅の中では、浄土山の上空に紅の日輪とともに二十五菩薩来迎の姿が描かれている。また、別山は立山本峰（本山）と対になる名称で、頂上には帝釈天を祀る祠があるので、別名「帝釈岳」とも呼ばれる。別山とは、神社の本宮と別宮、寺院の本山と別院と同様の意と思われる。

鬼岳、獅子岳も加えて立山連峰という連峰名での呼び方もある。鬼岳や獅子岳は、霊山である立山の一角で、神社における狛犬や獅子のように、守護神的役割を担った山の意からの命名ではないか。

広義的に剱岳や大日岳などの峰々をはじめ、かつて立山本峰を中心に周辺の山々で行われた山岳信仰、俗にいう立山信仰の舞台となった連峰全体を立山という場合もある。大日岳は、大日如来に由来する。峰（頂上）からは平安時代初期の錫杖頭が出土している。別名金峯山とも呼ばれている。これは同じ修験者の聖地とされている奈良県の吉野の金峯山になぞらえたものと考える。

立山が、最初に文献上に見えるのは『万葉集』巻十七の「すめ神の領き坐す多知夜麻」である。すなわち尊い神の領有支配をうけた神山と詠われている。立山そのものが神であり、神が宿る聖地として古来から畏敬されてきた山である。立山を中心に、同山中の地獄信仰に浄土の思想が習合され、法華、観音、地獄、大日、不動の信仰を混在しながら仏の本地を阿弥陀如来とし、立山権現の信仰形態を基本として宣布されてきた。これが、いわゆる神仏混淆の山岳仏教の一つ「立山信仰」である。

(2)　二上山と信仰

二上山は、高岡市と氷見市にあり、標高二七四メートルの東峰と標高二五九メートルの西峰の二つの峰からなる山である。この二つの山頂を主峰としていることにより二上山と呼ばれている。

二上山は『万葉集』にも「振り放け見れば　神からや　そこば貴き　山からや　見が欲しからむ　すめ神」と詠ま

れ、神の山として仰がれた山である。『続日本紀』にみえる射水郡二上神とは二上山そのものがご神体とする山で、二上山は古来、信仰の山であった。かつて二上山は神仏習合により、二上神と二上大権現、二上山権現とが合祀された。二上社の宮寺である二上山養老寺が営まれ、多くの堂舎や寺坊が二上山一帯に建ち並び隆盛をきわめたといわれている。

(3)　医王山信仰と山名

医王山とは、富山県南砺市（旧福光町）と石川県金沢市の境に聳える中起伏山地を総称していう。医王山は、イオウゼンと呼ばれ、また訛ってヨウゼンとも呼ばれる。峰には、標高九三九・二メートルで主峰の奥医王をはじめ、三千坊、白禿、黒瀑などの諸峰がある。医王とは薬師如来の別称で、医王山に薬草が多いことから薬師如来を勧請したため命名されたといわれている。医王山は、養老年間泰澄大師によって開かれた天台密教の霊場で、最盛期には四八か寺三千坊の堂坊を擁したといわれる信仰の山である。

(4)　石動山と石動山信仰

石動山は、富山県氷見市と石川県中能登町（旧鹿島町）の境に聳える標高五六五メートルの山である。古くから神体山として崇められ、頂上には延喜式内社の伊須流岐比古神社が祀られている。石動山の由来は、太古の万物の生命をつかさどる星が、三つに割れて地球に落ち、その一つが石動山に落ち山全体が震動し、それで石が動いたということから命名されたという。はじめはイシュルギ、そしてイスルギ、後世に音読のセキドウサンになったといわれている。石動山にははじめ、男神の伊須流岐比古神（石動彦神）が祀られていたが、白山を開山した泰澄が女神の白山神（白山姫神）を石動山に勧請し、石動彦神と白山姫神を夫婦神にして石動山を開山させたといわれている。泰澄は開山して白山系の天台宗の石動山寺（のちの天平寺）を鎮座させたという。最盛期には院坊が三六〇坊におよび衆徒三千人を擁したという。当時の北陸地方における密教修験道の大霊場であった。しかし、石動山は明治元年の神仏判然令を契機に、寺領は没収され、勧進は禁止され、伊須流岐比古神社のみ残されて、天平寺や院坊はすべて解散してしまった。

以上、本論考で取り扱った「山名」に関する地名語は、あくまでも長年の私自身の地名研究による私見である。

引用・参考文献

大塚民俗学会編『日本民俗事典』弘文堂、一九七八年

鏡味完二『地名学』日本地名学研究所、一九六五年、四〇頁

「角川日本地名大辞典」編纂委員会編『角川日本地名大辞典一六　富山県』角川書店、一九七九年

楠原佑介・溝手理太郎編『地名用語語源辞典』東京堂出版、一九八三年、六八頁・八六頁・一〇五頁・四七八頁

佐伯郁夫・佐伯克美『分県登山ガイド一七　富山県の山』山と渓谷社、一九九六年

佐伯郁夫・佐伯邦夫編『とやま山ガイド　一〇ジャンル一〇〇コース』シー・エー・ピー、一九九六年

都丸十九一『地名のはなし』煥乎堂、一九八九年、五八～七三頁

富山民俗文化研究グループ編『とやま民俗文化誌』シー・エー・ピー、一九九八年、六三～七四頁・一六九～一七九頁・二五二～二六一頁

中村元編『図説佛教語大辞典』東京書籍、一九八八年

橋本廣・佐伯邦夫編『富山県山名録』桂書房、二〇〇一年

畑中友次「山の異称語」『地名学研究』第一七号、日本地名学研究所、一九六一年

平凡社地方資料センター編集『日本歴史地名大系一六　富山県の地名』平凡社、一九九四年

松尾俊郎『地名の探究』新人物往来社、一九八五年、九九～一三二頁

山口恵一郎『地名を歩く』新人物往来社、一九七六年、一三七～一四四頁

『歴史百科〈第五号〉日本地名事典』新人物往来社、一九七九年、六八頁・七五頁

第四章　「溜池名」の分類とその特徴について　――氷見市を例に――

一　はじめに

富山県の西北部に位置する氷見市は、能登半島の基部の東半分を占め、南・西・北の三方は山々に囲まれ、東方は富山湾に臨む地である。

氷見市は、昭和二十七年（一九五二）八月一日、当時の氷見町をはじめかつて氷見郡に属していた町村が合併して一市になったところである。

氷見地方は、小河川はあるものの大河川がなく、古来より小河川だけでは稲作をはじめ農業における水不足を解消することはできなかった。しかも干天が続けば、小河川もすぐに涸渇する。そんな状況下で、農業用水の不足を、大小三千数百階の溜池による灌漑で補ってきた。しかし、長照りが続けばいかんともしがたく、干ばつによる被害が慢性的に発生していた。

『氷見市史1』に、「「郡事摘要」（折橋家文書）によれば、溜池は弘化のころ（一八四四～四八）、八代組に一二八階（階は溜池の数を表わす単位）、上庄組に一二九階、南条組に四五階、西条組に属した氷見地域の村々（小竹・西田・太田）に一六階あったという。察するに、これは村池など一村共有の池であって、個人持ちの小さい池はこれに倍するものがあったと思われる。ちなみに昭和二十五年（一九五〇）の段階においても、氷見地方事務所の調査によれば、……のように三〇〇〇を超える数の溜池があって、灌漑に利用されてきた。[1]」と、近世期、弘化頃の同地方の溜池のことについて記している。

そもそも溜池とは、農作物を育てるために田んぼや畑に水を引く目的のために造られた土堰堤の貯水池のことである。この溜池には、「堤」と「かえ池」という二種類のものがある。「堤」は耕作地より高い山間や山麓に築いて、池の胴を抜けば水はいっきに奔流するものをいい、窪地に大穴を掘って周囲の溜まり水や天水を貯え、「桶（水替えつるべ）」で汲み上げて使用する池を「かえ池」といった。

近世時、氷見地方を統治していた加賀藩は、溜池に重大な関心を払い、溜池に関する費用は用水施設とともに郡万雑の一つとして、「用水打銀」というものを設けて助成した。

同地方においては、近世時から「溜池」なくして「農業生産の安定はない。」といっても過言ではないほど、「溜池」は重要なものであった。

また、『氷見市史2』に、「昭和二十五年（一九五〇）の干ばつの時、県の氷見地方事務所が市内の溜池調査を行った結果、市内には三二六〇個の溜池の存在が報告されている。四十七年の氷見市の調査では、一七四八個と大幅に減少しているが、回答のなかった一六地区を考慮しても四〇％以上の減少である。[2]」と、同地方の溜池数の減少について記している。さらに、大幅な溜池の減少原因は、大規模な灌漑排水事業により零細な溜池が次第に放棄されことが主な原因であるとも述べている。[3]

このように近世から昭和二十五年まで、氷見地方において約三〇〇〇以上あった溜池が、昭和四十七年には一七四八と大幅に減少している。

本章では、昭和期において大幅に減少したが、現時点で氷見市に残存する「溜池名」の分類とその特徴について述べてみたいと思う。

二　溜池とは何か

氷見市の溜池について述べる前に、今一度、溜池とは何かについて少し述べたいと思う。溜池とは、主に農業（灌漑）用水を確保するために水を貯え、取水設備を備えた人工の池のことをいう。一般的に、溜池は、農業用水を確保するという目的のために新設したり、もともと存在する天然の池沼を改築した池をさすものである。

日本において溜池の建設は、四世紀初頭の大和国の奈良盆地で始まり、瀬戸内海地方に広まっていったもので、全国に普及するようになったのは、江戸時代になってからといわれている。

近世時、現在の富山県を治めた加賀藩は、藩の財源確保のために藩内各地で新田開発を盛んに行い、それに伴って溜池も築造されたといわれている。富山県内でも、氷見市が古くから水源確保のために多くの溜池が造られてきた地域といわれている。

稲作は伝来初期には、水の豊かな低湿地に限られていた。それが、土木技術の進歩とともに、水路の建設や谷間を堰き止めて溜池を築造するなど、人工的灌漑への時代と移行していった。

この人工灌漑の時代への移行にともなって、稲作中心の日本の農業では、水田開発が平野部から始まり、今では山深い谷あいの地域までも水田を見ることができるようになった。これら水田開発において欠かせないのが水の確保で、河川からの導水できない所では溜池が造られた。

日本では、平野部の溜池に対して、山間部に自然に、あるいは人為的に谷を堰き止めてできた溜池を山池という。堰は、土、石積み、コンクリートなどで造られた。規模の大きなものはダム湖と呼称し、このダム湖も山池とも呼ぶ。いずれの山池も農業及び治水目的で造られたものである。ちなみに、堰堤の高さが一五メートル以上となると、河川法上におけるダムとして定義される。

溜池の「池（イケ）」について語意を整理すれば、「イケ」は池・生と表記され、「①窪地に自然に水がたまった所。土地を掘ったり、堤を築いたりして水をためた所。貯水池。語源は、イケ（生）の義（『和訓栞』ほか）、ヰセキの略（『和語私鈔』）など。②井戸。③井堰。④堤。つつみ。⑤規模の小なるもの、人工のものに限らず、湖沼を示す地名およびその語尾にも使われている（池田湖、湖山池など）。⑥泉、水路、川、および湿地などを示す例もありうる。(4)」となる。日本では、稲作など農業を目的とする灌漑のために、人工的に溜池を造ったケースが多いといわれている。水深が概ね五メートル未満を池と呼称するといわれている。「池（イケ）」の語意は、「湖」や「沼」と関連付けながら述べられている。

明治九年の『地所名称区別細目』では、天然の広くて深いものが「湖」、浅くて泥を湛えたものが「沼」、人工的に造られたものが「池」といい、淡水生態学の上野益三は、小型で浅く全水面に沿岸植物が広がっているものを「沼」とし、人工施設によって全貯水量を管理できるものを「池」とした。江戸時代以前から「湖」「池」「沼」などの定義は明確ではなく、地域や時代によって用法が異なっているように思う。しかも、呼び名が必ずしも湖沼の大きさを示すものではないようにも思う。しかし、窪地に水の溜まった存在から、その存在の大きさ、形、深さ、まわりの状態などから「湖」「沼」「池」「沼」「潟」と微妙に区別されるという考えもある。湖沼学という「湖」の自然現象を科学する見地からみれば、これらの区別は本質的なものではなく、比較的大きいものは「湖」、比較的小さいものは「沼」、さらに小さいものは「池」、海の近くにあって海水の影響を受けるものを「潟」と呼んでいるともいわれるが、結局は、それぞれ明確な定義づけはないといわれている。

昭和初期に刊行され吉村信吉の『湖沼學』(5)では、「ヌマは泥深いの意。英語のPondは池の意味にも用いられる。サハ又はヤチ（谷地）とも呼ばれる。イケは「生け」の意で魚など生簀又は養魚のために掘った水溜の意だそうである。」

と、「沼」と「池」について述べている。
「池（イケ）」について整理すれば、次の八つにまとめることはできないだろうか。
①地面にできた窪みに水が溜まった所。湖沼より小さいもの。人工的に造られたもの。
②普通、湖沼より小さいものをいう。
③特に人工的に造られたもの。
④一般に、水深にはかかわらず特に人工的に造られた面積の小さい塊をいう。
⑤地を掘って人工的に水を溜めた所。自然の土地の窪みに水の溜まった所。
⑥湖や沼より小さい水塊。または人工的なもの。
⑦窪地に水が自然に溜まった所。または地面を掘ったり土手を築いたりして水を溜めた所。普通、湖沼より小さいものをいう。
⑧普通は、溜池などの人工的に造られたもの。天然の池もなかにはあるが、湖よりも小さい。
ところで、溜池の水量は降雨によって大きく左右されるので、水源は非常に不安定である。よって、受益地への用水の供給は、管理人によってしっかりと管理され、灌漑用水を必要とする一般農家が、いつでも自由に用水を扱うことはできない。しかも、溜池が複数階の時は、溜池それぞれに役割が定められている。下部の溜池に用水を供給するのみであれば、この溜池を「親池」と呼ぶ。この親池から用水の供給を受け、ここから受益地に用水を供給する役割の溜池を「子池」と呼ぶ。この子池から用水の供給を受け、さらに受益地へ用水を供給する役割の溜池を「孫池」と呼ぶ。このように、有機的に結合して貯水量を管理している。いうなれば、限られた水量を効果的に有効活用するために、溜池地帯では伝統的慣習が現在も残っている。この水利慣行は、溜池の名称にも見える。

三　氷見市の「溜池」概要

氷見市では、昭和期に入って大規模な農業水利事業が本格化し、慢性的な干害が大幅に減少するとともに、少しずつ水田の重湿田が解消され、農業の近代化を推進していく基盤が整備された。例えば、農業水利事業の氷見地方におけるものとして、仏生寺川沿岸排水改良事業、十二町潟沿岸排水改良事業、余川沿岸用水補給事業・余川川地区防災ダム事業、上田地区の昭和用水や飯久保地区の若宮用水などの灌漑事業、また、同地方で穀倉地帯と言われている上庄谷平野では、同平野を流れる上庄川からの河川用水をめぐり、江戸時代以前から干ばつの際に紛争したという記録が多く残る地で、さらに同平野は洪水災害も加わって灌漑用水整備は、同川沿岸域の農村にとって古来より大きな課題であった。この長年の大きな課題が、昭和期に入って、昭和十四年に起こった大干ばつを機に、衆議がまとまって、上庄川沿岸用水補給事業となり、その後、国・県営灌漑事業となり今日に至っている。また、農業水利事業として、戦後のほ場整備事業や溜池改修事業なども同地方の農業近代化の促進に大きく寄与した。(6)(7)

このような同地方の農業近代化への促進と相反して、溜池が次第に放棄された。表2に見るように、現在、氷見市における溜池（池）総数は一五三二である。表1、昭和二十五年の氷見郡の溜池数三二七四の半分以下である。(8)しかも、表2の項目からわかるように、池数は一五三二であるが、廃止池数が三〇四、除外数が八で、実質、溜池として機能している数は一二二〇である。

農業従事者の減少及び後継者不足などの昨今の社会情勢を鑑みると、溜池は存在するが、所有者が管理を放棄する廃止（溜）池や除外（溜）池の数が、今後さらに増加すると予想される。

農業従事者の激減や転作によって水田の荒廃が進み、個人池の手入れも次第に行き届かなくなり、氷見市では、昭和四十五年以降、極端に溜池は減少した。そのほとんどは個人池の荒廃によるものである。そもそも溜池のほとんどは、人工的に造られたもので、定期的に草刈りや整備が行われ、定期的な整備を怠るとすぐに崩壊するという可能性を秘めている。

最近では、灌漑設備の普及から利用されることがだんだん少なくなる傾向であり、その影響からか溜池が埋まったり、廃棄物の不法投棄などが起こって環境問題に発展している市町村もあるといわれている。

氷見市においても、今後、溜池の管理上のことから環境問題に発展する芽はあるようにも思われる。

表１ 氷見郡の溜池数（昭和25年）

町村名	集落有	個人有	合計
氷見町	15	6	21
宮田	9	－	9
太田	13	19	32
窪	7	1	8
神代	14	4	18
仏生寺	25	88	113
布勢	14	72	86
十二町	45	17	62
上庄	70	153	223
熊無	75	240	315
速川	119	318	437
久目	83	295	378
余川	25	83	108
碁石	49	192	241
八代	54	190	244
河尾	13	79	92
藪田	19	134	153
宇波	24	390	414
女良	90	230	320
計	763	2,511	3,274

表２ 富山県の「溜池」に関する数一覧表

市町村名	池数	廃止池数	除外数	現在数
富山市	183	18	0	165
高岡市	80	16	0	64
魚津市	19	0	0	19
氷見市	1,532	304	8	1,220
黒部市	19	4	0	15
砺波市	84	11	0	73
小矢部市	230	35	0	195
南砺市	183	85	0	98
射水市	68	9	1	58
上市町	23	4	0	19
立山町	15	3	0	12
入善町	2	0	0	2
朝日町	4	1	0	3
合計	2,442	490	9	1,943

四　氷見市の「溜池名」の分類

表1[9]からわかるように、溜池には集落有と個人有がある。集落と個人所有では、溜池名においても「名称」に違いがあると思われる。氷見市の溜池の名称分類及びその数を一覧表にすると表3[10]の通りで、次のような項目となる。

(1)　地形・地貌に関するもの

ａヤマ（山）・ダケ（岳）・アタマ、ツブリ（頭）・ムロ（室）に分類できる溜池名は、六〇階残存する。中でも、「山」の付く溜池名がその中の大多数を占める。ヤマ（山）の語源は、イヤ（弥）・マ（間）かといわれ、高く凸起した所、森林や林という意がある。山の付く溜池名には、池田山の仲間池、天谷山本池、屋樽山上池など、単独の山近くにあることから山名を付けた溜池名があるが、丸山池、前山池、後山池、裏山池、横山池、向山池、山中池、中山池、北山池、東山池、山崎池など、形・高低・前後・方位・位置を示す修飾語が付く溜池名が特に多い。裏山の下池、裏山の上池と、山崎1号池〜山崎3号池というように、溜池を有機的に結合して貯水量を有効活用するために親池・子池・孫池的に貯水場を管理・運営するために、単独溜池をさらに上下や数詞で分割する溜池名も見られる。また、集落や地区などの何人かで管理・運営している溜池には、池田の仲間池や裏山の仲間池というように「仲間池」が修飾語として付く溜池名もある。山の付く溜池名以外に、この分類項目に属する特色ある溜池名として、嶽の下池（ダケとは嶽・岳などで表記し、ヤマの称あるいは絶壁・がけの意で、嶽の下池は、崖近くの下方に位置する溜池の意か。）、中田室池（ムロとはムレ（牟礼）と同意の山の意で、モリ（森）の意もある。中田室池は、中田山にある溜池の意か。）、高つぶり池（頭をツブリという。山頂や頂上近くの溜池という意。）などがある。

ｂミネ（峰）・ネ（根）に属する溜池名は、峰の下池、高峰池、岡峰の池、草峯池の四階が残存する。ミネとは、山頂、山稜、尾根筋、山の峠あるいは少し高くなった所で、畦、自然堤防など周囲より少し高くなった部分をも呼称する。氷見市の四階は、概ね尾根筋と畦及び自然堤防など周囲より高くなっている所に位置することから命名された溜池名と考えられる。

ｃタニ（谷）・ヤチ（谷内）に属する溜池名は、氷見市では二番目に多く一三二階もある。特徴として、大谷池、坂の谷内池、曲谷内池、浅谷大池、浅谷小池、細田谷内池、小谷内池、大谷池などの大きさや形状を示すものや、形状の中でも「馬」の形に似ているところから馬谷池、駒の谷池を付した名もあり、上の谷池、前の谷池、中谷内池、奥ノ谷池、東谷池、西谷の池、南谷内池、北谷池、前谷池、後谷池など方向や区画を付したもの、単に位置などを示す谷口池、谷内口池、谷地の池などの溜池名が特に目立つ。他には、社寺に関連する名を付した宮ヶ谷内池、寺谷内池、古寺谷内池、堂谷内池、御坊谷内上池、神子谷内池などや、猪谷池、狐谷内池、串谷池、トビ谷内池、菅ノ谷池、松の谷池、茗ヶ谷池、杉の谷池、梅の木谷池など立地目標物や動植物の植生や棲息物を付した溜池名も見られる。

また、このタニ・ヤチの付く溜池においても、単独の溜池をさらに新古・上下や数詞で分割する溜池名も見られる。この分類項目では、例えば、梅谷新池、梅谷古池、大谷池（下）、大谷池（上）、小谷内池、小谷内池2号、小谷内池3号などがそれに該当すると思われる。

ユニークな溜池名として、コムガ谷内池、火打谷池、汗谷池、スワリ谷池（素割段池）、濁谷池、鬼谷池、カノタンの池などがある。

ｄハザ（狭）とは、ハサ（挟）の訛ったもので、動詞ハサム（挟）の語幹で、山々や谷に囲まれた所、あるいは狭い長い谷、二股谷の分岐点などの意がある。

写真１　谷屋大池

主な溜池名	溜池数
向山池、三山中池、天谷山本池、屋樽山上池、前山上池、前山下池、池田山の仲間池、陰山池、万山池、池田山の池など	60
峰の下池、高峰池、岡峰の池、草峯池	4
水谷第１号池、坊ヶ谷内２号池、坊ヶ谷内１号池、茗ヶ谷池、東谷内池、小谷内池２号、小谷内池３号、柳谷池２号、坂谷内池、柳谷池１号など	232
羽座池、小はざま池、葉佐池	3
中尾池、中尾１号池、中尾３号池、中尾池、中尾池、長尾池、長尾新池、長尾池、中根尾の池、尾谷前池	10
上平池、菅平１号池、菅平２号池、大平池、高平池、高木平の山池	6
穴口池、カミクボ池、桜窪池、見田窪上池、大久保池、八久保池、宮窪池、大窪１号池、大窪２号池、大窪３号池など	48
竹地大池、千正地切池、かんじゃの池、池田のかいつぶれ池	4
大滝新池、大滝池、滝谷１号池、滝の上池、小滝総池、滝長正池、滝頭池、大滝大池、滝義池、竹端１号池など	14
打札の池	1
月輪池	1
赤倉大池、桑ノ院池、松倉の池、西小倉の池、大倉小池	5
現在残存しない	0
堤の池、土尻池、堤の池、表堤、裏堤	5
巻の塔池、赤倉巻池、山田巻池、千正巻池	4
松の浦池（大）、大浦大池、江上池、出浦池	4
仏島１号池、仏島２号池、上島３号池、上島１号池、亥ノ島池、中島池、中嶋１号池、中嶋２号池など	12
柳原３号、柳原１号、柳原２号、原の池、追田原、小池原池、小田原池、西原の池、戸屋原池、八代原池など	38
大野池、上野古池、上野１号池、長野池、宇和野池、上野高池、上野２号池、平野上池、平野下池、野代池１など	14
現在残存しない	0
中段大池、中段池、高段池	3
小崎の池、小崎737	2
白坂池１号、有坂池、赤坂池、蔵坂池、越坂池、大阪池、立坂１号池、立坂２号池、木立坂池、曲坂池など	22
北河池郷１、河新池、水上池、中河池、河内下池、河内中池、河内上池、八歩瀬池、岩清水池、白瀬池など	31
屋杉池１号、屋杉池３号、木ノ元池、藤巻池、じゅんさい池、藤巻下池、蓮池池、小豆ナギ池、山森池、森池など	56

表３　氷見市の「溜池」に関する名称分類表及びその数一覧表

大項目	中項目
(1)地形・地貌に関係するもの	a　ヤマ（山）・ダケ（岳）・アタマ（頭）・ムロ（室）
	b　ミネ（峰）・ネ（根）
	c　タニ（谷）・ヤチ（谷内）
	d　ハザ（狭）
	e　オ（尾）
	f　タイラ・ヒラ（平）
	g　クボ（久保・窪）・アナ（穴）など
	h　カケ・ガケ（欠・懸・崖）、クズロ（久津呂）、キリ（切）
	i　タキ（滝）・ヌケ（抜）
	j　フダ（札）
	k　ワ（輪）・マガリ（曲）
	l　クラ（倉）・イン（院）・カゲ（陰）
	m　マ（間）
	n　アゼ（畦）・ツチ（土）・ツツミ（堤）
	o　マキ（牧・巻）
	p　ツ（津）・ウラ（浦）・エ（江）
	q　シマ（島）
	r　ハラ（原）
	s　ノ（野）
	t　ゲンヤ（原野）
	u　ダン（段）
	v　サキ（崎・先）
	w　サカ（坂）
(2)水に関係するもの	
(3)動・植物に因むもの	a　植物に関係するもの

蛇池、渡蛇池、うしが鼻２号池、うしが鼻３号池、蜂の尻池、鳥屋池、牛の方上池、角ヶ口池、蛇木池、うしが鼻１号池など	34
天池、天口池、向日尾池、宝住池、林池、小嶋１号池、小嶋２号池、岡田池１号、岡田池２号、天池新池など	21
現在残存しない	0
上湯の池、湯面池	2
城山の池、城ヶ下池、吉城池、大城後池、城谷池	5
片地の池、吉原の池、高森の池、浅谷松尾池、中沢池、福嶋１号、福嶋２号、池田の池、上野池、河田旧池など	395
山良池、山和２号池、山和池、山五１号池、北万池、助尾池、山五２号池、山五３号池、権保谷池、佐吉池など	53
峠仲間池、鳥越池、峠池、鳥越下池、千越池、腰池	6
馬渡池、馬渡池、馬渡池	3
土橋池、乱橋池、玉橋池、架間池、柳橋の池、大橋池	6
糊米田池１号、糊米田池２号、山田池、たらい田池、瀬間田池、古田池、山田の池、一枚田の池、池田池、金田２号池など	128
横道池、馬道池	2
堀口古池、堀切下池、鷹津堀の池	3
三十刈池、三十刈池、二十刈池	3
加納新池、加納大池	2
谷村新田池	1
新開の池、新開の池第二、新開池、新開など	26
仲直池、京地新池、與間池、北河共有地、耕地２号池、耕地３号池、論地池、領毛池、新保大池	9
千文堂池、明円上池、明円下池、入道池、虚空蔵仲間池、堂の上池、千佛池、山寺池、入道の池、虚空蔵の池など	40
宮下池、宮ヶ内第２池、宮ヶ内第３池、宮ヶ内池、スワ池、宮の池、諏訪１・２号池、宮ノ下池、宮下池、中社池など	39
祓堂の池、石仏池、高塚１号池、狐塚下池、狐塚上池、高塚池、三塚池	7
中村大池、須賀町池、中村一号池、中村池、折瀬町池、入口池、大干場池、いなば池、大干場２号池、大干場３号池など	21
坪小路第１号池、坪小路第２号池、坪小路第３号池、坪小路第４号池、南小路池、辻の前池、辻の池	7
千石池	1
小屋中池、小屋池、屋敷の池、家の横の池、新屋の池、屋敷池、瀬戸４号池、背戸前新開池、瀬戸前大池、三ツ屋池など	14
日坪池、坪之内池２号、坪之内池１号、小坪池、中坪の池	5
墓王池、墓山池、三昧殿池、サイショの池	4
仲間池、仲間池、仲間池	3
敷池、二区待池、安出の上池、覚内池、塩出池、２区の池、１区池、三区池、格内池、三番割の池など	13

(3)動・植物に因むもの	b 動物に関係するもの
(4)気象に関係するもの	
(5)鉱物に関係するもの	
(6)湯に関するもの	
(7)歴史事象に関するもの	城郭に関係する
(8)姓氏に関係するもの	
(9)屋号に関係するもの	
(10)交通・運輸・交易に因むもの	a トウゲ（峠）・トリゴエ（鳥越）・コシ（越・腰）
	b ワタリ（渡）
	c ハシ（橋）
(11)開発及び耕作に関係するもの	a 田畑に関係するもの
	b ミチ（道）に関して
	c ミゾ（溝）・ホリ（堀）
	d カリ（刈）
	e カノウ（加納）
	f シンデン（新田）
	g シンカイ（新開）
	h その他
(12)信仰に関係するもの	a 寺院に関係するもの
	b 神社に関係するもの
	c その他：民間信仰などに関するもの
(13)村落生活に関係するもの	a 単に場所・村落・マチ（町）
	b ツジ（辻）・コジ（小路）
	c コクダカ（石高）・ツボ（坪）
	d 「居住地を示す」ヤシキ（屋敷）・コヤ（小屋）など
	e ツボ（坪）・メン（免）
	f 墓・埋葬（サンマイ）
	g 仲間・共同組織に関して
	h 区画・保・カイト（垣内）〜出

広冠池、鎌口大池、鎌鎧池	3
高黒池	1
三角池	1
戸円池１号、戸円池２号	2
マナイタ池１、マナイタ池２、マナイタ池３、マナイタ池４	4
鍋床池、鍋池	2
竿下池	1
第１号池、三千歩池、九十歩下池、九十歩上池	4
吉池	1
雄池	1
鳥尾大池、鳥尾小池、鳥尾新池	3
新池、新池、新池、新作池、新池、新池、古池、新池、新池、新池、新池、新池	22
長池、長池、溜り池、下長池、大池、高池４号、出ノ口大池	7
西池２号、向口２号池、三方池、西池１号池、長口池、東池	6
小池、下池、下池、西ノ上池、中池、中池、大上大池、後池、横引池	9
奥の池、大浦池、表の池、後１号池、後２号池、後３号池、浦後池１号、大後池、じれ池、八ノ尻池など	20
受け高上池、受け高中池、受け高下池、迯目池、場合池、じっしょ、唐古池、千元池、湾砂羅池、にくし池など	13
	1,532

⒁単に物の形状	
⒂色彩に関するもの	クロ（黒）
⒃単に形を示す	a マル形・四角形・三角形
	b ツブラ（円）形
	c マナイタ形
	d 鍋形
	e 竿（サオ）形
⒄数詞に関係するもの	
⒅美称・接頭語の付くもの	
⒆性別（男女）を示す	
⒇合成した名称	
㉑新旧などの付くもの	
㉒大きさや用途・高低・出入口など	
㉓方位・位置・分割に関係するもの	a 方位
	b 分割（大・中・小、上・中・下）
	c 位置・表裏・端・尻
㉔その他	
合 計	

この分類に属する溜池名には、羽座池、小はざま池、葉佐池などの三階がある。羽座・葉佐に表記はされてはいるが、三階とも「谷間に立地するところにある溜池」という意からの命名と考えれる。

eオ（尾）とは、山裾の末端、山稜、山の背、あるいはヲで峰・丘などの意がある。この分類項目に属する溜池名は、中尾池、中尾1号池、中尾3号池、長尾池、長尾新池、中根尾の池、尾谷前池などの一〇階が残存する。中尾・長尾・尾谷前・中根尾などいずれも尾根の長さや位置から付した溜池名と考えられる。親池・子池・孫池的溜池名として、この分類項目では数詞・新・前という修飾語を付している。

fタイラ・ヒラ（平）とは、平地・平原の意で、この他に山中にある平らな所という意がある。氷見市の溜池名に付くタイラ・ヒラは、ほとんどが山中にある平らな所の意と考えられる。この分類項目に属する溜池は、上平池、菅平1号池、菅平2号池、大平池、高平池、高木平の山池の六階が残存し、位置・高さ・大きさを示す修飾語を加えた溜池名である。

gクボ（久保・窪）・アナ（穴）とは、周囲より低く窪んだ所、谷間、山頂の窪み、尾根などの撓み、そして穴状に入り込んだ地などの意がある。この分類項目に属する溜池名は、氷見市には四八階残存する。例えば、穴口池、大久保池、大窪池、小窪池、小久保池など大きさや位置を示すもの、あるいは堂の窪池、寺の窪池、見田窪池、窪田池など寺院や水田が立地することを示すもの、池の窪の池やゴダンクボの池など溜池の近くの立地状態を今一度付したものや耕作単位を付したものがある。ユニークな溜池名として、長者窪池、灰の窪池などがある。

また、親池・子池・孫池的溜池名として、大窪1号池、大窪2号池、大窪3号池、窪田新池、窪田池、巣久保1号池、巣久保2号池、大久保池、大久保1号池、大久保2号、大窪1号池、大窪2号池、曽田窪1号池、曽田窪2号池、大の窪一号、大の窪二号などが考えられる。

hカケ・ガケ（欠・懸・崖）、クズロ（久津呂）、キリ（切）などは、崖などの崩れ易い崩壊地形を示す語意である。

この語意が付く溜池名は、氷見市では竹地大池（竹はタケ・ダケでタケ・ガケと同意。）、千正地切池（切がキリ）、かんじゃの池（「じゃ」は蛇でザレ・ゾレに通じ、崖をあらわす。）、池田のかいつぶれ池（「つぶれ」は「潰れる」で崩壊地形を示す。）などの四階が考えられる。

崩壊地形を示すｉタキ（滝）・ヌケ（抜）が付く溜池分類に属するものは、大滝新池、大滝池、滝谷1号池、滝の上池、小滝総池、滝長正池、滝頭池、大滝大池、大滝新池、滝義池、竹端1、2号池、ヌケトなど一四階が残存する。タキについては、滝・竹などに表記されている。ヌケはカタカナで記されている。タキの付く溜池に、さらに大きさ（大・小）や位置（頭・端）などの修飾語を付しての溜池名である。

また、親池・子池・孫池的な意味合いの修飾語として、～号などの数詞や上・総・正・新の修飾語が使用されている。

写真２　桑ノ院池

断崖や急傾斜地を示すｊフダ（札）の付く溜池名には、打札の池という一階が残存する。ウチフダのウチとは、入り込んだ地形や山谷の小平地という意がある。打札の池は、山谷の小平地に人工的に溜池を造ったことからの命名か。

ｋワ（輪）・マガリ（曲）とは、いずれも山裾や川近くの「曲がりくねった」の意からか。この分類に属すると思われる溜池名として月輪池がある。字義通り「月の輪のような形」からの命名の溜池名か。

ｌクラ（倉）・イン（院）・カゲ（陰）に属するものは、ほとんどがクラの付くものである。クラとは崩壊地形や浸食地形を示す。また、インの付く語もクラと同意である。クラもインにも「日陰、暗い所」という意もある。赤倉・松倉・大倉の付く溜池名は、崩壊地形を示すクラに、地質・植物・大きさを示す修飾語を付したものである。五階の溜池が残存する。

この分類に属する桑ノ院池は、県営事業として約一二年の歳月を要して完成したもので、貯水量七九万六千平方メートル、受益面積七八五ヘクタールを誇り、氷見市の溜池の中で最大規模のものである。

mマ（間）の分類に属する溜池は、氷見市において現在残存しない。

nアゼ（畦）・ツチ（土）・ツツミ（堤）は、いずれも積み上げるとか築くとか溜池そのものを示す意があるものである。アゼとは、物を交差させて高く積み上げる意。ツチとは、単に土を示したり、あるいはツキ（築）の訛りで高い所の意がある。また、ツツミとは、土手・堤防・溜池・貯水池などの意がある。

この分類項目に属するものは、堤の池、土尻池、堤の池、表堤、裏堤の五階が残存する。単に溜池の意を、この「堤」や「土」の語を加えることによって、さらに「溜池」の意を強調する語となっているように思われる。また、親池・子池・孫池的な意味合いの修飾語として、表・裏の語が使用されている。

oマキ（牧・巻）は、語源的には「馬城」「馬置」などの諸説から「牧場」の意があり、他に、小平坦地の意や山で「取り巻かれた」とか、あるいは丘や山麓を「取り巻いたり」の意、さらには川沿いに半円状に連なる所という意、他にもいくつかの意がある。

この分類項目に属する溜池名は、巻の塔池、赤倉巻池、山田巻池、千正巻池の四階が残存する。これらの溜池名は、クラ（倉）・ヤマダ（山田）・トウ（塔）などの修飾語を加えて、何を取り巻いているのかを明確に示しての溜池名と考えられる。

pツ（津）・ウラ（浦）・エ（江）は、いずれの語も「水」に関するものである。ツ（津）は泉などの「水」のある所、単に場所を示す意がある。ウラ（浦）には水辺の入り込んだ所とか水際の意、単に表裏の裏の意もある。エ（江）は、小川とか湖、少し大きい池、水気のある所などの意がある。この「水」に関する分類項目の溜池名は、松の浦池

(大)、大浦大池、江上池、出浦池の四階が残存する。いずれも「水辺」近くの地形や地貌からの命名と考えられるが、「浦」の付く名称については、単に、表・裏の「裏」意からの溜池名も考えられる。

ｑシマ（島）には、周囲を水に囲まれた陸地や島状の地、あるいは洲や川を臨んでいるひとつづきの広い田地、さらには集落や一区画をなす土地という意がある。この分類項目に属する溜池名には、仏島1号池、仏島2号池、上島3号池、上島1号池、亥ノ島池、中島池、中嶋1号池、中嶋2号池などの一二階が残存する。島にさらに「仏」「中」「亥」が付く。「仏島」の付く溜池名は、仏島近くにある意からの命名か。中島の付く溜池は、主に区画や分割の意からか。亥の付く溜池については、方角の意を加えた溜池名ではなかろうか。

また、親池・子池・孫池的な意味合いの修飾語として、～1・2・3号というように数詞語が使用されている。

ｒハラ（原）は、ヒロ（広）、またはヒラ（平）の意やハラ（開）の意、広い平野、林などの意がある。この分類項目の溜池名は、柳原3号、柳原1号、柳原2号、原の池、追田原、小池原池、小田原池、西原の池、戸屋原池、八代原池、上原池、堂原の池、中原池、西原下池、西原上池、奥原池、葛根原池、堂原一号池、タラ原池、宮原大池、松原の池、法堂原前の池、北原の池、粟原池、佐原池などの三八階が残存している。

氷見市におけるハラの付く溜池は、ハラの字義の平坦地や山中の平らな所に立地するものが多い。葛・タラ（の芽）など植生する植物が付く溜池名や、堂・宮など溜池付近に立地する目標物を加えた溜池名も見える。

また、親池・子池・孫池的な意味合いの修飾語として、～1・2・3号や～一号というように数詞語が使用されている。

ｓノ（野）は、山に対する野原の意や緩傾斜地、あるいは荒野や開かれていない未開地という意がある。この分類項目に属するものは、大野池、上野古池、上野1号池、長野池、宇和野池、上野高池、上野2号池、平野上池、平野下池、野代池1、野代池3、坪野池、上野一号池、上野二号池の一四階が残存する。ノ（野）の付く溜池名は、大きい・長い・上下・位置などの修飾語を加えるものが多い。

また、親池・子池・孫池的な意味合いの修飾語として、～1・2・3号や～一・二号、1・3というように数詞語が使用されている。

tゲンヤ（原野）に属する溜池は、氷見市において現在残存しない。

uダン（段）は、台地や段丘、またタミ・タムの訛りで「撓んだ地形」の意などである。この分類項目の溜池名は、中段大池、中段池、高段池の三階が残存する。中・高などの修飾語を加えて、位置や高低を明確にしたと思われる溜池名である。

vサキ（崎・先）は、裂かれるような地形や切り開かれた地形や谷間の意。さらには、先端・末端などの意がある。小崎の池、小崎737の二階が残存する。字義通り、小さい溜池の意からの命名か。小崎737は、溜池の番地を示すものか。大変珍しい溜池名である。

wサカ（坂）とは、傾斜して勾配のある所や山の峠、あるいはサ（狭）・コ（処）の訛りで谷間を示す意などがある。この分類項目の溜池名は、白坂池1号、有坂池、赤坂池、蔵坂池、越坂池、大阪池、立坂1号池、立坂2号池、木立坂池、曲坂池、高坂中池、高坂大池、宮坂1号池、砂子坂池、末坂池2号、末坂池1号、吉機坂池、越坂の池、尾坂池、高坂の池、坂上池、野尻坂池の二二階残存している。

サカ（坂）の意に、さらに立地する坂の形状や地質・高低・先端・末端あるいは峠の意も加えたような修飾語も加えたサカの付く溜池名が多い。

また、親池・子池・孫池的な意味合いの修飾語として、～1・2・3号と数詞語が使用されている。

(2)　水に関係するもの

この分類項目の溜池名は、北河池郷1、河新池、水上池、中河池、河内下池、河内中池、河内上池、八歩瀬池、岩

清水池、白瀬池、追いけの池、布子大池、布子中池、本川池、古川池、池尻池、呑水池、川瀬池、河原池1号、地ヶ沢池、清水の高の池、瓦ヶ池、万尾大池、深水池、池の尻池、北河池2号、中川池、続池の池などの三一階が現存する。水の用語として、河川や流れる川・泉・湧水などを示すカワ（河）、泉・涌泉を示すシミズ（清水）、単にミヅ（水）の意のミズ（水）、あるいは川や川の浅い所を示したり急流及び単に水辺を示すセ（瀬）、さらには水の溜まっている所や山間の水のある所、水分の多く含んだ窪地などの意があるサワ（沢）などが付く溜池名が目につく。溜池名にさらに深さ・高低・上下や方向を示す修飾語を加え、溜池の様子を示す名称になっている。

また、親池・子池・孫池的な意味合いの修飾語として、～1・2号の数詞や大中などの大きさを示す語などが使用されている。

(3)　動・植物に因むもの

ａ植物に関係するもの

この分類項目の溜池名は、屋杉池1号、屋杉池3号、木ノ元池、藤巻池、じゅんさい池、藤巻下池、蓮池池、小豆ナギ池、山森池、森池、栗尾1号池、栗尾2号池、栗尾3号池、栗尾4号池、菖蒲池、稚児林の池、宮木1号池、宮木2号池、豆栗池、上木立池、平木池、茶池、木立仲間池、江の木池、仁太松池、山木森池、針ノ木の池、柳池、林の池、林の新池、木下の池、山入ヒョウタン池、桑野の池、旅の木池、大林の池、栗屋池、木茂池、木立新池、木立大池、茅戸池、木の谷内2号池、藤巻の池、御林4号池、御林3号池、御林2号池など五六階残存する。林・御林・木立・山木・山森・森・平木など植物全体を示すと思われる語や、菖蒲・蓮・小豆・粟・栗・桑・藤・柳・杉・茅・針ノ木・じゅんさい・茶など多く植生している意から特定の植物が付くものもかなりある。他には、稚児林・山入ヒョウタン・旅の木・木茂・宮木など植物に関わる特定の意味合いから命名された溜池名もある。

また、親池・子池・孫池的な修飾語として、～1・2・3・4号の数詞を示す語などが使用されている。

b動物に関係するもの

この分類項目に属する溜池名は、蛇池、渡蛇池、うしが鼻2号池、うしが鼻3号池、蜂の尻池、鳥屋池、牛の方上池、角ヶ口池、蛇木池、うしが鼻1号池、蛇木の大池、鯉池、鴨の池、蛇木の小池、亀池、まむし池、狐の尾池、ジャクジン池、鳥替池、蛇木共同池、フクロ尻池、フクロ池などの三四階が残存する。溜池内に棲息する鯉・亀、あるいは溜池近くに棲息する蛇・まむし・フクロ・牛・狐、さらには鴨や鳥類全体を示す単に鳥の語などが付く溜池名である。中でも、水の神である龍神信仰に通じる意から蛇・まむしなどが付く溜池名が特に多い。蛇の付く溜池名の中には、溜池の形状が「蛇」の形に似て曲りくねっている意から命名されたものもあると思われる。また、牛や角の付く溜池名には、動物が棲息していたというよりも、動物の形状から命名されたとする方が穏当と考えられる。

(4)　気象に関係するもの

気象に関係すると思われるものは二一階残存する。天池、天口池、天池新池、天池奥池、谷川の天池など「天」の付く溜池名をはじめ、雨池、雨池の池など「雨」が付く溜池名が数多くある。いずれも「雨」に因むものか。他には、向日尾池やひね（ひなたの転訛語）池・日南池は、いずれも「日なた」を示す語に関係するもの。朝日大池は朝日の当たる所の大きい池の意から命名された溜池名である。

氷見市のように水不足になり易い土地柄においては、古来、雨乞いに関する神事は各地域でよく行われた。天池・雨池など「天」や「雨」の付く溜池名は、その土地に住む人々が水不足にならないように願う意が刻み込まれて命名された名称ではなかろうか。

(5)　鉱物に関係するもの

この分類に属する溜池は、氷見市において現在残存しない。

(6)　湯に関するもの

ユ（湯）とは、湯の意の他に、溝・溝川・用水路、温泉ではなく「井」で泉の意、あるいは植物のユズ（柚）の略、動詞ユル（揺る）の語幹に由来する「地盤がゆるむ」意で崩壊地形をも示す語意などが考えられる。上湯の池、湯面池の二階が残存する。いずれも「湯」に関する意からの命名か。

(7)　歴史事象に関するもの―城郭に関係する

この分類項目に属する溜池名は、城郭に関する「城」の付く名称がほとんどで、氷見市にはかつて数多くの山城があり、それら山城周辺に「溜池」が築造された意からの命名と考えられる。城山の池、城ヶ下池、吉城池、大城後池、城谷池の四階の溜池が残存する。

(8)　姓氏に関係するもの

この分類項目に属するものが、氷見市の溜池名の中で最も多く、全体の約二六％の三九五階が残存する。片地の池、吉原の池、高森の池、早藤池、折田池など単に苗字のみの溜池名もあれば、政治郎池、惣次郎の新池、円次郎下の池など名前の溜池名もあり、藤島一成池、井山俊示池、菊池邦保池などのようにフルネームの溜池名もある。また、姓氏に「宅」・「小屋」などの目標物をも加えた八郎ェ門宅の高池、弥三八小屋下池などの溜池名や、だれが築造したかを示す「作」という文字を加えた竹山作池、京崎作池などの溜池名もある。

親池・子池・孫池的な意味合いの修飾語として、～1・2・3・4号などのような数詞を示す語や、庄八郎新池・庄八郎池など新しく築造したので単に「新」などを付記したもの、さらには弥三八の大池・弥三八の小池などの大小を付けたものも使用されている。

これら姓氏に関する溜池のほとんどは個人所有の溜池である。

(9)　屋号に関係するもの

ヤゴウ（屋号）とは、一門・一家の特徴を基に家に付けられる称号のことで、氷見市の溜池名には、山良池、山和

2号池、山和池、山五1号池、北万池、助尾池、山五2号池、山五3号池、権保谷池、佐吉池、平六池、尾場池、境松池、与七郎池、丸屋奥池、豊次池、酒屋池、庄九郎池、山吉の池、山正下池、ニヨモ池、ワタンジャ池など五六階が残存する。提示した中には、姓氏のものも含まれているかもしれない。

また、親池・子池・孫池的な意味合いの修飾語として、~1・2・3・4号などのような数詞を示す語が使用されているものがいくつか見られる。

⑽　交通・運輸・交易に因むもの

aトウゲ（峠）・トリゴエ（鳥越）・コシ（越・腰）

トウゲ・トリゴエ・コシは、いずれも峠や山の鞍部を示す語意である。氷見市の溜池は、峠仲間池、鳥越池、峠池、鳥越下池、千越池、腰池の六階残存する。

ちなみに、鳥越池、鳥越下池は親池・子池のような有機的に結合して貯水量を有効活用する溜池か。また、峠仲間池は、峠近くで仲間数人で管理運営を行っている意から命名された溜池名か。

bワタリ（渡）

この分類項目のワタリとは、動詞ワタル（渡）の連用形で「渡渉点、渡津」の意や、ワタリ（辺）で近所などの意があるといわれる。馬渡池、馬渡池、馬渡池と三階残存し、いずれも「馬渡」の名の溜池名である。ちなみに、馬渡りとは、馬でなければ渡れないどぶ川や、マ（間）・ワタリ（渡）の転訛で川の渡津点などをいう。

cハシ（橋）

ハシに関連するものは、土橋池、乱橋池、玉橋池、架間池、柳橋の池、大橋池の六階が該当すると考えられる。ハシ（橋）は、ハシ（端）で先端・末端、ふち、へりなどの意があり、段丘や端と端の間、橋梁などの意がある。氷見市の溜池の名称に見えるハシ（橋）の多くは、橋梁からだと思われるが、台地や丘陵の端（崖の近く）の意から命名された溜池名もあると思われる。

⑾　開発及び耕作に関係するもの

a田畑に関係するもの

現在、一二八階残存し、全体の約八％を占めている。溜池本来の灌漑目的は稲作であるので、田畑に関係する溜池名においても水田に関係する名称が大部分である。畑作関係は、中畑池、大畑池1号、平畑池、大畑1号池、畑田池、小切畑池、石畑池、畑尻の池、東畑上池、東畑下池、桜畠池、谷畑2号池の一二階で、田畑関係では全体の一〇％に過ぎない。この数値からもわかるように溜池は、水田耕作を意識しての築造といえるのではなかろうか。

水田に関係する溜池名を見ると、一枚田の池、二枚田池、三枚田池、八枚田高地、八枚田下池、千歩田池などは水田の区画・単位などを示し、谷内田池、新豆田池、山田池、山田小池、山田奥池、ヤシキ田池、瀬間田池、堂田池1号池、寺田新池、宮田池、前田1号、池田尻池、豆田池、大田の池、小田池、東田の池、後田池、渕田池、古田池などは水田がどこにあるかという位置や大きさ・新旧などを示す。あるいは、糊米田池1号、小伊尾田池、たらい田池、塩田上池、隠田池、棚田池、砂田池、雁田池、深田池、ねんき田池、稗田の池、行田池、赤田の池、猪子田池、五月田池、苗代田の池、マキ田池、茶戸田池3号などは水田の謂れや特徴を示す。溜池名から水田のようすを読み取れる。

写真３　行田池

また、親池・子池・孫池的な意味合いの修飾語として、～1・2・3・4号や～一・二号などのような数詞や、前・奥・新・旧・古・上・下という語を付記して使用されている。

bミチ（道）に関して

写真４　加納大池

ミチ（道）とは、人の往来する通路、小路・路地をいう。この分類項目に属するものは、横道池、馬道池の二階残存する。横道池は、字義通り道の横にある溜池の意。馬道池は、かつて池の側の道を馬が行き来したことから命名された溜池名ではなかろうか。

cミゾ（溝）・ホリ（堀）

ミゾ（溝）とは人工の水路、細流、細長く流れる川、小さい谷のこと、細長い窪地などをいう。ホリ（堀）とは、単に池の意や地面を長く掘って水を通した所、用水溝、畑と畑との境の溝、あるいは堤防などの意である。堀口古池、堀切下池、鷹津堀の池の三階が残存する。残存する溜池名は、いずれも「ホリ」に関するものである。ホリの新旧や位置などを示す意からの命名だと思われる。

dカリ（刈）

カリ（刈）は、刈り取った稲の束を数える単位や耕作した田地の広さを呼称する単位の意で、三十刈池、三十刈池、二十刈池の三階が残存する。残存する三階は、いずれも溜池近くの耕作された田地の広さを呼称する単位から命名されたと思われる。

eカノウ（加納）

カノウ（加納）とは、カリ（刈）・ノ（野）で、崖や緩傾斜地の意や草木を焼き払って開墾した地などの意がある。加納新池、加納大池の二階残存する。はじめ加納大池が約二〇〇年前の加賀藩政時代に築造され、その約三〇年後のやはり藩政時代に加納新池が造られたといわれている。両溜池とも加賀藩政時代のいつに築造されたのか確かな記録が残っていない。加納新池については昭和二十四年に築造・改修された。

ｆシンデン（新田）

シンデン（新田）とは、開墾地、新開田、新墾田などの意で、他には用水溝の大きいもの、あるいは「神田」で神社の諸費用に当てるために造られた田の意もある。谷村新田池の一階が該当すると思われる。谷村新田池は、字義通り、谷村の地に新開田するために築造された溜池の意からの命名か。

ｇシンカイ（新開）

シンカイ（新開）は、シンデン（新田）と同意で、シンカイのみの意では、新しく開かれた町場や内密に開墾された隠田などの意がある。氷見市内にも「隠田」の付く溜池名もいくつかある。「隠田」は田畑関係の分類項目で扱った。

この分類項目に属する溜池名は、二六階残存する。ほとんどが「新開池」という名称である。他には、助詞「の」を入れた「新開の池」や数詞を入れた「新開の池第二」などがある。

ｈその他

この分類項目に入れた溜池名は、仲直池、京地新池、與間池、北河共有地、耕地2号池、耕地3号池、論地池、領毛池、新保大池の九階である。単に耕作を示すもの、耕作において争いのあったもの、他には意味不詳のものも、この項目に入れた。

⑿　信仰に関係するもの

ａ寺院に関係するもの

この分類項目の溜池名は四〇階が残存する。主な溜池名は、堂の上池、堂後池、行堂合池、千文堂池など仏堂が近くにあるかあったことを示す「堂」を付したもの、寺前（信）池、待寺池、待寺下池など寺院・仏寺・墓があるかあったことを示す「寺」を付したもの、新行寺池や正保寺池、金光寺1号（奥堤）、法蔵坊1号池、金剛坊池など寺号や坊が近くにあるかあったことからのものである。佛供田池は寺院の田畑の意から、仏語で「仏菩薩が仮の姿をとって現世に現れること」を付した権現池、入道池、入道の池は、仏僧に関連すると思われ、来光池は仏語の「来迎」に因んでの命名と考えられる。

また、親池・子池・孫池的な意味合いの修飾語として、～1・2・3・4号や～一・二号などのような数詞語が使用されている。

b神社に関係するもの

宮下池、宮ヶ内第2池、宮ヶ内第3池、宮ヶ内池、スワ池、宮の池、諏訪1・2号池、宮ノ下池、宮下池、中社池、八幡小池、宮の下池、日の宮2号池、ミヤデン池、宮の高池1号、宮の高池2号、稚子林池、日の宮1号池、宮尾池、山王池、神田池、八幡池、新宮池、宮東下池、宮東上池、宮前3号池、宮前2号池、中宮後の池、宮下一号池、宮下二号池、宮下三号池など、三九階残存している。

宮の近くにあることを示す「宮」の付く溜池名が多く、しかも、「宮」を起点にどの位置にあるかなどを示す溜池名である。例えば、宮ノ下池、宮前池、宮尾池、宮東上池、宮東下池などが該当すると思われる。また、溜池近くに鎮座する神社名がそのまま名称となる場合も見られる。八幡小池、日の宮池、山王池、諏訪1・2号池などが該当すると思われる。神社の本宮に対して、その分社をいう「新宮」の意からと思われる新宮池という名称もある。ミヤデン池、神田池は神社に関連する田畑の意からの命名か。他には、稚児林池、宮ヶ内池、単に「宮」の近くの溜池という意から命名されたと思われる「宮の池」というような溜池名がある。

親池・子池・孫池的な意味合いの修飾語としては、～1・2・3・4号や～一・二号などのような数詞語や「上下」が使用されている。この神社に関係する分類項目において、数詞の前に「第」という字を付記する珍しい溜池名もある。他の分類項目では見られない。

cその他：民間信仰などに関するもの

この分類項目に入れたものは、祓堂の池、石仏池、高塚1号池、狐塚下池、狐塚上池、高塚池、三塚池の七階である。祓堂の池は、「祓堂」とはハラエ（祓）、ミソギ（禊）を行う場所をいい、ミソギを行う施設があるかあったことに由来する溜池名か。石仏池は、字義通り、溜池近くに「石仏」があるかあったからの命名と思われる。他、この分類に入れたものは「塚」の付く溜池名である。「ツカ（塚）」とは、土が盛り上がって高い所、石の堆積した所、単に丘のこと、また、土が小高く盛り上がった所や山頂の積石、石碑や単に碑などをいう。高塚は、単に土が高く盛り上がった塚の意で、高塚1号池、高塚池などはこれに該当すると思われる。三塚池は、ミ（水）・ヅカで、水の近くの土が盛り上がった塚の池の意からの命名ではなかろうか。また、本来「狐塚」は稲荷信仰に因む塚の意もあるが、クヅレ（崩）がキツレに訛りキツネとなった「崩壊地形」に関する地名も多いことから、氷見市の溜池名の場合、狐塚下池、狐塚上池も崩れ易い場所に位置することから、「崩壊地形」に関する意より命名された溜池名ではなかろうか。親池・子池・孫池的な修飾語としては、～1・2号などのような数詞語や「上下」が使用されている。

⒀　村落生活に関係するもの

a単に場所・村落・マチ（町）

この分類項目に属するものは二一階残存する。マチ（町）は、田の区画や区画した田地、建物が集まっている所、集落の区画、都市においては行政区画の最小区分などの意がある。氷見市の溜池名の場合、中村大池、中村一号池はいずれも大字中村にあり、「中村大池」は同集落内で管理運営し、中村一号池は個人所有の溜池である。大干場池、干場池という溜池は、稲を干す場に因んで命名された溜池名と考えられる。他に、ある特定の場所に由来する溜池名として、水喰場池、公園池、木立場池などが該当すると思われる。他には、マチ（町）の付いた溜池名、さらに、溜池の形状や様子を示す溜池名として、須賀町池、折瀬町池などがある。ユニークな溜池名として、入口池、枝ダシ池、猿場池などがある。

また、親池・子池・孫池的な意味合いの修飾語としては、～一号や2・3号などの数詞語や「大中小」・「上下」などの語が使用されている。

bツジ（辻）・コジ（小路）

ツジ（辻）とは、四つ角、四つ辻の意の他に、峰・頂上、低い山の頂上、先端、先、道の追分などの意がある。コジ（小路）とは、ろじ・横丁、道路の意の他に、コジル（抉）の連用形で「崩壊地形」を示すものもある。この分類項目に属するものは、坪小路第1号池、坪小路第2号池、坪小路第3号池、坪小路第4号池、南小路池、辻の前池、辻の池の七階残存する。辻は二階、後の五階は小路である。氷見市の溜池名の辻は、家や田畑の「先」の意からの命名ではなかろうか。また、小路はさらに「坪」が付くので、「坪」には多くの語意があるが、その中でも同市の場合は田の一画とか区画の意で、坪小路は道に近い田畑の一区画という意から命名された名ではなかろうか。

また、親池・子池・孫池的な意味合いの修飾語としては、坪小路池に1号～4号などの数詞語が使用されている。

cコクダカ（石高）・ツボ（坪）

コクダカ（石高）とは、近世の日本において土地の生産性を石という単位で表したものである。この分類項目に属すると思われる溜池名は、氷見市吉岡にある千石池と思われる。

d「居住地を示す」ヤシキ（屋敷）・コヤ（小屋）など

家の裏や裏手を意味するセド（背戸・瀬戸）も、この分類項目で提示した。セドを含め一四階が残存する。

eツボ（坪）・メン（免）

この分類項目の溜池名は、日坪池、坪之内池2号、坪之内池1号、小坪池、中坪の池の五階残存すると思われる。ツボ（坪）は多くの語意があるが、その中でも「田の一区画」の意が氷見市の溜池名の語に該当するか。ツボ（坪）に「中」「小」を付け、田の大きさを限定していると思われる。

また、親池・子池・孫池的な意味合いの修飾語としては、坪之内池に１・２号などの数詞語が使用されている。

f墓・埋葬（サンマイ）

墓地や火葬場などの近くにある意から命名された溜池名で、墓王池、墓山池、三昧殿池、サイショの池の四階が残存すると思われる。

g仲間・共同組織に関して

この分類項目に属するものは、所在地が異なるいずれも仲間池の三階が残存する。この項目では、単に「仲間池」と表記されているもののみとした。

h区画・保・カイト（垣内）～出

富山県には区画を示す地名語「カイト」が多い。特に、氷見地方に多く分布する。同地方ではカキナイ・カクナイとも呼称する。同地方では、中字として上下中のような分割を示す語、東西南北の方位を示す語、さらにはカイト地を開拓した人名なども付けられている。また、同地方ではカイトを～デ（出）と表すところも多い。

この分類項目に属するものとして、敷池、二区待池、安出の上池、覚内池、塩出池、２区の池、１区池、三区池、格内池、覚内池、三番割の池、関谷保池、戸出池の一三階が考えられる。

安出の上池、覚内池、格内池、塩出池は、カイトに関する溜池名と思われる。２区の池、１区池、三区池は、昭和期に入って現在に至るまでの班や区分け的な呼び名に由来する溜池名であると思われる。

⒁　単に物の形状

この分類項目に属する溜池名は三階で、広冠池や鎌口大池、鎌鎧池が該当すると思われる。いずれもカンムリ（冠）やカマ（鎌）・ヨロイ（鎧）の形に似た様相からその名が命名されたと思われる。

⒂　色彩に関するもの

高黒池の一階が該当すると思われる。字義通り、小高い木々に覆われた所に位置する意から命名された溜池名ではなかろうか。色彩に関する名称は、例えば、赤・茶色は土の色、白は雪などに関係する名称に付く。特に、赤色は赤土が露出して見える所で、露出しているということは、土が崩れ易い立地の所ということで、災害地名の所に多いともいわれている。

⒃　単に形を示す

氷見市の溜池は、池の形状からいろいろな形状を付した溜池名が見られる。次の五つの形状に分類してみた。いろいろな形状地に溜池を築造しなければならないということは、それほど水不足が深刻であったということを物語っているのかもしれない。特に、マナイタ形のマナイタ池は、1～4までの小さな溜池が小地形の中で貯水量を有効活用していることが読み取れる。

ａマル形・四角形・三角形………三角池。
ｂツブラ（円）形………戸円池1号、戸円池2号。
ｃマナイタ形………マナイタ池1、マナイタ池2、マナイタ池3、マナイタ池4。
ｄ鍋形………鍋床池、鍋池。
ｅ竿（サオ）形………竿下池。

⒄　数詞に関係するもの

この分類項目に入れた溜池名は、第1号池、三千歩池、九十歩下池、九十歩上池の四階である。歩（ぽ）とは土地面積の単位をいう場合と、最近では地番のように番号的に使用する場合がある。

「歩」の付く溜池名は、この分類項目に提示したが、再検討が必要かと考えている。

⒅　美称・接頭語の付くもの

ヨシ（吉）は、美称や佳字、アシ（葦）が生えている所、湿地に多い名ともいわれている。植物アシ（葦）は「悪し」に通じるのを忌み、早くからヨシにしたという由来がある。悪い所を反対語で表現するという意もある。また、ヨシは単に接頭語的に使用する場合もある。

この分類項目に属するのは、吉池の一階のみである。佳字の「ヨシ（吉）」を用いて単に池（溜池）を呼称する意からの命名ではなかろうか。

⒆　性別（男女）を示す

雄池の一階のみであるが、近くに対になる溜池があれば雌池なるものがあったりする。島や岩などの目標物には、男島・女島、男岩・女岩などと命名されることはよくある。また、通称では性別（男女）を示す名称で呼ばれることもある。氷見市の溜池においても、男池・雄池・女池・雌池と呼ばれている池もある。

⒇　合成した名称

この分類項目に入れたのは、島尾大池、島尾小池、島尾新池の三階である。島尾（シマオ）とは、かつての嶋村の「嶋」と尾崎村の「尾」の一字をあわせ、島尾と命名された「合成地名」である。この島尾の地に、大池・小池・新池の順に築造されたという。

㉑　新旧などの付くもの

単に新池・古池の新旧（古）のみの表記や新作池と表記された溜池名とした。この分類項目に属するのは二二階現存する。

㉒　大きさや用途・高低・出入口など

この分類項目に属すると思われる溜池名は、長池、長池、溜り池、下長池、大池、高池4号、出ノ口大池の七階と考えられる。

㉓　方位・位置・分割に関係するもの
単に池の方位・分割・位置を示す意が強い（大きい）ものを、ここで提示した。

a方位……西池2号、向口2号池、三方池、西池1号池、長口池、東池。

b分割（大・中・小、上・中・下）……小池、下池、下池、西ノ上池、中池、中池、大上大池、後池、横引池。

c位置・表裏・端・尻……奥の池、大浦池、表の池、後1号池、後2号池、後3号池、浦後池1号、大後池、じれ池、八ノ尻池、八ヶ尻池、浦の池、向の池、中向の池、奥の池、中之池、前池、中向上の池、堂尻の池、浦高池。
㉔　その他
現時点で、受け高上池、受け高中池、受け高下池、迯目池、場合池、じっしょ、唐古池、唐古池、千元池、湾砂羅池、にくし池、ホトギ上池、ホトギ1号池の一三階の意味不詳のものをここに提示した。

五　氷見市の「溜池名」の特徴

現在、氷見市に残存する一五三二階の溜池名の分類を行った。分類した結果いくつかの特徴が見えたので私見を述べてみたいと思う。

分類した溜池名を溜池数の多い順から並べ表4を作成した。
(1)　特徴その一　「(個人所有）溜池名」の名づけ方の一例
表4での溜池数を合計すれば、一二三五階となり全体の約八〇%を占める。溜池数が最も多いのは三九五階で全体の約二六%となる姓氏に関係するもの、次に多いのは二三二階で地形・地貌に関係する「タニ・ヤチ」が付くもの、その次に多いのは一二八階で開発及び耕作に関する中の「田畑」に関係するものである。これら三つの分類項目の溜

表４　溜池数の多い順

No.	大分類項目	中分類項目	溜池数
1	(8)姓氏に関するもの		395
2	(1)地形・地貌に関係するもの	c　タニ（谷）・ヤチ（谷内）	232
3	(11)開発及び耕作に関するもの	a　田畑に関係するもの	128
4	(1)地形・地貌に関係するもの	a　ヤマ（山）・ダケ（岳）・アタマ（頭）・ムロ（室）	60
5	(3)動・植物に因むもの	a　植物に関係するもの	56
6	(9)屋号に関係するもの		53
7	(1)地形・地貌に関係するもの	g　クボ（久保・窪）・アナ（穴）など	48
8	(12)信仰に関係するもの	a　寺院に関係するもの	40
9	(12)信仰に関係するもの	b　神社に関係するもの	39
10	(1)地形・地貌に関係するもの	r　ハラ（原）	38
11	(3)動・植物に因むもの	b　動物に関係するもの	34
12	(11)開発及び耕作に関するもの	g　シンカイ（新開）	26
13	(1)地形・地貌に関係するもの	w　サカ（坂）	22
13	(21)新旧などの付くもの		22
15	(4)気象に関係するもの		21
15	(13)村落生活に関係するもの	a　単に場所・村落・マチ（町）	21

池数を合計すれば、全体の約五割となる。

溜池の所有形態は、先に述べたように「個人」と複数者（集落や地区など）の二種類がある。氷見市の溜池名から、どの所有形態に属する溜池なのか読み取ることもできる。

地名は「土地の名称」の「土地」の「地」と「名称」の「名」を併せて地名となったといわれている。この地名について、柳田国男は「地名とは、二人以上の人の間に使用せらるる符号である。地名は、単なる符号ではなく、命名した人間の思考や感情などを込めたものである。」と述べている。[11] いうなれば、地名は、二人以上の人が使用しなければ「地名」として、認知してもらえないので、名づけ方においても、多くの人が認知しやすいような名称が付く場合が多い。多くの人が対象地のことをすぐに認知しやすいものとして、対象地の「地形」など自然を対象にしたものが地名になり易い。地名研究分野においては、このような地名を自然地名という。日本全体の地名では、この自然地名が非常に多いといわれている。

溜池の場合は、個人所有という形態もあるので、地名の「認知度範囲」とは若干異なり、「特定の人のみ」認知すれば良いということで、むしろ特定し易い「溜池名」が発生する。

このような名づけ方が、氷見市の「溜池名」からも読み解くことができる。例えば、氷見市の溜池名で最も多い「姓氏」や六番目に多い「屋号」からである。

現存する氷見市の姓氏に関わる溜池名を見ると、単に苗字だけのものや名前だけのもの、あるいはフルネームのもので、「特定の人」「個人の人」を示す。また、「屋号」の場合は、特定の「家」、個人の「家」を示すものである。明らかに、姓氏と屋号が溜池名になっている名称と、「土地の名称」の地名とは、認知度の範囲が違っていることを物語っている。

(2)　特徴その二　谷あい、山あいの地域に地形・地貌に関係する「溜池名」が多い

氷見市は、海岸線の中央部に市街地が発達し、南・西・北の三方の山々に源を発する小河川によって、その市街地以南の海岸に沿う地域を西条といい、仏生寺川に沿う谷あいの地域を十三谷、上庄川に沿う谷あいの地域を上庄谷、余川川に沿う谷あいの地域を余川谷、阿尾川に沿う谷あいの地域を八代谷、下田川に沿う谷あいの地域を女良といい、それぞれの地域に多くの溜池が分布する。氷見市では長さ・流域面積とも最大の河川、上庄川流域の谷あい、山あいに位置する久目・速川・熊無地区に特に溜池が多い[12]。

久目・速川・熊無地区に散在する溜池、特に集落・地区など複数による所有形態の溜池は、地名の名づけ方と同様、多くの人々に認められやすい土地の自然的な特徴とそれを表現する言葉（用語）から、最も妥当性がある名称（溜池名）が名付けられたと考えられる。

地形・地貌に関係する、中でも谷あいや山あいを直接示す「タニ（谷）」・「ヤチ（谷内）」、「ヤマ（山）」・「ダケ

（岳）」・「アタマ（頭）」・「ムロ（室）」などの用語が付く溜池名が多く見られる。
また、同市の平野部の溜池においても、谷あいや山あい同様に、多くの人びとに認知されやすい、地形を表した名称（溜池名）が命名されやすい。例えば、平野部に多く残存する「ハラ（原）」・「クボ（久保・窪）」・「アナ（穴）」などの付く溜池名が、それに該当すると考えられる。

(3)　特徴その三　溜池に纏わる伝説と「水神」信仰について

人と水の関係を考える時、人が信仰する山の神・火の神などと同様に、「水神」も自然界の存在もしくは現象の中に神格を見出すアニミズム的信仰の一翼をになう。この水神は、中国の「龍神」信仰と結びついて、さらに「大蛇」とも結びつき、「大蛇」も「龍神」も、もとをただせば「蛇」を幻想化することで生まれた神格といわれている。大蛇や龍神信仰に関わる伝説の溜池や、また、溜池は人々の生活と密着する「水」のことなので、人をはじめ動物ともかかわって多くの伝説が生まれる。例えば、水神を蛇体とみる伝説をはじめ、動物や人（娘の場合が顕著）や物が溜池に引き込まれたり落ちて死んだりしたという伝説、人と蛇や蟹の精霊にまつわる伝承などが生まれるのである。

氷見市の溜池にも朝日本町にある行田池[13]、田江の源平池[14]、床鍋の蛇池[14]など伝説がある「溜池」がいくつもある。ここでは、紙面の関係で、溜池名の紹介のみとする。

(4)　特徴その四　共同所有を示す「溜池名」について

氷見市の「溜池名」の中には、仲間池・共同池・共有池・仲直池などの「溜池名」がある。これらの名称は、明らかに溜池を共同で管理運営をしていることが分かる名称である。先にも述べたように、溜池には、個人所有と共同所有という二つの所有形態がある。個人所有の場合は、個人を特定するような姓氏や屋号などを溜池名にする。

このように、氷見市に残存する溜池名から、個人所有か共同所有か明らかに特定できるということも、氷見市の「溜池名」の特徴の一つとして捉えることもできるのではなかろうか。

(5)　特徴その五　貯水量を有効活用するための親池・子池・孫池的な「溜池」の名称について

溜池名に、修飾する新旧（古）・大中小・前後（奥・尻）・高低を付けて、いくつかの溜池を親池・子池・孫池的な結合を図り、貯水量を有効活用する溜池群もあるように、溜池名から読み取ることができる。

なお、新旧（古）については、築造年代順に命名された溜池名もあるだろうが、貯水量を有効活用する親・子・孫池的な溜池もあると思われる。

氷見市の溜池名における、いくつかの親池・子池・孫池的な命名パターンを提示すれば、次のようなパターンがあり、さらに分かれるものもある。

Aパターン　新旧（古）に関する修飾語を付けたもの

①新・旧＋池　→源ヶ谷内新池・源ヶ谷内旧池

②新・数詞＋池→上島新池・上島二号池

③無・新＋池　→大谷池・大谷新池

④新・古＋池　→梅谷新池・梅谷古池

Bパターン　規模・大きさを示す大中小の修飾語を付けたもの

①大・中・小＋池　→両国大池・両国中池・両国小池

②無・小＋池　→馬谷池・馬谷小池

③無・大＋池　→瀬戸前新開池、瀬戸前新開大池

Cパターン　数詞に関する修飾語を付けたもの

①漢数字＋号＋池　→堂原一号池・堂原二号池・堂原三号池

②算用数字＋号＋池　→宮前1号池・宮前2号池・宮前3号池

③池＋算用数字　↓マナイタ池1・マナイタ池2・マナイタ池3

Dパターン　高低に関する修飾語を付けたもの

①上・中・下＋池　↓河内上池・河内中池・河内下池

②上・下＋池　↓番城谷内上池・番城谷内下池

③■＋池＋（上）・（下）　↓大谷池（上）・大谷池（下）

④上・下＋■＋池　↓上天池・下天池

Eパターン　前後（奥・尻）に関する修飾語を付けたもの

①無・奥＋助詞（の）＋池↓新開池・新開奥の池

②無・奥＋池　↓堂田池・堂田奥池

③大・奥＋池　↓山田大池・山田奥池

④前・後＋池　↓新谷前池・新谷後池

⑤前・奥＋池　↓谷内口前池・谷内口奥池

Fパターン　裏表に関する修飾語を付けたもの

①表・裏＋助詞（の）＋池↓大向井表の池、大向井裏の池

Gその他

単に「大」・「新」の文字を付けたもの＋池↓天池大池、天池新池

氷見市の溜池名における貯水量を有効活用する親・子・孫池的な溜池を、六つのA～FパターンとGその他に分けることができる。それぞれの溜池名を命名した人の「溜池」に対する「水」意識が、「修飾語」からも読み取れる。

六　おわりに

氷見市内を歩いていると、市街地や山間部をとわず、至る所に池がある。この池は単なる池なのか、それとも何か目的があって造られたのか。そんな素朴な疑問が発端となり、約五か月（平成二十七年五月〜九月）、氷見市内全域に分布する溜池を一通り訪ね歩いて、氷見市における「溜池名」の分類とその特徴について私見を述べてみた。

長年、地名研究で氷見市を歩いているが、今回、氷見市内には多くの溜池があるんだなと、しみじみと実感した。かつては三千以上もの溜池があったが今は千五余りであるが、いざ一通り歩くとなると、けっこうな日数と時間がかかった。この実体験からいえることは、溜池の数は約半分にはなったというものの、氷見市は、今でも富山県内で最も溜池の多い地である。

年々、溜池の数が減少しているというものの、氷見地方においてはまだまだ「溜池」が必要である。特に、農業生産にとっては、欠かせない水利源であるということである。

氷見市に残存する「溜池名」を分類し、その特徴を整理したことから、溜池名から多くのことが読み取れた。今後は、分類とその特徴を踏まえて、「溜池名」を命名した「命名構造」についてさらに詳細に検討すれば、「土地の名称」である「地名」の命名法とはまた違った命名法で「溜池名」が命名されているということが、明らかになるのではなかろうか。五節の「特徴その一　「（個人所有）溜池名」の名づけ方の一例」、「特徴その四　共同所有を示す「溜池名」について」、「特徴その五　貯水量を有効活用するための親池・子池・孫池的な「溜池」の名称について」などで、今後に繋げたい研究方向なるものを提示した。

いうなれば、本章は、氷見市における「溜池名」考の序論である。

注

（1）氷見市史編さん委員会編『氷見市史1　通史編一　古代・中世・近世』氷見市、二〇〇六年、五四九頁。
（2）（3）（7）氷見市史編さん委員会編『氷見市史2　通史編二　近・現代』氷見市、二〇〇六年、四二一～四二四頁。
（4）楠原佑介・溝手理太郎編『地名用語語源辞典』東京堂出版、一九八三年、一二三頁。
（5）吉村信吉『湖沼學』三省堂、一九三七年、一～二頁。
（6）奥村秀雄「氷見のため池」橋本確文堂編『北陸の湖沼』橋本確文堂、一九九七年、一二四～一二五頁。
（8）表2は、富山県・氷見市の溜池に関する資料を参考に作成。
（9）（12）表1は、『氷見市史1　通史編一　古代・中世・近世』五四九頁の表27を引用編集して作成した。
（10）表3の分類については、拙著『北陸地名伝承の研究』（五月書房、一九九八年）に掲載した分類法をもとに作成した。例えば、「⑴地形・地貌に関係するもの」の「mマ（間）」「tゲンヤ（原野）」や「⑸鉱物に関係するもの」については、「現在残存しない。」と記し、この分類項目を残した。それぞれの採集した名称のみで分類するやり方もあるが、まだ、地名研究において「分類」が確立していない段階では、体系をいずれ確立したいとの思いから、今回はあえて残存しない分類項目のものも掲載した。
（11）柳田国男『地名の研究』角川文庫、一九七六年、一五頁。
（13）橋本確文堂編『北陸の湖沼』橋本確文堂、一九九七年、一一五頁。
（14）氷見の語り編集委員会編『氷見の語り』氷見市教育委員会、一九八六年、八九～九三頁。

参考文献

石崎直義『越中の伝説』第一法規、一九七六年、三八～四六頁
大塚大『北アルプスの湖沼』山と渓谷社、一九八六年
大塚民俗学会編『日本民俗事典』弘文堂、一九七八年
環境庁編『自然環境保全基礎調査　第三回　北陸・甲信越版』環境庁、一九八七年
環境庁編『自然環境保全基礎調査　第四回　北陸・甲信越版』環境庁、一九九三年

環境庁編『自然環境保全基礎調査　第四回　全国版』環境庁、一九九七年
小松和彦『「伝説」はなぜ生まれたか』角川学芸出版、二〇一三年、一五五〜一五六頁
鈴木静夫『日本の湖沼』内田老鶴圃新社、一九七五年
都丸十九一『地名のはなし』煥乎堂、一九八九年
富山湖沼研究会編『富山の湖沼』北国出版社、一九七九年
日本陸水学会編『川と湖を見る・知る・探る　陸水学入門』地人書館、二〇一一年、一八頁
浜島繁隆・須賀瑛文『ため池と水田の生き物図鑑　植物編』トンボ出版、二〇〇五年、一一頁
氷見市史編さん委員会編『氷見市史9　資料編七　自然環境』氷見市、一九九九年、一三頁
「氷見の伝説」編集委員会編『氷見の伝説』氷見市教育委員会、一九八二年
『歴史百科〈第五号〉日本地名事典』新人物往来社、一九七九年
「富山県の湖沼の動物性プランクトン」田中晋編『富山県の陸水生物』富山県、一九七八年、三〇七〜三三一頁

資料提供
富山県庁農林水産部農村整備課より「富山県の溜池」に関する資料
氷見市役所建設部より「氷見市の溜池」に関する資料

第五章　路線バスにおける「バス停名」の命名構造
――加越能バス　高岡から氷見方面の路線を例に――

一　はじめに

五、六年前から、「路線バス」を乗り継ぎ、地元の人々と触れ合いながら、その土地の名所・旧跡を巡って、日本の魅力を再発見する紀行番組が各テレビ局で放映されるなど、「路線バス」を利用しての「旅」が静かなブームとなっている。昨今、全国各地で赤字鉄道の廃止が進む中（路線バスにおいても廃止路線が出てきてはいるが）、路線バスは、公共交通機関では手軽に移動できる手段の一つとして、多くの人々に利用されている。

そもそも「路線バス」とは何か。路線バスの乗客が「乗り降りする所」を何というのか。路線内で乗客が「それぞれ乗り降りする所のそれぞれの名称」は、どのような名称が命名されているのか。本章では、富山県西部（呉西）を中心に「路線バス」を運営する加越能バスの高岡から氷見方面の路線(1)を例に一考してみたい。

二　路線バスとは何か

「路線バス（ろせんバス）」とは、「道路運送法（昭和二十六年六月一日公布　法律第一八三号）」の規定により、

「一般乗り合い旅客自動車運送事業」の許可を受けた路線（交通機関が通過する出発地点から目的地点を結んだ線をいう。）を運行して、不特定の旅客を逞送するバスのことをいい、乗合バス（のりあいバス）ともいう。

また、「路線バス」には、走行する主体道路によって二つの路線バスがある。一つは一般道路を主体に運行する「一般路線バス」、もう一つは高速道路を主体に走行する「長距離路線バス」である。いずれの「路線バス」も、大部分が運転手一人だけ乗務する「ワンマン運転」「ワンマンバス」として運行されている。

日本では、昭和四十年代頃までは、運転手の他に運賃の収受やドアの開閉あるいはバック誘導などの安全確認などの業務を委ねる「車掌」も乗務し、一台のバスに「運転手」と「車掌」が乗務する「ツーマン」であった。それが、同五十年代頃から、人件費の削減を主な理由とし、ほとんどの「路線バス」は「ワンマン運行」に移行した。

現在の「路線バス」は、地方都市を中心に自家用乗用車の普及や少子高齢化・過疎化が進み、かなり厳しい運営状況下におかれ、赤字路線の運営は、運営するバス会社の「貸切バス事業」など別の事業での黒字分で補塡されているという。

しかし、近年の「道路運送法」の改正により、バス事業の新規参入が緩和され、その結果、過当競争を招くこととなり、従来、路線バスを運行していたバス会社が赤字路線を維持できなくなってきた。

このような赤字路線が全国的に見られるようになった実態から、その後、同法の改正においても、赤字路線に関わるバスの減便や廃止などについては、基本的には、路線バスが走行する地域住民らの同意がなくても、赤字解消のために、路線バスの「減便」や「廃止」を実施することができるということから、路線の減便・廃止が全国的に増えてきているのが現状である。

ごく最近では、加越能バスでも平成二十八年一月三十一日をもって、砺波・高岡〜富山空港線は廃止となった。

ちなみに、路線バスは地域における大事な「生活の足」である。この路線バスに対して、運行する路線を少しでも維持・確保するための対策を協議する組織が、全国各地に設けられている。

加越能バスの路線バスに対しても、高岡地区バス路線維持対策協議会（高岡市・氷見市・射水市・富山市の自治体で構成している。）や民営乗合バス路線維持対策協議会（高岡市・砺波市・小矢部市・氷見市・射水市の自治体で構成している。）の二つの協議会が組織されている。この二つの協議会に属する自治体においては、路線バスの維持対策を担当する部署（担当・係）[2]を設けて、懸命に維持対策にあたってはいるが、減便・廃止路線が発生しているのが現状である。

路線バスは、「道路交通法」により基本的には路線内すべての乗客が乗り降りする所にバスが停車するのが原則である。しかし、長距離を走行する地方路線や観光地と結ぶ路線においては、特急や急行などの優等種別のバスを運行し、乗客が各乗り降りする所に停車（各駅停車）しない、主要な箇所のみ停車する路線（特急や急行によって停車する場所が若干ことなる。）もある。また、乗り降り客が極端に少ない区間など、特に認められた区間においては、本来の乗り降り場所以外であっても運転手に手を挙げるなどの合図をすれば乗り降りできる「フリー乗降制」となっている場合もある。

三　路線バスで「乗客」が乗り降りする所を何と呼ぶか

「路線バス」で、乗客が乗り降りする所、いうなれば乗客のために規定された乗り降りする停車場所、及びその停車する場所に設置されている標識や施設のことを、「バス停留所（バスていりゅうじょ、バスていりゅうしょ）」という。

「バス停留所」は、日常会話では略して「バス停（バスてい）」と呼ばれ、一般道に多く設置されている。日本で

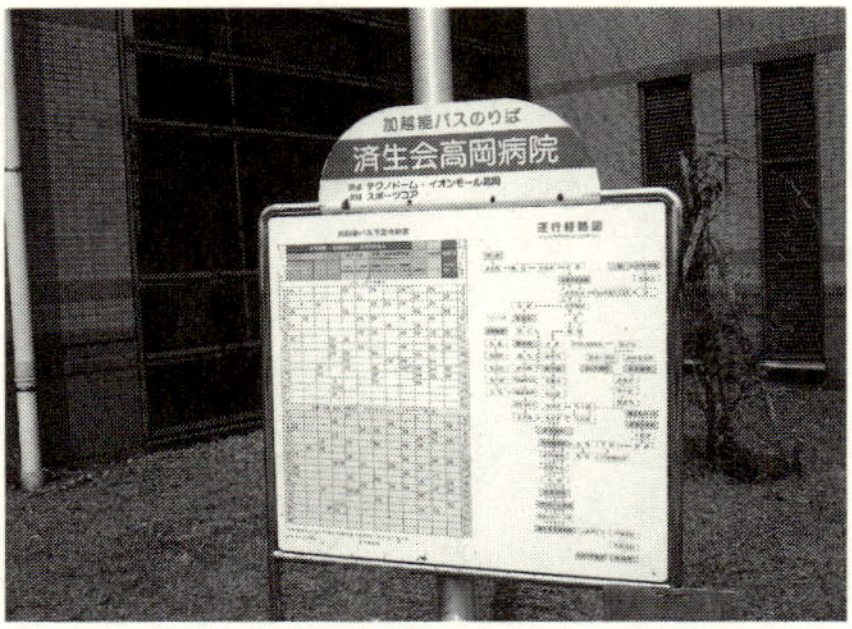

写真１　バス停「済生会病院」

は高速道路上に設置されている「高速バスの停留所」の場合は、「バスストップ」という呼び方をしている。また、一般道の「バス停留所（バス停）」が「複数のバス停の集合体」となるバスの始発・終着地を、鉄道施設の駅前や繁華街あるいは商業施設など大規模な建造物が施設化した場合は、「バスターミナル」と呼ばれている。この「バスターミナル」と同じ機能・施設でありながらも、東北地方では「バスプール」、北海道の道東地方では「バスタッチ」と呼称する地域もある。また、最近では、日本一の規模といわれる高速バスターミナルが、東京のJR東日本の新宿駅に隣接してオープンした。そのバスターミナルの名は、「バスタ新宿」と呼称する。

「バス停留所（バス停）」には、一般的に「事業者名」「バス停名」「路線名や系統名・主たる行先・通過予定時刻」などを表示した「表示板」が立っている（写真1）。この表示板は、鋼鉄・軽金属などの金属管とコンクリート製土台を組み合わせたものから、オリジナルティあふれるものまで、バラエティーに富んでいる。

そもそもバス停（ここから「バス停留所」をバス停と記す。）は、「路線バス」での始発地点と終着地点及び区間途中に乗客が乗り降りする「地点」、いうなればバスが停車する「所（場所）」をいう。だが、「旅客」という観点から見れば、バス停は、乗り物に乗る「場所」の一つではあるが、鉄道における「駅」、航空（飛行機・ヘリコプターなど）における空港・飛行場とは異なり、バス停自体が施設であることは少なく、多くは一般公道上にあり、バス停を示す「標識」を設置する場合が多い。このバス停の「標識」は、あくまでも「地点」のことを示すものである。

この地点を示すバス停の名称、いうなれば「バス停名」は、土地の名称である「地名」を命名する仕方とは違った

「命名思想」によって名付けられているのではなかろうか。

「バス停名」は行政地名より改変の手続きが容易である。特に、「道路運送法」の平成十二年五月二十六日の改正では、「一般乗合旅客自動車運送事業及び一般乗用旅客自動車運送事業」が許可制とされるとともに、「一般貸切旅客自動車運送事業」の運賃について届出制に変更され、同十八年六月二日の改正では、「自家用自動車による有償旅客運送制度の創設、二一条や八〇条による旅客輸送（廃止代替バスなど）」を見直すなど、社会情勢に即応した改正となり、かなり緩和されたものとなった。路上に新規の停留所を設置する場合、事業者や自治体が、そこに面した住宅・事業所および町内会などの住民自治組織などから許可を得る（あいさつ回りを済ませる）場面も少なくないが、あくまでも事業者が主体である。しかも、行政地名のように複雑な手続きもなく、「路線バス」に関わるものとして、「バス路線のバス停名の命名・変更」「バス路線の廃止」「バス路線の運行計画」などの許認可・届出を関係機関に提出すれば、事業者の意向が強く反映するので、結局は受理されるのが現状である。

バス停は、一般的には「上り方面」と「下り方面」の二つの乗り場が道路を挟んで向かい合わせに設置される。しかし、一方通行道路を経由する場合や運行がループ状になる場合あるいはバス停の用地が確保できない場合などは、片方向のみの場合もある。また、場所によって、乗降客の少ないバス停は、単にポールを上り・下りどちらか一方に一本のみ立て、上下兼用とする場合もある。さらには、バス停名がバス会社によって乗り場が異なる場合や、逆に同一の箇所にバス停が設置されているにも関わらず事業者によってバス停名が異なる場合もある。

いうなれば、バス停名は、個々の事業者（バス会社の担当者や会社の命名方針が、かなり反映されるということでもある。）の命名思想によって異なるということではないだろうか。

路線・系統名〈始発－（中継地＝分岐点）－終着地〉について

路線／系統及び始発・終着地 （ただし、路線・系統を一連と考え始発・（中継地）・終着地が異なる場合もある。）	備　　考
氷見/灘浦海岸/脇線（済生会高岡病院－氷見駅口）	*
①　氷見/灘浦海岸/脇線（氷見駅口－中田－脇）	氷見駅口は分岐点　*
熊無/桑の院/坪池線（済生会高岡病院－氷見駅口）	*
②　熊無/桑の院/坪池線（氷見駅前－氷見駅口－谷屋－専徳寺前）	谷屋が分岐点　*
③　熊無/桑の院/坪池線（谷屋－触坂－坪池）	触坂が分岐点　*
④　熊無/桑の院/坪池線（触坂－桑の院）	触坂が分岐点　*
伏木循環線（イオンモール高岡－伏木駅前）	
伏木循環線（伏木駅前－イオンモール高岡）	
伏木循環線（イオンモール高岡－伏木駅前）	
伏木循環線（伏木駅前－イオンモール高岡）	
磯はなび/氷見線（済生会高岡病院－氷見市民病院）	*
氷見線（済生会高岡病院－氷見市民病院）	*
氷見線（済生会高岡病院－佐加野）	*
氷見線（佐加野－勝木原）	
氷見線（佐加野－氷見市民病院）	*
五十里線（高岡駅前－五十里）	
富大高岡/二上団地/城光寺線（イオンモール高岡－城光寺運動公園）	
福岡/石動方面線（済生会高岡病院－横田小学校前）	
福岡/石動方面線（高岡駅前－福岡・石動－三井アウトレットパーク北陸小矢部）	
石堤線（高岡駅前－石堤）	
小牧堰場（大牧温泉）方面線（高岡駅前－小牧堰場）	
戸出/高岡法大/砺波/庄川線（高岡駅前－市野瀬）	
戸出/高岡法大/砺波/庄川線（市野瀬－砺波総合病院前）	
戸出/高岡法大/砺波/庄川線（市野瀬－高岡法科大学前）	
戸出/高岡法大/砺波/庄川線（砺波駅前－庄川町）	
金沢線（加越能バス本社前－砺波市役所前－金沢駅東口－兼六園下）	
中田町線（高岡駅南口－中田中学校前）	
富山大学附属病院線（富山大学附属病院－職業安定所前）	
石瀬/牧野/新湊/海王丸方面線（海王丸パーク－済生会高岡病院）	
本町３丁目－新湊庁舎前線（本町３丁目－新湊庁舎前）	
高岡市内系統（高岡駅前－職業安定所前）	
高岡支援学校線（高岡支援学校－高岡駅前）	
氷見市街周遊バス（氷見市民病院－氷見駅前）	
氷見市街周遊バス（氷見駅前－氷見市民病院）	
立野脇線（砺波市役所前－立野脇）	
加越線（庄川町－石動駅前）	
加越線〈１回目の停車〉（福野駅前－石動駅前－庄川町－福野駅前）	
くりから線（くりから不動寺－石動駅前）	
若林線（石動駅前－砺波市役所前）	
砺波総合運動公園線（庄東センター－砺波市役所前）	
こみちオレンジルート〈高岡コミュニティバス〉（高岡駅前－〈巡回〉高岡駅前）	

四　加越能バスの系統・路線について

富山県西部を中心に「路線バス」を運営する加越能バスの系統・路線から、バス停名についての命名構造について考えてみたい。

加越能バスは、本社（高岡営業所）のある高岡市を中心に、射水市・氷見市・小矢部市・砺波市・南砺市などで「路線バス」の事業を行っている。また、一部、富山市や石川県金沢市・七尾市、岐阜県白川村にも路線を延長している。

加越能バスは、かつては加越能鉄道と称し、鉄道や軌道も保有していた。しかし、経営難により平成十四年に、JR高岡駅前から越の潟まで走行する万葉線を譲渡したことにより、鉄軌道事業から撤退し、平成二十四年に、現行の社名「加越能バス」（路線バス・貸切バス事業を中心に、他に旅行業・保険代理店業・スポーツクラブ事業も行う）

表1　加越能バス

No.	路線別	No.	経由名
1	①	1	守山経由
2		2	
3	②	1	
4		2	
5		3	
6		4	
7	③	1	西回り
8		2	
9	④	1	東回り
10		2	
11	⑤		❶伏木駅経由
12	⑥		❷ふしき病院経由
13	⑦	1	国吉/勝木原/仏生寺経由
14		2	
15		3	
16	⑧		
17	⑨		
18	⑩		
19			
20	⑪		
21	⑫		
22	⑬	1	
23		2	
24		3	
25		4	
26	⑭		
27	⑮		済生会/中田団地経由
28	⑯		
29	⑰		
30	⑱		
31	⑲		
32	⑳		
33	㉑		氷見営業所経由
34	㉒		ひみ番屋街経由
35	㉓		
36	㉔	1	
37		2	
38	㉕		
39	㉖		
40	㉗		
41	㉘		

こみちブルールート〈高岡コミュニティバス〉（高岡駅前－坂下町）	
こみちブルールート〈高岡コミュニティバス〉（坂下町－江尻イオン）	
こみちブルールート〈高岡コミュニティバス〉（江尻イオン－坂下町）	
アウトレットシャトル（石動駅前－三井アウトレットパーク北陸小矢部）	
イオン－高岡駅線（イオンモール高岡－高岡駅前）	
富山空港連絡バス（富山空港－高岡駅南口－砺波駅南）	H28.1.31に廃止
櫛田－大門小－高岡駅線（櫛田－高岡駅前）	
アウトレットライナー（新高岡駅－三井アウトレットパーク北陸小矢部）	
わくライナー（和倉温泉－高岡駅前）	
世界遺産バス線（高岡駅前－白川郷）	
世界遺産バス〈１回目の停車〉（城端駅前－白川郷－高岡駅前－城端駅前）	

と変更された。加越能バスは、富山地方鉄道の連結子会社でもある。

加越能バスの「路線バス」における「路線」・「系統」について述べれば、表1からわかるように、路線別では三六路線があり、詳細に記せば、五二もの「路線」・「系統」がある。[3]

五　バス停名の命名構造

―高岡から氷見方面の「路線」を例に―

1　高岡から氷見方面への路線バスルート

高岡から伏木・氷見方面の「路線バス」における「バス停名」を例に、命名構造について述べてみたい。例として取り扱った氷見方面への経由及び路線・系統は、表1の備考欄に＊印を記入したものである。

高岡から伏木・氷見方面の「路線バス」は、表2で記すように、Aルートの守山経由、Bルートの仏生寺経由、Cルートの伏木経由の三ルートがある。[4]しかも、Cルートの伏木経由には、さらに、❶伏木駅と❷高岡ふしき病院の二つの経由に分かれている。

また、Aルートの守山経由では、氷見市内に入ってから、石川県境に近い②熊無・論田方面へ行く路線をはじめ、山沿いを走る③坪池方面や④桑の院方面、そ

42	㉙	1	共通ルート
43		2	内免経由
44		3	大坪経由
45	㉚		
46	㉛		
47	㉜		
48	㉝		
49	㉞		
50	㉟		
51	㊱	1	
52		2	

して海岸沿いを走る①灘浦海岸・脇方面の四方面に分かれている。

2　ABCルート別「バス停」の数

(1)　Aルート守山経由

まずは、それぞれの経由及び路線・系統別における「バス停」の数は、Aルート「守山経由」には一一六（バス停A‐1～13、B‐1～31、C‐1～24、D‐1～5、E‐1～10、F‐1～9、G‐1～14、H‐1～6、I‐1～4の合計。）の「バス停」がある。そのうち同経由に属する四方面すべてに共通する「バス停」は、始発地の「済生会高岡病院」（A‐1）から四四番目（No.44）のバス停「氷見中央」（B‐31）までである。

①灘浦海岸・脇方面

①の灘浦海岸・脇方面へは、共通するバス停名最後の「氷見中央」から分岐し、最初のバス停「加納神社前」（C‐1）、さらに旧国道一六〇線を海岸沿いに走り、終着地の「脇」（C‐24）までには二四（C‐1～24）のバス停がある。始発地から終着地までのバス停の数は、全部で六八（A‐1～13、B‐1～31、C‐1～24）である。

②熊無・論田方面

②の熊無・論田方面では、①の灘浦海岸・脇方面と同様、共通する始発地から「氷見中央」まで四四か所のバス停がある。この「氷見中央」から分岐して羽咋市方向に向かう。分岐して最初のバス停「幸町」（D‐1）から、②の熊無・論田方面や③の坪池方面そして④の桑の院方面とも共通するバス停名「谷屋」（E‐10）まで、一五（D‐1～5、E‐1～10）のバス停がある。②の熊無・論田方面は、この「谷屋」のバス停の次のバス停「上坊寺口」（F

方面における「バス停名」一覧表（Ａルート）

Ａルート：守山経由								
守山経由　②高岡～氷見：論田方面			守山経由　③高岡～氷見：坪池方面			守山経由　④高岡～氷見：桑の院方面		
NO.	分類	バ ス 停 名	NO.	分類	バ ス 停 名	NO.	分類	バ ス 停 名
A-1	⑦	済生会高岡病院	A-1	⑦	済生会高岡病院	A-1	⑦	済生会高岡病院
A-2	③	高岡テクノドーム前	A-2	③	高岡テクノドーム前	A-2	③	高岡テクノドーム前
A-3	④	イオンモール高岡	A-3	④	イオンモール高岡	A-3	④	イオンモール高岡
A-4	③	イオンモール南	A-4	③	イオンモール南	A-4	③	イオンモール南
A-5	③	新高岡駅	A-5	③	新高岡駅	A-5	③	新高岡駅
A-6	③	イオンモール口	A-6	③	イオンモール口	A-6	③	イオンモール口
A-7	①	京田	A-7	①	京田	A-7	①	京田
A-8	③	瑞龍寺口	A-8	③	瑞龍寺口	A-8	③	瑞龍寺口
A-9	③	高岡駅南	A-9	③	高岡駅南	A-9	③	高岡駅南
A-10	③	高岡駅南口	A-10	③	高岡駅南口	A-10	③	高岡駅南口
A-11	③	高岡駅前	A-11	③	高岡駅前	A-11	③	高岡駅前
A-12	③	高岡駅北	A-12	③	高岡駅北	A-12	③	高岡駅北
A-13	③	末広町	A-13	③	末広町	A-13	③	末広町
B-1	③	片原町	B-1	③	片原町	B-1	③	片原町
B-2	③	坂下町	B-2	③	坂下町	B-2	③	坂下町
B-3	⑧	急患医療センター前	B-3	⑧	急患医療センター前	B-3	⑧	急患医療センター前
B-4	①	広小路	B-4	①	広小路	B-4	①	広小路
B-5	③	大坪町	B-5	③	大坪町	B-5	③	大坪町
B-6	③	縄手中町	B-6	③	縄手中町	B-6	③	縄手中町
B-7	①	内免	B-7	①	内免	B-7	①	内免
B-8	①	西大路	B-8	①	西大路	B-8	①	西大路
B-9	⑨	四ツ屋	B-9	⑨	四ツ屋	B-9	⑨	四ツ屋
B-10	③	長慶寺住宅前	B-10	③	長慶寺住宅前	B-10	③	長慶寺住宅前
B-11	①	長慶寺	B-11	①	長慶寺	B-11	①	長慶寺
B-12	③	長慶寺工場前	B-12	③	長慶寺工場前	B-12	③	長慶寺工場前
B-13	①	新守山	B-13	①	新守山	B-13	①	新守山
B-14	③	海老坂	B-14	③	海老坂	B-14	③	海老坂
B-15	③	高岡支援学校前	B-15	③	高岡支援学校前	B-15	③	高岡支援学校前
B-16	①	小竹	B-16	①	小竹	B-16	①	小竹
B-17	①	小竹北	B-17	①	小竹北	B-17	①	小竹北
B-18	③	国泰寺前	B-18	③	国泰寺前	B-18	③	国泰寺前
B-19	①	下田子	B-19	①	下田子	B-19	①	下田子
B-20	①	上泉	B-20	①	上泉	B-20	①	上泉
B-21	①	柳田南	B-21	①	柳田南	B-21	①	柳田南
B-22	①	柳田	B-22	①	柳田	B-22	①	柳田
B-23	①	柳田口	B-23	①	柳田口	B-23	①	柳田口
B-24	①	窪	B-24	①	窪	B-24	①	窪
B-25	①	窪中央	B-25	①	窪中央	B-25	①	窪中央
B-26	③	伊勢大町	B-26	③	伊勢大町	B-26	③	伊勢大町
B-27	③	氷見駅口	B-27	③	氷見駅口	B-27	③	氷見駅口
B-28	③	氷見市民会館	B-28	③	氷見市民会館	B-28	③	氷見市民会館

-1）からさらに九つ（F-1〜9）のバス停がある。終着地のバス停は「専徳寺前」（F-9）という。この②熊無・論田方面に属するバス停の数は、始発地から終着地まで六八（A-1〜13、B-1〜31、D-1〜5、E-1〜10、F-1〜9）である。

③坪池方面

③の坪池方面のバス停は、①・②・④の三方面と共通する四四か所（A-1〜13、B-1〜31）、さらに②・④と共通する一五か所（D-1〜5、E-1〜10）、そして「谷屋」（E-10）のバス停から分岐した最初のバス停「新保」（G-1）から「触坂」（G-14）のバス停までの一四か所（G-1〜14）が④の桑の院方面と共通しており、③の坪池方面は、バス停「触坂」（G-14）の次のバス停「見内」（H-1）から終着地であるバス停「坪池」（H-6）へ向かう。この間六か所（H-1〜6）のバス停がある。この③坪池方面は、始発地「済生会高岡病院」（A-1）から終着地のバス停「坪池」（H 6）までバス停数六九（A-1〜13、B-1〜31、D-1〜5、E-1〜10、G-1〜14、H-1〜6）である。

表2-1　加越能バス　高岡〜氷見

No.	守山経由　①高岡〜氷見：灘浦海岸/脇方面		
	NO.	分類	バス停名
1	A-1	⑦	済生会高岡病院
2	A-2	③	高岡テクノドーム前
3	A-3	④	イオンモール高岡
4	A-4	③	イオンモール南
5	A-5	③	新高岡駅
6	A-6	③	イオンモール口
7	A-7	①	京田
8	A-8	③	瑞龍寺口
9	A-9	③	高岡駅南
10	A-10	③	高岡駅南口
11	A-11	③	高岡駅前
12	A-12	③	高岡駅北
13	A-13	③	末広町
14	B-1	③	片原町
15	B-2	③	坂下町
16	B-3	⑧	急患医療センター前
17	B-4	①	広小路
18	B-5	③	大坪町
19	B-6	③	縄手中町
20	B-7	①	内免
21	B-8	①	西大路
22	B-9	⑨	四ツ屋
23	B-10	③	長慶寺住宅前
24	B-11	①	長慶寺
25	B-12	③	長慶寺工場前
26	B-13	①	新守山
27	B-14	③	海老坂
28	B-15	③	高岡支援学校前
29	B-16	①	小竹
30	B-17	①	小竹北
31	B-18	③	国泰寺前
32	B-19	①	下田子
33	B-20	①	上泉
34	B-21	①	柳田南
35	B-22	①	柳田
36	B-23	①	柳田口
37	B-24	①	窪
38	B-25	①	窪中央
39	B-26	③	伊勢大町
40	B-27	③	氷見駅口
41	B-28	③	氷見市民会館

B-29	③	氷見本町	B-29	③	氷見本町	B-29	③	氷見本町
B-30	③	比美町	B-30	③	比美町	B-30	③	比美町
B-31	①	氷見中央	B-31	①	氷見中央	B-31	①	氷見中央
D-1	③	幸町	D-1	③	幸町	D-1	③	幸町
D-2	③	幸町西	D-2	③	幸町西	D-2	③	幸町西
D-3	③	氷見営業所	D-3	③	氷見営業所	D-3	③	氷見営業所
D-4	③	氷見市役所前	D-4	③	氷見市役所前	D-4	③	氷見市役所前
D-5	③	氷見市民病院	D-5	③	氷見市民病院	D-5	③	氷見市民病院
E-1	①	鞍川	E-1	①	鞍川	E-1	①	鞍川
E-2	①	紅谷	E-2	①	紅谷	E-2	①	紅谷
E-3	①	中大野	E-3	①	中大野	E-3	①	中大野
E-4	①	大野	E-4	①	大野	E-4	①	大野
E-5	①	中泉	E-5	①	中泉	E-5	①	中泉
E-6	③	上庄小学校前	E-6	③	上庄小学校前	E-6	③	上庄小学校前
E-7	①	横山	E-7	①	横山	E-7	①	横山
E-8	①	中村	E-8	①	中村	E-8	①	中村
E-9	①	粟屋口	E-9	①	粟屋口	E-9	①	粟屋口
E-10	①	谷屋	E-10	①	谷屋	E-10	①	谷屋
F-1	③	上坊寺口	G-1	①	新保	G-1	①	新保
F-2	①	追分	G-2	③	新保公民館前	G-2	③	新保公民館前
F-3	①	下論田	G-3	①	小窪	G-3	①	小窪
F-4	③	論田八幡神社前	G-4	③	氷見西部中学校前	G-4	③	氷見西部中学校前
F-5	①	論田	G-5	①	田江	G-5	①	田江
F-6	①	上論田	G-6	①	小久米	G-6	①	小久米
F-7	①	上熊無	G-7	①	下日名田	G-7	①	下日名田
F-8	①	熊無	G-8	①	日名田	G-8	①	日名田
F-9	③	専徳寺前	G-9	①	床鍋口	G-9	①	床鍋口
			G-10	①	三尾	G-10	①	三尾
			G-11	①	日詰	G-11	①	日詰
			G-12	①	久目	G-12	①	久目
			G-13	①	諏訪	G-13	①	諏訪
			G-14	①	触坂	G-14	①	触坂
			H-1	①	見内	I-1	①	東触坂
			H-2	①	下岩ヶ瀬	I-2	①	上触坂
			H-3	①	上岩ヶ瀬	I-3	①	鉾根口
			H-4	①	一の島	I-4	①	桑の院
			H-5	①	棚懸			
			H-6	①	坪池			

42	B-29	③	氷見本町
43	B-30	③	比美町
44	B-31	①	氷見中央
45	C-1	③	加納神社前
46	C-2	③	北大町
47	C-3	③	池田浜
48	C-4	③	氷見栄町
49	C-5	①	間島
50	C-6	①	阿尾
51	C-7	①	北阿尾
52	C-8	⑨	ひみ阿尾の浦温泉
53	C-9	①	藪田
54	C-10	①	小杉
55	C-11	①	泊
56	C-12	③	岩井戸温泉
57	C-13	①	宇波
58	C-14	①	脇方
59	C-15	①	小境
60	C-16	①	大境
61	C-17	③	九殿浜
62	C-18	①	姿
63	C-19	①	中田口
64	C-20	①	中田
65	C-21	①	女子口
66	C-22	①	中波
67	C-23	①	田中
68	C-24	①	脇
69			
70			
71			
72			
73			
74			
75			
76			
77			
78			
79			

④桑の院方面

④桑の院方面では、三方面（①・②・③）共通の四四（A-1～13、B-1～31）、二方面（②・③）と共通に停車するバス停である一五（D-1～5、E-1～10）、さらに③坪池方面と共通に停車するバス停一四か所（G-1～14）、③との共通バス停最後の「触坂」（G-14）の次のバス停「東触坂」（I-1）から終着地「桑の院」（I-4）までの間にさらに四つ（I-1～4）のバス停がある。④桑の院方面のバス停は、始発地のバス停「済生会高岡病院」（A-1）から終着地のバス停「桑の院」（I-4）までの間に七七（A-1～13、B-1～31、D-1～5、E-1～10、G-1～14、I-1～4）のバス停がある。

(2)　Bルート仏生寺経由

⑤氷見市民病院方面

Bルートの仏生寺経由では、始発地の「済生会高岡病院」（A-1）から最終地「氷見市民病院」（D-5）まで五九（A-1～13、J-1～35、B-26～31、D-1～5）のバス停がある。その内、始発地の「済生会高岡病院」

（A‐1）から「末広町」（A‐13）までのバス停の一三か所（A‐1～13）は、AルートやCルートと共通の「バス停」である。

バス停「末広町」（A‐13）から分岐し、次の「木舟町」（J‐1）から、高岡市西部方面の市街地を抜け、横田・波岡・長江地区のバス停に停車してバス停「佐加野」（J‐13）に、このバス停「佐加野」から、いったん氷見市仏生寺地区の細池（バス停「細池保育園前」（J‐14））に入るが、高岡市内の岩坪・頭川地区を迂回してから、今一度、氷見市仏生寺地区の脇之谷内に入って、同市十三地区の惣領や飯久保などの大字名を通って、十三地区から氷見市街地に通じるその入り口となるバス停「村上」（J‐35）までの三五か所（J‐1～35）が、同経由独自のバス停である。

バス停「村上」（J‐35）の次のバス停「伊勢大町」（B‐26）からバス停「氷見中央」（B‐31）までは、AルートとCルートと共通のバス停である。次にバス停「氷見中央」から分岐して、最初のバス停「幸町」（D‐1）から終着地の「氷見市民病院」（D‐5）までの五か所（D‐1～5）のバス停は、Aルートの②・③・④方面と共通である。

(3)　Cルート伏木経由では❶伏木駅経由・❷高岡ふしき病院経由

Cルート伏木経由では、❶伏木駅経由と❷高岡ふしき病院の二つの経由がある。いずれも、氷見市の⑤氷見市民病院方面の路線バスである。

❶・❷とも始発地「済生会高岡病院」（A‐1）からバス停「高美町」（K‐12）までの二九か所（A‐1～13、B‐1～4、K‐1～12）共通に停車する。バス停「高美町」から分岐する。

❶伏木駅経由…⑤氷見市民病院方面

❶の伏木駅経由の場合は、「高美町」の次は「串岡」（L‐1）となり、「古府口」（L‐2）・「伏木駅前」（L‐

3）・「伏木錦町」（L－4）・「伏木支所前」（L－5）・「玉川」（L－6）・「伏木旭町」（L－7）・「国分港」（L－8）・「国分」（L－9）の九か所のバス停に停車する。この経路は、かつての旧伏木町の市街地を通るものである。

❷高岡ふしき病院経由…⑤氷見市民病院

❷の高岡ふしき病院経路は、バス停「高美町」の次は、「矢田神社前」（N－1）・「矢田上町」（N－2）・「古府小学校前」（N－3）・「万葉町」（N－4）・「高岡ふしき病院」（N－5）・「若草町」（N－6）・「古府」（N－7）・「伏木一の宮」（N－8）・「伏木高校前」（N－9）の九か所のバス停に停車する経路で、かつての旧伏木町の郊外を経由するものである。

このようにCルートは❶旧伏木町の市街地を通るものと、❷旧同町の郊外を経由するものの二つに分かれるもので、バス停「国分口」（M－1）で合流する。このバス停「国分口」から終着地「氷見市民病院」（D－5）までのバス停は❶・❷とも共通で、この間に二九か所（M－1～14、B－22～31、D－1～5）のバス停がある。このCルート伏木経由の始発地「済生会高岡病院」から終着地「氷見市民病院」までのバス停数は、❶・❷の二つの経由とも六七か所（❶A－1～13、B－1～4、K－1～12、L－1～9、M－1～14、B－22～31、D－1～5。❷A－1～13、B－1～4、K－1～12、N－1～9、M－1～14、B－22～31、D－1～5。）である。

高岡から伏木・氷見方面の「路線バス」における「バス停」の数を整理すれば、Aルート（守山経由）では、①灘浦海岸・脇方面では六八か所、②熊無・論田方面においても六八か所、③坪池方面では七九か所、④桑の院方面では七七か所となる。Bルート（仏生寺経由）では五九か所。Cルート（伏木経由）においては、❶伏木駅経由と❷高岡ふしき病院経由いずれにおいても六七か所である。A・B・Cルートすべてのバス停を総合計すれば、四八五か所ものバス停がある。

No.	Bルート：仏生寺経由			Cルート：伏木経由					
	仏生寺経由⑤高岡〜氷見：氷見市民病院方面			❶伏木駅経由　高岡〜氷見：氷見市民病院方面			❷ふしき病院経由　高岡〜氷見：氷見市民病院方面		
	NO.	分類	バス停名	NO.	分類	バス停名	NO.	分類	バス停名
42	J-29	①	布勢	M-4	①	磯はなび	M-4	①	磯はなび
43	J-30	①	川尻	M-5	③	雨晴駅前	M-5	③	雨晴駅前
44	J-31	①	万尾	M-6	①	雨晴	M-6	①	雨晴
45	J-32	①	島崎	M-7	⑩	辰の口	M-7	⑩	辰の口
46	J-33	①	矢崎	M-8	③	松太枝浜	M-8	③	松太枝浜
47	J-34	①	清水	M--9	③	太田小学校前	M--9	③	太田小学校前
48	J-35	①	村上	M-10	①	太田	M-10	①	太田
49	B-26	③	伊勢大町	M-11	③	伊勢領	M-11	③	伊勢領
50	B-27	③	氷見駅口	M-12	③	中村記念病院前	M-12	③	中村記念病院前
51	B-28	③	氷見市民会館	M-13	①	島尾	M-13	①	島尾
52	B-29	③	氷見本町	M-14	③	西条中学校前	M-14	③	西条中学校前
53	B-30	③	比美町	B-22	①	柳田	B-22	①	柳田
54	B-31	①	氷見中央	B-23	①	柳田口	B-23	①	柳田口
55	D-1	③	幸町	B-24	①	窪	B-24	①	窪
56	D-2	③	幸町西	B-25	①	窪中央	B-25	①	窪中央
57	D-3	③	氷見営業所	B-26	③	伊勢大町	B-26	③	伊勢大町
58	D-4	③	氷見市役所前	B-27	③	氷見駅口	B-27	③	氷見駅口
59	D-5	③	氷見市民病院	B-28	③	氷見市民会館	B-28	③	氷見市民会館
60				B-29	③	氷見本町	B-29	③	氷見本町
61				B-30	③	比美町	B-30	③	比美町
62				B-31	①	氷見中央	B-31	①	氷見中央
63				D-1	③	幸町	D-1	③	幸町
64				D-2	③	幸町西	D-2	③	幸町西
65				D-3	③	氷見営業所	D-3	③	氷見営業所
66				D-4	③	氷見市役所前	D-4	③	氷見市役所前
67				D-5	③	氷見市民病院	D-5	③	氷見市民病院

表2-2　加越能バス　高岡～氷見方面における「バス停名」一覧表（Bルート、Cルート）

No.	Bルート：仏生寺経由			Cルート：伏木経由					
	仏生寺経由⑤高岡～氷見：氷見市民病院方面			❶伏木駅経由　高岡～氷見：氷見市民病院方面			❷ふしき病院経由　高岡～氷見：氷見市民病院方面		
	NO.	分類	バス停名	NO.	分類	バス停名	NO.	分類	バス停名
1	A-1	⑦	済生会高岡病院	A-1	⑦	済生会高岡病院	A-1	⑦	済生会高岡病院
2	A-2	③	高岡テクノドーム前	A-2	③	高岡テクノドーム前	A-2	③	高岡テクノドーム前
3	A-3	④	イオンモール高岡	A-3	④	イオンモール高岡	A-3	④	イオンモール高岡
4	A-4	③	イオンモール南	A-4	③	イオンモール南	A-4	③	イオンモール南
5	A-5	③	新高岡駅	A-5	③	新高岡駅	A-5	③	新高岡駅
6	A-6	③	イオンモール口	A-6	③	イオンモール口	A-6	③	イオンモール口
7	A-7	①	京田	A-7	①	京田	A-7	①	京田
8	A-8	③	瑞龍寺口	A-8	③	瑞龍寺口	A-8	③	瑞龍寺口
9	A-9	③	高岡駅南	A-9	③	高岡駅南	A-9	③	高岡駅南
10	A-10	③	高岡駅南口	A-10	③	高岡駅南口	A-10	③	高岡駅南口
11	A-11	③	高岡駅前	A-11	③	高岡駅前	A-11	③	高岡駅前
12	A-12	③	高岡駅北	A-12	③	高岡駅北	A-12	③	高岡駅北
13	A-13	③	末広町	A-13	③	末広町	A-13	③	末広町
14	J-1	③	木舟町	B-1	③	片原町	B-1	③	片原町
15	J-2	③	二丁町	B-2	③	坂下町	B-2	③	坂下町
16	J-3	①	金屋	B-3	⑧	急患医療センター前	B-3	⑧	急患医療センター前
17	J-4	③	昭和町	B-4	①	広小路	B-4	①	広小路
18	J-5	③	横田本町	K-1	③	志貴野中学校前	K-1	③	志貴野中学校前
19	J-6	③	高岡西部中学校前	K-2	③	志貴野中学校口	K-2	③	志貴野中学校口
20	J-7	③	高岡商業高校前	K-3	③	高岡市役所	K-3	③	高岡市役所
21	J-8	①	南波岡	K-4	③	高岡市民病院	K-4	③	高岡市民病院
22	J-9	③	波岡西口	K-5	②	職業安定所前	K-5	②	職業安定所前
23	J-10	①	長江口	K-6	①	江尻	K-6	①	江尻
24	J-11	③	国条橋詰	K-7	①	旭ヶ丘	K-7	①	旭ヶ丘
25	J-12	③	佐加野新町	K-8	①	荻布	K-8	①	荻布
26	J-13	①	佐加野	K-9	①	新能町	K-9	①	新能町
27	J-14	③	細池保育園前	K-10	①	米島口	K-10	①	米島口
28	J-15	①	岩坪	K-11	①	米島	K-11	①	米島
29	J-16	①	岩坪西	K-12	③	高美町	K-12	③	高美町
30	J-17	①	頭川口	L-1	①	串岡	N-1	③	矢田神社前
31	J-18	①	頭川	L-2	①	古府口	N-2	③	矢田上町
32	J-19	③	頭川西口	L-3	③	伏木駅前	N-3	③	古府小学校前
33	J-20	①	脇之谷内	L-4	③	伏木錦町	N-4	③	万葉町
34	J-21	①	大窪	L-5	③	伏木支所前	N-5	⑥	高岡ふしき病院
35	J-22	①	仏生寺	L-6	①	玉川	N-6	③	若草町
36	J-23	①	大覚口	L-7	③	伏木旭町	N-7	①	古府
37	J-24	①	鞍骨口	L-8	③	国分港	N-8	③	伏木一の宮
38	J-25	①	惣領	L-9	①	国分	N-9	③	伏木高校前
39	J-26	③	十三中学校前	M-1	①	国分口	M-1	①	国分口
40	J-27	①	飯久保	M-2	①	岩崎口	M-2	①	岩崎口
41	J-28	①	深原	M-3	①	岩崎口	M-3	①	岩崎

3　「バス停名」の命名構造におけるパターン基本式とその分類項目

高岡から伏木・氷見方面の「路線バス」における「バス停」の数は、A（守山経由）・B（仏生寺経由）・C（伏木経由）ルートすべてを総合計すれば、四八五か所ある。これらA・B・Cルートにおいて、表2から分かるように、重複するバス停を除けば、高岡から氷見市方面への路線バスルートには一九五か所（A－1～13、B－1～31、C－1～24、D－1～5、E－1～10、F－1～9、G－1～14、H－1～6、I－1～4、J－1～35、K－1～12、L－1～9、M－1～14、N－1～9）のバス停がある。

これら一九五か所のバス停には、「バス停名（名称）」が付いている。高岡から伏木・氷見方面への路線バスで停車する「バス停名」には、「窪」（氷見市窪）のように地名である「固有名詞」のみの「バス停名」のものもあるが、JR西日本の氷見駅があることから、このJR氷見駅を起点に「氷見駅前」や「氷見駅口」の路線バスやコミュニティバスが停車する「バス停」が存在する。この「バス停名」をどこまで固有名詞として扱うかという考えもあるかもしれない。

ところで、「氷見駅」は、氷見（地名）＋駅（普通名詞）＝氷見駅で「複合語の固有名詞」と捉えることができる。同様に、「氷見駅前」は「氷見」（固有名詞的な部分）＋「駅前」（普通名詞的な部分）、「氷見駅口」は「氷見」（固有名詞的な部分）＋「駅口」（普通名詞的な部分）として捉えることが妥当ではないだろうか。

また、「氷見駅前」を前部要素（氷見）＋後部要素（駅前）、「氷見駅口」を前部要素（氷見）＋後部要素（駅口）のように、前部要素と後部要素、あるいは前部要素と中部要素（助詞など）と後部要素の結合として捉え、前部要素が「修飾部」、後部要素が「被修飾部」となるのではなかろうか。「氷見駅前」を例にすれば、「氷見」（修飾語）＋「駅前」（被修飾語）となる。そして、「固有名詞的な部分」（修飾部〈接頭・接尾が付いた場合もある〉）＋「普通名詞的な部分」（被修飾部）から成立している「バス停名」を「複合語の固有名詞」として捉えることが穏当ではなかろうか。「バス停名」は地名や人名・社名などからの「名称（単語（単体）の固有名詞）」もあるが、氷見駅や富山空港などの「複合語（複合体）の固有名詞」も多くあると考えられるのではないだろうか。

このように「バス停名」には、「単体」から命名されたものや「複合体」のものから命名されたものがあることから、「バス停名」のような名称において、問題になるのは命名の構造（しくみ）ではないだろうか。

では、表2の高岡から氷見市方面への路線バスルートにある重複しない一九五か所（A-1〜13、B-1〜31、C-1〜24、D-1〜5、E-1〜10、F-1〜9、G-1〜14、H-1〜6、I-1〜4、J-1〜35、K-1〜12、L-1〜9、M-1〜14、N-1〜9）の「バス停名」についての命名の構造について、考えてみたい。

「バス停名」の命名構造を検討するにあたって、次のような命名構造のパターン基本式や分類項目を考えてみた。

㈠　パターン基本式

① バス停名＝A❶「固有名詞」のみ、または❷「固有名詞的」のみ
② バス停名＝B❶「普通名詞」のみ、または❷「普通名詞的」のみ
③ バス停名＝A「固有名詞的な部分」＋B「普通名詞的な部分」
④ バス停名＝A1「固有名詞的な部分」＋B「普通名詞的な部分」＋A2「固有名詞的な部分」
⑤ バス停名＝A「固有名詞的な部分」＋B1「普通名詞的な部分」＋B2「普通名詞的な部分」
⑥ バス停名＝A1「固有名詞的な部分」＋A2「固有名詞的な部分」＋B「普通名詞的な部分」
⑦ バス停名＝B1「普通名詞的な部分」＋A「固有名詞的な部分」＋B2「普通名詞的な部分」
⑧ バス停名＝B1「普通名詞的な部分」＋B2「普通名詞的な部分」－B3「普通名詞的な部分」
⑨ バス停名＝A「固有名詞的な部分」＋C「助詞的部分」＋B「普通名詞的な部分」

⑩　バス停名＝B1「普通名詞的な部分」＋C「助詞的部分」＋B2「普通名詞的な部分」

(二)　A「固有名詞的な部分」についての分類

固有名詞のみ

・「固有名詞〈1地名／通称名・2社名・3人名・4その他〉(■)」

接頭＋固有名詞

・「接頭〈①位置〉(前・中(中央)・後・口・上・下・■)＋固有名詞〈1地名／通称名・2社名・3人名・4その他〉(■)」

・「接頭〈②方向〉(東・西・南・北・■)＋固有名詞〈1地名／通称名・2社名・3人名・4その他〉(■)」

・「接頭〈③性質／瑞祥〉(新・旧・古・今／栄・幸・錦・旭など・■)＋固有名詞〈1地名／通称名・2社名・3人名・4その他〉(■)」

・「接頭〈④大きさ〉(大・小・■)＋固有名詞〈1地名／通称名・2社名・3人名・4その他〉(■)」

固有名詞＋接尾

・「固有名詞〈1地名／通称名・2社名・3人名・4その他〉(■)＋接尾〈①位置〉(前・中(中央)・後・口・■)」

・「固有名詞〈1地名／通称名・2社名・3人名・4その他〉(■)＋接尾〈②方向〉(東・西・南・北・■)」

・「固有名詞〈1地名／通称名・2社名・3人名・4その他〉(■)＋接尾〈③性質／瑞祥〉(新・旧・古・今／栄・幸・錦・旭など・■)」

・「固有名詞〈1地名／通称名・2社名・3人名・4その他〉(■)＋接尾〈④大きさ〉(大・小・■)」

・「固有名詞〈1地名／通称名・2社名・3人名・4その他〉(■)＋接尾〈⑥普通名詞的な部分：名称名〉(■)」

(三)　B「普通名詞的な部分」についての分類

普通名詞のみ
〈1地形を表す〉
山・川・谷・浜・坂など。
〈2行政区分を表す〉
①都道府県名関係　a「固有名詞（地名）＋都」
〃　b「固有名詞（地名）＋道」
〃　c「固有名詞（地名）＋府」
〃　d「固有名詞（地名）＋県」
②市町村名関係　a「固有名詞（地名）＋市」
〃　b「固有名詞（地名）＋区」
〃　c「固有名詞（地名）＋町」
〃　d「固有名詞（地名）＋村」
③市町村以下　a「固有名詞（地名）＋町・大字」
〃　b「固有名詞（地名）＋字」
〃　c「固有名詞（地名）＋丁目」
〃　d「固有名詞（地名）＋区」
〈3種別：団体・組織・施設・建造物を表す〉
(1)団体・組織を表す
(2)施設・建造物を表す

①交通施設・建造物―a鉄道駅、bバス停・バスターミナル、c道の駅・案内所、d橋、eトンネル、f道路、g空港（飛行場）、h港

②公共施設・建造物―a国官庁・出先機関、b警察・消防署、c病院・医院、d学校・保育園、e体育館、fその他など

③文化施設・建造物―a図書館・公民館、b公園・動物園、c美術館・文化会館

④名所・旧跡・建造物―a神社、b寺院、c仏閣、d史跡・遺跡、e城郭

⑤大規模宿泊・商業施設・保養施設、店舗・建造物―a大規模なホテル・旅館、b大規模なデパート・スーパーマーケット、c銀行・信用金庫・郵便局、dその他など

⑥生産施設・建造物―a工場、bその他

〈4その他のことを表す〉

①方位を表す―a方向を示す名詞、bその他

②土地を表す―a土地を示す名詞、bその他

③医療を表す―a医療を示す名詞、bその他

④干支を表す―a干支を示す名詞、bその他

接頭＋普通名詞

・「接頭〈①位置〉（前・中・後・口・上・下・■）＋普通名詞〈(1)・(2)に関係することを表す〉（■）」

・「接頭〈②方向〉（東・西・南・北・■）＋普通名詞〈(1)・(2)に関係することを表す〉（■）」

・「接頭〈③性質／瑞祥〉（新・旧・古・今／栄・幸・錦・旭など・■）＋普通名詞〈(1)・(2)に関係することを表す〉（■）」

・「接頭〈④大きさ〉（大・小・■）＋普通名詞〈(1)・(2)に関係することを表す〉（■）」

普通名詞＋接尾

・「普通名詞〈(1)・(2)に関係することを表す〉（■）＋接尾〈①位置〉（前・中・後・口・上・下・■）」

・「普通名詞〈(1)・(2)に関係することを表す〉（■）＋接尾〈②方向〉（東・西・南・北・■）」

・「普通名詞〈(1)・(2)に関係することを表す〉（■）＋接尾〈③性質／瑞祥〉（新・旧・古・今／栄・幸・錦・旭など・■）」

・「普通名詞（名称など）〈(1)・(2)に関係することを表す〉（■）＋接尾〈④大きさ〉（大・小・■）」

・普通名詞〈(1)・(2)に関係することを表す〉（■）＋接尾〈⑥普通名詞的な部分：名称名〉（■）

(四)　C「助詞的部分」についての分類

(1)連体格助詞「の」・「ノ」の役割

(2)固有名詞の中で、送り仮名、添え仮名の用途でカタカナ「ケ」・「ヶ」としての役割

(3)助数詞「ケ」の役割

(4)連体助詞　連体助詞の「が」・「ガ」・「つ」・「ツ」の代わりに使用。

(5)連体助詞の役割一部欠如　一部連体助詞「が」の役割を果たしていない地名。

「バス停名」の命名構造を検討するにあたり、以上のような命名構造パターン基本式や分類項目を作成した。さらに「バス停名」の命名構造を明確に説明する補助的役割として、バス停名を「前部」と「後部」あるいは「中部」をも加えた結合とし、「前部」には接頭・第一要素・第二要素からなる「修飾部」、「後部」には、第一要素・第二要素・接尾第一・接尾第二からなる「被修飾部」、「中部」は「前部」と「後部」を繋ぐ要素＝助詞（の、ノ、ヶ、

バス停名の「命名構造」							
前部			中部	後部			
接　　頭	第一要素	第二要素	前・後部を繋ぐ要素＝助詞	第一要素	第二要素	接尾第一	接尾第二
	済生会	高岡		病院			
	高岡			テクノ	ドーム	前	
	イオン			モール	高岡		
	イオン			モール		南	
新	高岡			駅			
	イオン			モール		口	
	京田						
	瑞龍			寺		口	
	高岡			駅		南	
	高岡			駅		南	口
	高岡			駅		前	
	高岡			駅		北	
	末広			町			
	片原			町			
	坂下			町			
	急患	医療		センター		前	
広	小路						
	大坪			町			
	縄手			中	町		
	内免						
西	大路						
	四		ツ	屋			
	長慶	寺		住宅		前	
	長慶			寺			
	長慶	寺		工場		前	
新	守山						
	海老			坂			
	高岡			支援	学校	前	
	小竹						
	小竹					北	
	国泰			寺		前	
下	田子						
	上泉						
	柳田					南	
	柳田						
	柳田					口	
	窪						
	窪					中央	

表３　加越能バス　Ａルート：守山経由の高岡・氷見間における　バス停名の「命名構造」について

No.	路線				
	方面	No.	バス停名	パターン基本式	パターン式
1	①②③④	A-1	済生会高岡病院	⑦	B 1「済生会」+ A「高岡」+ B 2「病院」
2		A-2	高岡テクノドーム前	③	A「高岡」+ B「(テクノ + ドーム) + 前」
3		A-3	イオンモール高岡	④	A 1「イオン」+ B「モール」+ A 2「高岡」
4		A-4	イオンモール南	③	A「イオン」+ B「(モール) + 南」
5		A-5	新高岡駅	③	A「新 + (高岡)」+ B「駅」
6		A-6	イオンモール口	③	A「イオン」+ B「(モール) + 口」
7		A-7	京田	①	A❶「京田」
8		A-8	瑞龍寺口	③	A「瑞龍」+ B「(寺) + 口」
9		A-9	高岡駅南	③	A「高岡」+ B「(駅) + 南」
10		A-10	高岡駅南口	③	A「高岡」+ B「(駅 + 南) + 口」
11		A-11	高岡駅前	③	A「高岡」+ B「(駅) + 前」
12		A-12	高岡駅北	③	A「高岡」+ B「(駅) + 北」
13		A-13	末広町	③	A「末広」+ B「町」
14	①②③④	B-1	片原町	③	A「片原」+ B「町」
15		B-2	坂下町	③	A「坂下」+ B「町」
16		B-3	急患医療センター前	⑧	B1「急患」+ B 2「医療」+ B 3「(センター) + 前」
17		B-4	広小路	①	A❷「広 + (小路)」
18		B-5	大坪町	③	A「大坪」+ B「町」
19		B-6	縄手中町	③	A「縄手」+ B「中 + (町)」
20		B-7	内免	①	A❶「内免」
21		B-8	西大路	①	A❷「西 + (大路)」
22		B-9	四ツ屋	⑨	A「四」+ C「ツ」+ B「屋」
23		B-10	長慶寺住宅前	③	A「長慶 + (寺)」+ B「(住宅) + 前」
24		B-11	長慶寺	①	A❶「長慶 + (寺)」
25		B-12	長慶寺工場前	③	A「長慶 + (寺)」+ B「(工場) + 前」
26		B-13	新守山	①	A❷「新 + (守山)」
27		B-14	海老坂	③	A「海老」+ B「坂」
28		B-15	高岡支援学校前	③	A「高岡」+ B「(支援 + 高校) + 前」
29		B-16	小竹	①	A❶「小竹」
30		B-17	小竹北	①	A❷「(小竹) + 北」
31		B-18	国泰寺前	③	A「国泰」+ B「(寺) + 前」
32		B-19	下田子	①	A❷「下 + (田子)」
33		B-20	上泉	①	A❶「上泉」
34		B-21	柳田南	①	A❷「(柳田) + 南」
35		B-22	柳田	①	A❶「柳田」
36		B-23	柳田口	①	A❷「(柳田) + 口」
37		B-24	窪	①	A❶「窪」
38		B-25	窪中央	①	A❷「(窪) + 中央」

	伊勢			大	町		
	氷見			駅		口	
	氷見			市民	会館		
	氷見			本	町		
	比美			町			
	氷見					中央	
	加納			神社		前	
	北			大	町		
	池田			浜			
	氷見			栄	町		
	間島						
	阿尾						
北	阿尾						
	ひみ	阿尾	の	浦	温泉		
	薮田						
	小杉						
	泊						
	岩井戸			温泉			
	宇波						
	脇方						
	小境						
	大境						
	九殿			浜			
	姿						
	中田					口	
	中田						
	女子					口	
	中波						
	田中						
	脇			方			
	幸			町			
	幸			町		西	
	氷見			営業所			
	氷見			市役所		前	
	氷見			市民	病院		
	鞍川						
	紅谷						
中	大野						
	大野						
中	泉						
	上庄			小学校		前	
	横山						

39		B-26	伊勢大町	③	A「伊勢」＋B「大＋（町）」
40		B-27	氷見駅口	③	A「氷見」＋B「（駅）＋口」
41		B-28	氷見市民会館	③	A「氷見」＋B「（市民）＋会館」
42		B-29	氷見本町	③	A「氷見」＋B「本＋（町）」
43		B-30	比美町	③	A「比美」＋B「町」
44		B-31	氷見中央	①	A❷「（氷見）＋中央」
45	①	C-1	加納神社前	③	A「加納」＋B「（神社）＋前」
46		C-2	北大町	③	A「北」＋B「大＋（町）」
47		C-3	池田浜	③	A「池田」＋B「浜」
48		C-4	氷見栄町	③	A「氷見」＋B「栄＋（町）」
49		C-5	間島	①	A❶「間島」
50		C-6	阿尾	①	A❶「阿尾」
51		C-7	北阿尾	①	A❷「北＋（阿尾）」
52		C-8	ひみ阿尾の浦温泉	⑨	A「（ひみ）＋阿尾」＋C「の」＋B「浦＋（温泉）」
53		C-9	薮田	①	A❶「薮田」
54		C-10	小杉	①	A❶「小杉」
55		C-11	泊	①	A❶「泊」
56		C-12	岩井戸温泉	③	A「岩井戸」＋B「温泉」
57		C-13	宇波	①	A❶「宇波」
58		C-14	脇方	①	A❶「脇方」
59		C-15	小境	①	A❶「小境」
60		C-16	大境	①	A❶「大境」
61		C-17	九殿浜	③	A「九殿」＋B「浜」
62		C-18	姿	①	A❶「姿」
63		C-19	中田口	①	A❷「（中田）＋口」
64		C-20	中田	①	A❶「中田」
65		C-21	女子口	①	A❷「（女子）＋口」
66		C-22	中波	①	A❶「中波」
67		C-23	田中	①	A❶「田中」
68		C-24	脇	①	A❶「脇」
69	②③④	D-1	幸町	③	A「幸」＋B「町」
70		D-2	幸町西	③	A「幸」＋B「（町）＋西」
71		D-3	氷見営業所	③	A「氷見」＋B「営業所」
72		D-4	氷見市役所前	③	A「氷見」＋B「（市役所）＋前」
73		D-5	氷見市民病院	③	A「氷見」＋B「（市民）＋病院」
74	②③④	E-1	鞍川	①	A❶「鞍川」
75		E-2	紅谷	①	A❶「紅谷」
76		E-3	中大野	①	A❷「中＋（大野）」
77		E-4	大野	①	A❶「大野」
78		E-5	中泉	①	A❷「中＋（泉）」
79		E-6	上庄小学校前	③	A「上庄」＋B「（小学校）＋前」
80		E-7	横山	①	A❶「横山」

	中村						
	粟屋					口	
	谷屋						
	上坊			寺		口	
	追分						
下	論田						
	論田			八幡	神社	前	
	論田						
上	論田						
上	熊無						
	熊無						
	専徳			寺		前	
	新保						
	新保			公民館		前	
	小窪						
	氷見	西部		中学校		前	
	田江						
小	久米						
下	日名田						
	日名田						
	床鍋					口	
	三尾						
	日詰						
	久目						
	諏訪						
	触坂						
	見内						
下	岩ヶ瀬						
上	岩ヶ瀬						
	一の島						
	棚懸						
	坪池						
東	触坂						
上	触坂						
	鉾根					口	
	桑の院						

81		E-8	中村	①	A❶「中村」
82		E-9	粟屋口	①	A❷「(粟屋) ＋口」
83		E-10	谷屋	①	A❶「谷屋」
84	②	F-1	上坊寺口	③	A「上坊」＋B「(寺) ＋口」
85		F-2	追分	①	A❶「追分」
86		F-3	下論田	①	A❷「下＋ (論田)」
87		F-4	論田八幡神社前	③	A「論田」＋B「(八幡＋神社) ＋前」
88		F-5	論田	①	A❶「論田」
89		F-6	上論田	①	A❷「上＋ (論田)」
90		F-7	上熊無	①	A❷「上＋ (熊無)」
91		F-8	熊無	①	A❶「熊無」
92		F-9	専徳寺前	③	A「専徳」＋B「(寺) ＋前」
93	③④	G-1	新保	①	A❶「新保」
94		G-2	新保公民館前	③	A「新保」＋B「(公民館) ＋前」
95		G-3	小窪	①	A❶「小窪」
96		G-4	氷見西部中学校前	③	A「(氷見) ＋西部」＋B「(中学校) ＋前」
97		G-5	田江	①	A❶「田江」
98		G-6	小久米	①	A❷「小＋ (久米)」
99		G-7	下日名田	①	A❷「下＋日名田」
100		G-8	日名田	①	A❶「日名田」
101		G-9	床鍋口	①	A❷「(床鍋) ＋口」
102		G-10	三尾	①	A❶「三尾」
103		G-11	日詰	①	A❶「日詰」
104		G-12	久目	①	A❶「久目」
105		G-13	諏訪	①	A❶「諏訪」
106		G-14	触坂	①	A❶「触坂」
107	③	H-1	見内	①	A❶「見内」
108		H-2	下岩ヶ瀬	①	A❷「下＋ (岩ヶ瀬)」
109		H-3	上岩ヶ瀬	①	A❷「上＋ (岩ヶ瀬)」
110		H-4	一の島	①	A❶「一の島」
111		H-5	棚懸	①	A❶「棚懸」
112		H-6	坪池	①	A❶「坪池」
113	④	I-1	東触坂	①	A❷「東＋ (触坂)」
114		I-2	上触坂	①	A❷「上＋ (触坂)」
115		I-3	鉾根口	①	A❷「(鉾根) ＋口」
116		I-4	桑の院	①	A❶「桑の院」

注（1）　バス路線の方面は、下記の通り。
　①　高岡～氷見：灘浦海岸／脇方面（A－B－C）
　②　高岡～氷見：論田方面（A－B－D－E－F）
　③　高岡～氷見：坪池方面（A－B－D－E－G－H）
　④　高岡～氷見：桑の院方面（A－B－D－E－G－I）
（2）　バス停名の「命名構造」のパターン基本式は、表4の注を参照。

バス停名の「命名構造」							
前部			中部	後部			
接　頭	第一要素	第二要素	前・後部を繋ぐ要素＝助詞	第一要素	第二要素	接尾第一	接尾第二
	済生会	高岡		病院			
	高岡			テクノ	ドーム	前	
	イオン			モール	高岡		
	イオン			モール		南	
新	高岡			駅			
	イオン			モール		口	
	京田						
	瑞龍			寺		口	
	高岡			駅		南	
	高岡			駅		南	口
	高岡			駅		前	
	高岡			駅		北	
	末広			町			
	木舟			町			
	二丁			町			
	金屋						
	昭和			町			
	横田			本	町		
	高岡	西部		中学校		前	
	高岡			商業	高校	前	
南	波岡						
	波岡			西		口	
	長江					口	
	国条			橋		詰	
	佐加野			新	町		
	佐加野						
	細池			保育園		前	
	岩坪						
	岩坪					西	
	頭川					口	
	頭川						
	頭川			西		口	
	脇之谷内						

表4　加越能バス　Bルート：仏生寺経由の高岡・氷見間における　バス停名の「命名構造」について

No.	路線			パターン基本式	パターン式
	高岡～氷見：氷見市民病院方面（A－B－C－D）				
	方面	No.	バス停名		
1	⑤氷見市民病院方面	A-1	済生会高岡病院	⑦	B 1「済生会」＋A「高岡」＋B 2「病院」
2		A-2	高岡テクノドーム前	③	A「高岡」＋B「(テクノ＋ドーム) ＋前」
3		A-3	イオンモール高岡	④	A 1「イオン」＋B「モール」＋A 2「高岡」
4		A-4	イオンモール南	③	A「イオン」＋B「(モール) ＋南」
5		A-5	新高岡駅	③	A「新＋（高岡)」＋B「駅」
6		A-6	イオンモール口	③	A「イオン」＋B「(モール) ＋口」
7		A-7	京田	①	A❶「京田」
8		A-8	瑞龍寺口	③	A「瑞龍」＋B「(寺) ＋口」
9		A-9	高岡駅南	③	A「高岡」＋B「(駅) ＋南」
10		A-10	高岡駅南口	③	A「高岡」＋B「(駅＋南) ＋口」
11		A-11	高岡駅前	③	A「高岡」＋B「(駅) ＋前」
12		A-12	高岡駅北	③	A「高岡」＋B「(駅) ＋北」
13		A-13	末広町	③	A「末広」＋B「町」
14		J-1	木舟町	③	A「木舟」＋B「町」
15		J-2	二丁町	③	A「二丁」＋B「町」
16		J-3	金屋	①	A❶「金屋」
17		J-4	昭和町	③	A「昭和」＋B「町」
18		J-5	横田本町	③	A「横田」＋B「本＋（町)」
19		J-6	高岡西部中学校前	③	A「(高岡) ＋西部」＋B「(中学校) ＋前」
20		J-7	高岡商業高校前	③	A「高岡」＋B「(商業＋高校) ＋前」
21		J-8	南波岡	①	A「南＋（波岡)」
22		J-9	波岡西口	③	A「波岡」＋B「(西) ＋口」
23		J-10	長江口	①	A❷「(長江) ＋口」
24		J-11	国条橋詰	③	A「国条」＋B「(橋) ＋詰」
25		J-12	佐加野新町	③	A「佐加野」＋B「新＋（町)」
26		J-13	佐加野	①	A❶「佐加野」
27		J-14	細池保育園前	③	A「細池」＋B「(保育園) ＋前」
28		J-15	岩坪	①	A❶「岩坪」
29		J-16	岩坪西	①	A❷「(岩坪) ＋西」
30		J-17	頭川口	①	A❷「(頭川) ＋口」
31		J-18	頭川	①	A❶「頭川」
32		J-19	頭川西口	③	A「頭川」＋B「(西) ＋口」
33		J-20	脇之谷内	①	A❶「脇之谷内」

	大窪						
	仏生寺						
	大覚					口	
	鞍骨					口	
	惣領						
	十三			中学校		前	
	飯久保						
	深原						
	布勢						
	川尻						
	万尾						
	島崎						
	矢崎						
	清水						
	村上						
	伊勢			大	町		
	氷見			駅		口	
	氷見			市民	会館		
	氷見			本	町		
	比美			町			
	氷見					中央	
	幸			町			
	幸			町		西	
	氷見			営業所			
	氷見			市役所		前	
	氷見			市民	病院		

34	⑤氷見市民病院方面	J-21	大窪	①	A❶「大窪」
35		J-22	仏生寺	①	A❶「仏生寺」
36		J-23	大覚口	①	A❷「（大覚）＋口」
37		J-24	鞍骨口	①	A❷「（鞍骨）＋口」
38		J-25	惣領	①	A❶「惣領」
39		J-26	十三中学校前	③	A「十三」＋B「（中学校）＋前」
40		J-27	飯久保	①	A❶「飯久保」
41		J-28	深原	①	A❶「深原」
42		J-29	布勢	①	A❶「布勢」
43		J-30	川尻	①	A❶「川尻」
44		J-31	万尾	①	A❶「万尾」
45		J-32	島崎	①	A❶「島崎」
46		J-33	矢崎	①	A❶「矢崎」
47		J-34	清水	①	A❶「清水」
48		J-35	村上	①	A❶「村上」
49		B-26	伊勢大町	③	A「伊勢」＋B「大＋（町）」
50		B-27	氷見駅口	③	A「氷見」＋B「（駅）＋口」
51		B-28	氷見市民会館	③	A「氷見」＋B「（市民）＋会館」
52		B-29	氷見本町	③	A「氷見」＋B「本＋（町）」
53		B-30	比美町	③	A「比美」＋B「町」
54		B-31	氷見中央	①	A❷「（氷見）＋中央」
55		D-1	幸町	③	A「幸」＋B「町」
56		D-2	幸町西	③	A「幸」＋B「（町）＋西」
57		D-3	氷見営業所	③	A「氷見」＋B「営業所」
58		D-4	氷見市役所前	③	A「氷見」＋B「（市役所）＋前」
59		D-5	氷見市民病院	③	A「氷見」＋B「（市民）＋病院」

注　バス停名の「命名構造」のパターン基本式は、下記の通り。

①　A❶「固有名詞」のみ、または❷「固有名詞的」のみ
②　B❶「普通名詞」のみ、または❷「普通名詞的」のみ
③　A「固有名詞的な部分」＋B「普通名詞的な部分」
④　A１「固有名詞的な部分」＋B「普通名詞的な部分」＋A２「固有名詞的な部分」
⑤　A「固有名詞的な部分」＋B１「普通名詞的な部分」＋B２「普通名詞的な部分」
⑥　A１「固有名詞的な部分」＋A２「固有名詞的な部分」＋B「普通名詞的な部分」
⑦　B１「普通名詞的な部分」＋A「固有名詞的な部分」＋B２「普通名詞的な部分」
⑧　B１「普通名詞的な部分」＋B２「普通名詞的な部分」＋B３「普通名詞的な部分」
⑨　A「固有名詞的な部分」＋C「助詞的部分」＋B「普通名詞的な部分」
⑩　B１「普通名詞的な部分」＋C「助詞的部分」＋B２「普通名詞的な部分」

バス停名の「命名構造」について

バス停名の「命名構造」							
前部			中部	後部			
接　頭	第一要素	第二要素	前・後部を繋ぐ要素＝助詞	第一要素	第二要素	接尾第一	接尾第二
	済生会	高岡		病院			
	高岡			テクノ	ドーム	前	
	イオン			モール	高岡		
	イオン			モール		南	
新	高岡			駅			
	イオン			モール		口	
	京田						
	瑞龍			寺		口	
	高岡			駅		南	
	高岡			駅		南	口
	高岡			駅		前	
	高岡			駅		北	
	末広			町			
	片原			町			
	坂下			町			
	急患	医療		センター		前	
広	小路						
	志貴野			中学校		前	
	志貴野			中学校		口	
	高岡			市役所			
	高岡			市民	病院		
	職業安定所					前	
	江尻						
	旭ヶ丘						
	荻布						
新	能町						
	米島					口	
	米島						
	高美			町			
	串岡						
	矢田			神社		前	
	古府					口	
	矢田			上	町		
	伏木			駅		前	
	古府			小学校		前	
	伏木			錦	町		
	万葉			町			

表５　加越能バス　Ｃルート：伏木（①伏木駅・②高岡ふしき病院）経由の高岡・氷見間における

No.	路線					
	経由	方面	No.	バス停名	パターン基本式No.	パターン式
1	❶❷	⑤氷見市民病院方面	A-1	済生会高岡病院	⑦	Ｂ１「済生会」＋Ａ「高岡」＋Ｂ２「病院」
2			A-2	高岡テクノドーム前	③	Ａ「高岡」＋Ｂ「(テクノ＋ドーム) ＋前」
3			A-3	イオンモール高岡	④	Ａ「イオン」＋Ｂ「モール」＋Ａ「高岡」
4			A-4	イオンモール南	③	Ａ「イオン」＋Ｂ「(モール) ＋南」
5			A-5	新高岡駅	③	Ａ「新＋ (高岡)」＋Ｂ「駅」
6			A-6	イオンモール口	③	Ａ「イオン」＋Ｂ「(モール) ＋口」
7			A-7	京田	①	Ａ❶「京田」
8			A-8	瑞龍寺口	③	Ａ「瑞龍」＋Ｂ「(寺) ＋口」
9			A-9	高岡駅南	③	Ａ「高岡」＋Ｂ「(駅) ＋南」
10			A-10	高岡駅南口	③	Ａ「高岡」＋Ｂ「(駅＋南) ＋口」
11			A-11	高岡駅前	③	Ａ「高岡」＋Ｂ「(駅) ＋前」
12			A-12	高岡駅北	③	Ａ「高岡」＋Ｂ「(駅) ＋北」
13			A-13	末広町	③	Ａ「末広」＋Ｂ「町」
14	❶❷		B-1	片原町	③	Ａ「片原」＋Ｂ「町」
15			B-2	坂下町	③	Ａ「坂下」＋Ｂ「町」
16			B-3	急患医療センター前	⑧	B1「急患」＋B２「医療」＋B３「(センター) ＋前」
17			B-4	広小路	①	Ａ「広＋ (小路)」
18	❶❷		K-1	志貴野中学校前	③	Ａ「志貴野」＋Ｂ「(中学校) ＋前」
19			K-2	志貴野中学校口	③	Ａ「志貴野」＋Ｂ「(中学校) ＋口」
20			K-3	高岡市役所	③	Ａ「高岡」＋Ｂ「市役所」
21			K-4	高岡市民病院	③	Ａ「高岡」＋Ｂ「(市民) ＋病院」
22			K-5	職業安定所前	②	Ｂ❷「(職業安定所) ＋前」
23			K-6	江尻	①	Ａ❶「江尻」
24			K-7	旭ヶ丘	①	Ａ❶「旭ヶ丘」
25			K-8	荻布	①	Ａ❶「荻布」
26			K-9	新能町	①	Ａ❷「新＋ (能町)」
27			K-10	米島口	①	Ａ❷「(米島) ＋口」
28			K-11	米島	①	Ａ❶「米島」
29			K-12	高美町	③	Ａ「高美」＋Ｂ「町」
30	❶		L-1	串岡	①	Ａ❶「串岡」
	❷		N-1	矢田神社前	③	Ａ「矢田」＋Ｂ「(神社) ＋前」
31	❶		L-2	古府口	①	Ａ❷「(古府) ＋口」
	❷		N-2	矢田上町	③	Ａ「矢田」＋Ｂ「上＋ (町)」
32	❶		L-3	伏木駅前	③	Ａ「伏木」＋Ｂ「(駅) ＋前」
	❷		N-3	古府小学校前	③	Ａ「古府」＋Ｂ「(小学校) ＋前」
33	❶		L-4	伏木錦町	③	Ａ「伏木」＋Ｂ「錦＋ (町)」
	❷		N-4	万葉町	③	Ａ「万葉」＋Ｂ「町」

	伏木			支所		前	
	高岡	ふしき		病院			
	玉川						
	若草			町			
	伏木			旭	町		
	古府						
	国分			港			
	伏木			一の宮			
	国分						
	伏木			高校		前	
	国分					口	
	岩崎					口	
	岩崎						
	磯はなび						
	雨晴			駅		前	
	雨晴						
	辰		の	口			
	松太枝			浜			
	太田			小学校		前	
	太田						
	伊勢			領			
	中村			記念	病院	前	
	島尾						
	西条			中学校		前	
	柳田						
	柳田					口	
	窪						
	窪					中央	
	伊勢			大	町		
	氷見			駅		口	
	氷見			市民	会館		
	氷見			本	町		
	比美			町			
	氷見					中央	
	幸			町			
	幸			町		西	
	氷見			営業所			
	氷見			市役所		前	
	氷見			市民	病院		

34	❶	⑤氷見市民病院方面	L-5	伏木支所前	③	A「伏木」＋B「（支所）＋前」
	❷		N-5	高岡ふしき病院	⑥	A１「高岡」＋A２「ふしき」＋B「病院」
35	❶		L-6	玉川	①	A❶「玉川」
	❷		N-6	若草町	③	A「若草」＋B「町」
36	❶		L-7	伏木旭町	③	A「伏木」＋B「旭＋（町）」
	❷		N-7	古府	①	A❶「古府」
37	❶		L-8	国分港	③	A「国分」＋B「港」
	❷		N-8	伏木一の宮	③	A「伏木」＋B「一の宮」
38	❶		L-9	国分	①	A❶「国分」
	❷		N-9	伏木高校前	③	A「伏木」＋B「（高校）＋前」
39	❶❷		M-1	国分口	①	A❷（「国分）＋口」
40			M-2	岩崎口	①	A❷「（岩崎）＋口」
41			M-3	岩崎	①	A❶「岩崎」
42			M-4	磯はなび	①	A❶「磯はなび」
43			M-5	雨晴駅前	③	A「雨晴」＋B「（駅）＋前」
44			M-6	雨晴	①	A❶「雨晴」
45			M-7	辰の口	⑩	B１「辰」＋C「の」＋B２「口」
46			M-8	松太枝浜	③	A「松太枝」＋B「浜」
47			M--9	太田小学校前	③	A「太田」＋B「（小学校）＋前」
48			M-10	太田	①	A❶「太田」
49			M-11	伊勢領	③	A「伊勢」＋B「領」
50			M-12	中村記念病院前	③	A「中村」＋B「（記念＋病院）＋前」
51			M-13	島尾	①	A❶「島尾」
52			M-14	西条中学校前	③	A「西条」＋B「（中学校）＋前」
53	❶❷		B-22	柳田	①	A❶「柳田」
54			B-23	柳田口	①	A❷「（柳田）＋口」
55			B-24	窪	①	A❶「窪」
56			B-25	窪中央	①	A❷「（窪）＋中央」
57			B-26	伊勢大町	③	A「伊勢」＋B「大＋（町）」
58			B-27	氷見駅口	③	A「氷見」＋B「（駅）＋口」
59			B-28	氷見市民会館	③	A「氷見」＋B「（市民）＋会館」
60			B-29	氷見本町	③	A「氷見」＋B「本＋（町）」
61			B-30	比美町	③	A「比美」＋B「町」
62			B-31	氷見中央	①	A❷「（氷見）＋中央」
63	❶❷		D-1	幸町	③	A「幸」＋B「町」
64			D-2	幸町西	③	A「幸」＋B「（町）＋西」
65			D-3	氷見営業所	③	A「氷見」＋B「営業所」
66			D-4	氷見市役所前	③	A「氷見」＋B「（市役所）＋前」
67			D-5	氷見市民病院	③	A「氷見」＋B「（市民）＋病院」

注（１）　バス路線の経由は、下記の通り。
❶伏木駅経由　高岡～氷見：氷見市民病院方面（A－B－C－D－E）
❷高岡ふしき病院 高岡～氷見：氷見市民病院方面（A－B－C－F－C－D－E）
（２）　バス停名の「命名構造」のパターン基本式は、表４の注を参照。

が、ガ、ツ）として、表3から表5の各バス停名にそれぞれ明示した。

一つ一つの「バス停名」は、パターン式と、パターン式を補助する「修飾部」・修飾部と被修飾部を繋ぐ「助詞」・「被修飾部」別に提示・整理することによって、何を根拠に命名されたのか、その命名根拠の実態や傾向が現れ易いのではないかと仮説し、このような方法論（仕方）で、私見を述べる。

４　「バス停名」の命名構造におけるパターン基本式とその分類項目

表2の高岡から氷見市方面への路線バスルートにある重複しない一九五か所（A-1~13、B-1~31、C-1~24、D-1~5、E-1~10、F-1~9、G-1~14、H-1~6、I-1~4、J-1~35、K-1~12、L-1~9、M-1~14、N-1~9）の「バス停名」についての命名の構造について、パターン基本式及びその分類項目ごとに体系的に整理すると次のようになる。

パターン基本式①　バス停名＝A❶「固有名詞」のみ、または❷「固有名詞的」のみ

バス停名＝A❶「固有名詞」のみタイプ

このパターン基本式①のA❶「固有名詞」のみのタイプとは、バス停名が「固有名詞」のみのものが該当するものである。このタイプには、さらに次の二つの分類型（タイプ）があった。

①❶-1

バス停名＝A「固有名詞〈1地名｜／通称名〉（■）」のみ　分類型…七三か所

このパターン基本式①の❶-1に属する「バス停名」は、集落名（大字名）である「固有名詞」をそのままバス停名にしている〈1地名／通称名〉型である。

↓①❶-1の例式　バス停名「京田」＝A「固有名詞〈1地名／通称名〉（京田）」のみ

↓①❶-1の例表

前部		中部	後部				
接頭	第一要素	第二要素	前・後部を繋ぐ	第一要素	第二要素	接尾（第一）	接尾（第二）
	京田						

［該当バス停名］　A-7京田、B-7内免・B-11長慶寺・B-16小竹・B-20上泉・B-22柳田・B-24窪、C-5間島・C-6阿尾・C-9藪田・C-10小杉・C-11泊・C-13宇波・C-14脇方・C-15小境・C-16大境・C-18姿・C-20中田・C-22中波・C-23田中・C-24脇、E-1鞍川・E-2紅谷・E-4大野・E-7横山・E-8中村・E-10谷屋、F-2追分・F-5論田・F-8熊無、G-1新保・G-3小窪・G-5田江・G-8日名田・G-10三尾・G-11日詰・G-12久目・G-13諏訪・G-14触坂、H-1見内・H-4一の島・H-5棚懸・H-6坪池、I-4桑の院、J-3金屋・J-13佐加野・J-15岩坪・J-18頭川・J-20脇之谷内・J-21大窪・J-22仏生寺・J-25惣領・J-27飯久保・J-28深原・J-29布勢・J-30川尻・J-31万尾・J-32島崎・J-33矢崎・J-34清水・J-35村上、K-6江尻・K-7旭ヶ丘・K-8荻布・K-11米島、L-1串岡・L-6玉川・L-9国分、M-3岩崎・M-6雨晴・M-10太田・M-13島尾・N-7古府

〈付記〉「固有名詞」の地名ということを重視して、H-4一の島、I-4桑の院、J-20脇之谷内、K-7旭ヶ丘の「バス停名」四か所は、同パターン基本式①に入れたが、次の例表から分かるように、パターン基本式⑨にも該当すると考えられる。

↓①❶-1に関連する例表

前部			中部	後部			
接頭	第一要素	第二要素	前・後部を繋ぐ	第一要素	第二要素	接尾（第一）	接尾（第二）
	一		の	島			
	桑		の	院			
	脇		之	谷内			
	旭		ヶ	丘			

①❶‐2

バス停名＝Ａ「固有名詞〈2社名〉（■）」のみ　分類型…一か所

このパターン基本式①の❶‐2に属する「バス停名」は、Cルート伏木経由にある「磯はなび」というバス停名で、社名（ハイツ名）である「固有名詞」をそのままバス停名にしている。

↓①❶‐2の例式　バス停名「磯はなび」＝Ａ「固有名詞〈2社名〉（磯はなび）」のみ

↓①❶‐2の例表

前部			中部	後部			
接頭	第一要素	第二要素	前・後部を繋ぐ	第一要素	第二要素	接尾（第一）	接尾（第二）
	磯はなび						

［該当バス停名］　M‐4磯はなび

バス停名＝Ａ❷「固有名詞的」のみタイプ

このパターン基本式①のA❷「固有名詞的」のみのタイプとは、バス停名が「固有名詞」の前後に、位置・方向・性質／瑞祥・大きさなどを示す接頭語か接尾語が付く「固有名詞」のみのタイプをいう。

このタイプに属する「バス停名」は、さらに次の七つの分類型（タイプ）に分けることができる。

（＊その一からその四までは、「固有名詞」に「接頭」に関する単語が付くものである。また、その五・六が、「固有名詞」に「接尾」に関する単語が付くものである。）

その一　①❷-①1（接頭が付く）

バス停名＝A「接頭〈①位置〉（■）＋固有名詞〈1地名／通称名〉（■）」分類型…一〇か所

接頭に〈①位置〉が付き、固有名詞が集落名（大字）であるものが、この型に該当する。「位置」を示す語として、上・中・下などが付くバス停名が見られた。

↓①❷-①1の例式　バス停名「下田子」＝A「接頭〈①位置〉（下）＋固有名詞〈1地名／通称名〉（田子）」

↓①❷-①1の例表

前部			中部	後部			
接頭	第一要素	第二要素	前・後部を繋ぐ	第一要素	第二要素	接尾（第一）	接尾（第二）
下	田子						

［該当バス停名］　B-19下田子、E-3中大野・E-5中泉、F-3下論田・F-6上論田・F-7上熊無、G-7下日名田、H-2下岩ヶ瀬・H-3上岩ヶ瀬、I-2上触坂

〈付記〉「固有名詞」の地名ということを重視して、H-2下岩ヶ瀬、H-3上岩ヶ瀬の「バス停名」二か所はパターン基本式①に入れたが、次の体系式から分かるようにパターン基本式⑨にも該当すると思われる。

↓①❷-①1に関連する例表

前部			中部	後部			
接頭	第一要素	第二要素	前・後部を繋ぐ	第一要素	第二要素	接尾（第一）	接尾（第二）
下	岩		ケ	瀬			
上	岩		ケ	瀬			

その二　①❷-②1（接頭が付く）

バス停名＝Ａ「接頭〈②方向〉（■）＋固有名詞〈1地名／通称名〉（■）」分類型…四か所

接頭に〈②方向〉が付き、固有名詞が集落名（大字）であるものが、この型に該当する。「方向」を示す語として、東・西・南・北の四方が付くバス停名が見られた。

↓①❷-②1の例式　バス停名「北阿尾」＝Ａ「接頭〈②方向〉（北）＋固有名詞〈1地名／通称名〉（阿尾）」

↓①❷-②1の例表

前部			中部	後部			
接頭	第一要素	第二要素	前・後部を繋ぐ	第一要素	第二要素	接尾（第一）	接尾（第二）
北	阿尾						

［該当バス停名］　Ｂ-8西大路、Ｃ-7北阿尾、Ｉ-1東触坂、Ｊ-8南波岡

その三　①❷-③1（接頭が付く）

バス停名＝Ａ「接頭〈③性質／瑞祥〉（■）＋固有名詞〈1地名／通称名〉（■）」分類型…二か所

接頭に〈③性質／瑞祥〉でも、「性質」が付き、固有名詞が集落名（大字）であるものが、この型に該当する。また、「性質」を示す語として、「新」の語が付くバス停名が二か所見られた。

↓①❷-③1の例式　バス停名「新守山」＝A「接頭〈③性質／瑞祥〉（新）＋固有名詞〈1地名／通称名〉（守山）」

↓①❷-③1の例表

前部			中部	後部			
接頭	第一要素	第二要素	前・後部を繋ぐ	第一要素	第二要素	接尾（第一）	接尾（第二）
新	守山						

［該当バス停名］　B-13新守山、K-9新能町

その四　①❷-④1（接頭が付く）

バス停名＝A「接頭〈④大きさ〉（■）＋固有名詞〈1地名／通称名〉（■）」分類型…二か所

接頭に〈④大きさ〉が付き、固有名詞が集落名（大字）であるものが、この型に該当する。「大きさ」を示す語として、広・小の語が付くバス停名が見られる。

↓①❷-④1の例式　バス停名「広小路」＝A「接頭〈④大きさ〉（広）＋固有名詞〈1地名／通称名〉（小路）」

↓①❷-④1の例表

前部			中部	後部			
接頭	第一要素	第二要素	前・後部を繋ぐ	第一要素	第二要素	接尾（第一）	接尾（第二）
広	小路						

［該当バス停名］　B-4広小路、G-6小久米

その五　①❷-1①（接尾が付く）

バス停名＝A「固有名詞〈1地名／通称名〉（■））＋接尾〈①位置〉（■）」分類型…一六か所

固有名詞が集落名（大字）で、その固有名詞に位置を示す接尾語が付くのがこの型である。「位置」を示す語として、ほとんどが「口」が付く。他には、「中央」という位置を示す語のものが二か所見られる。

↓①❷-1①の例式　バス停名「窪中央」＝A「固有名詞〈1地名／通称名〉（窪）＋接尾〈①位置〉（中央）」

↓①❷-1①の例表

前部			中部	後部			
接頭	第一要素	第二要素	前・後部を繋ぐ	第一要素	第二要素	接尾(第一)	接尾(第二)
	窪					中央	

［該当バス停名］　B-23柳田口・B-25窪中央・B-31氷見中央、C-19中田口・C-21女子口、E-9粟屋口、G-9床鍋口、I-3鉾根口、J-10長江口・J-17頭川口・J-23大覚口・J-24鞍骨口、K-10米島口、L-2古府口、M-1国分口・M-2岩崎口

その六　①❷-1②（接尾が付く）

バス停名＝A「固有名詞〈1地名／通称名〉（■）＋接尾〈②方向〉（■）」分類型…三か所

固有名詞が集落名（大字名）で、その固有名詞に方向を示す接尾語が付くのがこの型である。西・南・北の三方の方向が付くバス停名が見られる。

↓①❷-1②の例式　バス停名「小竹北」＝A「固有名詞〈1地名／通称名〉（小竹）＋接尾〈②方向〉（北）」

↓①❷-1②の例表

前部			中部	後部			
接頭	第一要素	第二要素	前・後部を繋ぐ	第一要素	第二要素	接尾（第一）	接尾（第二）
	小竹					北	

［該当バス停名］　B-17小竹北・B-21柳田南、J-16岩坪西

ちなみに、バス停名＝A❷「固有名詞的」のみタイプの中で、固有名詞にさらに接尾に「性質／瑞祥」か「大きさ」に関する単語が付く、①❷-1③バス停名＝A「固有名詞〈1地名／通称名・2社名・3人名・4その他〉（■）＋接尾〈③性質／瑞祥〉（新・旧・古・今／栄・幸・錦・旭など・■）」の分類型と、①❷-1④バス停名＝A「固有名詞〈1地名／通称名・2社名・3人名・4その他〉（■）＋接尾〈④大きさ〉（大・小・■）」の分類型については、該当するバス停名はなかった。

パターン基本式②　バス停名＝B❶「普通名詞」のみ、または❷「普通名詞的」のみ

このパターン基本式②のB「普通名詞」のタイプには、❶「普通名詞」のみと❷「普通名詞的」のみの二つのタイプを考えたが、❷の「普通名詞的」のみのタイプ一つが該当し、「普通名詞」は位置に関する接尾語が付く分類型である。

バス停名＝B❷「普通名詞的」のみタイプ…一か所

②❷-3(2)②a①

バス停名＝B「普通名詞〈3⑵施設・建造物を表す②公共施設・建造物（a国官庁・出先機関）〉（■）＋接尾〈①位置〉（■）」

↓②❷-3⑵②a①の例式　バス停名「職業安定所前」＝B「普通名詞〈3⑵②公共施設・建造物（a国官庁・出先機関）〉（職業安定所）＋接尾〈①位置〉（前）」

↓②❷-3⑵②a①の例表

前部			中部	後部			
接頭	第一要素	第二要素	前・後部を繋ぐ	第一要素	第二要素	接尾（第一）	接尾（第二）
	職業安定所					前	

［該当バス停名］　K-5職業安定所前

パターン基本式③　バス停名＝A「固有名詞的な部分」＋B「普通名詞的な部分」

③-1-1

バス停名＝A「固有名詞的な部分〈1地名／通称名〉（■）」＋B「普通名詞的な部分〈1地形を表す〉（■）」分類型…四か所

この分類型は、Aの「固有名詞的な部分」は〈1地名／通称名〉のうち「地名」が該当し、Bの「普通名詞的な部分」は〈1地形を表す〉ものが該当する。「海老坂」・「池田浜」・「九殿浜」・「松太枝浜」の四か所の「バス停名」が該当する。

↓③-1-1の例式　バス停名「海老坂」＝A「固有名詞的な部分〈1地名／通称名〉（海老）」＋B「普通名詞的な部分〈1地形を表す〉（坂）」

↓③-1-1の例表

前部			中部	後部			
接頭	第一要素	第二要素	前・後部を繋ぐ	第一要素	第二要素	接尾（第一）	接尾（第二）
	海老			坂			

［該当バス停名］　B-14海老坂、C-3池田浜・C-17九殿浜、M-8松太枝浜

その一　③-1-2③a

バス停名＝A「固有名詞的な部分〈1地名／通称名〉（■）」＋B「普通名詞的な部分〈2行政区分を表す③市町村以下（a町・大字）〉（■）」分類型…一二か所

A「固有名詞的な部分」の〈1地名／通称名〉には、高岡市に関係するものはかつての高岡城を中心とする近世城下町に関係する町名や、また高岡市・氷見市における昭和期に実施された新住居表示によって生まれた町名、末広・高美・幸・若草などの名称は縁起・希望などの意を込めた瑞祥に関する名称が見られる。B「普通名詞的な部分」においては、行政区分を表す市町村以下の市街地を道路その他で区分した小地域、あるいは集落の小区画、市民生活の基礎単位ともなり行政区画の最小区分となる行政区画用語の「町」が付くものである。

↓③-1-2③aの例式　バス停名「末広町」＝A「固有名詞的な部分〈1地名／通称名〉（末広）」＋B「普通名詞的な部分〈2行政区分を表す③市町村以下（a町・大字）〉（町）」

↓③-1-2③aの例表

前部			中部	後部			
接頭	第一要素	第二要素	前・後部を繋ぐ	第一要素	第二要素	接尾(第一)	接尾(第二)
	末広			町			

［該当バス停名］　A-13末広町、B-1片原町・B-2坂下町・B-5大坪町・B-30比美町、D-1幸町、J-1木舟町・J-2二丁町・J-4昭和町、K-12高美町、N-4万葉町・N-6若草町

その二　③-1-①2③a

バス停名＝A「固有名詞的な部分〈1地名|／通称名〉(■)」＋B「普通名詞的な部分〈①位置〉(■)＋〈2行政区分を表す③市町村以下（a町|・大字)〉(■)」分類型…二か所

この分類型は、Aの「固有名詞的な部分」は〈1地名／通称名〉で、Bの「普通名詞的な部分」は行政区画の最小区分である「町」に、さらに分割をした「位置」を示す語が付加したものである。

縄手に「中」を付加したバス停名「縄手中町」や矢田に「上」を付加したバス停名「矢田上町」が、この分類型に該当する。

↓③-1-①2③aの例式　バス停名「縄手中町」＝A「固有名詞的な部分〈1地名|／通称名〉(縄手)」＋B「普通名詞的な部分〈①位置〉(中)＋〈2行政区分を表す③市町村以下（a町|・大字)〉(町)」

↓③-1-①2③aの例表

前部			中部	後部			
接頭	第一要素	第二要素	前・後部を繋ぐ	第一要素	第二要素	接尾(第一)	接尾(第二)

接頭	第一要素	第二要素	前・後部を繋ぐ	第一要素	第二要素	接尾（第一）	接尾（第二）
	縄手			中	町		

［該当バス停名］　B-6縄手中町、N-2矢田上町

その三　③-1-③2③a〈性質〉タイプ

バス停名＝A「固有名詞的な部分〈1地名／通称名〉(■)」＋B「普通名詞的な部分〈③性質／瑞祥〉(■)＋〈2行政区分を表す③市町村以下（a町・大字）〉(■)」分類型…三か所

この分類型は、Aの「固有名詞的な部分」はその二と同様で、Bの「普通名詞的な部分」は、行政区画の最小区分である「町」に、さらに〈③性質／瑞祥〉のうち「性質」を示す「本」や「新」を付加したものである。

↓③-1-③2③a〈性質〉タイプの例式　バス停名「氷見本町」＝A「固有名詞的な部分〈1地名／通称名〉(伊勢)」＋B「普通名詞的な部分〈③性質／瑞祥〉(本)＋〈2行政区分を表す③市町村以下（a町・大字）〉(町)」

↓③-1-③2③a〈性質〉タイプの例表

前部			中部	後部			
接頭	第一要素	第二要素	前・後部を繋ぐ	第一要素	第二要素	接尾（第一）	接尾（第二）
	氷見			本	町		

［該当バス停名］　B-29氷見本町、J-5横田本町・J-12佐加野新町

その四　③-1-③2③a〈瑞祥〉タイプ

バス停名＝A「固有名詞的な部分〈1地名／通称名〉(■)」＋B「普通名詞的な部分〈③性質／瑞祥〉(■)＋〈2行政区分を表す③市町村以下（a町・大字）〉(■)」分類型…三か所

この分類型は、Aの「固有名詞的な部分」はその一から三と同様で、その三におけるBの「普通名詞的な部分」で行政区画の最小区分である「町」に〈③性質／瑞祥〉のうち「瑞祥」の方を付加したものである。

↓③・1・③2③a〈瑞祥〉タイプの例式　バス停名「氷見栄町」＝A「固有名詞的な部分〈1地名／通称名〉（氷見）」＋B「普通名詞的な部分〈③性質／瑞祥〉（栄）＋〈2行政区分を表す③市町村以下（a町・大字）〉（町）」

↓③・1・③2③a〈瑞祥〉タイプの例表

前部			中部	後部			
接頭	第一要素	第二要素	前・後部を繋ぐ	第一要素	第二要素	接尾（第一）	接尾（第二）
	氷見			栄	町		

［該当バス停名］　C・4氷見栄町、L・4伏木錦町、L・7伏木旭町

その五　③・1・④2③a

バス停名＝A「固有名詞的な部分〈1地名／通称名〉（■）」＋B「普通名詞的な部分〈④大きさ〉（■）＋〈2行政区分を表す③市町村以下（a町・大字）〉（■）」分類型…一か所

この分類型は、Aの「固有名詞的な部分」はその一からその四と同様で、Bの「普通名詞的な部分」において行政区画の最小区分である「町」に〈④大きさ〉に関する語を付加したものである。「大」が付く氷見市の「伊勢大町」のバス停名が該当する。

↓③・1・④2③aの例式　バス停名「伊勢大町」＝A「固有名詞的な部分〈1地名／通称名〉（伊勢）」＋B「普通名詞的な部分〈④大きさ〉（大）＋〈2行政区分を表す③市町村以下（a町・大字）〉（町）」

↓③・1・④2③aの例表

前部			中部	後部			
接頭	第一要素	第二要素	前・後部を繋ぐ	第一要素	第二要素	接尾（第一）	接尾（第二）
	伊勢			大	町		

［該当バス停名］　B-26伊勢大町

その六　③-1-④2③a〈通称名〉タイプ
バス停名＝A「固有名詞的な部分〈1地名／通称名〉（■）」＋B「普通名詞的な部分〈④大きさ〉（■）＋〈2行政区分を表す③市町村以下（a町・大字）〉（■）」分類型…一か所

この分類型は、その五とほとんど同じしくみである。ただ、Aの「固有名詞的な部分〈1地名／通称名〉」において、このその六では「通称名」の方に該当する。この分類に該当する北大町は、昭和期に行われた新住居表示によって生まれた町名で、町名は「北方」に位置する大きな町の意からの命名である。北大町に相対して、「南方」に位置する町の意から命名された「南大町」という町名があるが、北大町同様、昭和期の新住居表示によって生まれた町名である。なお、氷見市街地では、古くから「北方」を「北」、「南方」を「南」と呼称している。新住居表示によって生まれた「北大町」は、北方に位置するという町名に関する由来はあるが、古くからの通称「北」の視点も「北大町」を命名する際にあると思われるので、この〈通称名〉タイプの中に入れた。

↓③-1-④2③a〈通称名〉タイプの例式　バス停名「北大町」＝A「固有名詞的な部分〈1地名／通称名〉（北）」＋B「普通名詞的な部分〈④大きさ〉（大）＋〈2行政区分を表す③市町村以下（a町・大字）〉（町）」

↓③-1-④2③a〈通称名〉タイプの例表

前部			中部	後部			
接頭	第一要素	第二要素	前・後部を繋ぐ	第一要素	第二要素	接尾（第一）	接尾（第二）
	北			大	町		

［該当バス停名］　C-2北大町

その七　③-1-2③a②

バス停名＝A「固有名詞的な部分〈1地名／通称名〉（■）」＋B「普通名詞的な部分〈2行政区分を表す③市町村以下（a町・大字）〉（■）＋接尾〈②方向〉（■）」分類型…一か所

この分類型は、その一の分類型とほぼ同じで、Bの「普通名詞的な部分」において接尾に「方向」に関する単語が付加されたものである。

↓③-1-2③a②の例式　バス停名「幸町西」＝A「固有名詞的な部分〈1地名／通称名〉（幸）」＋B「普通名詞的な部分〈2行政区分を表す③市町村以下（a町・大字）〉（町）＋〈②方向〉（西）」

↓③-1-2③a②の例表

前部			中部	後部			
接頭	第一要素	第二要素	前・後部を繋ぐ	第一要素	第二要素	接尾（第一）	接尾（第二）
	幸			町		西	

［該当バス停名］　D-2幸町西

③-1-3⑵①a①

バス停名＝A「固有名詞的な部分〈1地名／通称名〉（■）」＋B「普通名詞的な部分〈3(2)施設・建造物を表す①交通施設・建造物（a鉄道駅）〉（■）＋接尾〈①位置〉（■）」分類型…四か所

この分類型は、Aの「固有名詞的な部分」は「地名」が該当し、Bの「普通名詞的な部分」は施設・建造物に関係する名詞で、交通施設の建造物である「鉄道の駅」に「位置」を示す名詞を付加する接尾語が付くものである。

↓③-1-3(2)①a①の例式　バス停名「高岡駅前」＝A「固有名詞的な部分〈1地名／通称名〉（高岡）」＋B「普通名詞的な部分〈3(2)施設・建造物を表す①交通施設・建造物（a鉄道駅）〉（駅）＋接尾〈①位置〉（前）」

↓③-1-3(2)①a①の例式

前部			中部	後部			
接頭	第一要素	第二要素	前・後部を繋ぐ	第一要素	第二要素	接尾（第一）	接尾（第二）
	高岡			駅		前	

［該当バス停名］　A-11高岡駅前、B-27氷見駅口、L-3伏木駅前、M-5雨晴駅前

③-1-3(2)①a②

バス停名＝A「固有名詞的な部分〈1地名／通称名〉（■）」＋B「普通名詞的な部分〈3(2)施設・建造物を表す①交通施設・建造物（a鉄道駅）〉（■）＋接尾〈②方向〉（■）」分類型…二か所

この分類型は右記③-1-3(2)①a①とほぼ同じで、ただBの「普通名詞的な部分」での「鉄道の駅」に付加される接尾語が「位置」ではなく、この分類型の場合は「方向」が付く。「南」と「北」の付く「高岡駅南」・「高岡駅北」のバス停名が該当する。

↓③-1-3(2)①a②の例式　バス停名「高岡駅南」＝A「固有名詞的な部分〈1地名／通称名〉（高岡）」＋B「普

通名詞的な部分〈3-(2)-①交通施設・建造物（a鉄道駅）〉（駅）＋接尾〈②方向〉（南）」

↓③-1-3(2)①a②の例表

前部			中部	後部			
接頭	第一要素	第二要素	前・後部を繋ぐ	第一要素	第二要素	接尾（第一）	接尾（第二）
	高岡			駅		南	

［該当バス停名］　A-9高岡駅南・A-12高岡駅北

③-1-3(2)①a②①

バス停名＝A「固有名詞的な部分〈1地名／通称名〉（■）」＋B「普通名詞的な部分〈3(2)施設・建造物を表す①交通施設・建造物（a鉄道駅）〉（■）＋接尾〈②方向〉（■）＋〈①位置〉（■）」分類型…一か所

この分類型は、③-1-3(2)①a①と③-1-3(2)①a②の分類型のB「普通名詞的な部分」における「接尾」で、「方向」と「位置」を示す両方の単語を付加したものである。バス停「高岡駅南口」が該当する。

↓③-1-3(2)①a②①の例式　バス停名「高岡駅南口」＝A「固有名詞的な部分〈1地名／通称名〉（高岡）」＋B「普通名詞的な部分〈3(2)施設・建造物を表す①交通施設・建造物（a鉄道駅）〉（駅）＋接尾〈②方向＋①位置〉（南口）」

↓③-1-3(2)①a②の例表

前部			中部	後部			
接頭	第一要素	第二要素	前・後部を繋ぐ	第一要素	第二要素	接尾（第一）	接尾（第二）
	高岡			駅		南	口

［該当バス停名］　Ａ‐10高岡駅南口

③‐③１‐３⑵①ａ

バス停名＝Ａ「固有名詞的な部分　接頭〈③性質／瑞祥〉（■）＋固有名詞〈１地名／通称名〉（■）」＋Ｂ「普通名詞的な部分〈３⑵施設・建造物を表す①交通施設・建造物（ａ鉄道駅）〉（■）」分類型…一か所

この分類型は、Ｂ「普通名詞的な部分」は施設・建造物に関係する名詞で、交通施設の建造物である「鉄道の駅」が該当する。Ａ「固有名詞的な部分」は〈１地名／通称名〉の「地名」が該当し、この地名に「性質」を示す「接頭」の単語が付加されるものである。

↓③‐③１‐３⑵①ａの例式　バス停名「新高岡駅」＝Ａ「固有名詞的な部分〈③性質／瑞祥〉（新）＋固有名詞〈１地名／通称名〉（高岡）」＋Ｂ「普通名詞的な部分〈３⑵施設・建造物を表す①交通施設・建造物（ａ鉄道駅）〉（駅）」

↓③‐③１‐３⑵①ａの例表

前部			中部	後部			
接頭	第一要素	第二要素	前・後部を繋ぐ	第一要素	第二要素	接尾（第一）	接尾（第二）
新	高岡			駅			

［該当バス停名］　Ａ‐５新高岡駅

③‐１‐３⑵①ｄ①

バス停名＝Ａ「固有名詞的な部分〈１地名／通称名〉（■）」＋Ｂ「普通名詞的な部分〈３⑵施設・建造物を表す①交通施設・建造物（ｄ橋）〉（■）＋接尾〈①位置〉（■）」…一か所

この分類型は、Ａ「固有名詞的な部分」は「地名」が該当し、Ｂ「普通名詞的な部分」は施設・建造物に関係する名詞で、交通施設の建造物の中でも「橋」に関わるものが該当する。バス停「国条橋詰」が該当する。

↓③‐１‐３⑵①ｄ①の例式　バス停名「国条」＝Ａ「固有名詞的な部分〈１地名／通称名〉（国条）」＋Ｂ「普通名詞的な部分〈３⑵施設・建造物を表す①交通施設・建造物（ｄ橋）〉（橋）＋〈①位置〉（詰）」

↓③‐１‐３⑵①ｄ①の例表

前部			中部	後部			
接頭	第一要素	第二要素	前・後部を繋ぐ	第一要素	第二要素	接尾（第一）	接尾（第二）
	国条			橋		詰	

［該当バス停名］　Ｊ‐11国条橋詰

③‐１‐３⑵①ｈ

バス停名＝Ａ「固有名詞的な部分〈１地名／通称名〉（■）」＋Ｂ「普通名詞的な部分〈３⑵施設・建造物を表す①交通施設・建造物（ｈ港）〉（■）」分類型…一か所

この分類型は、Ａ「固有名詞的な部分」は「地名」が該当し、Ｂ「普通名詞的な部分」は施設・建造物に関係する名詞で、交通施設の建造物の中でも「港」に関わるものが該当する。バス停「国分港」が該当する。

↓③‐１‐３⑵①ｈの例式　バス停名「国分港」＝Ａ「固有名詞的な部分〈１地名／通称名〉（国分）」＋Ｂ「普通名詞的な部分〈３⑵施設・建造物を表す①交通施設・建造物（ｈ港）〉（港）」

↓③‐１‐３⑵①ｈの例表

前部			中部	後部			
接頭	第一要素	第二要素	前・後部を繋ぐ	第一要素	第二要素	接尾（第一）	接尾（第二）
	国分			港			

［該当バス停名］　L‐8国分港

③‐1‐3(2)②a

バス停名＝A「固有名詞的な部分〈1地名／通称名〉（■）」＋B「普通名詞的な部分〈3(2)施設・建造物を表す②公共施設・建造物（a国官庁・出先機関）〉（■）」分類型…一か所

この分類型は、A「固有名詞的な部分」は「地名」が該当し、B「普通名詞的な部分」は施設・建造物を表す名詞の中でも公共施設の官公庁に関係する「市役所」の語が入る。バス停「高岡市役所」が該当する。

↓③‐1‐3(2)②aの例式　バス停名「高岡市役所」＝A「固有名詞的な部分〈1地名／通称名〉（高岡）」＋B「普通名詞的な部分〈3(2)施設・建造物を表す②公共施設・建造物（a国官庁・出先機関）〉（市役所）」

↓③‐1‐3(2)②aの例表

前部			中部	後部			
接頭	第一要素	第二要素	前・後部を繋ぐ	第一要素	第二要素	接尾（第一）	接尾（第二）
	高岡			市役所			

［該当バス停名］　K‐3高岡市役所

③‐1‐3(2)②a①

バス停名＝A「固有名詞的な部分〈1地名／通称名〉（■）」＋B「普通名詞的な部分〈3⑵施設・建造物を表す②公共施設・建造物（a国官庁・出先機関）〉（■）＋接尾〈①位置〉（■）」分類型…二か所

この分類型は、③-1-3⑵②aの分類型に、B「普通名詞的な部分」の中にさらに「位置」を示す接尾語が付加されるものである。バス停「氷見市役所前」と、高岡市役所の出先機関である「伏木支所前」が該当する。

↓③-1-3⑵②a①の例式　バス停名「氷見市役所前」＝A「固有名詞的な部分〈1地名／通称名〉（氷見）」＋B「普通名詞的な部分〈3⑵施設・建造物を表す②公共施設・建造物（a国官庁・出先機関）〉（市役所）」＋接尾〈①位置〉（前）」

↓③-1-3⑵②a①の例表

前部			中部	後部			
接頭	第一要素	第二要素	前・後部を繋ぐ	第一要素	第二要素	接尾（第一）	接尾（第二）
	氷見			市役所		前	

［該当バス停名］　D-4氷見市役所前、L-5伏木支所前

③-1-3⑵②対象c

バス停名＝A「固有名詞的な部分〈1地名／通称名〉（■）」＋B「普通名詞的な部分〈3⑵施設・建造物を表す②公共施設・建造物（対象／趣旨＋c病院・医院）〉（■）」分類型…二か所

この分類型は、A「固有名詞的な部分」に「地名」が該当し、B「普通名詞的な部分」には公共施設の建造物である「病院」の名詞が該当し、さらに対象を示す名詞を付加したものである。ここでの対象とは「市民」である。該当するバス停は「氷見市民病院」と「高岡市民病院」である。

↓③-1-3⑵②対象cの例式　バス停名「氷見市民病院」＝A「固有名詞的な部分〈1地名／通称名〉（氷見）」＋B「普通名詞的な部分〈3⑵施設・建造物を表す②公共施設・建造物（対象／趣旨＋c病院・医院）〉（市民病院）」

↓③-1-3⑵②対象cの例表

前部			中部	後部			
接頭	第一要素	第二要素	前・後部を繋ぐ	第一要素	第二要素	接尾(第一)	接尾(第二)
	氷見			市民	病院		

［該当バス停名］　D-5氷見市民病院、K-4高岡市民病院

③-4〈法人名〉-3⑵②対象c①

バス停名＝A「固有名詞的な部分〈4その他〈法人名〉（■）」＋B「普通名詞的な部分〈3⑵施設・建造物を表す②公共施設・建造物（対象／趣旨＋c病院・医院）〉（■）＋接尾〈①位置〉（■）」分類型…一か所

この分類型は、③-1-3⑵②対象cに類似する分類型である。ただ、本分類型は、A「固有名詞的な部分」が法人名に関する名詞である。B「普通名詞的な部分」は、公共施設の建造物である「病院」の名詞に、さらに「対象／趣旨」の「趣旨」に関する意を付加し、その上「位置」を示す接尾語が付く分類型である。③-1-3⑵②対象cの場合は接尾語が付かない。本分類型の場合は「前」という接尾語が付く。この違いは、接尾語がない場合は病院敷地内にバス停があるということで、「前」の接尾が付く場合は病院の建物や病院敷地外の「すぐ前」にバス停が設置されているという意である。

↓③-4〈法人名〉-3⑵②対象c①の例式　バス停名「中村記念病院前」＝A「固有名詞的な部分〈4その他〈法人名〉（中村）」＋B「普通名詞的な部分〈3⑵施設・建造物を表す②公共施設・建造物（対象／趣旨＋c病院・医院）〉

〈記念＋病院〉＋接尾〈①位置〉（前）」

↓③-4〈法人名〉　3(2)②対象c①の例表

前部			中部	後部			
接頭	第一要素	第二要素	前・後部を繋ぐ	第一要素	第二要素	接尾（第一）	接尾（第二）
	中村			記念	病院	前	

［該当バス停名］　M-12中村記念病院前

③-1-3(2)②対象d①

バス停名＝A「固有名詞的な部分〈1地名／通称名〉（■）」＋B「普通名詞的な部分〈3(2)施設・建造物を表す②公共施設・建造物（対象＋d学校・保育園）〉（■）＋接尾〈①位置〉（■）」分類型…一か所

この分類型は、A「固有名詞的な部分」は「地名」が該当し、B「普通名詞的な部分」は公共施設・建造物に関係するもので、特に学校・保育園など教育機関に関係する建造物が該当する。

↓③-1-3(2)②対象d①の例式　バス停名「高岡支援学校前」＝A「固有名詞的な部分〈1地名／通称名〉（高岡）」＋B「普通名詞的な部分〈3(2)施設・建造物を表す②公共施設・建造物（対象＋d学校・保育園）〉（支援学校）＋接尾〈①位置〉（前）

↓③-1-3(2)②対象d①の例表

前部			中部	後部			
接頭	第一要素	第二要素	前・後部を繋ぐ	第一要素	第二要素	接尾（第一）	接尾（第二）

高岡			支援	学校	前	

［該当バス停名］　B - 15高岡支援学校前、E - 6上庄小学校前、J - 7高岡商業高校前・J - 14細池保育園前・J - 26十三中学校前、K - 1志貴野中学校前、K - 2志貴野中学校口、M - 9太田小学校前・M - 14西条中学校前、N - 3古府小学校前・N - 9伏木高校前

③ - 1② - 3⑵②対象d①

バス停名＝A「固有名詞的な部分〈1地名／通称名〉（■）＋接尾〈②方向〉（■）」＋B「普通名詞的な部分〈3⑵施設・建造物を表す②公共施設・建造物（対象＋d学校・保育園）〉（■）＋接尾〈①位置〉（■）」…二か所

この③ - 1② - 3⑵②対象d①の分類型は、A「固有名詞的な部分」に、「地名」にさらに接尾語として「方向」を示す単語が加わる。B「普通名詞的な部分」は、公共施設・建造物に関係するもので、特に学校・保育園など教育機関の建造物が該当し、今回は中学校が該当する。さらに接尾語として、「位置」を示す単語も付加されたものである。

↓③ - 1② - 3⑵②対象d①の例式　バス停名「氷見西部中学校前」＝A「固有名詞的な部分〈1地名／通称名〉（氷見）＋接尾〈②方向〉（西部）」＋B「普通名詞的な部分〈3⑵施設・建造物を表す②公共施設・建造物（対象＋d学校・保育園）〉（中学校）＋接尾〈①位置〉（前）」

↓③ - 1② - 3⑵②対象d①の例

前部			中部	後部			
接頭	第一要素	第二要素	前・後部を繋ぐ	第一要素	第二要素	接尾（第一）	接尾（第二）
	氷見	西部		中学校		前	

［該当バス停名］　G‐4氷見西部中学校前、J‐6高岡西部中学校前

③‐1‐3(2)②対象e①

バス停名＝A「固有名詞的な部分〈1地名／通称名〉(■)」＋B「普通名詞的な部分〈3(2)施設・建造物を表す②公共施設・建造物（対象＋e体育館）〉(■)＋接尾〈①位置〉(■)」分類型…一か所

この分類型は、A「固有名詞的な部分」は「地名」が該当し、B「普通名詞的な部分」は公共施設・建造物の「体育館」が該当する。該当する「高岡テクノドーム前」は、「テクノ」と表示するように工業・科学技術に関連するドーム状の体育館で、このドーム状の体育館の前にバス停があることから名付けられた。

↓③‐1‐3(2)②対象e①の例式　バス停名「高岡テクノドーム前」＝A「固有名詞的な部分〈1地名／通称名〉（高岡）」＋B「普通名詞的な部分〈3(2)施設・建造物を表す②公共施設・建造物（対象＋e体育館）〉（テクノドーム）＋接尾〈①位置〉（前）」

↓③‐1‐3(2)②対象e①の例表

前部			中部	後部			
接頭	第一要素	第二要素	前・後部を繋ぐ	第一要素	第二要素	接尾（第一）	接尾（第二）
	高岡			テクノ	ドーム	前	

［該当バス停名］　A‐2高岡テクノドーム前

③‐1‐3(2)③対象c

バス停名＝A「固有名詞的な部分〈1地名／通称名〉(■)」＋B「普通名詞的な部分〈3(2)施設・建造物を表す③

文化施設・建造物（対象＋c美術館・文化会館）〉（■）」分類型…一か所

この分類型は、A「固有名詞的な部分」が「地名」に関する固有名詞が付くもので、B「普通名詞的な部分」は文化施設の建造物が付くものが該当する。バス停「氷見市民会館」が該当した。

↓③-1-3⑵③対象cの例式　バス停名「氷見市民会館」＝A「固有名詞的な部分〈1地名／通称名〉（氷見）」＋B「普通名詞的な部分〈3⑵施設・建造物を表す③文化施設・建造物（対象＋c美術館・文化会館）〉（市民会館）」

↓③-1-3⑵③対象cの例表

前部		中部	後部			
接頭	第一要素	第二要素	前・後部を繋ぐ	第一要素	第二要素	接尾（第一）	接尾（第二）
	氷見			市民	会館		

［該当バス停名］　B-28氷見市民会館

③-1-3⑵③a①

バス停名＝A「固有名詞的な部分〈1地名／通称名〉（■）」＋B「普通名詞的な部分〈3⑵施設・建造物を表す③文化共施設・建造物（a図書館・公民館）〉（■）＋接尾〈①位置〉（■）」分類型…一か所

この分類型は、③-1-3⑵③対象cに、B「普通名詞的な部分」で「位置」を示すを接尾語が付加されたものである。

↓③-1-3⑵③a①の例式　バス停名「新保公民館前」＝A「固有名詞的な部〈1地名／通称名〉（新保）」＋B「普通名詞的な部分〈3⑵施設・建造物を表す③文化施設・建造物（a図書館・公民館）〉（公民館）＋接尾〈①位置〉（前）」

↓③-1-3⑵③a①の例表

前部			中部	後部			
接頭	第一要素	第二要素	前・後部を繋ぐ	第一要素	第二要素	接尾（第一）	接尾（第二）
	新保			公民館		前	

［該当バス停名］　G－2新保公民館前

③－1－3(2)④a①

バス停名＝A「固有名詞的な部分〈1地名／通称名〉（■）」＋B「普通名詞的な部分〈3(2)施設・建造物を表す④名所・旧跡・建造物（a神社）〉（■）＋接尾〈①位置〉（■）」分類型…二か所

この分類型は、A「固有名詞的な部分」は「地名」に関する固有名詞が付くもので、B「普通名詞的な部分」は「神社」に関する建造物が付き、さらに「神社」の位置を示す接尾語が付加されたものである。

↓③－1－3(2)④a①の例式　バス停名「加納神社前」＝A「固有名詞的な部分〈1地名／通称名〉（加納）」＋B「普通名詞的な部分〈3(2)施設・建造物を表す④名所・旧跡・建造物（a神社）〉（神社）＋接尾〈①位置〉（前）」

↓③－1－3(2)④a①の例表

前部			中部	後部			
接頭	第一要素	第二要素	前・後部を繋ぐ	第一要素	第二要素	接尾（第一）	接尾（第二）
	加納			神社		前	

［該当バス停名］　C－1加納神社前、N－1矢田神社前

③－1－3(2)④系統a①神社系統プラス　タイプ

バス停名＝Ａ「固有名詞的な部分〈１地名／通称名〉（■）」＋Ｂ「普通名詞的な部分〈３⑵施設・建造物を表す④名所・旧跡・建造物（神社系統＋ａ神社）〉（■）＋接尾〈①位置〉（■）」分類型…一か所

この分類型は、先記の③‐１‐３⑵④ａ①とほぼ同じで、Ｂ「普通名詞的な部分」において「神社」に関する系統まで明示したものである。バス停「論田八幡神社前」が該当する。

↓③‐１‐３⑵④系統ａ①神社系統プラス　タイプの例式　バス停名「論田八幡神社前」＝Ａ「固有名詞的な部分〈１地名／通称名〉（論田）」＋Ｂ「普通名詞的な部分〈３⑵施設・建造物を表す④名所・旧跡・建造物（神社系統＋ａ神社）〉（八幡神社）＋接尾〈①位置〉（前）」

↓③‐１‐３⑵④系統ａ①神社系統プラス　タイプの例表

前部			中部	後部			
接頭	第一要素	第二要素	前・後部を繋ぐ	第一要素	第二要素	接尾（第一）	接尾（第二）
	論田			八幡	神社	前	

［該当バス停名］　Ｆ‐４論田八幡神社前

③‐１‐３⑵④ａ＝参拝巡行順　神社参拝巡行順プラス　タイプ

バス停名＝Ａ固有名詞的な部分〈１地名／通称名〉（■）」＋Ｂ「普通名詞的な部分〈３⑵施設・建造物を表す④名所・旧跡・建造物（ａ神社＝参拝巡行順）〉（■）」分類型…一か所

この分類型は、Ｂ「普通名詞的な部分」において、③‐１‐３⑵④ａ①や③‐１‐３⑵④系統ａ①と同系統の「神社」に関するものである。ただ、同系統の二つの分類型と違うのは、Ｂ「普通名詞的な部分」で神社そのものを示すというより、かつての国守が巡行する神社の順番を示したものが明示されている。バス停「伏木一の宮」が該当すると考えられる。

↓③-1-3⑵④a=参拝巡行順　神社参拝巡行順プラス　タイプの例式　バス停名「伏木一の宮」=A「固有名詞的な部分〈1地名｜／通称名〉（伏木）」+B「普通名詞的な部分〈3⑵施設・建造物を表す④名所・旧跡・建造物〈a神社=参拝巡行順〉〉（一の宮）〉」

↓③-1-3⑵④a=参拝巡行順　神社参拝巡行順プラス　タイプの例表

前部			中部	後部			
接頭	第一要素	第二要素	前・後部を繋ぐ	第一要素	第二要素	接尾（第一）	接尾（第二）
	伏木			一の宮			

［該当バス停名］　N-8伏木一の宮

〈付記〉B「普通名詞的な部分」での〈3⑵④名所・旧跡・建造物（a神社）〉の神社ということを重視して、N-8伏木一の宮をパターン基本式③に入れたが、次の要素的形式からパターン基本式⑨にも該当する。

前部			中部	後部			
接頭	第一要素	第二要素	前・後部を繋ぐ	第一要素	第二要素	接尾（第一）	接尾（第二）
	伏木	一	の	宮			

③-1-3⑵④b3⑵②f①

バス停名=A「固有名詞的な部分〈1地名｜／通称名〉（■）」+〈3⑵施設・建造物を表す④名所・旧跡・建造物〈b寺院〉〉（■）」+B「普通名詞的な部分〈3⑵施設・建造物を表す②公共施設・建造物〈fその他〈住宅〉〉〉+接尾〈①

位置〉（■）」分類型…一か所

この分類型は、A「固有名詞的な部分」は「地名」が該当し、B「普通名詞的な部分」は公共施設に関する建造物で、住宅に関するものが該当する。

↓③-1-3⑵④b3⑵②f①の例式　バス停名「長慶寺住宅前」＝A「固有名詞的な部分〈1地名／通称名〉（長慶）＋〈3⑵施設・建造物を表す④名所・旧跡・建造物（b寺院）〉（寺）」＋B「普通名詞的な部分〈3⑵施設・建造物を表す②公共施設・建造物（fその他〈住宅〉）〉（住宅）＋接尾〈①位置〉（前）」

↓③-1-3⑵④b3⑵②f①の例表

前部			中部	後部			
接頭	第一要素	第二要素	前・後部を繋ぐ	第一要素	第二要素	接尾（第一）	接尾（第二）
	長慶	寺		住宅		前	

［該当バス停名］　B-10長慶寺住宅前

③-1-3⑵④b3⑵⑥a①

バス停名＝A「固有名詞的な部分〈1地名／通称名〉（■）＋〈3⑵施設・建造物を表す④名所・旧跡・建造物（b寺院）〉（■）」＋B「普通名詞的な部分〈3⑵施設・建造物を表す⑥生産施設・建造物（a工場）〉（■）＋接尾〈①位置〉（■）」分類型…一か所

この分類型は、A「固有名詞的な部分」は「地名」が該当し、B「普通名詞的な部分」は生産施設の建造物で「工場」を示す名詞が付くものである。

↓③-1-3⑵④b3⑵⑥a①の例式　バス停名「長慶寺工場前」＝A「固有名詞的な部分〈1地名／通称名〉（長慶）

＋〈3⑵施設・建造物を表す④名所・旧跡・建造物（b寺院）〉（寺）」＋B「普通名詞的な部分〈3⑵施設・建造物を表す⑥生産施設・建造物（a工場）〉（工場）＋接尾〈①位置〉（前）」

↓③-1-3⑵④b3⑵⑥a①の例表

前部			中部	後部			
接頭	第一要素	第二要素	前・後部を繋ぐ	第一要素	第二要素	接尾（第一）	接尾（第二）
	長慶	寺		工場		前	

［該当バス停名］　B-12長慶寺工場前

③-1-3⑵⑤a

バス停名＝A「固有名詞的な部分〈1地名／通称名〉（■）」＋B「普通名詞的な部分〈3⑵施設・建造物を表す⑤大規模宿泊・商業施設・保養施設、店舗・建造物（a大規模なホテル・旅館）〉（■）」分類型…一か所

この分類型は、A「固有名詞的な部分」は「地名」が該当し、B「固有名詞的な部分」は保養施設でしかも「温泉」に関するものが該当する。

↓③-1-3⑵⑤aの例式　バス停名「岩井戸温泉」＝A「固有名詞的な部分〈1地名／通称名〉（岩井戸）」＋B「普通名詞的な部分〈3⑵施設・建造物を表す⑤大規模宿泊・商業施設、・保養施設、店舗・建造物（a大規模なホテル・旅館）〉（温泉）」

↓③-1-3⑵⑤aの例表

前部			中部	後部			
接頭	第一要素	第二要素	前・後部を繋ぐ	第一要素	第二要素	接尾（第一）	接尾（第二）

岩井戸				温泉			

［該当バス停名］　C-12岩井戸温泉

③-1-3(2)⑤d

バス停名＝A「固有名詞的な部分〈1地名/通称名〉（■）」＋B「普通名詞的な部分〈3(2)施設・建造物を表す⑤大規模宿泊・商業施設・保養施設、店舗・建造物（dその他〈営業所〉）〉（■）」分類型…一か所

この分類型は、A「固有名詞的な部分」は「地名」が該当し、B「普通名詞的な部分」は商業施設で店舗・建造物に関係する、しかも営業所を示すものである。

バス停「氷見営業所」が該当するが、この「氷見営業所」は「何の・どこの氷見営業所」かが分かりづらい。加越能バス会社の「氷見営業所」のことである。バス停は、単に「目印・目標物」というようにとらえる観点からすれば、「何の・どこの営業所」という観点は「バス停名」の命名においては必要ないのかもしれない。

↓③-1-3(2)⑤dの例式　バス停名「氷見営業所」＝A「固有名詞的な部分〈1地名/通称名〉（氷見）」＋B「普通名詞的な部分〈3(2)施設・建造物を表す⑤大規模宿泊・商業施設・保養施設、店舗・建造物（dその他〈営業所〉）〉（営業所）」

↓③-1-3(2)⑤dの例表

前部			中部	後部			
接頭	第一要素	第二要素	前・後部を繋ぐ	第一要素	第二要素	接尾(第一)	接尾(第二)
	氷見			営業所			

［該当バス停名］　D-3氷見営業所

③-2-3(2)⑤b①

バス停名＝A「固有名詞的な部分〈2社名〉(■)」＋B「普通名詞的な部分〈3(2)施設・建造物を表す⑤大規模宿泊・商業施設・保養施設、店舗・建造物(b大規模なデパート・スーパーマーケット)〉＋接尾〈①位置〉(■)」

分類型…一か所

この分類型は、A「固有名詞的な部分」は「社名」が該当し、B「普通名詞的な部分」は商業施設の大規模なデパート・スーパーマーケット関係の施設を表す名詞に、接尾語としてこの施設の「位置」を示す単語が付加されているものである。

↓③-2-3(2)⑤b①の例式　バス停名「イオンモール口」＝A「固有名詞的な部分〈2社名〉(イオン)」＋B「普通名詞的な部分〈3(2)施設・建造物を表す⑤大規模宿泊・商業施設、・保養施設、店舗・建造物(b大規模なデパート・スーパーマーケット)〉(モール)＋接尾〈①位置〉(口)」

↓③-2-3(2)⑤b①の例表

前部			中部	後部			
接頭	第一要素	第二要素	前・後部を繋ぐ	第一要素	第二要素	接尾(第一)	接尾(第二)
	イオン			モール		口	

［該当バス停名］　A-6イオンモール口

③-2-3(2)⑤b②

バス停名＝A「固有名詞的な部分〈2社名〉(■)」＋B「普通名詞的な部分〈3(2)施設・建造物を表す⑤大規模宿

泊・商業施設・保養施設、店舗・建造物〈b大規模なデパート・スーパーマーケット〉〉＋接尾〈②方向〉(■)」

分類型…一か所

この分類型は、先記の③-2-3(2)⑤b①と同系統で、B「普通名詞的な部分」での接尾語が「方向」を示す単語というものである。

↓③-2-3(2)⑤b②の例式　バス停名「イオンモール南」＝A「固有名詞的な部分〈2社名〉(イオン)」＋B「普通名詞的な部分〈3(2)施設・建造物を表す⑤大規模宿泊・商業施設、・保養施設、店舗・建造物〈b大規模なデパート・スーパーマーケット〉〉(モール)＋接尾〈②方向〉(南)」

↓③-2-3(2)⑤b②の例表

前部			中部	後部			
接頭	第一要素	第二要素	前・後部を繋ぐ	第一要素	第二要素	接尾(第一)	接尾(第二)
	イオン			モール		南	

[該当バス停名]　A-4イオンモール南

③-4〈寺院名〉-3(2)④b①

バス停名＝A「固有名詞的な部分〈4その他(寺院名)〉(■)」＋B「普通名詞的な部分〈3(2)施設・建造物を表す④名所・旧跡・建造物(b寺院)〉(■)＋接尾〈①位置〉(■)」分類型…四か所

この分類型は、A「固有名詞的な部分」は「寺院名」に関する固有名詞が付くもので、B「普通名詞的な部分」は「寺院」に関する建造物そのものを示す「寺」という語が付き、さらに「寺院」の位置を示す接尾語が付加されたものである。

↓③-4〈寺院名〉-3⑵④b①の例式　バス停名「瑞龍寺口」＝A「固有名詞的な部分〈4その他（寺院名）〉（瑞龍）」＋B「普通名詞的な部分〈3⑵施設・建造物を表す④名所・旧跡・建造物（b寺院）〉（寺）＋接尾〈①位置〉（口）」

↓③-4〈寺院名〉-3⑵④b①の例表

前部			中部	後部			
接頭	第一要素	第二要素	前・後部を繋ぐ	第一要素	第二要素	接尾（第一）	接尾（第二）
	瑞龍			寺		口	

［該当バス停名］　A-8瑞龍寺口、B-18国泰寺前、F-1上坊寺口・F-9専徳寺前

③-1-4①a①

バス停名＝A「固有名詞的な部分〈1地名/通称名〉（■）」＋B「普通名詞的な部分〈4①方位を表す（a方向を示す名詞）〉（■）」＋接尾〈①位置〉（■）」分類型…二か所

この分類型は、A「固有名詞的な部分」に「地名」が該当し、B「普通名詞的な部分」には「方位」とさらに方位の「位置」を示す語が付加されるものである。

↓③-1-4①a①の例式　バス停名「波岡西口」＝A「固有名詞的な部分〈1地名/通称名〉（波岡）」＋B「普通名詞的な部分〈4①方位を表す（a方向を示す名詞）〉（西）」＋接尾〈①位置〉（口）」

↓③-1-4①a①の例表

前部			中部	後部			
接頭	第一要素	第二要素	前・後部を繋ぐ	第一要素	第二要素	接尾（第一）	接尾（第二）

	浪岡			西		口	

［該当バス停名］　J・9波岡西口・J・19頭川西口

③・1・4②b

バス停名＝A「固有名詞的な部分〈1地名／通称名〉（■）」＋B「普通名詞的な部分〈4②土地を表す（b土地を示す名詞）〉（■）」分類型…一か所

この分類型は、A「固有名詞的な部分」は「地名」が該当し、B「普通名詞的な部分」は土地に関することを示す語が付くものである。バス停「伊勢領」が該当すると考えられる。

↓③・1・4②bの例式　バス停名「伊勢領」＝A「固有名詞的な部分〈1地名／通称名〉（伊勢）」＋B「普通名詞的な部分〈4②土地を表す（b土地を示す名詞）〉（領）」

↓③・1・4②bの例表

前部			中部	後部			
接頭	第一要素	第二要素	前・後部を繋ぐ	第一要素	第二要素	接尾（第一）	接尾（第二）
	伊勢			領			

［該当バス停名］　M・11伊勢領

パターン基本式④　バス停名＝A1「固有名詞的な部分」＋B「普通名詞的な部分」＋A2「固有名詞的な部分」

この④に属するバス停名は、「イオンモール高岡」のみである。

④・1・3⑵⑤b・1

バス停名＝A１「固有名詞的な部分〈２社名〉（■）」＋B「普通名詞的な部分〈３(2)施設・建造物を表す⑤大規模宿泊・商業施設・保養施設、店舗・建造物（b大規模なデパート・スーパーマーケット）〉」＋A２「固有名詞的な部分〈１地名／通称名〉（■）」分類型…一か所

この分類型は、A１「固有名詞的な部分」は「社名」が該当し、次にB「普通名詞的な部分」では商業施設の大規模なデパート・スーパーマーケット関係の施設を表す名詞が該当し、さらにA２「固有名詞的な部分」として「地名」が付加されるものである。バス停「イオンモール高岡」が該当する。

↓④－１－３(2)⑤b－１の例式　バス停名「イオンモール高岡」＝A１「固有名詞的な部分〈２社名〉（イオン）」＋B「普通名詞的な部分〈３(2)施設・建造物を表す⑤大規模宿泊・商業施設、・保養施設、店舗・建造物（b大規模なデパート・スーパーマーケット）〉（モール）」＋A２「固有名詞的な部分〈１地名／通称名〉（高岡）」

↓④－１－３(2)⑤b－１の例表

前部			中部	後部			
接頭	第一要素	第二要素	前・後部を繋ぐ	第一要素	第二要素	接尾（第一）	接尾（第二）
	イオン	モール		高岡			

［該当バス停名］　A－３イオンモール高岡

パターン基本式⑤　バス停名＝A「固有名詞的な部分」＋B１「普通名詞的な部分」＋B２「普通名詞的な部分」…

該当なし

パターン基本式⑥　バス停名＝A１「固有名詞的な部分」＋A２「固有名詞的な部分」＋B「普通名詞的な部分」

この⑥に属するバス停名には、「高岡ふしき病院」と「済生会高岡病院」が該当する。二つのバス停名の分類型は、前者は⑥-1-1-3(2)②cで、後者は⑥-4-1-3(2)②c法人化タイプとなる。この二つの分類型の違いは、A1「固有名詞的な部分」である。「高岡ふしき病院」の高岡は「地名」を示し、「済生会高岡病院」の済生会は法人名を示すと思われる。いずれのバス停も、バス停「氷見市民病院」と同様に、バス停が病院敷地内にあるものである。

⑥-1-1-3(2)②c

バス停名＝A1「固有名詞的な部分〈1地名／通称名〉(■)」＋A2「固有名詞的な部分〈1地名／通称名〉(■)」
＋B「普通名詞的な部分〈3(2)施設・建造物を表す②公共施設・建造物（c病院・医院）〉(■)」分類型…一か所

↓⑥-1-1-3(2)②cの例式　バス停名「高岡ふしき病院」＝A1「固有名詞的な部分〈1地名／通称名〉(高岡)」
＋A2「固有名詞的な部分〈1地名／通称名〉(ふしき)」＋B「普通名詞的な部分〈3(2)施設・建造物を表す②公共施設・建造物（c病院・医院）〉(病院)」

↓⑥-1-1-3(2)②cの例表

前部			中部	後部			
接頭	第一要素	第二要素	前・後部を繋ぐ	第一要素	第二要素	接尾(第一)	接尾(第二)
	高岡	ふしき		病院			

[該当バス停名]　N-5高岡ふしき病院

⑥-4-1-3(2)②c法人化タイプ

バス停名＝A1「固有名詞的な部分〈4その他〈法人名〉〉(■)」＋A2「固有名詞的な部分〈1地名／通称名〉(■)」
＋B「普通名詞的な部分〈3(2)施設・建造物を表す②公共施設・建造物（c病院・医院）〉(■)」分類型…一か所

↓⑥-4-1-3(2)②c法人化タイプの例式　バス停名「済生会高岡病院」＝A1「固有名詞的な部分〈4その他〈法人名〉〉（済生会）」＋A2「固有名詞的な部分〈1地名／通称名〉（高岡）」＋B「普通名詞的な部分〈3(2)施設・建造物を表す②公共施設・建造物（c病院・医院）〉（病院）」

↓⑥-4-1-3(2)②c法人化タイプの例表

前部			中部	後部			
接頭	第一要素	第二要素	前・後部を繋ぐ	第一要素	第二要素	接尾（第一）	接尾（第二）
	済生会	高岡		病院			

〔該当バス停名〕　A-1済生会高岡病院

パターン基本式⑦　バス停名＝B1「普通名詞的な部分」＋A「固有名詞的な部分」＋B2「普通名詞的な部分」…

該当なし

パターン基本式⑧　バス停名＝B1「普通名詞的な部分」＋B2「普通名詞的な部分」＋B3「普通名詞的な部分」

⑧-4③c-4③c-3(2)②f〈センター〉-①

バス停名＝B1「普通名詞的な部分〈4③医療を表す（c医療を示す名詞）〉（■）」＋B2「普通名詞的な部分〈4③医療を表す（c医療を示す名詞）〉（■）」＋B3「普通名詞的な部分〈3(2)施設・建造物を表す②公共施設・建造物（fその他〈センター〉）〉（■）」＋接尾〈①位置〉（■）」分類型…一か所

この⑧に属するバス停名は、「急患医療センター前」のみである。

この分類型は、「普通名詞的な部分」が三つ（B1・B2・B3）も付く「バス停名」である。しかも、医療に関するものが付くものである。

↓⑧-4③c-4③c-3⑵②f〈センター〉-①の例式　バス停名「急患医療センター前」＝B1「普通名詞的な部分〈4③医療を表す（c医療を示す名詞）〉（急患）」＋B2「普通名詞的な部分〈4③医療を表す（c医療を示す名詞）〉（医療）」＋B3「普通名詞的な部分〈3⑵施設・建造物を表す②公共施設・建造物（fその他〈センター〉）〉（センター）＋接尾〈①位置〉（前）」

↓⑧-4③c-4③c-3⑵②f〈センター〉-①の例式

前部			中部	後部			
接頭	第一要素	第二要素	前・後部を繋ぐ	第一要素	第二要素	接尾（第一）	接尾（第二）
	急患	医療		センター		前	

［該当バス停名］　B-3急患医療センター前

パターン基本式⑨　バス停名＝A「固有名詞的な部分」＋C「助詞的部分」＋B「普通名詞的な部分」

「四ツ屋」と「ひみ阿尾の浦温泉」の二か所が、このパターン基本式⑨に該当すると思われる。

その一　⑨-1-⑴-3⑵②f〈住宅の略〉

バス停名＝A「固有名詞的な部分〈1地名／通称名〉（■）」＋C「助詞的部分〈⑴連体格助詞〉（■）」＋B「普通名詞的な部分〈3⑵施設・建造物を表す②公共施設・建造物（fその他〈住宅の略〉）（■）」分類型…一か所

この分類型となるバス停名「四ツ屋」の場合、本来ならば「四ツ屋」は単体の固有名詞の地名であるが、「バス停名」の命名のしくみ（構造）に視点を当て検討しているので、あえて「四ツ屋」をこのパターン基本式⑨で述べることとした。四ツ屋は、文法的に前部の第一要素は「四」、後部の第一要素は「屋」、前部の「四」と後部の「屋」を繋ぐのが中部の助詞「ツ」である。

↓⑨-1-⑴-3⑵②f〈住宅の略〉の例式　バス停名「四ツ屋」＝A「固有名詞的な部分〈4その他〈数詞を示すもの〉〉（四）」＋C「助詞的部分〈⑴連体格助詞〉（ツ）」＋B「普通名詞的な部分〈3⑵施設・建造物を表す②公共施設・建造物（fその他〈住宅の略〉）（屋）」

↓⑨-1-⑴-3⑵②f〈住宅の略〉の例表

前部			中部	後部			
接頭	第一要素	第二要素	前・後部を繋ぐ	第一要素	第二要素	接尾（第一）	接尾（第二）
	四		ツ	屋			

［該当バス停名］　B-9四ツ屋

その二　⑨-11-⑴-13⑵⑤a

バス停名＝A「固有名詞的な部分〈1地名／通称名〉（■）＋〈1地名／通称名〉（■）」＋C「助詞的部分〈⑴連体格助詞〉（■）」＋B「普通名詞的な部分〈1地形を表す〉（■）＋〈3⑵施設・建造物を表す⑤大規模宿泊・商業施設、・保養施設、店舗・建造物（a大規模なホテル・旅館）〉（■）」分類型…一か所

この分類型となるバス停名は「ひみ阿尾の浦温泉」である。前部は第一要素の「ひみ」、第二要素「阿尾」、後部は第一要素は「浦」、第二要素は「温泉」で、助詞「の」で前部と後部は結合している。いうなれば、前部の「ひみ阿尾」を連体格の助詞「の」で繋ぐことで、後部の「浦温泉」の語の内容を限定する。

↓⑨-11-⑴-13⑵⑤aの例式　バス停名「ひみ阿尾の浦温泉」＝A「固有名詞的な部分〈1地名／通称名〉（ひみ）＋〈1地名／通称名〉（阿尾）」＋C「助詞的部分〈⑴連体格助詞〉（の）」＋B「普通名詞的な部分〈1地形を表す〉

（浦）＋〈3⑵施設・建造物を表す⑤大規模宿泊・商業施設、保養施設、店舗・建造物（a大規模なホテル・旅館）〉（温泉）」

→⑨-11-⑴-13⑵⑤aの例表

前部			中部	後部			
接頭	第一要素	第二要素	前・後部を繋ぐ	第一要素	第二要素	接尾（第一）	接尾（第二）
	ひみ	阿尾	の	浦	温泉		

［該当バス停名］　C-8ひみ阿尾の浦温泉

パターン基本式⑩　バス停名＝B1「普通名詞的な部分」＋C「助詞的部分」＋B2「普通名詞的な部分」

この⑩に属するバス停名は、「辰の口」のみである。

⑩-4④a-⑴-4②b

バス停名＝B1「普通名詞的な部分〈4その他のことを表す④方位を表す（a干支を示す名詞）〉（■）」＋C「助詞的部分〈⑴連体格助詞〉（■）」＋B2「普通名詞的な部分〈4その他のことを表す②土地を表す（bその他〈土地の位置を示す〉）〉（■）」分類型…一か所

この分類型となるバス停名は「辰の口」である。前部は第一要素の「辰」、後部は第一要素の「口」で、助詞「の」で前部と後部は結合している。いうなれば、前部の「辰」を、連体格の助詞「の」で繋ぐことで、後部の「口」の語の内容を限定する。「辰」は干支を示す名詞、「口」はこの場合、土地の位置を示す名詞である。このパターン基本式⑩は、地元の人でバスを利用する客には分かりやすいバス停名かもしれないが、遠方からの利用客にとっては何を根拠に命名されたのか分かりづらいバス停名かもしれない。

↓⑩－４④ａ－⑴－４②ｂの例式　バス停名「辰の口」＝Ｂ１「普通名詞的な部分〈４その他のことを表す④方位を表す（ａ干支を示す名詞）〉（辰）」＋Ｃ「助詞的部分〈⑴連体格助詞〉（の）」＋Ｂ２「普通名詞的な部分〈４その他のことを表す②土地を表す（ｂその他〈土地の位置を示す〉）〉（口）」

↓⑩－４④ａ－⑴－４②ｂの例表

前部			中部	後部			
接頭	第一要素	第二要素	前・後部を繋ぐ	第一要素	第二要素	接尾（第一）	接尾（第二）
	辰		の	口			

［該当バス停名］　Ｍ－７辰の口

六　高岡から氷見方面への路線バスの「バス停名」におけるパターン基本式別の「特徴」

パターン基本式ごとに、高岡から氷見方面への路線バスの「バス停名」の特徴について述べたいと思う。

１　パターン基本式の観点からみた特徴

パターン基本式①　バス停名＝Ａ❶「固有名詞」のみ、または❷「固有名詞的」のみ

このパターン基本式のバス停名の分類は、「固有名詞」（Ａ❶）のみと「固有名詞的」（Ａ❷）のみの二つをいう。

・Ａ❶「固有名詞」

Ａ❶「固有名詞」のみのバス停名は七四か所あり、そのうち七三か所が集落名（大字名）で、一か所のみ社名であ

る。「バス停名」が集落名（大字名）のみのタイプは、表6からわかるように、Aに属するのはA‐7の「京田」のみの一か所、Bでは六か所、Cは一四か所、Eは六か所、Fは三か所、Gは九か所、Hは四か所、Iは一か所、Jは一七か所、Kは四か所、Lは三か所、Mは四か所、Nは一か所である。特に、Cでは三一か所のうち四五％、Jでは三五か所のうち四八％、Eにおいては一〇か所のうちの六〇％が、このA❶に属する。C・J・Eが付く「バス停名」は、高岡や氷見市の市街地から離れた山間部や海岸沿いを走るルートである。この「集落名（大字名）」をバス停名にしている数は、今回取り扱った「バス停名」の三七％を占める。

前記したように、バス停はあくまでも「地点」のことを示す「標識」なので、利用客が「路線バス」を利用しやすいように、そしてバス停が「地点」としてしっかり認識（記憶に残るように）できるように、市街地から外れれるほど特徴ある建造物等も少ないので、身近に感じる（普段、空気のように感じている）「地名」である行政単位としての大字名（集落名）あるいは通称名などを、「バス停名」として命名されることが、今回取り扱ったルートやこのA❶「固有名詞」のバス停名の数から読み取ることができる。

また、Cルート伏木経由にあるバス停名「磯はなび」が、このA❶「固有名詞」のみに属する。この「磯はなび」のように、単に社名（ハイツ名）がバス停名になるのは珍しい。

バス停「磯はなび」の場合は、「磯はなび」以外に目印となる建造物もなく、「バス停」本来の「地点」を示す「標識」という趣旨から、この社名が「地名」より親しみやすさと認識しやすさから命名されたのであろう。

・A❷「固有名詞的」

A❷「固有名詞的」のみとは、「固有名詞」に接頭か接尾に単語が付くものをいう。

「接頭」に付く単語は、「①位置」に関するものは一〇か所で、「上」・「中」・「下」などの語が付く。ここでの「上」・「下」の付くバス停は、集落（大字）の上手・下手という位置の観点から命名されたのであろう。「上」が付くバス停

A	B	C	D	E	F	G	H	I	J	K	L	M	N	①	②	③	④	⑤	⑥	⑦	⑧	⑨	⑩
1														1									
	1													1									
	1													1									
	1													1									
	1													1									
	1													1									
	1													1									
		1												1									
		1												1									
		1												1									
		1												1									
		1												1									
		1												1									
		1												1									
		1												1									
		1												1									
		1												1									
		1												1									
		1												1									
		1												1									
		1												1									
				1										1									
				1										1									
				1										1									
				1										1									
				1										1									
				1										1									
					1									1									
					1									1									
					1									1									
						1								1									
						1								1									
						1								1									
						1								1									
						1								1									
						1								1									
						1								1									
						1								1									
						1								1									
							1							1									
							1							1									
							1							1									
							1							1									
								1						1									

表６　加越能バス　高岡～氷見方面における「バス停名」の命名構造分類パターン一覧表

No.	バス停No.	分　類	バス停名	パターン式
1	A-7	①❶-1	京田	A❶「京田」
2	B-7	①❶-1	内免	A❶「内免」
3	B-11	①❶-1	長慶寺	A❶「長慶＋（寺）」
4	B-16	①❶-1	小竹	A❶「小竹」
5	B-20	①❶-1	上泉	A❶「上泉」
6	B-22	①❶-1	柳田	A❶「柳田」
7	B-24	①❶-1	窪	A❶「窪」
8	C-5	①❶-1	間島	A❶「間島」
9	C-6	①❶-1	阿尾	A❶「阿尾」
10	C-9	①❶-1	藪田	A❶「藪田」
11	C-10	①❶-1	小杉	A❶「小杉」
12	C-11	①❶-1	泊	A❶「泊」
13	C-13	①❶-1	宇波	A❶「宇波」
14	C-14	①❶-1	脇方	A❶「脇方」
15	C-15	①❶-1	小境	A❶「小境」
16	C-16	①❶-1	大境	A❶「大境」
17	C-18	①❶-1	姿	A❶「姿」
18	C-20	①❶-1	中田	A❶「中田」
19	C-22	①❶-1	中波	A❶「中波」
20	C-23	①❶-1	田中	A❶「田中」
21	C-24	①❶-1	脇	A❶「脇」
22	E-1	①❶-1	鞍川	A❶「鞍川」
23	E-2	①❶-1	紅谷	A❶「紅谷」
24	E-4	①❶-1	大野	A❶「大野」
25	E-7	①❶-1	横山	A❶「横山」
26	E-8	①❶-1	中村	A❶「中村」
27	E-10	①❶-1	谷屋	A❶「谷屋」
28	F-2	①❶-1	追分	A❶「追分」
29	F-5	①❶-1	論田	A❶「論田」
30	F-8	①❶-1	熊無	A❶「熊無」
31	G-1	①❶-1	新保	A❶「新保」
32	G-3	①❶-1	小窪	A❶「小窪」
33	G-5	①❶-1	田江	A❶「田江」
34	G-8	①❶-1	日名田	A❶「日名田」
35	G-10	①❶-1	三尾	A❶「三尾」
36	G-11	①❶-1	日詰	A❶「日詰」
37	G-12	①❶-1	久目	A❶「久目」
38	G-13	①❶-1	諏訪	A❶「諏訪」
39	G-14	①❶-1	触坂	A❶「触坂」
40	H-1	①❶-1	見内	A❶「見内」
41	H-4	①❶-1	一の島	A❶「一の島」
42	H-5	①❶-1	棚懸	A❶「棚懸」
43	H-6	①❶-1	坪池	A❶「坪池」
44	I-4	①❶-1	桑の院	A❶「桑の院」

A	B	C	D	E	F	G	H	I	J	K	L	M	N	①	②	③	④	⑤	⑥	⑦	⑧	⑨	⑩
									1					1									
									1					1									
									1					1									
									1					1									
									1					1									
									1					1									
									1					1									
									1					1									
									1					1									
									1					1									
									1					1									
									1					1									
									1					1									
									1					1									
									1					1									
									1					1									
									1					1									
										1				1									
										1				1									
										1				1									
										1				1									
											1			1									
											1			1									
											1			1									
												1		1									
												1		1									
												1		1									
												1		1									
													1	1									
												1		1									
	1													1									
				1										1									
				1										1									
					1									1									
					1									1									
					1									1									
						1								1									
							1							1									
							1							1									
								1						1									
	1													1									
		1												1									
								1						1									
									1					1									
	1													1									

No.	バス停No.	分　　類	バス停名	パターン式
45	J-3	①❶-1	金屋	A❶「金屋」
46	J-13	①❶-1	佐加野	A❶「佐加野」
47	J-15	①❶-1	岩坪	A❶「岩坪」
48	J-18	①❶-1	頭川	A❶「頭川」
49	J-20	①❶-1	脇之谷内	A❶「脇之谷内」
50	J-21	①❶-1	大窪	A❶「大窪」
51	J-22	①❶-1	仏生寺	A❶「仏生寺」
52	J-25	①❶-1	惣領	A❶「惣領」
53	J-27	①❶-1	飯久保	A❶「飯久保」
54	J-28	①❶-1	深原	A❶「深原」
55	J-29	①❶-1	布勢	A❶「布勢」
56	J-30	①❶-1	川尻	A❶「川尻」
57	J-31	①❶-1	万尾	A❶「万尾」
58	J-32	①❶-1	島崎	A❶「島崎」
59	J-33	①❶-1	矢崎	A❶「矢崎」
60	J-34	①❶-1	清水	A❶「清水」
61	J-35	①❶-1	村上	A❶「村上」
62	K-6	①❶-1	江尻	A❶「江尻」
63	K-7	①❶-1	旭ヶ丘	A❶「旭ヶ丘」
64	K-8	①❶-1	荻布	A❶「荻布」
65	K-11	①❶-1	米島	A❶「米島」
66	L-1	①❶-1	串岡	A❶「串岡」
67	L-6	①❶-1	玉川	A❶「玉川」
68	L-9	①❶-1	国分	A❶「国分」
69	M-3	①❶-1	岩崎	A❶「岩崎」
70	M-6	①❶-1	雨晴	A❶「雨晴」
71	M-10	①❶-1	太田	A❶「太田」
72	M-13	①❶-1	島尾	A❶「島尾」
73	N-7	①❶-1	古府	A❶「古府」
74	M-4	①❶-2	磯はなび	A❶「磯はなび」
75	B-19	①❷-①1	下田子	A❷「下＋（田子）」
76	E-3	①❷-①1	中大野	A❷「中＋（大野）」
77	E-5	①❷-①1	中泉	A❷「中＋（泉）」
78	F-3	①❷-①1	下論田	A❷「下＋（論田）」
79	F-6	①❷-①1	上論田	A❷「上＋（論田）」
80	F-7	①❷-①1	上熊無	A❷「上＋（熊無）」
81	G-7	①❷-①1	下日名田	A❷「下＋日名田」
82	H-2	①❷-①1	下岩ヶ瀬	A❷「下＋（岩ヶ瀬）」
83	H-3	①❷-①1	上岩ヶ瀬	A❷「上＋（岩ヶ瀬）」
84	I-2	①❷-①1	上触坂	A❷「上＋（触坂）」
85	B-8	①❷-②1	西大路	A❷「西＋（大路）」
86	C-7	①❷-②1	北阿尾	A❷「北＋（阿尾）」
87	I-1	①❷-②1	東触坂	A❷「東＋（触坂）」
88	J-8	①❷-②1	南波岡	A❷「南＋（波岡）」
89	B-13	①❷-③1	新守山	A❷「新＋（守山）」

A	B	C	D	E	F	G	H	I	J	K	L	M	N	①	②	③	④	⑤	⑥	⑦	⑧	⑨	⑩
										1				1									
	1													1									
						1								1									
	1													1									
	1													1									
	1													1									
		1												1									
		1												1									
				1										1									
						1								1									
								1						1									
									1					1									
									1					1									
									1					1									
									1					1									
										1				1									
											1			1									
												1		1									
												1		1									
	1													1									
	1													1									
									1					1									
										1					1								
	1															1							
		1														1							
		1														1							
												1				1							
1																1							
	1															1							
	1															1							
	1															1							
	1															1							
			1													1							
									1							1							
									1							1							
									1							1							
										1						1							
													1			1							
													1			1							
	1															1							
													1			1							
	1															1							
									1							1							
									1							1							
		1														1							

No.	バス停No.	分　　類	バス停名	パターン式
90	K-9	①❷-③1	新能町	A❷「新＋（能町）」
91	B-4	①❷-④1	広小路	A❷「広＋（小路）」
92	G-6	①❷-④1	小久米	A❷「小＋（久米）」
93	B-25	①❷-1①	窪中央	A❷「（窪）＋中央」
94	B-31	①❷-1①	氷見中央	A❷「（氷見）＋中央」
95	B-23	①❷-1①	柳田口	A❷「（柳田）＋口」
96	C-19	①❷-1①	中田口	A❷「（中田）＋口」
97	C-21	①❷-1①	女子口	A❷「（女子）＋口」
98	E-9	①❷-1①	粟屋口	A❷「（粟屋）＋口」
99	G-9	①❷-1①	床鍋口	A❷「（床鍋）＋口」
100	I-3	①❷-1①	鉾根口	A❷「（鉾根）＋口」
101	J-10	①❷-1①	長江口	A❷「（長江）＋口」
102	J-17	①❷-1①	頭川口	A❷「（頭川）＋口」
103	J-23	①❷-1①	大覚口	A❷「（大覚）＋口」
104	J-24	①❷-1①	鞍骨口	A❷「（鞍骨）＋口」
105	K-10	①❷-1①	米島口	A❷「（米島）＋口」
106	L-2	①❷-1①	古府口	A❷「（古府）＋口」
107	M-1	①❷-1①	国分口	A❷「（国分）＋口」
108	M-2	①❷-1①	岩崎口	A❷「（岩崎）＋口」
109	B-17	①❷-1②	小竹北	A❷「（小竹）＋北」
110	B-21	①❷-1②	柳田南	A❷「（柳田）＋南」
111	J-16	①❷-1②	岩坪西	A❷「（岩坪）＋西」
112	K-5	②❷-3(2)②a①	職業安定所前	B❷「（職業安定所）＋前」
113	B-14	③-1-1	海老坂	A「海老」＋B「坂」
114	C-3	③-1-1	池田浜	A「池田」＋B「浜」
115	C-17	③-1-1	九殿浜	A「九殿」＋B「浜」
116	M-8	③-1-1	松太枝浜	A「松太枝」＋B「浜」
117	A-13	③-1-2③a	末広町	A「末広」＋B「町」
118	B-1	③-1-2③a	片原町	A「片原」＋B「町」
119	B-2	③-1-2③a	坂下町	A「坂下」＋B「町」
120	B-5	③-1-2③a	大坪町	A「大坪」＋B「町」
121	B-30	③-1-2③a	比美町	A「比美」＋B「町」
122	D-1	③-1-2③a	幸町	A「幸」＋B「町」
123	J-1	③-1-2③a	木舟町	A「木舟」＋B「町」
124	J-2	③-1-2③a	二丁町	A「二丁」＋B「町」
125	J-4	③-1-2③a	昭和町	A「昭和」＋B「町」
126	K-12	③-1-2③a	高美町	A「高美」＋B「町」
127	N-4	③-1-2③a	万葉町	A「万葉」＋B「町」
128	N-6	③-1-2③a	若草町	A「若草」＋B「町」
129	B-6	③-1-①2③a	縄手中町	A「縄手」＋B「中＋（町）」
130	N-2	③-1-①2③a	矢田上町	A「矢田」＋B「上＋（町）」
131	B-29	③-1-③2③a	氷見本町	A「氷見」＋B「本＋（町）」
132	J-5	③-1-③2③a	横田本町	A「横田」＋B「本＋（町）」
133	J-12	③-1-③2③a	佐加野新町	A「佐加野」＋B「新＋（町）」
134	C-4	③-1-③2③a	氷見栄町	A「氷見」＋B「栄＋（町）」

A	B	C	D	E	F	G	H	I	J	K	L	M	N	①	②	③	④	⑤	⑥	⑦	⑧	⑨	⑩
											1					1							
											1					1							
	1															1							
		1														1							
			1													1							
1																1							
	1															1							
											1					1							
												1				1							
1																1							
1																1							
1																1							
1																1							
									1							1							
											1					1							
										1						1							
			1													1							
											1					1							
			1													1							
										1						1							
												1				1							
	1															1							
				1												1							
									1							1							
									1							1							
									1							1							
										1						1							
										1						1							
												1				1							
												1				1							
													1			1							
													1			1							
						1										1							
									1							1							
1																1							
	1															1							
						1										1							
		1														1							
													1			1							
					1											1							
													1			1							
	1															1							
	1															1							
		1														1							

No.	バス停No.	分　　類	バス停名	パターン式
135	L-4	③-1-③2③a	伏木錦町	A「伏木」＋B「錦＋（町）」
136	L-7	③-1-③2③a	伏木旭町	A「伏木」＋B「旭＋（町）」
137	B-26	③-1-④2③a	伊勢大町	A「伊勢」＋B「大＋（町）」
138	C-2	③-1-④2③a　通称名タイプ	北大町	A「北」＋B「大＋（町）」
139	D-2	③-1-2③a②	幸町西	A「幸」＋B「（町）＋西」
140	A-11	③-1-3(2)①a①	高岡駅前	A「高岡」＋B「（駅）＋前」
141	B-27	③-1-3(2)①a①	氷見駅口	A「氷見」＋B「（駅）＋口」
142	L-3	③-1-3(2)①a①	伏木駅前	A「伏木」＋B「（駅）＋前」
143	M-5	③-1-3(2)①a①	雨晴駅前	A「雨晴」＋B「（駅）＋前」
144	A-9	③-1-3(2)①a②	高岡駅南	A「高岡」＋B「（駅）＋南」
145	A-12	③-1-3(2)①a②	高岡駅北	A「高岡」＋B「（駅）＋北」
146	A-10	③-1-3(2)①a②①	高岡駅南口	A「高岡」＋B「（駅＋南）＋口」
147	A-5	③-③1-3(2)①a	新高岡駅	A「新＋（高岡）」＋B「駅」
148	J-11	③-1-3(2)①d①	国条橋詰	A「国条」＋B「（橋）＋詰」
149	L-8	③-1-3(2)①h	国分港	A「国分」＋B「港」
150	K-3	③-1-3(2)②a	高岡市役所	A「高岡」＋B「市役所」
151	D-4	③-1-3(2)②a①	氷見市役所前	A「氷見」＋B「（市役所）＋前」
152	L-5	③-1-3(2)②a①	伏木支所前	A「伏木」＋B「（支所）＋前」
153	D-5	③-1-3(2)②対象c	氷見市民病院	A「氷見」＋B「（市民）＋病院」
154	K-4	③-1-3(2)②対象c	高岡市民病院	A「高岡」＋B「（市民）＋病院」
155	M-12	③-4〈法人名〉-3(2)②趣旨c①	中村記念病院前	A「中村」＋B「（記念＋病院）＋前」
156	B-15	③-1-3(2)②対象d①	高岡支援学校前	A「高岡」＋B「（支援＋高校）＋前」
157	E-6	③-1-3(2)②対象d①	上庄小学校前	A「上庄」＋B「（小学校）＋前」
158	J-7	③-1-3(2)②対象d①	高岡商業高校前	A「高岡」＋B「（商業＋高校）＋前」
159	J-14	③-1-3(2)②対象d①	細池保育園前	A「細池」＋B「（保育園）＋前」
160	J-26	③-1-3(2)②対象d①	十三中学校前	A「十三」＋B「（中学校）＋前」
161	K-1	③-1-3(2)②対象d①	志貴野中学校前	A「志貴野」＋B「（中学校）＋前」
162	K-2	③-1-3(2)②対象d①	志貴野中学校口	A「志貴野」＋B「（中学校）＋口」
163	M--9	③-1-3(2)②対象d①	太田小学校前	A「太田」＋B「（小学校）＋前」
164	M-14	③-1-3(2)②対象d①	西条中学校前	A「西条」＋B「（中学校）＋前」
165	N-3	③-1-3(2)②対象d①	古府小学校前	A「古府」＋B「（小学校）＋前」
166	N-9	③-1-3(2)②対象d①	伏木高校前	A「伏木」＋B「（高校）＋前」
167	G-4	③-1②-3(2)②対象d①	氷見西部中学校前	A「（氷見）＋西部」＋B「（中学校）＋前」
168	J-6	③-1②-3(2)②対象d①	高岡西部中学校前	A「（高岡）＋西部」＋B「（中学校）＋前」
169	A-2	③-1-3(2)②対象e①	高岡テクノドーム前	A「高岡」＋B「（テクノ＋ドーム）＋前」
170	B-28	③-1-3(2)③対象c	氷見市民会館	A「氷見」＋B「（市民）＋会館」
171	G-2	③-1-3(2)③a①	新保公民館前	A「新保」＋B「（公民館）＋前」
172	C-1	③-1-3(2)④a①	加納神社前	A「加納」＋B「（神社）＋前」
173	N-1	③-1-3(2)④a①	矢田神社前	A「矢田」＋B「（神社）＋前」
174	F-4	③-1-3(2)④系統a①神社系統プラス　タイプ	論田八幡神社前	A「論田」＋B「（八幡＋神社）＋前」
175	N-8	③-1-3(2)④a=参拝巡行順　神社参拝巡行順プラス　タイプ	伏木一の宮	A「伏木」＋B「一の宮」
176	B-10	③-1-3(2)④b3(2)②f①	長慶寺住宅前	A「長慶＋（寺）」＋B「（住宅）＋前」
177	B-12	③-1-3(2)④b3(2)⑥a①	長慶寺工場前	A「長慶＋（寺）」＋B「（工場）＋前」
178	C-12	③-1-3(2)⑤a	岩井戸温泉	A「岩井戸」＋B「温泉」

A	B	C	D	E	F	G	H	I	J	K	L	M	N	①	②	③	④	⑤	⑥	⑦	⑧	⑨	⑩
			1													1							
1																1							
1																1							
1																1							
	1															1							
					1											1							
					1											1							
									1							1							
									1							1							
												1				1							
1																	1						
													1						1				
1																			1				
	1																				1		
	1																					1	
		1																				1	
												1											1
13	31	24	5	10	9	14	6	4	35	12	9	14	9	111	1	72	1	0	2	0	1	2	1
195														195									

No.	バス停No.	分　　類	バ ス 停 名	パ タ ー ン 式
179	D-3	③-1-3⑵⑤d	氷見営業所	A「氷見」＋B「営業所」
180	A-6	③-2-3⑵⑤b①	イオンモール口	A「イオン」＋B「(モール)＋口」
181	A-4	③-2-3⑵⑤b②	イオンモール南	A「イオン」＋B「(モール)＋南」
182	A-8	③-4〈寺院名〉-3⑵④b①	瑞龍寺口	A「瑞龍」＋B「(寺)＋口」
183	B-18	③-4〈寺院名〉-3⑵④b①	国泰寺前	A「国泰」＋B「(寺)＋前」
184	F-1	③-4〈寺院名〉-3⑵④b①	上坊寺口	A「上坊」＋B「(寺)＋口」
185	F-9	③-4〈寺院名〉-3⑵④b①	専徳寺前	A「専徳」＋B「(寺)＋前」
186	J-9	③-1-4①a①	波岡西口	A「波岡」＋B「(西)＋口」
187	J-19	③-1-4①a①	頭川西口	A「頭川」＋B「(西)＋口」
188	M-11	③-1-4②b	伊勢領	A「伊勢」＋B「領」
189	A-3	④-1-3⑵⑤b-1	イオンモール高岡	A1「イオン」＋B「モール」＋A2「高岡」
190	N-5	⑥-1-1-3⑵②c	高岡ふしき病院	A1「高岡」＋A2「ふしき」＋B「病院」
191	A-1	⑥-4-1-3⑵②c　法人化タイプ	済生会高岡病院	A1「済生会」＋A2「高岡」＋B「病院」
192	B-3	⑧-4③c-4③c-3⑵②f〈センター〉-①	急患医療センター前	B1「急患」＋B2「医療」＋B3「(センター)＋前」
193	B-9	⑨-1-⑴-3⑵②f〈住宅の略〉	四ツ屋	A「四」＋C「ツ」＋B「屋」
194	C-8	⑨-11-⑴-13⑵⑤a	ひみ阿尾の浦温泉	A「(ひみ)＋阿尾」＋C「の」＋B「浦＋(温泉)」
195	M-7	⑩-4④a-⑴-4②b	辰の口	B1「辰」＋C「の」＋B2「口」
個別合計				
各合計				

があれば必ず「下」の付くバス停がある。今回取り扱ったバス停名については相対「バス停名」と考える。「中」については、集落の「中ほど」「真ん中」「中央部」という観点から命名されたのか。

また、「②方向」を示すものは四か所で、「西」・「北」・「東」・「南」などの語が付く。それぞれ「何々のバス停から見て、何々の「方向」にあるので、何々という「方向」が付くバス停名が命名された。」ということではないだろうか。例えば、バス停「北阿尾」の場合は、「阿尾」という「固有名詞」のみのバス停があり、そのバス停からみて北の方向に位置するので、「北阿尾」と命名されたと思われる。バス停「西大路」の場合は、「広小路」の西方の大きい路という意からの命名か。バス停「東触坂」の場合は、「触坂」から東方の意からか。バス停「南波岡」の場合は、「波岡西口」から南方に位置する意からの命名と考えられる。

次に、「③性質」に関する語が接頭に付くものとして、「新」が付くバス停「新守山」と「新能町」が該当する。「新守山」はバス停「守山」に対する「新しい」の意から、また「新能町」はバス停「能町」に対する「新しい」意からの命名と思われる。接頭に「大きさ」を示す語が付加されるものもある。「広小路」と「小久米」の二か所のバス停名が該当すると思われる。バス停「小久米」は、「久目」に相対するバス停名か。

このように、接頭が付くものは、四つの「位置」・「方向」・「性質」・「大きさ」に関する単語が付加されるもので、特に「上」・「下」の付く位置を示す単語が多かった。「上」・「下」は相対バス停名で、「上」・「下」が付く「固有名詞」は「地名」、いうなれば集落名（大字名）である。

この位置を示す「上」・「下」の単語が付くバス停が多いということは、その集落の区域が広くて複数のバス停が必要なのか、あるいはその集落での路線バスの利用客が多いから「上」・「下」が付く「バス停名」が命名され「バス停」が設置されたのか。

A❷で「固有名詞」に「接尾」が付く単語としては、今回取り扱った「バス停名」では「位置」に関するものが一六か所あり、ほとんどが「口」が付くものである。「固有名詞」の「地名」、いうなれば集落（大字）の「入り口」にある「バス停」という意からの命名か。しかも、「口」である入り口とは、高岡方面の市街地から見た「入り口」という意か。また、接尾に「位置」に関する語として、他には「中央」という語が付くバス停が二か所ある。バス停「氷見中央」は、「氷見の中央部にあるバス停」という意からの命名か。また、バス停「窪中央」は、「大字窪の中央部に位置する。」という意からの命名か。

次に、接尾に「方向」が付くものとして、バス停「小竹北」・「柳田南」・「岩坪西」がある。前記したバス停「西大路」・「北阿尾」・「東触坂」・「南波岡」のように接頭に「方向」を示す単語が付くものがあり、接頭・接尾いずれにおいても「方向」を示すバス停がある。「方向」を示す語が接頭・接尾いずれかに付く違いは何か。私見であるが、例えば、「南柳田」より「柳田南」の方が語調が良い。また、「触坂東」より、やはり「東触坂」の方が語調が良い。「方向」が付くバス停名は、「語調」の良いことがポイントになり命名された「バス停名」ではなかろうか。

今回取り扱ったA❷「固有名詞的」のみのバス停名では、接尾に「性質／瑞祥」あるいは「大きさ」を示す語が付く「バス停名」はなかった。

パターン基本式②　バス停名＝B❶「普通名詞」のみ、または❷「普通名詞的」のみ

このパターン基本式②の分類に当てはまる「バス停名」は、❷「普通名詞的」のみに該当する「職業安定所前」のみである。❶「普通名詞」のみの「バス停名」は該当するものがなかった。

バス停名「職業安定所前」は、「地名」・「通称名」などの「固有名詞」が表記されていなくても「バス停名」として利用者に認知されているということは、路線バスを利用する多くの人たちが高岡市在住の人であるので、「職業安定所」という「バス停名」でも認識されているのであろう。

今回は、普通名詞の「職業安定所」に接尾で位置を示す「前」という単語を付ける。

パターン基本式③　バス停名＝A「固有名詞的な部分」＋B「普通名詞的な部分」

今回、このパターン基本式③のA「固有名詞的な部分」には、「地名」・「通称名」・「社名」と、その他で「法人名」と「寺院名」が該当した。また、バス停「新高岡駅」（写真2・3・4）の「新高岡」のように、「固有名詞的な部分」で、固有名詞の「高岡」に「新」などの性質を示す「接頭」の単語が付加されるものもあった。バス停「氷見西部中学校前」や「高岡西部中学校前」の「固有名詞的な部分」にあたる「氷見西部」・「高岡西部」のように、固有名詞「氷見」・「高岡」に「接尾」の方向を示す「西部」の単語が付加されるものもあった。

B「普通名詞的な部分」にあたるものとしては、今回取り扱ったバス停名では、「1地形を表すもの」・「2行政区

写真２　新高岡駅

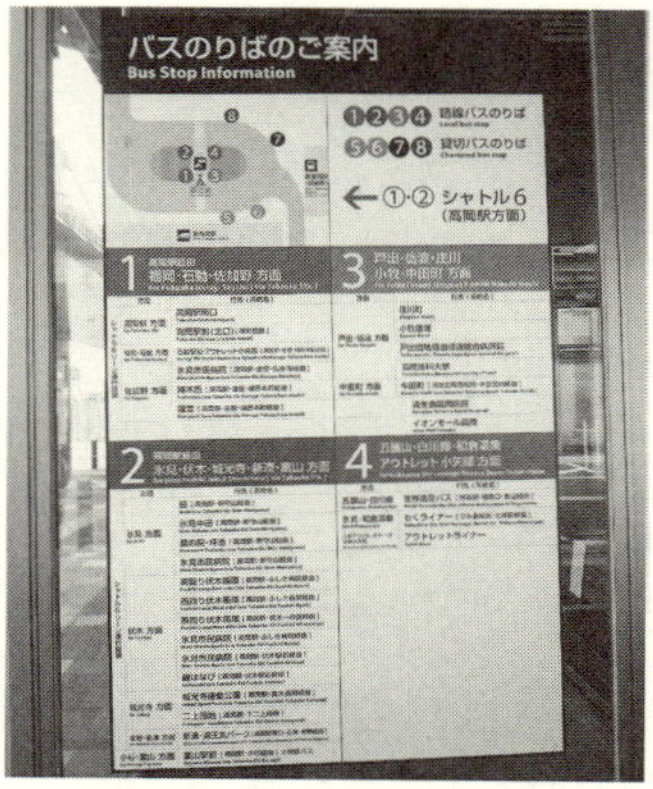

写真３　新高岡駅・バスのりば案内図

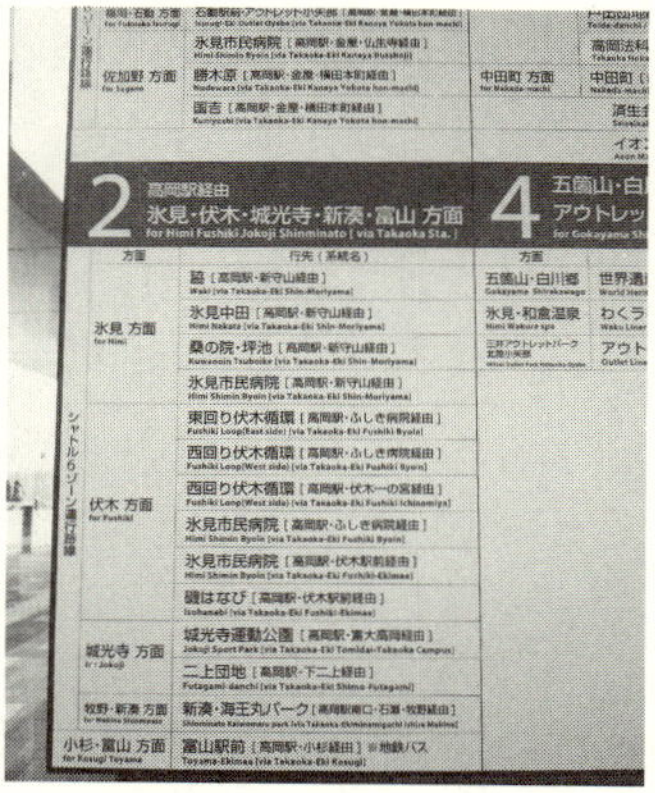

写真４　新高岡駅・路線・氷見方面

分を表すもの」・「3⑵施設・建造物を表すもの」や、その他で「4①方位を表す」・「4②土地を表す」ものなどが該当し、これら普通名詞の「接頭」や「接尾」に位置や方向・性質／瑞祥あるいは大きさなどを示す単語が付加される「バス停」も多くあった。

「普通名詞的な部分」で地形を表す名称として、「浜」の付くものが三か所あった。これから分かるように、海岸沿いを走る路線バスがあることが読み取れる（Aルート：守山経由の高岡〜氷見・灘浦海岸／脇方面である）。「2行政区分を表すもの」は、ほとんどが市町村以下の町・大字を示す町が付くもので、いうなれば固有名詞（地名）に町が付くものである。この固有名詞に町が付く「バス停名」は、高岡市街地では、江戸期の高岡城下に関する旧町名や昭和期に行われた「新住居表示」によって生まれた新町名がほとんどである。また、氷見市街地や伏木地区において「普通名詞」である町の付くバス停名は、昭和期の「新住居表示」によって生まれた町名をそのまま「バス停名」にしているものである。

「普通名詞的な部分」では、「3⑵施設・建造物を表すもの」が最も多かった。詳しく見ると、①交通施設・建造物関係では「鉄道駅」・「橋」・「港」などの施設や建造物などの名称が付くバス停名であり、②公共施設・建造物関係では官庁や出先機関を示す名称が付くバス停名である。氷見市役所や高岡市役所などの「市役所」が付くものや、高岡市役所の出先機関である伏木支所の「支所」が付くものが「バス停名」に見られた。また、この②の公共施設・建造物では、「病院」が付くバス停名も見られた。中村記念病院前や高岡市民病院・氷見市民病院というように、病院の付く「バス停名」からはいくつかのことが読み取れる。中村記念病院の場合は、「中村」は法人名、「記念」から設立の趣旨が読み取れ、「前」からは病院の前のようなことが読み取れる。高岡市民病院・氷見市民病院の場合は、高岡・氷見はいずれも地名で、対象が市民（ここでの「市民」を対象という意の「対象」とは、あくまでも「バス停名」を分類項目上「分類」するという意のみのことである。高岡の場合は高岡市民が、氷見の場合は氷見市民が対象。なお、平成二十年四月から公設民営化による金沢医科大学が氷見市民病院の管理運営を担当し、正式名称は金沢医科大学氷見市民病院であるが、氷見市民を対象という意においてわかりやすいバス停名である。）である。これに「病院」が付くが、中村記念病院前のように「前」という接尾語が付いていない。高岡市民病院・氷見市民病院の両病院とも、病院敷地内にバス停があるということも、この「バス停名」から読み取れる。

他に、②の公共施設・建造物関係では、学校・保育園に関して、支援学校・高校・中学校・小学校・保育園など対象の違う教育機関で停車する「バス停名」も見られた。この学校・保育園に関する「バス停名」には必ず接尾に「前」（一部、志貴野中学校口のように「口」の付くバス停もある。）が付く。この「前」とは、その教育機関の建造物の「前」に停車する「バス停」という意である。他には、高岡テクノドーム前の「ドーム」や長慶寺住宅前の「住宅」（ここでは市営住宅）などの公共施設の建造物を名称とした「普通名詞」もある。

③文化施設・建造物では、氷見市民会館や新保公民館前のように、会館や公民館のような名称が「普通名詞」に付くものもあった。

④名所・旧跡・建造物関係では、「神社」や「寺」が付くものが見られた。「神社」では、加納神社・矢田神社のように固有名詞の「地名」に「普通名詞」の「神社」の名称が付くものをはじめ、論田八幡神社のように「普通名詞」の「神社」にさらに「八幡」という「八幡神」の信仰系統も付くものもあれば、伏木一の宮のようにかつての国守が神社を巡行する順番を示す「一の宮」が付く神社関係の「バス停名」が見られた。「普通名詞」で「寺」が付く名称では、国宝瑞龍寺をはじめ曹洞宗国泰寺派の大本山である国泰寺や上坊寺・専徳寺など、それぞれの「固有名詞」の寺院名が付く。さらに、これらの「バス停」は、いずれも「寺」の前にあるため「～寺口」とか「～寺前」という「バス停名」である。

⑤大規模宿泊・商業施設・保養施設、店舗・建造物に関係するものでは、保養施設でバス停「岩井戸温泉」（写真

写真５　岩井戸温泉

写真６　イオンモール高岡

５）がある。「岩井戸」は地名で、普通名詞「温泉」が付くものである。商業施設では、高岡から氷見方面の出発地となっている商業施設でしかも大規模なデパート・スーパーマーケット関係の「イオンモール」（写真６）である。固有名詞に当たる部分は、「イオン」、普通名詞に当たる部分は「モール」である。この「イオンモール」には、接尾として位置や方向を示す「口」や「南」の単語を付加するバス停「イオンモール口」・「イオンモール南」がある。

⑥生産施設・建造物では、長慶寺工場前という「普通名詞」の「工場」が付く「バス停」があったが、今回取り扱った「バス停名」ではこの「バス停名」のみで、意外に少なかった。

このＢ「普通名詞的な部分」に、その他で〈４①方位を表す（ａ方向を示す名詞）〉がある。この分類に属する名称として、バス停「波岡西口」や「頭川西口」の「西口」が該当する。例えば、高岡駅南口は「駅舎」（のような建物・目標物）の南側の出入り口などの意からの「バス停名」でなじみがあるが、「波岡西口」・「頭川西口」のように建物・目標物ではない土地（地名）の西側の出入り口という意から「バス停名」になるのはとても珍しい。

その他には、他に〈４②土地を表す（ｂ土地を示す名詞）〉がある。Ｃルートの伏木経由の氷見市民病院方面へのバス停に「伊勢領」というのがある。伊勢は「固有名詞」の「地名」で伊勢神宮、伊勢信仰による伝播地名か。「領」

は「普通名詞」としての「所領地」を意味する地名用語か。「伊勢領」という一つの「固有名詞」の地名としてとらえた「バス停名」ともとらえることができる。

パターン基本式④　バス停名＝A1「固有名詞的な部分」＋B「普通名詞的な部分」＋A2「固有名詞的な部分」

このパターン基本式④の分類に属するバス停名は、「イオンモール高岡」のみである。このバス停は、「イオンモール高岡」の敷地内に設置されている。

パターン基本式③の分類にも、「イオンモール」が付くバス停名がある。バス停「イオンモール南」・「イオンモール口」である。この場合、高岡にある「イオンモール」＝「イオンモール高岡」という商業施設・建造物がすでに暗黙のうちに認識されているという視点から、「イオンモール口」・「イオンモール南」というバス停名があると考えられる。

パターン基本式④の「イオンモール高岡」は、例えば「イオンモールとなみ」というように、県内には他にも「イオンモール」の商業施設があり、他の「イオンモール」と区別する視点でのバス停名と考えられる。また、このバス停名「イオンモール高岡」は、この施設を起点としている。バス停「イオンモール口」は「イオンモール高岡」の前あるいは入り口にあるという意から、バス停「イオンモール南」は「イオンモール高岡」の南側・南方にある意からのバス停名と考えられる。

パターン基本式⑥　バス停名＝A1「固有名詞的な部分」＋A2「固有名詞的な部分」＋B「普通名詞的な部分」

このパターン基本式⑥に属するバス停名は、「高岡ふしき病院」と「済生会高岡病院」である。「固有名詞的な部分」のA1とA2は、前者は「高岡＋ふしき」というように地名が二つ付加するものであり、後者は「済生会＋高岡」というように「法人名と地名」が合体した固有名詞的なものである。地名のみ二つ付加しての「高岡ふしき病院」は、病院名としてもまた「バス停名」としても、とても珍しい名称だと思われる。二つの地名の表記「高岡ふしき」はとても認知しやすい表記である。

バス停「高岡ふしき病院」と「済生会高岡病院」はいずれもそれぞれの病院敷地内にバス停がある。

ちなみに、「済生会高岡病院」は、系列に「済生会富山病院」という病院がある。バス停「済生会高岡病院」は、高岡・氷見方面への路線バスの始発地の「バス停」でもある。

パターン基本式⑧　バス停名＝Ｂ１「普通名詞的な部分」＋Ｂ２「普通名詞的な部分」＋Ｂ３「普通名詞的な部分」

このパターン基本式⑧に属するバス停名は、「急患医療センター前」のみである。前記したバス停「職業安定所前」と同様に、「地名」・「通称名」などの「固有名詞」が表記されていなくても、「急患医療センター」という建造物が目印的な役割があり、利用者に認知され易い。

パターン基本式⑨　バス停名＝Ａ「固有名詞的な部分」＋Ｃ「助詞的部分」＋Ｂ「普通名詞的な部分」

このパターン基本式⑨に属するバス停名は、今回はバス停「四ツ屋」と「ひみ阿尾の浦温泉」の二か所が該当すると思われる。

「四ツ屋」は、前部も後部も一文字で、「ツ」という連体助詞によって繋がれている「バス停名」である。「ひみ阿尾の浦温泉」は、前部は二つの地名で、かなり狭く場所を特定し、後部ではどんな地形でどんなものがあるかということを普通名詞で示し、それらを「の」という連体格助詞で繋いでいる。「バス停名」としては若干表記が長く感じるが、路線バスを利用するものにとって、とてもわかり易い「バス停名」である。付加した二つの地名の表記も「ひみ阿尾」と、とても認知しやすい表記である。

パターン基本式⑩　バス停名＝B1「普通名詞的な部分」＋C「助詞的部分」＋B2「普通名詞的な部分」

このパターン基本式⑩に属するバス停名は、今回は「辰の口」のみである。このパターン基本式⑩がパターン基本式⑨のように、B1「普通名詞的な部分」でなくA「固有名詞的な部分」であれば、ある程度「バス停」がどこらあたりにあるか特定できるが、パータン基本式⑩のような分類型は、とてもわかりづらい「バス停名」である。しかし、この「バス停」に停車する路線バスをよく利用する客には、とてもわかり易い「バス停名」なのであろう。

2　「固有名詞」・「普通名詞」に付く「接尾」の単語からみた特徴

パターン基本式③であるバス停名＝A「固有名詞的な部分」＋B「普通名詞的な部分」では、Bの「普通名詞的な部分」の接尾に、「位置」を示す「前」の付く「バス停名」が非常に多い。

バスを乗り降りする客のために規定された停車場所である「バス停」の本来の役割は、利用客にとって「バス停」の設置してある所が「安全」で、しかもすぐに「認識できる」場所や位置にあることである。建造物等何か目標物近くであれば、利用客はすぐに「バス停」を認知することができる。認知しやすさにおいても、建造物などの「前」に「バス停」が設置してあるのが、一番良い「バス停」の設置方法ではないか。そのような設置方法や認知度の面からにおいても、「何々（建造物）の前」という、「バス停名」が、最もスタンダードな「バス停名」ではなかろうか。

七　おわりに

加越能バスの高岡から氷見方面を走る路線バスの「バス停名」を例に、「バス停名」の命名構造について述べてみた。メインテーマである「バス停名」を検討するにあたり、まずは路線バスとはどんなバスをいうのか、次に「バス停」とはそもそもどうして「バス停」というのか、そして「バス停」の本来の目的・役割は何なのかを述べ、富山県西部を中心に「路線バス」を運営する加越能バスの系統・路線、中でも私自身が日頃から身近に接する路線バスの高岡から氷見方面におけるバス停名一九五を検討した。

従来の地名研究において、「バス停名」を取り扱った研究は、主に珍名あるいは難解な「バス停名」の由来などを解き明かす研究に終始した感がする。そもそも「バス停名」が、なぜ地名研究で研究対象になるかというと、「バス停名」には「地名」をそのまま「バス停名」にしているものがあるからである。しかし、地名とは、本来、土地の名称で、「バス停」とは乗客が乗り降りする地点、いうなればバスが停車する所（場所）をいうのである。「地名」は、ある土地そのものの名称を「地名」という。「バス停」は、ある土地に設置してある「地点（標識）」を示すもので、互いに「名称」ではあるが、本質的には取り扱いが異なる名称と捉えるべきではなかろうか。「バス停名」の中には、ある土地の「地名」をそのまま「バス停名」にするものもあれば、「地名」ではなく乗客が目印にしやすい建造物をそのまま「バス停名」にするものもある。「バス停名」は、地名研究において、いわば「二次的研究」というように捉えた方が良いのではなかろうか。なぜなら、「バス停名」には、「地名」以外から命名した「バス停名」も数多くあるからである。「地名」以外の社名・法人名などの「固有名詞」や、「普通名詞」が「バス停名」となっているもの、さらにはこれら「固有名詞」や「普通名詞」の接頭・接尾などに単語が付き、複合語となった「バス停名」も今回取り扱った「バス停名」には数多くあった。

本論考は、「バス停名」を取り扱った従来の地名研究での珍名や難解な「バス停名」の由来などを解き明かすものではない。長年、私自身が地名研究のフィールドとする氷見市・高岡市の地理・歴史などの風土をある程度知った上で、前記したような命名構造のパターン基本式と分類項目を、まずは「バス停名」を検討する前に作成し、一九五の

「バス停名」をこれらパターン基本式とその分類項目の分類型に当てはめ、一つ一つの分類型における「バス停名」を論じた。

前記したように、パターン基本式とその分類項目からの分類型から、何を根拠に「バス停名」は命名されたのか、いうなれば「命名構造」の面からそれぞれの特徴などを知ることができた。

今回取り扱った「バス停名」は、命名構造の面から、乗客が乗り降りする地点として、理にかなったわかりやすい「バス停名」が多かったという事が分かった。

また、今回はじめて、地名研究において「バス停名」の命名構造という観点から論考をまとめてみた。従来の地名研究においてあまり取り扱わない「バス停名」の論考と思われる。

今後は、「バス停名」のパターン基本式や分類項目などについて、さらに実例を加えて検討していきたいと思う。まだまだ不十分な点も多々あると思われる。ご教示願いたい。

最後に、論考をまとめるにあたり多くの方々からご教示やご指導ご鞭撻そして資料提供をしていただいた。お礼を申し上げる次第である。

注

（1）『加越能バス　時刻表』（平成二十七年三月十日改正版）を参考に、加越能バス㈱自動車部高岡営業所次長の川田文博氏よりご教示していただいた。なお、本論考で取り扱った「バス亭名」は、『加越能バス時刻表』（平成二十七年三月十日改正版）に載るものである。

（2）例えば、高岡市は、都市創造部交通政策課地域交通担当。氷見市は、まちづくり推進部商工観光・マーケティング・おもてなしブランド課商工立地・交通対策担当。射水市は、市民環境部生活安全課地域交通政策班担当。富山市は、都市整備部交通政策課が担当。砺波市は、福祉市民部生活環境課生活交通係などが担当している。

写真７　桑の院（廃止前）

写真８　坪池（廃止前）

（３）表１は、今回「バス停名」の命名構造を検討する上において、例として提示した高岡から氷見方面の「バス停名」の一覧表である。

（４）表２の中に表示してある№Ａ～Ｎの記号は、本章で対象とした高岡から氷見方面におけるＡＢＣルート及び経由・方面のバス停名で、共通する「バス停名」を、Ａルートから順に一括りとして示したものである。例えば、№Ａと表示されたバス停名は、ＡＢＣ三ルートのいずれの経由・方面にもあるバス停名で、Ａ・１済生会病院からＡ・13の末広町が同じであるということを示している。対象とした「バス停名」は、『加越能バス　時刻表』（平成二十七年三月十日改正版）から「バス停名」を拾い出しものである。

（５）ＡＢＣルートそれぞれの始発地から終着地までの走行距離や地理的条件や集客条件にも違いがあり、一概には比較できないと思われるが………。

（６）「第二回　外国人にわかりやすい地図表現検討会」（国土地理院、二〇一四年十一月）の資料１「地図に表記する地名（自然地名、居住地名）、施設名の英語表記方法について（案）」より。

参考文献

青柳精三「沿岸地名の構造」季刊『自然と文化』一九八三年、三二頁
西尾実・時枝誠記監修『国語教育のための国語講座第四巻　語彙の理論と教育』朝倉書店、一九五八年
西尾実・時枝誠記監修『国語教育のための国語講座第五巻　文法の理論と教育』朝倉書店、一九五八年

追補

加越能バス運行において、氷見市内の小久米～桑の院～坪池区間の桑の院・坪池線（写真7・8）は、平成二十八年九月三十日をもって廃止となった。同年十月一日からは、NPO法人久目地域協議会によるコミュニティバス「久目線」が、この地域を運行している。この章での、桑の院・坪池区間における「バス停名」については、廃止前の「バス停名」を例にした論考である。

廃止後、コミュニティバス「久目線」における「バス停名」については、本書第六章で述べたいと思う。

第六章　コミュニティバスの「バス停名」における名づけ方

――氷見市・小矢部市を例に――

一　はじめに

第五章で、企業（民間）路線バスを例に「バス停名」の命名構造について、独自に作成した命名構造のパターン基本式とその分類項目の分類型から、何を根拠に「バス停名」は命名されたのかについて述べた。

本章では、地方公共団体が何らかの形で運行に関与している乗合バス、一般的に「コミュニティバス」と呼ばれるバスにおける「バス停名」の名づけ方について、氷見市・小矢部市を走るコミュニティバスの「バス停名」を例に、分類の観点から述べてみたい。

二　コミュニティバスとは何か

まずは、「コミュニティバス」とは何か。コミュニティバスとは、法的に明確に定義されている概念ではない。法的には、普通の路線バス（乗合バス）と同様、道路運送法などの規定に基づくものである。

コミュニティバスは、交通空白地域・不便地域の解消等を図るため、地方公共団体が何らかの形で運行に関与し、あるいは計画し、一般乗合旅客自動車運送事業者に委託して運送を行う乗合バス（乗合タクシーも含む）、もしくは市町村自らが自家用有償旅客運送者の登録を受けて行う市町村運営有償運送によって、地域のニーズや事情にあわせて柔軟に運行するものをいう。

現在、コミュニティバスは、「巡回バス」「循環バス」という名称で運行をしている自治体もあり、一般的にコミバスと略称され、また、愛称で呼ばれることも多い。

コミュニティバスに関しては、二〇〇六年（平成十八年）の道路運送法の改正以降、需要・要求に応じたデマンド型での乗合バスを運行することが可能となり、運賃の認可が不要となるなど手続きの合理化も進み、運営がかなり柔軟に行えるようにもなったため、この法改正を契機に、全国的にもコミュニティバスを導入する地域が増えてきたといわれている。

「コミュニティバス」とは、前記したように正式な定義はないが、主に路線ルートを定期的に運行する小型の乗合バス（乗合タクシーも含む）をさし、多くは地方自治体の補助を受けて運営されている。

そもそも「コミュニティバス」を運行しなければならなくなった根本的なきっかけは何か。地域住民の足となっていた企業（民間）路線バスの廃止や地元住民からの要望、あるいは全国的に実施された「平成の大合併」以前の市町村が運行していたバスの継承など、さまざまなケースが見られる。

いずれにせよ地方公共団体など自治体においては、地元住民の「移動手段の確保」、この必要性から「コミュニティバス」の運行に取り組んでいるのである。

「コミュニティバス」を運行する目的を整理すると、次のようなことではなかろうか。

(1)　交通空白地域・不便地域を解消し、地域における住民生活の必要最低限の移動手段を確保すること。

(2)　公共交通の主たる利用者は高齢者であり、また移動目的として病院への通院が多い傾向にある。高齢者の生命を守るため、必要最低限の移動手段として、病院への通院手段を確保すること。

(3) 人口減少地域を中心に、小中高等学校の統廃合が進められている。それに伴って、児童・生徒の通学手段を確保すること。

(4) 住宅地の造成や新たな商業施設の立地など、新たな移動の発地や目的地が生まれたことで、市域の中に新たな交通空白地域が発生している場合、これらの移動ニーズに対応することによって、公共交通の利用を掘り起こすこと。

(5) 中心市街地では、一定の人口集積がみられるものの、周辺地区に比べて高齢化の進展が著しく、比較的短距離の移動にも不便を感じている居住者が多く見られる。また、中心市街地には生活移動の目的地となる病院や商業施設、公共施設などが集積しており、それらを効率よく結ぶことで、中心市街地への来訪者の移動の利便性を向上させること。

(6) 民間バス事業者が撤退するなど、民間による路線バス運営がほとんどみられない自治体においては、市町村全域にわたるコミュニティバスを運行することによって公平性の確保が図られること。

以上、六項目が主な運行目的ではなかろうか[1]。

三　運行目的を達成するための運行経路設定の考え方

二節で記した「コミュニティバス」を運行する目的である六項目を達成するため、「コミュニティバス」を運行している各自治体では、運行経路設定についての「設定条件」や「基本的な考え方」を、運行方針の一つの柱にしているところが多い。

例えば、射水市での「コミュニティバス」運行に当たっては、「コミュニティバス運行基本方針」の中に、路線設

定条件の項目をもうけ、以下のように、

（８）路線設定条件

ア　持続可能なコミュニティバスの運行を考えていく上で、市民（地域）、交通事業者、市（行政）が協働で取り組むことができる路線とします。

イ　地域に運行ニーズがあり、実際に利用される路線とします。

ウ　原則、バス停は、一バス停当たり、一六人／月以上の乗降利用があり、設置間隔は、三〇〇メートル以上とし、かつ効率的、効果的にバス停間を運行することができる路線とします。

エ　収支率（運賃収入÷運行経費）は、三〇パーセント以上を目標とします。

オ　バス車両が安全に運行できる路線（原則、車道幅員六メートル以上）とします。

カ　バス車両の転回が可能な路線（車両の後退は不可）とします。

キ　定時性を損なうことが想定されない路線（渋滞が多い道路や踏切を通るルートは避ける。）とします。

ク　長距離化、大循環化などの速達性を損なうことが想定されない路線（交通結節点へのアクセスを考慮し、一便当たりの運行時間が六〇分以内）とします。

ケ　他の公共交通と競合していない路線とします。

コ　運行内容について、地域の同意が取れている路線（原則、路線経路に係るすべての地域団体等が、運行内容について同意している路線）とします。

サ　原則、市内のみを運行する路線（市外を運行する場合、該当市等と対応方法を検討。）とします。

というように記している。(2)

また、各自治体は、運行経路（ルート）を設定する際に四つの考え方に留意したり工夫を凝らしている。(3)

⑴　経路のわかりやすさを重視するケース

はじめての利用者も多いと思われる地域において、「すぐに行き先がわかる」ということを重視した運行経路を設定するケース。

(2) 平成の大合併（市町村合併）による市街地外・郊外からの市街地中心部へアクセスするケース

平成の大合併以前に各自治体で運行していたコミュニティバスは、旧自治体の範囲内で運行されていたが、大合併によって、自ずと旧自治体のコミュニティバスの運行を引き継いだ新市町村が、市街地の中心部への買い物や通院、あるいは公共施設への利用ニーズに応えて、旧市町村を越えて、コミュニティバスの経路を設定しなければならないケース。

(3) 企業（民間）バス業者との路線及び経路の競合を避けるケース

コミュニティバスを運営する上において、民間バス業者と路線や経路の競合を避けるケース。しかし、コミュニティバスの場合は、通常の企業路線バスよりもバス停の間隔が一般的に短く、あるいは細かくバス停が設置されているということで、企業（民間）路線バスを補うように運行されている場合があるので、路線や経路が若干、競合しているケースも見受けられるが、概ね企業（民間）バス業者との競合を避けているのが現状である。写真1のように、企業バスとコミュニティバスと両方の「バス停」がある所もある。また、写真2のように、企業バ

写真1　二つのバス停

写真2　加越能バスのバス停の中にコミュニティバスのバス停

スのバス停表示の中に、コミュニティバスの表示板がある所もある。

⑷　目的地を明確化するケース

利用者が求めるニーズにあった経路の設定。利用者が求める目的地を明確化し、それらの目的地をつなげて運行経路を設定する。多くのコミュニティバスでは、①交通結節点や②商業施設、③医療施設、④学校、⑤観光施設、⑥その他の公共施設などが目的地として設定されている。

この⑷目的地を明確化するケースにおける運行経路設定の考え方が、各自治体において運行経路（ルート）を設定する際に、かなりウエイトが高くなる項目かと思われる。

コミュニティバスが目的地として設定する①〜⑥の施設について、国土交通省の「コミュニティバス運行指針」によれば、以下のような施設例がある。

①　交通結節点　　ＪＲなどの鉄道駅、長距離バス停留所、バス営業所など
②　商業施設　　中央商店街、大型ショッピングセンター、百貨店など
③　医療施設　　中央病院（総合病院）、開業医院、歯科医院など
④　学校　　大学、高校、中学校、小学校など
⑤　観光施設　　博物館、美術館、寺社、景勝地、その他観光地など
⑥　その他公共施設　　市役所、町役場、支所、公民館、県庁、合同庁舎、文化会館、ハローワーク、図書館、球場、公園、体育館、生涯学習施設、郵便局など

以上のように、多くの自治体では、運行経路設定において留意・工夫を行っている。しかも、次のような⑴〜⑶の手順も踏んで運行経路設定がなされている。

⑴関係者との協議

運行経路を設定するにあたり、運行経路の「道路」の確認（物理的・法的制約）をするため、道路及び交通管理者など関係者との個別協議が必須条件である。各自治体においては、道路及び交通管理者など関係者との個別協議の他に、地域公共交通会議などで関係者との合意形成を図っている。

(2)地元住民や関連団体との協議

各自治体で設定した運行方針によっては、想定される主たる利用者（地元住民や周辺からの買い物客、地元住民の中でも高齢者や学生、あるいは観光客など）との意見交換会や検討会を開催し、設定や見直しの参考にしている。

(3)利用者アンケート調査の実施

利用者が想定される地元住民へアンケート調査を行い、設定や見直しの参考にしている自治体も多い。

コミュニティバスを運行するにあたり、運行経路設定の他に、運賃の設定などまだまだクリアーしなければならない観点がある。(4)

しかし、本論は、コミュニティバスにおける「バス停名」の名づけ方から、何が分かるか、何が見えるかが主目的である。氷見市・小矢部市を走るコミュニティバスにおける「バス停名」を例に、主目的について探ってみる。

四　「バス停名」の命名構造におけるパターン基本式とその分類項目

まず、国土交通省の「コミュニティバス運行指針」で目的地として設定する①～⑥の施設例を参考に、本章で取り扱う二市のコミュニティバスの「バス停名」について、⓪～⑧までの分類項目での「分類別け」を想定した。

⓪地名・通称名・区画名　1地名（大字）、2町名、3中字（～出、～区）、4その他など

①交通結節点　1ＪＲなどの鉄道駅、2長距離バス停留所、3バス営業所など

②商業施設　１中央商店街、２大型ショッピングセンター、３百貨店など

③医療施設　１中央病院（総合病院）、２開業医院、３歯科医院など

④学校　１大学、２短期大学、３専門学校、４高校、５支援学校、６中学校、７小学校、８幼稚園、９保育園（保育所）

⑤観光施設　１博物館、２美術館、３寺社、４景勝地、５その他観光地、６宿泊施設（旅館・ホテル）など

⑥福祉施設　１介護施設、２その他介護関係など

⑦農業施設　１ＪＡ関係施設、２その他農業施設

⑧その他公共施設　１市役所、２町役場、３支所、４公民館、５県庁、６合同庁舎、７文化会館、８ハローワーク、９図書館、10球場、10公園、11体育館、12生涯学習施設、13郵便局、14その他公共施設など

氷見市・小矢部市におけるコミュニティバスの「バス停名」を整理・検討していくために、第五章で作成した命名構造のパターン基本式とその分類項目の分類型や、⓪〜⑧までの分類項目での「分類別け」を想定した分類型を踏まえて、新たに分類項目別のパターン基本式による分類型を、以下のように作成した。

１　分類項目別パターン基本式による分類型について

まずは、「バス停名」を、Ａ無形（地名・町名など）系と、Ｂ有形（目標物・建造物〈施設含〉・樹木など）系に分けた。さらに、Ａの無形系においては、三つの型（1地名〈大字・小字〉型、2町名型、3地名〈中字〉型）に分け、Ｂの有形系においては、九つの型（4交通結節点型、5商業施設／建造物型、6医療施設／建造物型、7学校施設／建造物型、8観光施設／建造物型、9福祉施設／建造物型、10農業施設／建造物型、11その他公共施設／建造物型、12その他建造物／目標物型）に分けた。Ａ・Ｂ共に、それぞれの型において単一語、あるいは単一語に接頭語や接尾

語が付く複合語の「バス停名」というように、さらに細分化して分類した。それぞれの分類項目別パターン基本式による分類型は、以下の通りである。

A　無形（地名・町名など）系

1　地名〈大字・小字〉（①大字、②小字）型

1-a　無形（地名〈大字・小字〉単一語）

1-b　接頭（①位置、②方向、③性質／瑞祥、④大きさ、⑤区画）＋無形（地名〈大字・小字〉単一語・地名〈大字・小字〉複合語）

1-c　無形（地名〈大字・小字〉単一語・地名〈大字・小字〉複合語）＋接尾（①位置、②方向、③性質／瑞祥、④大きさ、⑤区画）

2　町名型

2-a　無形（町名単一語）

2-b　接頭（①位置、②方向、③性質／瑞祥、④大きさ、⑤区画）＋無形（町名単一語・町名複合語）

2-c　無形（町名単一語・町名複合語）＋接尾（①位置、②方向、③性質／瑞祥、④大きさ、⑤区画）

3　地名〈中字〉（①〜出、②〜区）型

3-a　無形（地名〈中字〉単一語）

3-b　接頭（①位置、②方向、③性質／瑞祥、④大きさ、⑤区画）＋無形（地名〈中字〉単一語・地名〈中字〉複合語）

3-c　無形（地名〈中字〉単一語・地名〈中字〉複合語）＋接尾（①位置、②方向、③性質／瑞祥、④大きさ、⑤区画）

B　有形〈目標物・建造物〈施設含〉・樹木など〉系

4　交通結節点・交通施設／建造物（①JRなどの鉄道駅、②長距離バスターミナル、③道の駅・案内所、④橋、⑤トンネル、⑥道路、⑦空港、⑧港）型

4-a　有形（単一的交通結節点・交通施設／建造物名）

4-b　接頭（①位置、②方向、③性質／瑞祥、④大きさ、⑤区画）＋有形（単一的及び複合語が付く交通結節点・交通施設／建造物名）

4-c　有形（単一的及び複合語が付く交通結節点・交通施設／建造物名）＋接尾（①位置、②方向、③性質／瑞祥、④大きさ、⑤区画）

5　商業施設／建造物（①中央商店街、②大型ショッピングセンター・スーパーマーケット、③百貨店、④コンビニ、⑤その他）型

5-a　有形（単一的商業施設／建造物名）

5-b　接頭（①位置、②方向、③性質／瑞祥、④大きさ、⑤区画）＋有形（単一的及び複合語が付く商業施設／建造物名）

5-c　有形（単一的及び複合語が付く商業施設／建造物名）＋接尾（①位置、②方向、③性質／瑞祥、④大きさ、⑤区画）

6　医療施設／建造物（①中央病院（総合美容院）、②開業医院、③歯科医院）型

6-a　有形（単一的医療施設／建造物名）

6-b　接頭（①位置、②方向、③性質／瑞祥、④大きさ、⑤区画）＋有形（単一的及び複合語が付く医療施設／建造物名）

6‐c　有形（単一的及び複合語が付く医療施設／建造物名）＋接尾（①位置、②方向、③性質／瑞祥、④大きさ、⑤区画）

7　学校施設／建造物（①大学、②短期大学、③専門学校、④高校、⑤支援学校、⑥中学校、⑦小学校、⑧幼稚園、⑨保育園（保育所））型

7‐a　有形（単一的学校施設／建造物名）

7‐b　接頭（①位置、②方向、③性質／瑞祥、④大きさ、⑤区画）＋有形（単一的及び複合語が付く学校施設／建造物名）

7‐c　有形（単一的及び複合語が付く学校施設／建造物名）＋接尾（①位置、②方向、③性質／瑞祥、④大きさ、⑤区画）

8　観光施設／建造物（①博物館、②美術館、③寺社、④景勝地、⑤その他観光地、⑥宿泊施設（旅館・ホテル））型

8‐a　有形（単一的観光施設／建造物名）

8‐b　接頭（①位置、②方向、③性質／瑞祥、④大きさ、⑤区画）＋有形（単一的及び複合語が付く観光施設／建造物名）

8‐c　有形（単一的及び複合語が付く観光施設／建造物名）＋接尾（①位置、②方向、③性質／瑞祥、④大きさ、⑤区画）

9　福祉施設／建造物（①介護施設、②その他介護関係）型

9‐a　有形（単一的介護施設／建造物名）

9‐b　接頭（①位置、②方向、③性質／瑞祥、④大きさ、⑤区画）＋有形（単一的及び複合語が付く介護施設／

建造物名）

9-c 有形（単一的及び複合語が付く介護施設／建造物名）＋接尾（①位置、②方向、③性質／瑞祥、④大きさ、⑤区画）

10 農業施設／建造物（①JA関係施設、②その他農業関係）型

10-a 有形（単一的農業施設／建造物名）

10-b 接頭（①位置、②方向、③性質／瑞祥、④大きさ、⑤区画）＋有形（単一的及び複合語が付く農業施設／建造物名）

10-c 有形（単一的及び複合語が付く農業施設／建造物名）＋接尾（①位置、②方向、③性質／瑞祥、④大きさ、⑤区画）

11 その他公共施設／建造物（①市役所、②支所、③公民館、④図書館、⑤文化会館、⑥体育館、⑦生涯学習施設、⑧郵便局、⑨その他公共施設）型

11-a 有形（単一的その他公共施設／建造物名）

11-b 接頭（①位置、②方向、③性質／瑞祥、④大きさ、⑤区画）＋有形（単一的及び複合語が付くその他公共施設／建造物名）

11-c 有形（単一的及び複合語が付くその他公共施設／建造物名）＋接尾（①位置、②方向、③性質／瑞祥、④大きさ、⑤区画）

12 その他　建造物／目標物（①樹木、②建造物）型

12-a 有形（単一的その他建造物／目標物名）

12-b 接頭（①位置、②方向、③性質／瑞祥、④大きさ、⑤区画）＋有形（単一的及び複合語が付くその他建造

物／目標物名

12-c　有形（単一的及び複合語が付くその他建造物／目標物名）＋接尾（①位置、②方向、③性質／瑞祥、④大きさ、⑤区画）

2　分類項目別パターン基本式とその分類型のポイント

A・B両系統におけるそれぞれの型に応じて、分類型内の①②のように○数字で示した項目に、さらに細分化した。また、それぞれの型において、接頭・接尾が付く複合語の「バス停名」においては、「接頭」と「接尾」の語を、①位置、②方向、③性質／瑞祥、④大きさ、⑤区画という項目をあらかじめ設定して分類した。

このように、それぞれの型に応じて、さらに項目を細分化したことと、複合語となる「接頭」と「接尾」に付く項目をあらかじめ設定したことにより、二市のコミュニティバスにおける「バス停名」の統一した分類別のバス停名数や、二市のコミュニティバスのバス停名の傾向をより細かく分析できるのではないかと、本章では提示した。

五　氷見市の場合　―コミニティバスと「バス停名」の命名構造―

1　氷見市におけるコミュニティバスとは

氷見市におけるコミュニティバスとは、特定非営利活動法人（ＮＰＯ法人）が道路運送法第七八条の規定による自家用有償旅客運送（公共交通空白有償運送）の形態を採って運行しているバス（ＮＰＯバス）をいう。自家用有償旅客運送制度によるバスを活用するため、バスを利用するには運行するＮＰＯ法人の会員になる必要がある。

平成二十八年十月一日時点、同市内のNPOバスは、NPO法人八代地域活性化協議会、NPO法人余川谷地域活性化協議会、NPO法人久目地域協議会の三つの法人により、四路線が運行されている。いずれの路線も、富山県や氷見市からの補助金だけではなく、利用者の会員費（会費）負担や寄付金などにより運行されている。運行する路線は、それぞれの地域から氷見市民病院、中心市街地及びJR氷見駅までを結ぶものである。

氷見市における三つのNPO法人が運行するNPOバスの運行状況について、設立年月の古い順に記せば、次のようになる。

① NPO法人「八代地域活性化協議会」が運行するNPOバス

NPO法人八代地域活性化協議会では、二路線を運行している。平成十七年十月から、写真3の「ますがた」号というワゴン系のNPOバスを走らせ、八代地域と氷見市民病院、中心市街地及びJR氷見駅を結ぶB磯辺（路）線が運行開始され、現在は、平日五往復、土日祝日は三往復で運行されている。

写真３　氷見市NPOバス・ますがた号

同バスを利用する場合は、同NPO法人の年会費五千円を支払い、さらに利用者の住むエリアに応じて、二万円、一万五千円、五千円という三段階のバス利用年会費を納めることによって、同バスを毎日利用することができる年会費制を導入している。

また、同協議会では、平成二十四年四月から、写真4の「なだうら」号というワゴン系のNPOバスを走らせ、灘浦地域の山間部と氷見市民病院、中心市街地及びJR氷見駅を結ぶA灘浦（路）線を運行開始し、現在は、平日二往復、土曜日二往復で運行している。

このバスを利用する場合は、同協議会のB磯辺線のバスを利用するシステムと

写真４　氷見市NPOバス・なだうら号

同様、ＮＰＯ法人の年会費を支払い、さらに利用者の住む住所地に応じて、二万円、一万五千円、五千円という三段階のバス利用年会費を納める。これらＮＰＯ法人の年会費と住所地に応じたバス利用年会費の両方を納入することによって、同バスを毎日利用することができるのである。

②　ＮＰＯ法人「余川谷地域活性化協議会」が運行するＮＰＯバス

ＮＰＯ法人余川谷地域活性化協議会では、一路線を運行している。平成二十二年十月から、「やまびこ」号というワゴン系のＮＰＯバスを走らせ、余川谷地域と氷見市民病院、中心市街地及びＪＲ氷見駅を結ぶＣ碁石（路）線が運行開始され、現在は、平日往路三便復路四便、土日祝日二往復で運行されている。この同協議会の運行する碁石（路）線は、利用しやすいように配慮して、大字「懸札」からのａ懸札便と「吉懸」からのｂ吉懸便の二つの「便」で運行されている。

同バスを利用する場合は、同ＮＰＯ法人の年会費（世帯ごと）一千円を支払い、さらに利用区間に応じて、二百円、三百円、四百円、五百円、六百円の五段階のバス利用運賃を回数券で納めることによって、利用することができるシステムを導入している。

③　ＮＰＯ法人「久目地域協議会」が運行するＮＰＯバス

ＮＰＯ法人久目地域協議会では、一路線を運行している。民間会社の加越能バスが運行していた桑ノ院・坪池線が平成二十八年九月三十日をもって廃止となり、これを受けて同年十月一日から、写真５の「くめバス」号というワゴン系のＮＰＯバスを走らせ、久目地域と氷見市民病院、中心市街地及びＪＲ氷見駅（一部は氷見高校まで）を結ぶＤ久目（路）線が運行開始され、現在は、平日四往復、土曜日は三往復で運行されている。

同バスを利用する場合は、同NPO法人の年会費（世帯ごと）二千円を支払い、さらに利用者の住む住所地に応じて、二万四千円、二万二千円、二万円という三段階のバス利用年会費を納めることによって、同バスを毎日利用することができる年会費制と、同NPO法人の年会費（世帯ごと）一千円を支払い、他に利用区間に応じて、百円、五百円、六百円、七百円の四段階のバス利用運賃を回数券で納めることによって同バスを利用することができる、二つの方法を導入し運行されている(5)。

写真５　氷見市NPOバス・くめバス号

２　氷見市のコミュニティバスにおける「バス停名」の命名構造

現在（平成二十八年十月一日時点）、同市内で運行されているＮＰＯバスの「バス停名」は、表１の通りである。

①の八代地域活性化協議会が運行する「バス停名」の数は、Ａの灘浦線には、三〇か所のバス停があり、Ｂの磯辺線においては三五か所のバス停がある。両方併せて六五か所のバス停がある。

命名構造は、無形（地名・町名など）系に属するバス停名が四五か所で、同協議会に属するバス停名全体の六九％を占める。無形系内の内訳は、１地名〈大字・小字〉型が三三か所もあり最も多い。ほとんどが大字名で、大字名の単一語「バス停名」を中心に、接尾に位置や方向が付き複合語となる「バス停名」も多く見られる。接尾に付く語として「位置」を示す「口」や「前」の語が特に多いのも、同協議会の「バス停名」においての特徴でもある。また、３地名〈中字〉型に属する「バス停名」もいくつか見られる。山田出・大橋出（写真６）・馬場出など、氷見地方の中字（垣内）を示す「～出」の付く「バス停名」が、この分類に該当すると考える。

表１　氷見市におけるコミニティバスの「バス停名」及び分類一覧表

No.	A．灘浦線（H24.4～）〈NPO八代地域活性化協議会〉				B．磯辺線（H17.10～）〈NPO八代地域活性化協議会〉			
	No.	形態	分類	バス停名	No.	形態	分類	バス停名
1	A-1	無形	1-①-a	平	B-1	無形	3-①-a	村木西
2	A-2	無形	1-①-a	吉岡	B-2	無形	3-①-a	村木東
3	A-3	無形	1-①-c	平沢東	B-3	無形	3-①-a	中田浦
4	A-4	無形	1-①-c	平沢西	B-4	無形	3-①-a	城戸
5	A-5	無形	3-①-a	山田出	B-5	有形	12-②-c	八代連絡所前
6	A-6	無形	3-①-a	大橋出	B-6	無形	1-①-a	磯辺
7	A-7	無形	3-①-a	馬場出	B-7	無形	1-①-c	胡桃口
8	A-8	無形	1-①-b	上戸津宮	B-8	無形	1-①-c	国見口
9	A-9	有形	11-③-c	上戸公民館口	B-9	無形	1-①-c	小滝口
10	A-10	無形	3-①-a	大石出	B-10	無形	1-①-a	小滝
11	A-11	有形	8-③-c	父宮神社前	B-11	無形	1-①-c	国見口
12	A-12	無形	1-②-a	中橋	B-12	無形	1-①-c	胡桃口
13	A-13	無形	1-②-a	裏橋	B-13	無形	1-①-a	磯辺
14	A-14	無形	1-①-c	白川北口	B-14	有形	12-②-c	八代連絡所前
15	A-15	無形	1-①-a	白川	B-15	無形	1-①-c	磯辺南
16	A-16	有形	4-④-a	中村橋	B-16	無形	1-②-a	黒谷
17	A-17	無形	1-①②-a	藪田見田窪	B-17	有形	11-⑧-c	八代局前
18	A-18	無形	1-①-a	北八代	B-18	無形	1-①-a	吉滝
19	A-19	無形	1-①-c	北八代口	B-19	無形	1-①-a	森寺
20	A-20	有形	7-⑦-c	海峰小学校口	B-20	無形	1-①-c	森寺口
21	A-21	有形	7-⑥-c	北部中学校口	B-21	無形	1-①-a	指崎
22	A-22	無形	1-①-c	加納北	B-22	有形	8-③-c	指崎天神口
23	A-23	無形	1-①-a	加納	B-23	無形	1-①-c	阿尾西口
24	A-24	有形	11-①-c	氷見市役所前	B-24	有形	7-⑦-c	海峰小学校口
25	A-25	有形	6-①-c	氷見市民病院前	B-25	有形	7-⑥-c	北部中学校口
26	A-26	無形	2-c	幸町西	B-26	有形	7-⑥-c	北部中学校前
27	A-27	無形	2-a	幸町	B-27	無形	1-①-c	加納北
28	A-28	無形	1-c	氷見中央	B-28	無形	1-①-a	加納
29	A-29	有形	11-⑤-a	氷見市民会館	B-29	有形	11-①-c	氷見市役所前
30	A-30	有形	4-①-c	氷見駅前	B-30	有形	6-①-c	氷見市民病院前
31					B-31	無形	2-c	幸町西
32					B-32	無形	2-a	幸町
33					B-33	無形	1-c	氷見中央
34					B-34	有形	11-⑤-a	氷見市民会館
35					B-35	有形	4-①-c	氷見駅前

D. 桑の院・坪池線（H28.10〜） 〈NPO久目地域協議会〉							
No.	形態	分類	バス停名	No.	形態	分類	バス停名
D-1	無形	1-①- a	赤毛	D-36	無形	1-①- a	新保
D-2	無形	1-①- b	上赤毛	D-37	無形	1-①- a	谷屋
D-3	無形	1-①- a	土倉	D-38	無形	1-①- c	粟屋口
D-4	無形	1-①- a	坪池	D-39	無形	1-①- a	中村
D-5	無形	1-①- b	上棚懸	D-40	無形	1-②- a	横山
D-6	無形	1-①- a	棚懸	D-41	有形	7-⑦- c	上庄小学校前
D-7	無形	3-①- a	一の島	D-42	無形	1-①- a	中泉
D-8	無形	1-①- c	志雄口	D-43	無形	1-①- a	大野
D-9	無形	1-①- b	上岩ヶ瀬	D-44	無形	1-①- b	中大野
D-10	無形	4-④- a	中切橋	D-45	有形	6-②- c	高木内科医院前
D-11	無形	1-①- b	下岩ヶ瀬	D-46	無形	3-①- a	紅谷
D-12	無形	3-①- a	飯原側	D-47	有形	6-①- c	氷見市民病院前
D-13	無形	3-①- a	坂上側	D-48	有形	11-①- c	氷見市役所前
D-14	無形	1-①- c	葛葉口	D-49	有形	4-②- a	氷見営業所
D-15	無形	1-①- b	上見内	D-50	無形	2- c	幸町西
D-16	無形	1-①- b	下見内	D-51	無形	2- a	幸町
D-17	有形	7-⑦- c	久目小学校前	D-52	無形	1- c	氷見中央
D-18	無形	1-②- a	広瀬	D-53	無形	2- c	比美町
D-19	無形	1-②- a	清水	D-54	無形	1- c	氷見本町
D-20	無形	1-①- c	桑院口	D-55	有形	11-⑤- a	氷見市民会館
D-21	無形	1-①- a	桑院	D-56	有形	4-①- c	氷見駅前
D-22	無形	1-①- b	上触坂	D-57	有形	7-④- c	氷見高校前
D-23	無形	1-①- b	東触坂				
D-24	有形	10-①- b	農協久目支所前				
D-25	無形	1-②- a	朴木				
D-26	無形	1-②- a	諏訪				
D-27	無形	3-①- a	久目出				
D-28	無形	1-①- a	久目				
D-29	無形	1-②- a	子浦				
D-30	無形	1-①- a	日詰				
D-31	無形	1-①- a	小久米				
D-32	無形	1-①- a	田江				
D-33	有形	7-⑥- c	氷見西部中学校前				
D-34	無形	1-①- a	小窪				
D-35	有形	11-③- c	新保公民館前				

C．碁石線（H22.10～）〈NPO余川谷地域活性化協議会〉							
a．懸札便				b．吉懸便			
No.	形態	分類	バス停名	No.	形態	分類	バス停名
Ca-1	無形	1-①-c	懸札上	Cb-1	無形	1-①-a	吉懸
Ca-2	無形	1-①-c	懸札下	Cb-2	無形	3-①-a	上出
Ca-3	無形	1-①-a	懸札	Cb-3	無形	3-①-c	上出口
Ca-4	無形	3-①-a	沖出	Cb-4	無形	3-①-a	中田浦
Ca-5	無形	1-②-a	縁の庄	Cb-5	無形	3-①-b	一刎浦出
Ca-6	無形	1-①-a	寺尾	Cb-6	無形	3-①-b	一刎谷内出
Ca-7	無形	1-②-a	高戸	Cb-7	無形	3-①-b	一刎中央
Ca-8	無形	1-②-a	一の浦	Cb-8	無形	3-①-b	一刎下出
Ca-9	無形	1-②-a	片倉	Cb-9	無形	1-①-a	一刎
Ca-10	無形	1-②-a	久保	Cb-10	無形	1-①-a	味川
Ca-11	無形	1-①-a	上余川	Cb-11	無形	1-①-c	味川口
Ca-12	無形	3-②-c	碁石口	Cb-12	無形	1-①-a	小川
Ca-13	有形	11-③-a	（分岐）碁石公民館	Cb-13	無形	3-②-c	碁石口
Ca-14	無形	1-②-a	目谷	Cb-14	有形	11-③-a	（分岐）碁石公民館
Ca-15	無形	1-②-a	谷村	Cb-15	無形	1-②-a	目谷
Ca-16	無形	1-①-a	余川	Cb-16	無形	1-②-a	谷村
Ca-17	有形	11-③-b	（合流）余川第７公民館	Cb-17	無形	1-①-a	余川
Ca-18	無形	1-②-a	高柳	Cb-18	有形	11-③-b	（合流）余川第７公民館
Ca-19	無形	1-①-b	上稲積	Cb-19	無形	1-②-a	高柳
Ca-20	無形	1-①-a	稲積	Cb-20	無形	1-①-b	上稲積
Ca-21	有形	7-⑥-c	北部中学校口	Cb-21	無形	1-①-a	稲積
Ca-22	無形	1-①-c	加納北	Cb-22	有形	7-⑥-c	北部中学校口
Ca-23	無形	1-①-a	加納	Cb-23	無形	1-①-c	加納北
Ca-24	無形	1-①-a	大野新	Cb-24	無形	1-①-a	加納
Ca-25	有形	11-①-c	氷見市役所前	Cb-25	無形	1-①-a	大野新
Ca-26	有形	6-①-c	氷見市民病院前	Cb-26	有形	11-①-c	氷見市役所前
Ca-27	無形	2-c	幸町西	Cb-27	有形	6-①-c	氷見市民病院前
Ca-28	無形	2-c	幸町	Cb-28	無形	2-c	幸町西
Ca-29	無形	1-c	氷見中央	Cb-29	無形	2-c	幸町
Ca-30	無形	2-c	比美町	Cb-30	無形	1-c	氷見中央
Ca-31	有形	11-⑤-a	氷見市民会館	Cb-31	無形	2-c	比美町
Ca-32	有形	4-①-c	氷見駅前	Cb-32	有形	11-⑤-a	氷見市民会館
				Cb-33	有形	4-①-c	氷見駅前

写真６　大橋出バス停

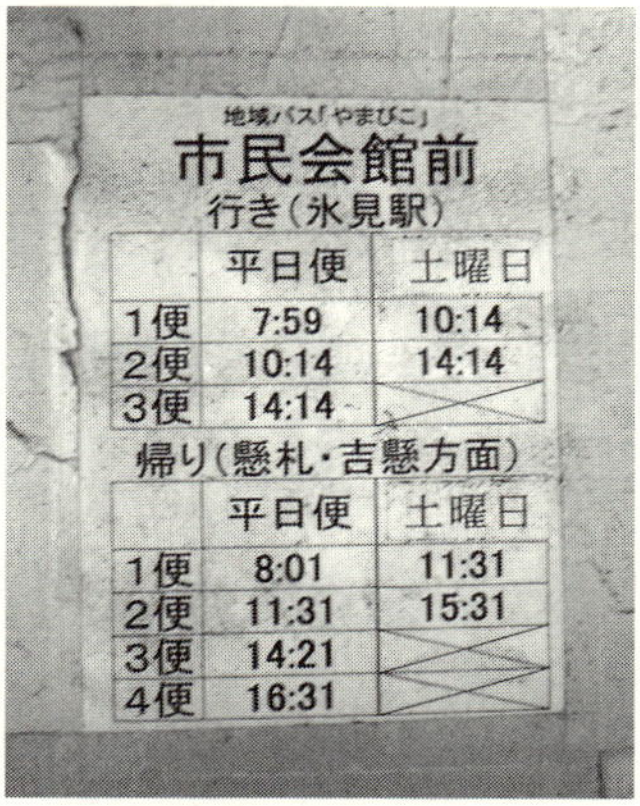

写真７　NPOバス時刻表

有形（目標物・建造物〈施設含〉・樹木など）系の「バス停名」は二〇か所と考える。この内訳は、４交通結節点・交通施設／建造物型に属する「バス停名」は三か所、６医療施設／建造物型に属するものは二か所、７学校施設／建造物型に属するものが五か所、８観光施設／建造物型に属するものは二か所、11その他公共施設／建造物型に属するものは六か所で、どのような公共施設かというと氷見市民会館・氷見市役所などである。12その他建造物／目標物型に属する「バス停名」として二か所で、八代連絡所前などが該当すると考える。

有形系では、交通結節点・交通施設、医療施設、学校施設、観光施設、公共施設などの建造物が主な「バス停名」となっている。

②の余川谷地域活性化協議会が運行する（写真７）「バス停名」の数は、ａ懸札便には三二か所の「バス停名」があり、ｂ吉懸便においては三三か所の「バス停名」があり、両方を併せて六五か所の「バス停名」がある。六五か所の「バス停名」のうち、有形系の「バス停名」は一四か所である。無形系は五一か所で、同協議会の「バス停名」全体の七八％を占めている。

無形系「バス停名」の型では、１地名〈大字・小字〉型のほかでは３地名〈中字〉型が多くみられる。特に、氷見地方でいう垣内（カイト）にあたる「～出」の付く「バス停名」、沖出・上出・一刎浦出・一刎谷内出・一刎下出などが該当する。有形系で特に特徴のあるのは、11その他公共施設／建造物型に属する建造物で、碁石公民館・余川第七公民館と

写真８　坪池バス停
（廃止後、NPOバス）

いうように、公民館を「バス停名」としていることである。

③の久目地域協議会が運行する「バス停名」の数は、五七か所である。数か月前に廃止になった加越能バス桑ノ院・坪池線（写真８）での「バス停名」をある程度踏襲し、大字「坪池」から路線を延長して出発地を大字「赤毛」として、一部の運行時間帯においては氷見高校まで運行している。

同協議会の「バス停名」の特徴として、一応、無形系の３〈中字〉型に分類はしたが、苗字や区単位、あるいは通称名としてその地域で呼称されている名称が、そのまま「バス停名」となっているものがある。バス停「飯原側」と「坂上側」である。

以上、氷見市におけるコミュニティバスの「バス停名」について、簡単に概略と特徴について述べてみた。それぞれの協議会の「バス停名」は、地域の実態に即し、きめ細かく、地域住民の「足」となり、地域に密着した名づけ方だと、現地を何度も確認（調査）して実感した。しかも、前記した国土交通省の「コミュニティバスの運行指針」による「①交通結節点、②商業施設、③医療施設、④学校、⑤観光施設、⑥その他公共施設」をほぼ結ぶ路線設定であり、地域の実態に合った利用者が分かりやすい「バス停名」が命名されていることもあらためて分かった。

六　小矢部市の場合　―コミュニティバスと「バス停名」の命名構造―

1　小矢部市におけるコミュニティバスとは

小矢部市におけるコミュニティバスは、道路運送法第七九条の「自家用有償旅客運送」に基づいて、平成八年十月から民間会社に委託し、小矢部市営バスとして運行されている。

同バスは、現在、愛称「メルバス」の乗合型バスと、予約で運行する乗合タクシーで運行されている。「メルバス」は、小型車両一二人乗りのワゴン車二台で運行され、小矢部市のシンボルキャラクターのメルギューくんとメルモモちゃんのイラストなどがラッピングされた車両である（写真9）。

写真９　小矢部市営バス

現在、メルバス五路線、乗合タクシー六路線で運行されている。メルバスの五路線とは、津沢線（平日九便、休日七便）、正得線（平日六便、休日四便）、宮島線（平日五・五便、休日四便）、南谷線（平日七便、休日四便。同線には小学校の学校期間中のみ運行するスクールバスがある。）、蟹谷線（平日七便、休日四便）である。メルバスは、年末年始の（十二月三十一日から一月三日）は運休日となる。

また、乗合タクシー六路線とは、岡線（二便）、五間橋線（三便）、内山・臼谷線（二便）、津沢・南部線（五便）、故森谷（二便）、水島線（三便）である。同タクシーは、年末年始の十二月三十一日から一月三日は運休日となり、平日のみの運行で、前日までの予約により運行されている。

同バスを利用する場合は、現在、大人（中学生以上）二百円均一、小学生など百円均一、未就学児童は無料で、一日乗り放題、料金と引き換えに一日利用券が発行される。二回目以降の降車時には一日利用券を提示するというシステムにより運行されている。(6)

2　小矢部市のコミュニティバスにおける「バス停名」の命名構造

本節では、コミュニティバスの「メルバス」の停車する五路線における「バス停名」を取り扱うこととする。それが表2である。

ほぼ同市内全域を運行するコミュニティバスである小矢部市営バスの「バス停名」の数は、A津沢線が三四か所、B正得線が三〇か所、C宮島線が三九か所、D南谷線が二八か所、E蟹谷線が三四か所で、重複バス停名もあるが、それぞれの路線の「バス停名」をそのまま併せて一六五か所である。

写真10　小矢部市営バス　石動駅前

いずれの路線も、それぞれの地域から小矢部市街地及びJR石動駅（写真10）を結ぶ路線である。

A津沢線とB正得線は、有形系「バス停名」の方が多い。有形系「バス停名」は、4交通結節点／建造物型、5商業施設／建造物型、6医療施設／建造物型、7学校施設／建造物型、8観光施設／建造物型、9福祉施設／建造物型、10農業施設／建造物型、11その他公共施設／建造物型など、ほぼすべての型に該当する。C宮島線では、無形系二一か所、有形系一八か所である。D南谷線とE蟹谷線では、無形系の型が有形系

バスの「バス停名」及び分類一覧表

正　得　線	C．宮　島　線			
バス停名	№.	形態	分類	バス停名
石動駅	C-1	有形	4-①-a	石動駅
本町	C-2	有形	5-①-a	越前町商店街
泉町	C-3	有形	11-⑤-c	総合会館口
ピアゴ前	C-4	無形	1-①-a	桜町
茄子島	C-5	有形	5-②-a	アルビス
保健福祉センター	C-6	有形	11-③-a	東部公民館
おやベクロスランドホテル前	C-7	有形	11-③-a	西中野公民館
ケアハウスおやべ	C-8	有形	4-③-a	道の駅メルヘンおやべ
ＪＡ東部支店前	C-9	無形	1-①-a	田川
北陸中央病院前	C-10	有形	9-①-c	清楽園前
金屋本江	C-11	無形	1-①-a	法楽寺
下中	C-12	無形	1-①-c	宮須口
道明	C-13	無形	1-①-c	矢波口
七社	C-14	無形	1-①-a	岩崎
七社	C-15	無形	1-①-a	糠子島
五社	C-16	無形	1-①-a	了輪
正得公民館口	C-17	無形	1-①-a	高坂
石名田	C-18	有形	8-⑥-a	宮島温泉
柳原	C-19	無形	1-①-a	二の滝
大谷小学校	C-20	無形	1-①-a	森屋
北陸中央病院前	C-21	無形	1-①-a	森屋
ＪＡ東部支店前	C-22	無形	1-①-a	二の滝
ケアハウスおやべ	C-23	有形	8-⑥-a	宮島温泉
おやベクロスランドホテル前	C-24	無形	1-①-a	高坂
保健福祉センター	C-25	無形	1-①-a	了輪
茄子島	C-26	無形	1-①-a	岩崎
ピアゴ前	C-27	無形	1-①-c	矢波口
泉町	C-28	無形	1-①-c	宮須口
本町	C-29	無形	1-①-a	法楽寺
石動駅	C-30	有形	9-①-c	清楽園前
	C-31	無形	1-①-a	田川
	C-32	有形	4-③-a	道の駅メルヘンおやべ
	C-33	有形	11-③-a	西中野公民館
	C-34	有形	11-③-a	東部公民館
	C-35	有形	5-②-a	アルビス
	C-36	無形	1-①-a	桜町
	C-37	有形	11-⑤-c	総合会館口
	C-38	有形	5-①-a	越前町商店街
	C-39	有形	4-①-a	石動駅

表2　小矢部市におけるコミニティ

No.	A. 津　沢　線				B.		
	No.	形態	分類	バス停名	No.	形態	分類
1	A-1	有形	4-①-a	石動駅	B-1	有形	4-①-a
2	A-2	無形	2-a	本町	B-2	無形	2-a
3	A-3	無形	2-a	泉町	B-3	無形	2-a
4	A-4	有形	5-②-c	ピアゴ前	B-4	有形	5-②-c
5	A-5	無形	5-②-c	茄子島	B-5	無形	5-②-c
6	A-6	有形	11-⑨-a	保健福祉センター	B-6	有形	11-⑨-a
7	A-7	有形	8-⑥-c	おやべクロスランドホテル前	B-7	有形	8-⑥-c
8	A-8	有形	9-①-a	ケアハウスおやべ	B-8	有形	9-①-a
9	A-9	有形	10-①-c	ＪＡ東部支店前	B-9	有形	10-①-c
10	A-10	有形	6-①-c	北陸中央病院前	B-10	有形	6-①-c
11	A-11	有形	4-②-a	小矢部高速バスターミナル	B-11	無形	1-①-a
12	A-12	無形	1-①-a	下後亟	B-12	無形	1-①-a
13	A-13	無形	1-①-c	水島北	B-13	無形	1-①-a
14	A-14	有形	11-⑦-a	コミュニティプラザ	B-14	無形	1-①-a
15	A-15	無形	1-①-a	津沢	B-15	無形	1-①-a
16	A-16	有形	7-④-c	となみ野高校前	B-16	無形	1-①-a
17	A-17	無形	1-①-a	鴨島	B-17	有形	11-③-c
18	A-18	無形	1-①-a	蓑輪	B-18	無形	1-①-a
19	A-19	無形	1-①-c	蓑輪口	B-19	無形	1-①-a
20	A-20	有形	10-①-c	ＪＡ南部支店前	B-20	有形	7-⑦-a
21	A-21	無形	1-①-a	水島	B-21	有形	6-①-a
22	A-22	無形	1-①-c	水島北	B-22	有形	10-①-c
23	A-23	無形	1-①-a	下後亟	B-23	有形	9-①-a
24	A-24	有形	4-②-a	小矢部高速バスターミナル	B-24	有形	8-⑥-c
25	A-25	有形	6-①-c	北陸中央病院前	B-25	有形	11-⑨-a
26	A-26	有形	10-①-c	ＪＡ東部支店前	B-26	無形	1-①-a
27	A-27	有形	9-①-a	ケアハウスおやべ	B-27	有形	5-②-c
28	A-28	有形	8-⑥-c	おやべクロスランドホテル前	B-28	無形	2-a
29	A-29	有形	11-⑨-a	保健福祉センター	B-29	無形	2-a
30	A-30	無形	1-①-a	茄子島	B-30	有形	4-①-a
31	A-31	有形	5-②-c	ピアゴ前			
32	A-32	無形	2-a	泉町			
33	A-33	無形	2-a	本町			
34	A-34	有形	4-①-a	石動駅			

D．南谷線				E．蟹谷線			
No.	形態	分類	バス停名	No.	形態	分類	バス停名
D-1	有形	4-①-a	石動駅	E-1	有形	4-①-a	石動駅
D-2	無形	1-①-a	後谷	E-2	有形	11-⑥-a	文化スポーツセンター
D-3	有形	8-③-c	後谷神社前	E-3	無形	1-①-c	埴生北
D-4	有形	11-③-a	南谷公民館	E-4	無形	1-①-a	埴生
D-5	無形	1-①-c	道坪野東口	E-5	有形	9-①-c	寿永荘口
D-6	無形	1-①-a	道坪野	E-6	無形	1-①-a	松永
D-7	無形	1-①-a	峯坪野	E-7	無形	1-①-a	松尾
D-8	無形	1-①-a	谷坪野	E-8	無形	1-①-a	北一
D-9	無形	1-①-a	論田	E-9	無形	1-①-a	末友
D-10	無形	1-①-a	峠口	E-10	無形	1-①-c	平桜西
D-11	無形	1-①-a	岩尾滝	E-11	無形	1-①-a	平桜
D-12	無形	1-①-c	千石口	E-12	無形	1-①-a	藤森
D-13	無形	1-①-c	荒間口	E-13	無形	1-①-a	名畑
D-14	無形	1-①-a	嘉例谷	E-14	無形	1-①-a	安養寺
D-15	無形	1-①-a	嘉例谷	E-15	無形	1-①-a	浅地
D-16	無形	1-①-c	荒間口	E-16	無形	1-①-a	高木
D-17	無形	1-①-c	千石口	E-17	有形	10-①-c	JA南部支店前
D-18	無形	1-①-a	岩尾滝	E-18	有形	10-①-c	JA南部支店前
D-19	無形	1-①-a	峠口	E-19	無形	1-①-a	高木
D-20	無形	1-①-a	論田	E-20	無形	1-①-a	浅地
D-21	無形	1-①-a	谷坪野	E-21	無形	1-①-a	安養寺
D-22	無形	1-①-a	峯坪野	E-22	無形	1-①-a	名畑
D-23	無形	1-①-a	道坪野	E-23	無形	1-①-a	藤森
D-24	無形	1-①-c	道坪野東口	E-24	無形	1-①-a	平桜
D-25	有形	11-③-a	南谷公民館	E-25	無形	1-①-c	平桜西
D-26	有形	8-③-c	後谷神社前	E-26	無形	1-①-a	末友
D-27	無形	1-①-a	後谷	E-27	無形	1-①-a	北一
D-28	有形	4-①-a	石動駅	E-28	無形	1-①-a	松尾
				E-29	無形	1-①-a	松永
				E-30	有形	9-①-c	寿永荘口
				E-31	無形	1-①-a	埴生
				E-32	無形	1-①-c	埴生北
				E-33	有形	11-⑥-a	文化スポーツセンター
				E-34	有形	4-①-a	石動駅

の型に比べて圧倒的に多い。特に、無形系では、同市の「大字名」をそのまま「バス停名」としているものがほとんどである。

同市コミュニティバスの「バス停名」には、バスを利用する地域住民に限定してわかりよい名称になっている「バス停名」も見受けられる。例えば、「保健福祉センター」・「ＪＡ東部支店前」・「ＪＡ南部支店前」・「コミュニティプラザ」・「文化スポーツセンター」などは、地域住民が普段から建造物を認識しているので、地名などの固有名詞がなくても、「バス停名」としての役割を果たしているのではなかろうか。

また、「小矢部高速バスターミナル」・「おやベクロスランドホテル前」などは、かなり長い表記の「バス停名」であるが、コミニュニティバス本来の地域住民との繋がりを示す「バス停名」と考えられる。

コミニュニティバスは、地域住民にとって、買い物や通学・通勤、通院など、いわば日常生活のためにとても大切な「足」である。特に、利用者の大半を占める高齢者にとっては、生活を送るための必要不可欠の「足」なのである。

小矢部市におけるコミュニティバスの「バス停名」についても、簡単に概略と特徴を述べてみた。氷見市におけるコミュニティバスの運行形態や状況とは異なるが、やはり、小矢部市のコミュニティバスにおいても、同市の実態に即し、きめ細かく、地域住民の「足」となっている。「バス停名」の名づけ方からも、前記した国土交通省の「コミュニティバスの運行指針」による「①交通結節点、②商業施設、③医療施設、④学校、⑤観光施設、⑥その他公共施設」をほぼ結ぶ路線設定であり、同地域の実態に合った利用者が分かりやすい「バス停名」が命名されていることが読み取れる。

七　氷見市・小矢部市のコミュニティバスの「バス停名」から

表3からも分かるように、両市のコミュニティバスの「バス停名」の約半分は、固有名詞の「地名」が付くものである。しかも、無形系の地名の「単一語」がとても多い。

「バス停名」に関する分類別数一覧表

8			9			10			11			12		
a	b	c	a	b	c	a	b	c	a	b	c	a	b	c
0	0	2	0	0	0	0	1	0	7	2	8	0	0	2
2			0			1			17			2		

8			9			10			11			12		
a	b	c	a	b	c	a	b	c	a	b	c	a	b	c
2	0	6	4	0	4	0	0	7	6	0	10	0	0	0
8			8			7			16			0		

両市のコミュニティバスの有形系「バス停名」に共通して多いのは、11その他公共施設／建造物型である。氷見市の場合は、①氷見市役所・③碁石・余川第七・上戸公民館・⑤氷見市民会館（文化会館）が、それぞれの路線の地点（「バス停」）となっている。小矢部市の場合は、③正得・東部・西中野・南谷公民館・⑤総合会館（文化会館）⑥文化スポーツセンター（体育館）⑦コミュニティプラザ（生涯学習施設）⑨保健福祉センター（その他公共施設など）である。両市において、「バス停」とする建造物が、その地域の事情に応じてかなり違うことが読み取れる。

次に共通して多い有形系「バス停名」の型は、4交通結節点／建造物型である。①氷見駅・石動駅（JRに関わる鉄道駅）以外のものとしては、氷見市の場合は民間の加越能バスと同じ「バス停名」である②氷見営業所（長距離バスターミナル）で、この②に分類される小矢部市の「バス停名」は「小矢部高速バスターミナル」が該当すると考えられる。他に、小矢部市の③道の駅メルヘンおやべ（道の駅・案内所）が4の型

表３　氷見市・小矢部市のコミュニティバスの

氷見市

1			2			3			4			5			6			7		
a	b	c	a	b	c	a	b	c	a	b	c	a	b	c	a	b	c	a	b	c
64	12	28	2	0	7	18	4	5	3	0	5	0	0	0	0	0	6	0	0	11
104			9			27			8			0			6			11		
187																				

小矢部市

1			2			3			4			5			6			7		
a	b	c	a	b	c	a	b	c	a	b	c	a	b	c	a	b	c	a	b	c
71	0	17	8	0	0	0	0	0	14	0	0	4	0	6	0	0	4	1	0	1
88			8			0			14			10			4			2		
165																				

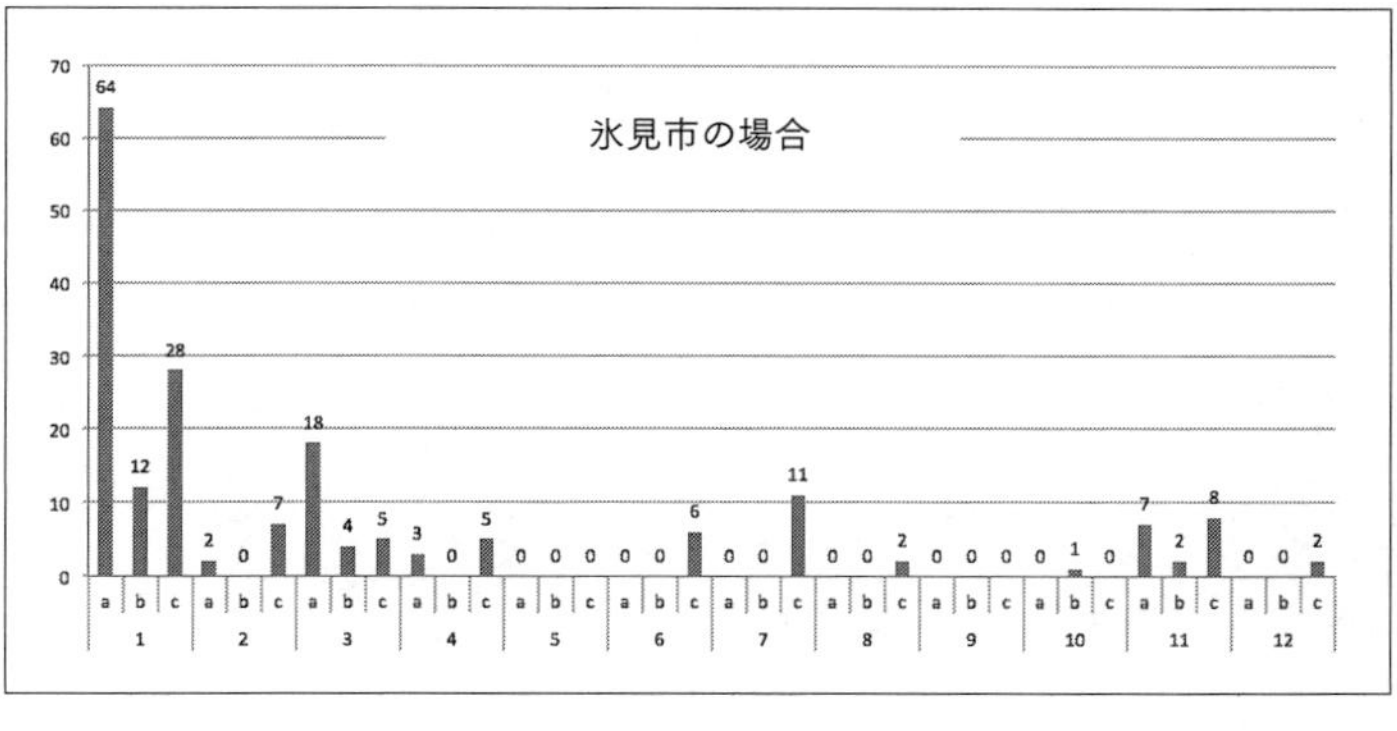

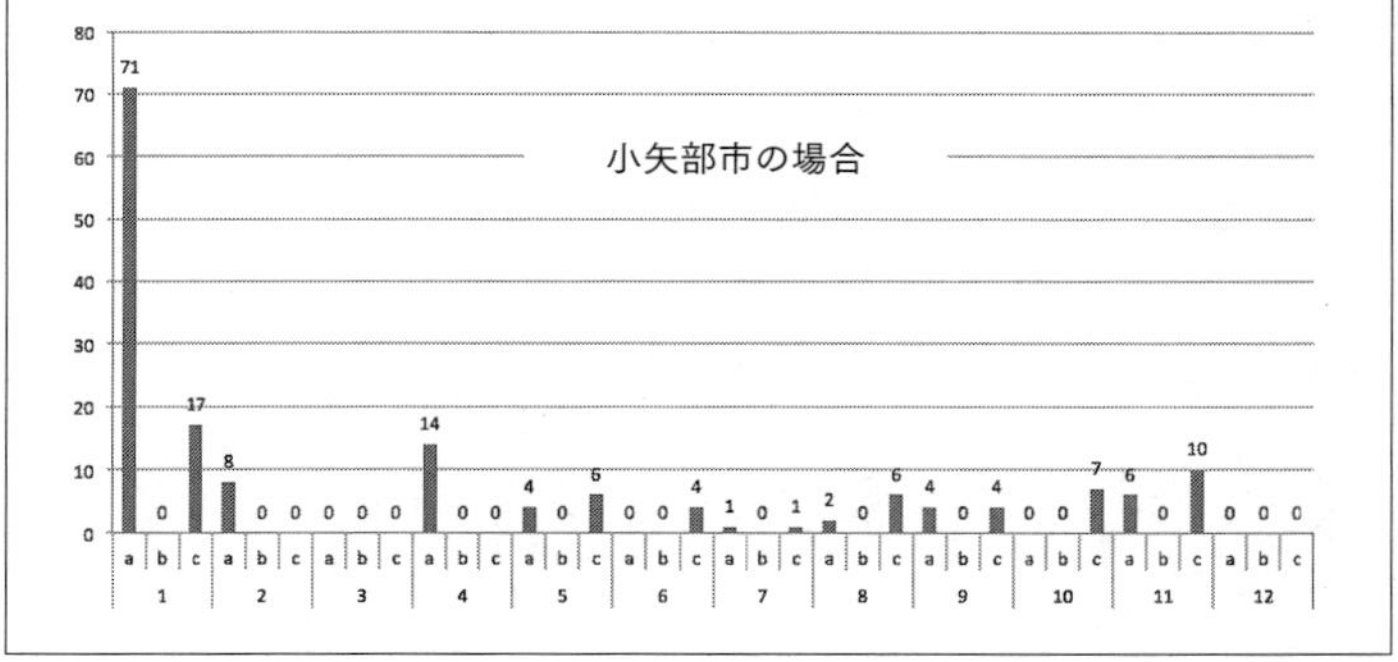

に該当すると考える。

有形系の「バス停名」の中でも、小矢部市と比べ氷見市が極端に多い型は、７学校施設／建造物型である。④氷見高校・⑥北部・氷見西部中学校・⑦海峰・上庄・久目小学校というように、地域と学校を結ぶ通学の「足」にコミュニティバスが利用されているということである。少子化に伴い学校の統廃合が行われ、通学圏が拡大すれば通学距離も長くなり、地点とする学校名の「バス停名」も自ずと発生したと考えられる。

ちなみに、氷見市の場合、八代地域活性化協議会が運行する磯辺・灘浦線の地域内には、かつて中学校は、灘浦中学の他に八代・阿尾中学があった。八代・阿尾中学の通学圏の生徒達は、現在、北部中学へ通学している。灘浦中学は平成二十八年をもって廃校となり、この灘浦中学に通学していた生徒は、平成二十九年度より北部中学へ通学することとなった。八代地域活性化協議会と余川谷地域活性化協議会の運行する地域では、一応、すべての中学生は氷見市街地に近いところに立地する北部中学へ通学することになる。これからますます、両地域で運行しているコミュニティバスが、通学するための「足」となることが考えられる。

小矢部市のコミュニティバスの有形系「バス停名」は、４〜11までの型がある。氷見市の場合より目立って多い型は、９福祉施設／建造物型である。ケアハウスおやべ・清楽園前・寿永荘口などの「バス停名」が、同型の①介護施設に該当すると思われる。

八　おわりに

氷見市・小矢部市を走るコミュニティバスの「バス停名」を例に、「バス停名」の名づけ方の分類を通して私見を述べてみた。コミュニティバスとはどんなバスをいうのか、コミュニティバスが運行するにあたり、その運行目的を達成するための運行経路設定の考え方にどのような考え方があったかを述べたが、運行経路設定の考え方には、まだまだクリアーしなければならない観点がある。だが、本章は、コミュニティバスにおける「バス停名」の名づけ方から、何が分かるか、何が見えるかが主目的である。

この主目的の検討のため、まず、国土交通省の「コミュニティバス運行指針」で目的地として設定する①～⑥の施設を参考に、二市のコミュニティバスの「バス停名」について、⓪～⑧までの分類項目での「分類別け」を想定した。この「分類別け」が、四節の「1　分類項目別パターン基本式による分類型について」での分類型である。

この分類型を基軸に、氷見市や小矢部市のコミュニティバスの「バス停名」を例に、分類という型の観点から、コミュニティバスの「バス停名」における名づけ方を探った。

第五章の「路線バスにおける「バス停名」の命名構造―加越能バス　高岡から氷見方面の路線を例に―」でも述べたが、従来の地名研究において、「バス停名」を取り扱った研究は、主に珍名あるいは難解な「バス停名」の由来などを解き明かす研究に終始した感があった。そもそも「バス停名」が、地名研究でなぜ研究対象になるかというと、「バス停名」には「地名」をそのまま「バス停名」にしているものがあるからである。

本章ではコミュニティバスにおける「バス停名」の名づけ方から、何が分かるか、何が見えるかが主目的である。表3からも明らかなように、二市（氷見市・小矢部市）のコミュニティバスの「バス停名」の大半は、地名から名づけられた「バス停名」であった。そもそも地名とは、二人以上の間で共通に使用する名称である。また、「土地の名称」を略して地名という。いうなれば、多くの人たちがある程度の範囲（土地）を認識する目印が地名でもある。「バス停名」とは、ある路線の地点（バス停）を示す名称をいう。

コミュニティバスは、路線バスとはまた違った、それぞれの運行内容・状況によって行われている。しかも、このコミュニティバスは、地域住民が主な利用者であって、さらに言えば、大半の利用者は高齢者でもある。

よって、コミュニティバスにおける「バス停名」は、高齢者にもある程度、目標物などを把握できることを考慮しながら、利用者が利用する路線の地点「バス停」が「わかりやすい」ということが最も大切だという観点から、名づけられていると考える。

だから、利用する路線の「バス停」の地点は、何が最も利用者にとって「わかりやすいか。」ということから、無形系あるいは有形系の「バス停名」が発生したのではなかろうか。

第五章の路線バスとは、また違った「バス停名」の名づけ方がコミュニティバスにはあるのである。

今後、地名研究において「バス停名」からの研究は、従来の主研究である珍名や由来を解き明かすだけにとどまらず、本章で私が提示したように分類の観点から「バス停名」を捉えたように、従来のアプローチとは違った観点から、まだまだ研究のできる魅力溢れる材料だと思われる。

本章では、はじめて地名研究においてコミュニティバスの「バス停名」の名づけ方を分類という観点から、私見をまとめてみた。今後は、第五章の路線バスで取り扱った「バス停名」のパターン基本式や分類項目と、本章で取り扱ったコミュニティバスでのパターン基本式や分類項目を比較検討しながら、さらに、実例をも加えて検討していきたいと思う。まだまだ不十分な点も多々あると思われる。ご教示願いたい。

最後に、論考をまとめるにあたり多くの方々からご教示やご指導ご鞭撻そして資料提供をしていただいた、お礼を申し上げる次第である。

注

（1）（3）（4）国土交通省http://wwwtb.mlit.go.jp/hokushin/.../comyunitybus-unkousisin.pdfコミュニティバス運行指針。

（2）射水市役所市民環境部生活安全課「射水市コミュニティバス運行基本方針―より利用しやすいコミュニティバスを目指

して―」二〇一六年。

（5）氷見市のコミュニティバスに関することは、氷見市役所氷見市まちづくり推進部都市計画・コミュニティデザイン応援課公共交通担当の加治友晃氏からご教示や資料を提供して頂いた。心より感謝申し上げます。

（6）小矢部市役所生活環境課公共交通担当の今村雄介氏からご教示や資料を提供していただいた。心より感謝申し上げます。

第七章　「橋（橋梁）名」の名づけ方

――庄川・小矢部川に架かる橋を例に――

一　はじめに

富山県の「橋」に興味を持ったのは、平成十一年に庄川に架かる橋で「加須良橋から分水嶺まで―虹の架け橋」というエッセイを書いたことがきっかけである。(1)このエッセイの執筆と相前後して、「富山県の七大河川名」のことや、「とやま「橋」に関する地名」・「とやまの「橋」の名称」についてもまとめた。(2)

本章では、「橋（橋梁）名」の名づけ方という、命名の手順や命名の仕方・命名の視点などにウエートを置いて庄川・小矢部川に架かる橋を例に、「橋（橋梁）名」について述べたいと思う。

「地名や名称に関する研究」には従来の「由来」ばかりを追い求める研究ばかりではなく、他にも「地名」や「名称」などを分析して「分類」や「構造」を明らかにする研究分野もあるということを提示したいということと、ある生徒から「橋の名前はだれが、どうやって決めるのですか？」(3)という素朴な質問を受けたことがきっかけである。

以来、折にふれ、庄川・小矢部川に架かる橋を丹念に何度も見て、本稿をまとめた。(4)何度も現地へ行き橋（橋梁）を見ていると、単に「橋（橋梁）名」に関する興味から「橋の種類」・「橋の構造」・「橋のかたち」など、特に「橋のかたち」にも興味が湧いた。それぞれのかたちの橋には、力学的な特徴があり、橋の規模、地盤条件、周辺の環境条件を考えて、最も適した「かたちの橋」を選定して架けられているということも分かった。(5)あらためて橋の「種類」

と構造のすばらしさに感動した。

以下、国・県道・高速道路・主な市町村道を中心に、橋長一〇〇メートル以上の橋にしぼって、庄川に架かる橋二七基、小矢部川に架かる橋二八基の計五五基（ＪＲや万葉線関係の橋（橋梁）は、取り扱わなかった。）を例に、「橋（橋梁）名」の名づけ方について、述べたいと思う。

二　庄川と庄川に架かる「橋」

1　庄川（しょうがわ）とは

庄川（しょうがわ）は、岐阜県北部及び富山県西部を流れる一級河川で、全長一三三キロで富山湾に注ぐ富山県内最長の川である。また、流域面積においては、神通川に次いで、県内第二の河川でもある。

水源は、岐阜県高山市荘川町に聳える標高一六二五メートルの烏帽子岳で、もっと厳密にいえば烏帽子岳と標高一六七一メートルの鷲ヶ岳の間の谷が水源と言われている。

庄川は、『万葉集』では「雄神河（川）」「射水河（川）」と記されており、川の流れる地域によって呼称が違う。かつて、雄神河（川）は現在の富山県高岡市から上流、射水河（川）はその下流の呼称であった。

雄神河（川）の「雄神」とは水神のくれおがみの意で、庄川の川名は、中古、現在の砺波市庄川町（庄川町は昭和二十七年の町村合併により、青島・雄神・東山見・種田の四か村が合併し誕生した町である。平成の大合併により平成十六年十一月に、砺波市に合併した。）に鎮座する雄神神社の周辺一帯を「雄神の庄」といい、この川がその地域を流れていたので、「雄神の庄の川」を「雄神庄川」と呼称し、のちに「庄川」と略され今日に至っているといわれている。

庄川は、上流部は岐阜県に属し、下流富山県では射水市、高岡市、砺波市、南砺市の四市にまたがり、庄川本流をはじめ一八本の本・支流からなる庄川水系を成す。上流部の本流・支流は急流と豊富な水量によって水力発電地帯を形成し、庄川水系全体を利用した水力発電は県内最大の発電力を誇っている。また、中流から下流にかけて、農業用水、都市用水、工業用水として多方面で利用されている。

庄川水系に属する川には、多くの橋（橋梁）が架かっている。現在、庄川本流に架かる橋について、国・県道・高速道路・主な市町村道を中心に橋長一〇〇メートル以上の橋にしぼって、下流部から上流部を順に述べてみる。

2　庄川に架かる橋

今回、庄川に架かる橋で取り上げたのは、二七基である。

新庄川橋（しんしょうがわばし）は、国道四一五線の射水市庄川本町地内から同市庄西町地内の間に架かる橋である。同橋（下り）は、庄川河口部に架かり、昭和四十七年度に架設され、橋長四一八・六メートル、幅六・五メートルで、富山県が管理するものである。また、新庄川橋（上り）は、同橋（下り）の隣にあるほぼ同じ規模の橋で、富山県が管理し、昭和十三年度に架けられた橋であるが、現在も利用されている。

新庄川橋の橋名は、「新しく庄川に架かる橋」の意から命名されたと思われる。「新しい庄川橋」とは、かつての木造橋時代の「庄川橋」から見て、「新しい」という意から名づけられた橋名と思われる。

牧野大橋（まきのおおはし）は、一般県道（三五一号）姫野能町線の高岡市能町地内から同市下牧野地内の間に架かる橋で、平成二十五年度に架設され、橋長四〇五メートル、幅一一メートルで、富山県が管理するものである。

牧野大橋の橋名は、「牧野地内に架かる大きな橋」の意から命名されたと思われる。牧野地内には、現在、高岡市の大字として上牧野と下牧野がある。牧野地内は、かつては射水郡牧野村の一部であった。同村は、明治二十二年に下牧野村・上牧野村・中曽根村・姫野村・金屋村・石丸村・堀岡又新村の一部が合併して成立した村である。同村での大字は、旧村名を継承し七つの大字で編成された。同村は、はじめ庄川の右岸に広がる村であったが、明治三十五年に庄川の大改修工事が行われ、村の西方が川底となり、一部は飛び地として左岸に残されることとなり、その後、射水郡新湊町（現在の射水市新湊地区）に合併、大字は同町の大字として存続した。昭和十七年に新湊町は高岡市に編入されたが、同二十六年一月に高岡市から新湊町は分離し、牧野村も新湊町からも分離した。同二十六年に分離した牧野村は、同年四月に再び高岡市に編入し、同市の大字となった。その後、現行の高岡市上牧野と下牧野となった。

高新大橋（こうしんおおはし）は、国道八号線の高岡市石瀬地内から射水市坂東地内の間に架かる橋で、昭和五十年度に架設され、橋長四二四・二メートル、幅二〇・五メートルで、国土交通省が管理するものである。

高新大橋の橋名は、橋の両端が高岡市とかつての新湊市（現射水市）に跨がり、それぞれの頭文字を併せて「高新大橋」と命名されたといわれている。

高岡大橋（たかおかおおはし）は、主要地方道富山高岡線の高岡市三女子地内から射水市大島北野地内の間に架かる橋で、昭和十二年度に架設され、橋長四三六・二メートル、幅九・八メートルで、富山県が管理するものである。

高岡大橋の橋名は、「高岡から射水郡に跨ぐ橋」という意から命名されたと思われる。現在の射水市大島北野近辺は、かつては射水郡大島町・大門町の境界が複雑に入り込む地域であった。

大門大橋（だいもんおおはし）は、主要地方道高岡青井谷線の射水市枇杷首地内から射水市大門地内の間に架かる橋で、昭和三十六年度に架設され、橋長四四三・五メートル、幅七・五メートルで、富山県が管理するものである。

大門大橋の橋名は、「大門町から高岡市に跨ぐ橋」という意から命名されたと思われる。大門町は、明治二十二年に町村制により、当時の射水郡大門新町・大門村・百米木村・犬内村・二口村（一部）と、現在は高岡市大字枇杷首となっている当時の枇杷首村が合併して大門町が成立した。その後、昭和二十九年に、射水郡の浅井村・櫛田村・二口村・水戸田村と、当時の大門町が合併して新設大門町が成立。平成の大合併といわれる合併によって、大門町は平成十七年に、新湊市・射水郡の大島町・小杉町・下村と共に合併して射水市となった。大門大橋が架かる両端の袂は、現在、射水市大門と同市枇杷首である。左岸の袂から少し行くと、射水市と高岡市の境となる。同橋は両端とも射水市に属し、かつての旧大門町の地である。

南郷大橋（なんごうおおはし）は、上りと下りの二つの橋があり、主要地方道高岡小杉線の高岡上伏間江地内から射水市土合・広上地内の間に架かる。下りの橋は、昭和四十七年度に架設され、橋長四二二・二メートル、幅八メートルで、富山県が管理するものである。また、隣接して、同規模（橋長四二四・四メートル、幅一一メートル）の南郷大橋（上り）が平成十一年度に架設され、富山県が管理している。

南郷大橋の橋名は、橋の架かる射水市側の一帯がかつて通称で「南郷（なんごう）」と呼称されていることから、この意に因んで「南郷」と命名されたといわれている。

中田橋（なかだばし）は、主要地方道富山戸出小矢部線の高岡市戸出大清水地内から同市上麻生地内の間に架かる橋で、昭和五十四年度に架設され、橋長五一四・八メートル、幅七・五メートルで、富山県が管理するものである。

中田橋の橋名は、かつての「中田町に架かる橋」の意からの命名と考えられる。中田町は、庄川右岸で、江戸期は加賀藩領で砺波郡般若郷のうちで宿場町として栄えた。中田町は、明治二十二年の町村制により、隣接する下麻生新村と上麻生・下麻生両村の一部を合併して、自治体名として成立した。昭和四十一年から高岡市の大字名となった。また、現在、同橋の片端となっている高岡市下麻生は、明治二十二年の町村制では、庄川右岸は砺波郡中田町に属し、左岸は砺波郡北般若村に属し、それぞれの大字であった。北般若村に属した下麻生は、昭和二十九年戸出町に合併の際、現行の高岡市の大字名となった。

よって、中田橋が架かる辺りは、広域的に中田地内でもあった。本来、中田という地名は、中央にある田や中心となる田畑という意であるが、この地の「中田」は、天武天皇の頃、同地を開拓しようとして神に祈ると「白キ幡」が見えたので八幡宮を創建したところ、たちまち同地が「良田」となって開け、このことを奏問し「中田」と給わったことから命名されたという伝承が残っている。

庄川橋（しょうがわばし）は、北陸自動車道の砺波市下中条地内から同市東保地内の間に架かる橋で、昭和四十八年度に架設され、橋長五五三・八メートル、幅二〇メートルで、中日本高速道路が管理するものである。

庄川橋の橋名は、字義通り「庄川に架かる橋」という意から命名されたものと考えられる。

俗に富山県の七大河川と言われる河川すべてを北陸自動車道が横切るため、川には北陸自動車道専用道路の「橋」が架かっている。七大河川に架かる「北陸自動車道」の橋名は、七大河川名に「橋」が付く名称がほとんどである。

庄川に架かる橋名は「庄川橋」、他は東から順に、黒部川に架かる橋名は「黒部川橋」、片貝川に架かる橋の橋名は「片貝川橋」、早月川に架かる橋名は「早月川橋」、常願寺川に架かる橋名は「常願寺川橋」、神通川に架かる橋は「神通川橋」、そして庄川に架かる橋の「庄川橋」、最後に小矢部川に架かる「小矢部川橋」である。

ちなみに、これらの橋の架設年度は、「小矢部川橋」と「庄川橋」は昭和四十八年度、「神通川橋」は同五十年度、「常願寺川橋」は同五十四年度に架けられ、「早月川橋」・「片貝川橋」・「黒部川橋」の三本の橋は同五十七年度に架けられ、西から順に約一〇年の間に一気に富山県の七大河川を跨ぐ高速網の「橋」が誕生したのである。

砺波大橋（となみおおはし）は、主要地方道坪野小矢部線の砺波市東開発地内から同市権正寺地内の間に架かる橋で、昭和四十四年度に架設され、橋長四六〇・一メートル、幅九メートルで、富山県が管理するものである。

砺波大橋の橋名は、字義通り「橋の両端が共に砺波市内に架かる橋」という意から「砺波（大橋）」と命名されたものと考えられる。

写真１　庄川に架かるとなみ野大橋

となみ野大橋（となみのおおはし）は、国道三五九号線（砺波東バイパス）の砺波市柳瀬地内から同市頼成地内の間に架かる橋で、平成二十年に架設され、橋長四〇八・七メートル、幅一一メートルで、富山県が管理するものである。

となみ野大橋の橋名は、字義通り「となみ（砺波）地方の「野」に架かる大橋」の意からの命名と考えられる。昨今、「となみ野」という名称が、高校名やＪＡ名などにも見受けられる。

太田橋（おおたばし）には、上りと下りの二つの橋がある。上りは、庄川中流域の国道三五九号線が通る砺波市太田地内から同市柳瀬・安川地内の間に架かる橋で、昭和十三年度に架設され、橋長四四三メートル、幅五・五メートルで、富山県が管理するものである。また、同橋に隣接してほぼ同じ規模（橋長四四四メートル、幅五・七五メートル）の太田橋（下り）が、昭和五十年度に架設された。いうなれば、太田橋の新・旧橋が、並行して庄川に架っているのである。

太田橋の「太田」とは、現在、砺波市の大字名であるが、明治二十二年の町村制の頃は、砺波郡太田村だった。同二十九年からは東砺波郡に所属し、太田村をはじめ周辺の祖泉・久泉・竹正・天野新・五郎丸新の六か村と、庄川の対岸の三谷村の飛び地をも合併して、これら村々の中心である太田村の村名を継承して新制「太田村」が誕生した。その後、昭和に入り、太田村は東砺波郡礪波町に合併し同町の大字となり、昭和二十九年から砺波市の現行の大字となった。

このように、太田橋の「太田」は、庄川中流域において、明治期から広域的にこの地域で呼称された地名である。このような「広域的な意」も含んで「太田橋」と命名されたのか。

ちなみに、この地の「太田」の謂れは、古来御初穂米を伊勢太神宮へ献上する習わしがあったので、太神宮の「太」と田畑の「田」を綴って「太田」としたといわれている。

雄神大橋（おがみおおはし）は、主要地方道砺波細入線の砺波市太田地内から同市三谷地内の間に架かる橋で、昭和六十三年度に架設され、橋長三九三メートル、幅一二メートルで、富山県が管理するものである。

雄神大橋の「雄神」は、古代の天平二十年春に越中国守であった大伴家持が、出挙のため諸郡巡行の折、「砺波郡雄神河の辺にして作る歌」と題して「雄神河」を詠んだ歌が『万葉集』に載っている。

家持が詠んだ「雄神河」の「雄神」は、この地域に鎮座する式内社「雄神神社」の社名に関係するものといわれている。

雄神橋（おがみばし）は、主要地方道新湊庄川線の砺波市庄川町庄地内から同市同町青島地内の間に架かる橋で、

写真２　雄神大橋

昭和三十五年度に架設され、橋長二四四・一メートル、幅九メートルで、富山県が管理するものである。明治三十九年ここら辺りに木製の吊橋が架設され、橋の両端の当時の雄神村の大字名の「庄」と「金剛寺」の名称から橋名が「庄金剛寺橋」と命名された。その後、庄川下流の大門大橋が「雄神橋」と改称したので、「庄金剛寺橋」が明治四十三年洪水による橋の流出からの復旧を機に、「元雄神橋」と改称した。その後、木製橋から永久橋となり、昭和三十五年度、現在の「雄神橋」が架設されたが、庄川下流の現在の「大門大橋」が架設される前の橋が「雄神橋」と呼称していたので、当初「元雄神橋」と呼称していた。下流の現在の「大門大橋」が「雄神橋」から「大門大橋」の旧称に復したのを機に、昭和三十七年頃、「元雄神橋」は、現在の「雄神橋」に改称されたという経緯がある。

藤橋（ふじばし）は、国道四七一号線の砺波市庄川町小牧地内から同市同町湯山地内の間に架かる橋で、平成二十一年度に架設され、橋長一六一・五メートル、幅一一メートルで、富山県が管理するものである。

藤橋の橋名は、かつてこの地辺りに「藤蔓」を編んで橋を架けたことから、現在の橋名になったといわれている。富山県内では立山町芦峅寺の称名川に架かる「藤橋」がかつて「藤蔓」を編んで橋を架けたといわれ、江戸期には、黒部川に架かる「愛本橋」、神通川に「舟橋」とともに、「越中の三橋」と称された。ちなみに、称名川に架かる藤橋は、明治初期に藤蔓を銅線に代え、昭和初期には木製吊橋に、その後、詳細は不明であるが洪水などで流出し、昭和四十五年年度から永久橋に架設されたといわれている。

大渡橋（おおわたりばし）は、国道一五六号線の南砺市渡原地内から同市大崩島地内の間に架かる橋で、昭和三十三年度に架設され、橋長一〇四メートル、幅五・五メートルで、富山県が管理するものである。

写真３　庄川の大渡橋

大渡橋の橋名は、橋が架かる両端の大字名「大崩島」の「大」と大字名「渡原」の「渡」の頭文字を併せて（合成して）「大渡橋」と命名された名称といわれている。

平橋（たいらばし）は、国道一五六号線の南砺市下梨地内から同市篭渡・大島地内の間に架かる橋で、橋長一六三メートル、幅五・五メートルで、富山県が管理するものである。

平橋が架かる地は、平成十六年十一月に近隣の町村が合併して南砺市となったが、架設された当時は平村であった。この村名「平」に因んで命名された橋名といわれている。

かつて同橋近くには、「籠の渡し」があったところといわれ、明治初期には

「鎖」の橋が架けられ、その後、何度も暴風や洪水に見舞われ、工夫を凝らした橋がたびたび架け替えられた。現在の永久橋は、昭和三十五年度に架設されたものである。

湯出島橋（ゆでじまばし）は、国道一五六号線の南砺市田向地内から同市上梨地内の間に架かる橋で、昭和五十一年度に架設され、橋長四五三・九メートル、幅九・五メートルで、現在は富山県が管理するものである。

湯出島橋は、もともと国道迂回橋として当時の建設省が架設をした。この地は、昔から「上梨ほうき」と呼称され、「ほうき」とはハキ・ハゲ・ハケと同意の地滑りや崩れの意で、同橋が曲線橋になったのは「崩壊箇所」を避けるためといわれている。

橋の片端の田向地内には、昔から温泉が湧き出ていた。これに因んで「湯出島」という地名が発生したともいわれていて、その意から橋名は命名されたといわれる。

小原橋（おはらばし）は、国道一五六号線の南砺市小原地内から同市皆葎地内の間に架かる橋で、昭和三十七年度に架設され、橋長一〇六・五メートル、幅六メートルで、富山県が管理するものである。

小原橋の橋名は、橋が架かる片端の地名「小原」が橋名となったといわれる。同橋が架かる近くには、かつて対岸の皆葎（かいむくら）との間に「籠の渡し」があった。明治期には吊橋となり、その後、詳細は不明であるが、昭和期入って永久橋である現在の小原橋が架けられた。同橋が架けられた当時は、この地は上平村であった。平成十六年十一月に近隣の町村と共に合併して南砺市となった。

五箇山橋（ごかやまばし）は、東海北陸自動車道の南砺市漆谷地内から同市菅沼地内の間に架かる橋で、平成十二年度に架設され、橋長三〇九メートル、幅一〇メートルで、中日本高速道路が管理するものである。

五箇山橋がある地は、平成十六年十一月に近隣の町村が合併して成立した南砺市に属する。合併前は、この地は東砺波郡上平村であった。「五箇山」の名称は、かつての東砺波郡の山間から岐阜県飛騨地方との境あたりの地域称として用いられる。東砺波郡の山間の平村・上平村・利賀村にある谷「赤尾谷」・「上梨谷」・「下梨谷」・「小谷」・「利賀谷」の五谷が、「五箇山」の地名の由来といわれる。「五箇山橋」は、ここら一帯を広域的に呼称される地域称「五箇山」が、橋名となったものである。

楮橋（こうずばし：飛越七橋①（高欄：赤、桁：紫））は、国道一五六号線の南砺市楮地内から同市打越地内の間に架かる橋で、昭和五十年度に架設され、橋長一〇六・九メートル、幅九・五メートルで、富山県が管理するものである。

楮橋は、橋の架かる片端の地名「楮」に因んで命名された橋名と思われる。橋が架設された当時は、この地は、南砺市となる前の東砺波郡上平村内であった。すでに戦国期に「越中国利波郡赤尾楮村」と見える。地名「楮」は、かつてこの地に植生したクワ科コウゾ（楮）の植生・利用に因む意から名づけられた地名か。また、もともとコウチ（高地：高い山の地）が、コウツ・コウヅ、そして、コウゾと転訛した語か。

同橋から飛越大橋までの国道一五六号線の岐阜県と富山県の県境付近の庄川に架かる七本の橋を、「飛越七橋」と総称されている。また、この「飛越七橋」は、橋の高欄が七色に塗り分けられていることから「虹のかけ橋」という愛称もある。ただ、色は「虹」の色とは一致しないともいわれている。

火の川原橋（ひのかわらばし：飛越七橋②（高欄：藍、桁：赤））は、国道一五六号線の富山県南砺市楮地内から岐阜県大野郡白川村小白川地内に架かる橋で、昭和五十三年度に架設され、橋長一二〇メートル、幅九メートルで、富山県が管理するものである。

火の川原橋の橋名は、かつて庄川下流へ木材を筏で運搬する際に、この地の川原で休憩をし、「焚き火」をした伝えがあったことから命名されたといわれている。

宮川原橋（みやがわらばし：飛越七橋③（高欄：青、桁：赤））は、国道一五六号線の富山県南砺市楮地内から岐阜県大野郡白川村小白川地内に架かる橋で、昭和五十三年度に架設され、橋長一二七・五メートル、幅九・五メートルで、富山県が管理するものである。

天正年間頃、山崩れが発生し、山に鎮座していた神社が庄川の川原に押し流されたという。それから数年後に、橋が架かる辺りで、神社の御神体である木像が見つかったという。この伝説に因んで橋名が「宮川原」と命名されたといわれている。

小白川橋（こしらかわばし：飛越七橋④（高欄：緑、桁：赤））は、国道一五六号線の富山県南砺市楮地内から岐阜県大野郡白川村小白川地内に架かる橋で、昭和五十二年度に架設され、橋長一二六メートル、幅九・五メートルで、富山県が管理するものである。

橋名は、庄川を跨ぐ橋の片端の地名「小白川」に因んで命名されたと考えられる。

成出橋（なるでばし：飛越七橋⑤（高欄：赤、桁：赤））は、国道一五六号線の富山県南砺市成出地内から岐阜県大野郡白川村小白川地内に架かる橋で、昭和五十一年度に架設され、橋長一九七・九メートル、幅九・五メートルで、岐阜県が管理するものである。

もともと「成出」は、南砺市に属する前は、東砺波郡上平村に属する大字名であった。庄川を跨ぐ橋の片端の地名「成出」に因んで命名された橋名と考えられる。「成出」の地は、庄川上流から中流地辺りに位置し、東方は切り立った山地で、北方は庄川が流れて岩壁が迫っている所である。「ナルデ（成出）」は、庄川の川音が「ナルデ」から命名されたという伝えがある。ナルデには、あぜ道・小道・長く続く道という意もある。

飛越橋（ひえつばし：飛越七橋⑥（高欄：赤、桁：赤））は、国道一五六号線の富山県南砺市成出地内から岐阜県大野郡白川村小白川地内に架かる橋で、昭和五十一年度に架設され、橋長一四九メートル、幅九・五メートルで、岐阜県が管理するものである。

飛越橋は、かつての飛騨国（岐阜県）と越中国（富山県）を跨ぐ橋という意から、それぞれの頭文字を合成して「飛越」と命名されたものと考えられる。

合掌大橋（がっしょうおおはし：飛越七橋⑦（高欄：黄、桁：茶））は、国道一五六号線の岐阜県大野郡白川村小白川地内に架かる橋である。橋の両側は小白川地内ではあるが、橋の中央は富山県南砺市成出を通る橋である。橋長は四四〇メートル、幅九・五メートルで、昭和五十三年度に架設され、岐阜県が管理するものである。飛越七橋で最長の橋である。

合掌大橋の橋名は、五箇山（現在の南砺市）や白川郷（現在の岐阜県大野郡白川村）の合掌造り集落をモチーフに造られた「橋」のカタチから命名されたと考えられる。この五箇山と白川郷の合掌造り集落群は、平成七年十二月にユネスコの世界遺産（文化遺産）に登録された。

飛越大橋（ひえつおおはし）は、東海北陸自動車道の富山県南砺市成出地内から岐阜県大野郡白川村小白川地内に架かる橋で、平成十四年度に架設され、橋長二七六メートル、幅一〇メートルで、中日本高速道路が管理するものである。

飛越大橋の「飛越」は、前記の「飛越橋」と同意。飛越大橋の「大橋」は、すでに「飛越橋」が架設され、その「飛越橋」より橋長なので「飛越大橋」と命名されたのか。

三　小矢部川と小矢部川に架かる「橋」

1　小矢部川（おやべがわ）とは

小矢部川（おやべがわ）は、富山県南砺市南部（旧西砺波郡福光町）、石川県との県境に聳える標高一五七二メートルの大門山を水源とし、砺波平野西部、市名でいえば南砺市から小矢部市、高岡市福岡町を経て、高岡市伏木地区と射水市新湊地区の境界から富山湾に注ぐ川である。

小矢部川は、富山県で俗に七大河川と呼称される河川のうち同県の最西部を流れる一級河川である。県内を流れる七大河川の大部分は、勾配が急で流れも速く急流荒廃河川を成すが、小矢部川の場合は、全長六八キロ、流域面積六六七平方キロで、流路の約七割が平野部を流れるため緩流河川である。小矢部川は、かつて庄川と合流していたが、大正元年に庄川新分水路の開削によって分離し、以降、小矢部川はほぼ現在の流路となった。

小矢部川の「小矢部（オヤベ）」とは、石動の上流に「小矢部（現小矢部市石動）」という村落があったことから、この村落を流れるので「小矢部川」となったというが、字義から鑑みて、当時の川は急流で、人びとは氾濫を恐れて「小」と表記したといわれている。また、現在の高岡市福岡町に矢部という集落があり、この矢部に関する地名ではないかともいわれている。あるいは、「矢部」は八田部（ヤタベ）あるいは矢矧部（やはぎべ）の二字化した部民地名からか。しかし、この小矢部の場合は、あてはまるか定かではない。さらには、オヤベは単に矢竹を産する「矢辺（ヤベ）」からきたかもしれないなど、由来に諸説がある。

写真４　小矢部川に架かる橋

小矢部川は、小矢部川本流をはじめ六四本の本・支流からなる小矢部川水系を形成する一級河川である。七大河川の中で最も勾配が緩く、小矢部第一・第二発電所はあるが、水力発電の立地にはあまり恵まれていない。しかし、都市用水として上水道や工業用水及び消雪用水などの雑用水、富山県西部の穀倉地帯にとっては重要な農業用水として、多方面で利用されている。

一級河川の小矢部川水系に属する川には、多くの橋（橋梁）が架かっている。国・県道・高速道路・主な市町村道を中心に、橋長一〇〇メートル以上の橋にしぼって、小矢部川本流下流部から上流部に架かる橋を順に述べてみた。

2　小矢部川に架かる橋

小矢部川に架かる橋で取り上げたのは、二八基である。

伏木万葉大橋（ふしきまんようおおはし）は、臨港道路伏木外港一号線の高岡市伏木錦町地内から同市吉久一丁目地内の間に架かる橋で、平成二十一年度に架設され、橋長六一〇メートル、幅一一・八メートルで、富山県が管理するものである。小矢部川に架かる橋で最長の橋である。

伏木地区は、古来「万葉」の故地として知られ、橋の欄干にも「万葉歌」が刻まれるなど、橋が架かる伏木地区の「伏木」と万葉の故地であるいう「万葉」を併せて「伏木万葉大橋」と名づけられた橋名と考える。

写真５　小矢部川に架かる伏木万葉大橋

伏木港大橋（ふしきこうおおはし）は、臨港道路の高岡市伏木一丁目地内から同市荻布地内の間に架かる橋で、昭和四十九年度に架設され、橋長三六四メートル、幅八メートルで、富山県が管理するものである。

橋名は、字義通り「伏木」の「港」に架かる橋という意から「伏木港大橋」と名づけられたと考えられる。

城光寺橋（じょうこうじばし）は、上りと下りの二つの橋があり、上り（旧）は、国道四一五号線の高岡市城光寺地内から同市米島地内の間に架かる橋で、昭和十八年度に架設され、橋長二三八・四メートル、幅九メートルで、富山県が管理するものである。また、隣接して、ほぼ同じ規模（橋長二三八・四メートル、幅一二メートル）の下り（新）橋が、昭和三十六年度に架設された。いうなれば、城光寺橋の新・旧橋が、並行して小矢部川に架っているのである。

城光寺橋は、橋の片端の地名「城光寺」に因んで命名されたと考えられる。地名「城光寺」は、大正六年から高岡市の現行の大字名となった。明治二十六年に、この地辺りに橋が架設され、橋名が「城光寺橋」であった。当時、城光寺は射水郡城光寺村で、対岸の米島は同郡米島村であった。その後、幾多の変遷を経て、昭和十八年度に現在の永久橋が架設された。

また、地名「城光寺」とは、かつて二上山一帯に、二上山養老寺関係の多くの寺や宿坊があったといわれていて、この寺院関係に関する地名か。

米島大橋（よねじまおおはし）は、主要地方道高岡環状線の高岡市二上地内から同市米島地内の間に架かる橋で、平成元年度に架設され、橋長二一六メートル、幅一二・五メートルで、富山県が管理するものである。

米島大橋の橋名は、橋の片端の地名「米島」に因んで命名されたと考えられる。この地「米島」は、小矢部川右岸の旧庄川との合流点近くに位置し、旧庄川の川筋の変動によってできた「島（シマ）」が、江戸期において開拓され成立したところである。

「ヨネシマ（米島）」は、ヨネ（米）は、米などの稲作を示すことが多いが、単に美称を示す意で、「シマ（島）」は、川の合流点の洲・川道中の島地などを示す意。この地の「米島」は、単に合流点に出きた「島地」の意から命名された地名か。

二上橋（ふたがみばし）は、一般県道守山向野線の高岡市守護町一丁目・二丁目地内から同市開発本町地内の間に架かる橋で、昭和三十五年度に架設され、橋長一六八メートル、幅一〇メートルで、富山県が管理するものである。

二上橋が架かる地から北西方に霊峰「二上山」を仰ぐことができ、小矢部川左岸、現在の高岡市守護町一丁目・二

写真６　二上大橋

丁目をはじめここら一帯を、古くから通称名で「二上地区」と呼称する。これらの意から橋名も「二上橋」と命名されたのか。

橋近くは、小矢部川本流と支流である千保川が合流する所に位置し、かつてはこの地に旧北陸道の「二上の渡し」があり、特に千保川河口にある高岡市木町は、近世の頃、水運による高岡城下への玄関口でもあった。ここら一帯は、伏木・氷見・富山方面を結ぶ水運の要衝であった。

二上大橋（ふたがみおおはし）は、主要地方道高岡環状線の高岡市長慶寺地内と同市守護町一丁目地内の間に架かる橋で、昭和六十三年度に架設され、橋長一六七・六メートル、幅一一・五メートルで、富山県が管理するものである。

「二上橋」と同様、橋が架かる地から北東方に霊峰「二上山」を仰ぐことができ、一帯を古くから通称名で「二上地区」と呼称する意から、橋名の中に「二上」を入れたのか。また、「二上大橋」としたのは、先に「二上橋」が架設されていたことから、この「二上橋」に相対して「大きい」を入れ、「二上大橋」としたのか。ちなみに、橋幅は「二上大橋」の方が若干幅はあるが、橋長はむしろ「二上橋」の方が少し長い。

守山橋（もりやまばし）は、国道一六〇号線の高岡市長慶寺から高岡市守山地内に架かる橋で、昭和五十四年度に架設され、橋長一九八・二メートル、幅一三メートルで、富山県が管理するものである。

守山橋の橋名は、字義通り「守山に架かる橋」の意から命名されたと思われる。「守山」とは、この地の北東に聳える「二上山」の別峰で、惣名は「二上山」で、その前山を「守山」と呼称したともいわれている。「モリヤマ（守山）」は森山で単に「木々（森）が繁った山」の意か。

国条橋（こくじょうばし）は、主要地方道高岡氷見線の高岡市長江地内から同市答野出地内の間に架かる橋で、昭和三十九年度に架設され、橋長一八七・九メートル、幅九・五メートルで、富山県が管理するものである。

国条橋が架かる地は、かつての国吉村と西条村で、両村名の一字を合成して橋名を「国条橋」と名づけられたといわれている。国吉村については、国吉大橋を参照。西条村は、明治二十二年の町村制により、波岡・北島・長慶寺・早川・長江新村が合併して成立。大字名は旧村名を継承し、昭和三年に西条村は、高岡市に編入、波岡・北島・長慶寺・早川は同市の大字名として存続し、長江新は編入の際、長江と改称、現代に至っている。「サイジョウ（西条）」とは、サイ（西）は西方の意、ジョウ（条）は古代律令下の「計画的土地区画制度」であった条里制において用いられていた「区画」を示す呼称の意か。


国吉大橋（くによしおおはし）は、主要地方道高岡羽咋線の高岡市北島地内から同市答野出地内の間に架かる橋で、平成七年度に架設され、橋長二一九・五メートル、幅一二・五メートルで、富山県が管理するものである。

この地の「国吉」とは、鎌倉から戦国期頃に見える名田名で、明治二十二年の町村制により、高辻・笹八口・答野出・手洗野・頭川・岩坪など他九か村と四日市・八口・答野島・内島村の一部と合併して、旧村名を継承して大字名を編成し、国吉村が成立した。はじめ東砺波郡に所属したが、後に西砺波郡となり、昭和二十六年「国吉村」は高岡市に編入され、かつての旧村名を継承しての大字名は、高岡市の現行大字として存続している。現在、国吉大橋の架かる片端の高岡市答野出地内は、かつての「国吉村」であり、現行大字名で高岡市「国吉」はあるが通称名として「国吉地区」と呼称されている意も含んで「国吉に架かる橋」の意から命名されたと考えられる。


小矢部大橋（おやべおおはし）は、能越自動車道（国道四七〇号線）の高岡市荒屋敷地内から同市四日市地内の間に架かる橋で、平成十五年に架設、橋長二七四メートル、幅一一メートルで、国土交通省が管理するものである。

「小矢部（オヤベ）」については、前記の小矢部川の項を参照。

小矢部川には、「小矢部」が付く橋が、この「小矢部大橋」の他に、「小矢部橋」、「小矢部川大橋」、「小矢部川橋」

と三本架かっている。これら「小矢部」が付く橋名については後記する。

国東橋（こくとうばし）は、主要地方道高岡羽咋線の高岡市四日市地内から同市荒屋敷地内の間に架かる橋で、昭和三十六年度に架設され、橋長二〇二・三メートル、幅八・三メートルで、富山県が管理するものである。

国東橋が架かる地は、かつての国吉村と東五位村で、両村の「頭」文字を合成して橋名を「国東橋」と名づけられたといわれている。

国吉村については、国吉大橋を参照。東五位村は、明治二十二年の町村制により、中保・樋詰・柴野内島・蜂ヶ島・六家・福田六家・大源寺の七か村と内島・石堤・八口村・四日市・答野島の諸村の各一部を合併して成立。旧村名は東五位村の大字名として継承した。昭和二十八年、当時の国東橋を改修するなどの条件により、高岡市に合併した。東五位村内の大字名は、現行の高岡市の大字名として継承されている。

五位橋（ごいばし）は、一般県道小野上渡線の高岡市福岡町赤丸地内から同市上渡地内の間に架かる橋で、昭和四十七年度に架設され、橋長二一七・五メートル、幅八メートルで、富山県が管理するものである。

橋名は、福岡町側の辺りを通称で「五位地区」と呼ばれ、この意から命名されたのか。

「五位（ゴイ）」とは、ゴウ・イで「川」を意味する語を重ねた意といわれている。五位橋から上流にある三日市橋近くで、小矢部川の支流である唐俣・岸渡・山王・荒又の四つ川が合流し一つの川（小矢部川の一支流）となり、この五位橋近くまで小矢部川の本流と並行して流れている。この五位橋を過ぎた辺りで、この支流は小矢部川の本流と合流する。五位（ゴイ）は、「川」や「水」に関係する地名と考えられる。

三日市橋（みっかいちばし）は、一般県道石堤大野線の高岡市福岡町三日市地内から同市福岡町大野地内の間に架かる橋で、平成十一年度に架設され、橋長二一八メートル、幅一四メートルで、富山県が管理するものである。

三日市橋は、橋の片端の地名「三日市」に因んで命名された橋名か。「三日市」とは、三の日に、この地に市が立ったことから名づけられたという。この地の付近には、四日市や八日市など「市」が付く地名がいくつかみられる。

土屋橋（つちやばし）は、主要地方道押水福岡線の高岡市福岡町土屋地内から同市福岡町福岡新地内の間に架かる橋で、昭和四十年度に架設され、橋長一九三・八メートル、幅八メートルで、富山県が管理するものである。

土屋橋は、橋の片端の地名「土屋」に因んで命名された橋名か。土屋とは、字義通り「ツチ・ヤ」で、ツチ（土）で土のそのもの意。ヤはヤツの略で、「湿地」の意。沢・沼地のことか。この地は、北西山麓まで水田が開け、南東端を小矢部川が北東に向かって流れている。地名「土屋」は、その昔、一一の家々があったことから「十一」を組み合わせて「土屋」となったという伝承も残っている。この地のツチヤ（土屋）は、この地を流れる小矢部川に沿って立地する景観から命名されたのではなかろうか。

現在、この地の小矢部川沿いにはアルミやコンクリート関係の企業が操業している。

向田橋（むくたばし）は、一般県道福岡宮島峡公園線の高岡市福岡町下向田地内から同市福岡町荒屋敷地内の間に架かる橋で、昭和五十四年度に架設され、橋長一六五・五メートル、幅七・五メートルで、富山県が管理するものである。

向田橋の「ムクタ（向田）」とは、「ムタ（牟田・無田・六田）」と同意の沼地・湿地を示す語ではなかろうか。また、沼田・泥田の意ではなかろうか。小矢部川沿いの湿地・沼地に位置する意から、地名「ムクタ（向田）」が起こったと考えられる。地名「向田」は、現在、高岡市の大字名として高岡市福岡町上向田と同市同町下向田の二つの行政地名に分かれている。

茅蜩橋（ひぐらしばし）は、国道八号線の小矢部市西中野地内から同市芹川地内の間に架かる橋で、昭和五十九年度に架設され、橋長三五二・九メートル、幅一一・二メートルで、国土交通省が管理するものである。

茅蜩橋の橋名は、ふるさとのかおりの高い橋名ということから、越中万葉に詠まれている『万葉集』巻

写真７　ひぐらし橋

十七・三九五一の「茅蜩の　鳴きぬる時は　女郎花　咲きたる野辺を　行きつつ見べし」に見える「茅蜩」に因んで名づけられたという。

この歌は、天平十八年七月、越中国守として大伴家持が赴任し、八月七日の夜、家持の国守館で宴があり、大目泰忌寸八千島が詠んだ歌である。八千島が、「家にいて物思いをしている時にひぐらしの声を聴くとやりきれない。そんな時には気晴らしに野辺に出るといい」と、家持に野辺に出ることを勧めた歌である。

小矢部橋（おやべばし）は、主要地方道坪野小矢部線の小矢部市東福町地内から同市西福町地内の間に架かる橋で、昭和三十六年度に架設され、橋長一三六・五メートル、幅五・五メートルで、富山県が管理するものである。

小矢部橋が架かる地は、かつて旧石動町で、この地にある「小矢部」の地名に因んで命名された橋名か。ちなみに、現在の小矢部市は、昭和三十七年八月に旧石動町と旧砺中町が合併して市制を施行したところで、市名の由来は旧両町を貫流する小矢部川の川名に因んで命名されたといわれている。

石動大橋（いするぎおおはし）は、主要地方道小矢部福光線の小矢部市東福町地内から同市西福町地内の間に架かる橋で、昭和三十一年度に架設され、橋長一五七メートル、幅九メートルで、富山県が管理するものである。

石動大橋が架かる地は、架設された当時は旧石動町に属し、「石動町に架かる橋」の意から命名された橋名と考えられる。

石動は天正十三年以降、城下町として、また北陸道の宿場町として発展した。

石動は、古くは今石動（いまいするぎ）と呼称され、『三州志』によれば、天正十年に能登国石動山（せきどうざん）

の虚空蔵尊（こくうぞうそん）をこの地に移したことにより、石動という地名が名づけられたといわれている。

島分橋（しまぶんばし）の二本（上り・下り）の橋は、国道四七一号線の小矢部市泉町地内から同市茄子島地内の間に架かる橋で、昭和五十三年度に架設され、橋長一四一・一メートル、幅一一・三メートルで、富山県が管理するものである。

島分橋の「島分（しまぶん）」とは、字義通り「島を分ける」の意で、この地の小矢部川両岸に「島」という集落があった。小矢部川が「島」集落を分けるという意に因んで「島分橋」と命名されたのか。集落「島」は、かつて三国分列集落とも呼称したという。それは、表家とは石黒家をいい、かつての福光からこの地に転住したという家柄で、また、中家があり、この中家には乗永寺を中心とする奥長兵衛と白井両家があり、白井家は能登国の羽咋から転住してきた家柄であった。このように三つの家々のことから「三国分列集落」とも呼称されたという伝えがある。(6)

シマの意には、周囲を水に囲まれた陸地、島状の地、川に臨んでいる洲、川の合流点の洲、単に村落の意、低湿地に囲まれた島状の微高地など多くの意がある。

小矢部川大橋（おやべがわおおはし）は、主要地方道砺波小矢部線の小矢部市茄子島地内から同市綾子地内の間に架かる橋で、平成二十一年度に架設され、橋長一三三メートル、幅二八・五メートルで、富山県が管理するものである。

小矢部川大橋の橋名は、字義通り「小矢部川に架かる大きな橋」という意からの命名か。橋長は、「小矢部」と付く他の橋とあまりかわりはないが、橋の幅が群を抜いて大きい意からか。「小矢部」と付く橋名については、後記する。

農免大橋（のうめんおおはし）は、一般県道藤森岡線の小矢部市矢水町地内から同市福上地内の間に架かる橋で、昭和四十三年度に架設され、橋長一三二メートル、幅六メートルで、富山県が管理するものである。

農免大橋の「農免」とは農免農道の略称で、農免農道とは、農道を作った事業名「農林漁業用揮発油税財源身替農道整備事業」と呼ばれている農林水産省の補助事業のことで、名称があまりに長いこともあって農免農道と呼ばれ、さらに略称され「農免」と。これに因んで、小矢部川に架かる「農免の橋」という意から命名された橋名と思われる。

経田橋（きょうでんばし）は、一般県道安養寺砺波線の小矢部市経田地内から同市浅地地内の間に架かる橋で、昭和四十二年度に架設され、橋長一三二メートル、幅八・三メートルで、富山県が管理するものである。

経田橋の「キョウデン（経田）」とは「給田」の転訛か。また、「経田」また「敬田」の意で、寺院に寄進された田の意。さらには「境界・所属が不明確で、境界争い中の田」などの意がある。この地の「キョウデン（経田）」の意は、貞観五年の大地震と洪水によって、荘光寺が押し流された時、経蔵がこの地に止まったので、後に「田地」の名称として「経田」が名づけられ、この地の「地名」になったという伝承が残っている。

小矢部川橋（おやべがわばし）は、北陸自動車道の小矢部市浅地地内から同市経田地内の間に架かる橋で、昭和四十八年度に架設され、橋長一六八メートル、幅二〇メートルで、中日本高速道路が管理するものである。

小矢部川橋の橋名は、単に「小矢部川に架かる橋」の意から命名された橋名か。富山県の七大河川といわれる川に架かる北陸自動車道の橋名は、単に川名に橋の語が付くものである。「小矢部」と付く橋名については、後記する。

新津沢大橋（しんつざわおおはし）は、国道三五九号線の小矢部市新西地内から同市蓑輪地内の間に架かる橋で、昭和五十八年度に架設され、橋長一五〇・四メートル、幅一四メートルで、富山県が管理するものである。

新津沢大橋の「新」とは、「津沢大橋」に対して「新しく」架かった橋という意ではない。かつて、「津沢」の付く橋があったことに対しての「新」という意である。「ツザワ（津沢）」とは、ツ（津）は舟着場の意、ザワ・サワ（沢）は水辺のことで、この地は水が溜まって水草の繁茂している所であった。

また、この地は、古来、小矢部川の舟運の要地で、中世の頃、「日沢（はつざわ）」と呼称されていて、「はつざわ」

が、いつの頃からか「ツザワ」に訛って「津沢」と表記されるようになったともいわれている。

津沢大橋（つざわおおはし）は、市道清水蓑輪線の小矢部市清水地内から同市蓑輪地内の間に架かる橋で、昭和六十二年度に架設され、橋長一三八メートル、幅六メートルで、小矢部市が管理するものである。

津沢大橋の橋名由来は、「津沢の地に架かる橋」の意からの橋名か。

阿曽橋（あそばし）は、一般県道小森谷庄川線の南砺市上津地内から小矢部市下川崎の間に架かる橋で、昭和五十五年度に架設され、橋長一三七・四メートル、幅七メートルで、富山県が管理するものである。

阿曽橋の橋名は、この地の地名からの命名か。アソ・アゾは、崩岸や岩石原などの意がある。この意からの橋名の命名か。

写真８　川崎橋

川崎橋（かわさきばし）は、一般県道安居福野線の南砺市上川崎地内に架かる橋で、昭和四十九年度に架設され、橋長一四三・九メートル、幅五・五メートルで、富山県が管理するものである。

川崎は、はじめ砺波郡川崎村であったが、二か村に分離した際に、小矢部川の下流に位置する村を下川崎村に、上流の方の村名は上川崎村と命名し、その後変遷を経て、南砺市になる前は福野町の大字名「下川崎」・「上川崎」であった。現在は、南砺市の現行大字名である。この地の「川崎」とは、小矢部川の出先（端）という意と思われる。川崎橋の橋名は、「かつての（川崎村）川崎に架かる橋」の意から命名されたものと思われる。

荊波橋（うばらばし）は、一般県道西勝寺福野線の南砺市桐木地内から同市岩木池内の間に架かる橋で、平成四年度に架設され、橋長一〇八・三メートル、幅九・五メートルで、富山県が管理するものである。

荊波橋の橋名は、かつてこの地は奈良期に見える「荊波（うばら）」の里で、この古代条里制の里に因む意から命名されたといわれている。ウバラとは、ウ（接頭語）・バラ・ハラ（原）で、単に原野の意か。あるいは、ウバ（上）・ラ（接尾語）で、単に上方の場所を示す意か。

四　庄川・小矢部川に架かる「橋（橋梁）名」の分類と命名構造

1　橋（橋梁）名の分類

庄川・小矢部川を跨ぐ、国・県道・高速道路・主な市町村道を中心に、橋長一〇〇メートル以上の橋について、庄川に架かる橋では二七基、小矢部川に架かる橋では二八基の計五五基について、「橋（橋梁）名」の名づけ方を述べてみたい。

まずは、表1で示したように、庄川・小矢部川に架かる五五基の橋名に関する概説的な情報を提示した。

さらに、表2のように両川に架かる五五基の橋名ついて分類を行った。

表2について説明すれば、庄川に架かる橋の橋名をA、小矢部川に架かる橋の橋名をBと示した。表2の「橋名の分類項目」においては、イは橋名に「川名」が付くもので、本章では二つの川に架かる橋名を扱うので、イの分類項目はさらに①庄川の「川名」が付くものと②小矢部川の「川名」が付くものの二つに分類される。ロは橋名に古称が付くもので、さらに①「川名」に関係するもの、②荘園名に関係するもの、③条里制の里名に関係するものの三つの項目に分類される。

次に、ハ地名が付くものの分類項目は、まずは、ａ一つの地名が付くものとｂ二つの地名を合成して生まれた「合成地名」が付くものに分類した。さらに、ａにおいては①市町村名・広域名・通称名・地区名、②大字名、③地名＋名詞の三つに分類し、ｂについては①市町村名・広域名・通称名・地区名、②大字名の二つに分類した。ニの分類項目は動物名や植物名が付くもので、二つの分類に分けた。ホは、橋近くに纏わる伝説に因んで橋名となったもの。へは、イ〜ホの分類項目に当てはまらない橋名を、この分類項目に入れた。

以下、両川に架かる橋名を項目別に分類する。

イ　川名が付くもの

①庄川の「川名」が付くもの

この分類に属する橋名は、新庄川橋と庄川橋の二基である。この二基の橋は、「庄川橋」に隣接して架設されたので、「新」と付け「新庄川橋」と命名した橋名ではない。

新庄川橋（上り・下り）は、庄川河口近くに昭和十三年度と同四十七年度に架設された永久橋で、かつてこの付近にあった木造橋から「新しく架設された橋」の意から「新」が付く新庄川橋なのである。

一方、庄川橋は、新庄川橋から庄川を遡って中流部辺りにある橋で、その間に橋長一〇〇メートル以上の橋は六基もあり、新庄川橋から数えて七基目の橋が「庄川橋」である。

庄川橋は、庄川を跨ぐ北陸自動車道にある橋である。富山県内には、俗に七大河川と呼称する河川がある。これら河川を跨ぐ北陸自動車道にある橋名は、すべて七大河川名に「橋」の名詞が付くものである。いうなれば、七大河川名に「橋」の名詞が付けば、富山県内の北陸自動車道にある橋名なのである。

②小矢部川の「川名」が付くもの

小矢部川大橋と小矢部川橋の二基が属すると考えられる。小矢部川橋は、前記した庄川橋と同様、七大河川を跨ぐ北陸自動車道にある橋で、中日本高速道路が管理する。同橋は、四十八年度に架設された橋長一六八メートル、幅

「橋」についての一覧表

区　　　　　間	架設年度	橋長	幅員（車道）	管　理　者
射水市庄川本町～庄西町	昭和47年	418.6	6.5（4.0）	富山県
射水市庄川本町～庄西町	昭和13年	417	6.5（4.0）	富山県
高岡市下牧野～能町	平成25年	405	11.0（6.5）	富山県
高岡市石瀬～射水市坂東	昭和50年	424.2	20.5（14.0）	国土交通省
射水市大島北野～高岡市三女子	昭和12年	436.2	9.8（6.5）	富山県
射水市枇杷首～大門	昭和36年	443.5	7.5（5.5）	富山県
高岡市上伏間江～射水市土合・広上	昭和47年	421.2	8.0（6.0）	富山県
高岡市上伏間江～射水市土合・広上	平成11年	424.4	11.0（6.5）	富山県
高岡市戸出大清水～上麻生	昭和54年	514.8	7.5（6.5）	富山県
高岡市戸出大清水～上麻生	昭和30年	514	5.5（5.5）	富山県
砺波市下中条～東保	昭和48年	553.8	20.0（14.0）	中日本高速道路
砺波市東開発～権正寺	昭和44年	460.1	9.0（5.5）	富山県
砺波市柳瀬～頼成	平成20年	408.7	11.0（6.5）	富山県
砺波市太田～柳瀬・安川	昭和13年	443	5.5（3.0）	富山県
砺波市太田～安川	昭和50年	444	5.75（2.75）	富山県
砺波市太田～三谷	昭和63年	393	12.0（6.0）	富山県
砺波市庄川町庄～庄川町青島	昭和35年	244.1	9.0（5.5）	富山県
砺波市庄川町小牧～庄川町湯山	平成21年	161.5	11.0（6.0）	富山県
南砺市渡原～大崩島	昭和33年	104	5.5（5.0）	富山県
南砺市下梨～篭渡・大島	昭和35年	163	5.5（5.0）	富山県
南砺市田向～上梨	昭和51年	453.9	9.5（6.0）	富山県
南砺市小原～皆葎	昭和37年	106.5	6.0（5.5）	富山県
南砺市漆谷～菅沼	平成12年	309	10.0（7.0）	中日本高速道路
南砺市楮～打越	昭和50年	106.9	9.5（6.0）	富山県
富山県南砺市楮～岐阜県大野郡白川村小白川	昭和53年	120	9.0（7.5）	富山県
富山県南砺市楮～岐阜県大野郡白川村小白川	昭和53年	127.5	9.5（6.0）	富山県
富山県南砺市楮～岐阜県大野郡白川村小白川	昭和52年	126	9.5（6.0）	富山県
南砺市成出～岐阜県大野郡白川村小白川	昭和51年	197.9	9.5（6.0）	岐阜県
南砺市成出～岐阜県大野郡白川村小白川	昭和51年	149	9.5（6.0）	岐阜県
岐阜県大野郡白川村小白川（途中南砺市成出）	昭和53年	440.1	9.5（6.0）	岐阜県
南砺市成出～岐阜県大野郡白川村小白川	平成14年	276	10.0（7.0）	中日本高速道路

表１ 庄川・小矢部川に架かる

川名	川別No.	橋（橋梁）名	呼び名	路線名
A庄川	A-1	新庄川橋（下り）	しんしょうがわばし	国道415号線
		新庄川橋（上り）	しんしょうがわばし	国道415号線
	A-2	牧野大橋	まきのおおはし	一般姫野能町線
	A-3	高新大橋	こうしんおおはし	国道８号線
	A-4	高岡大橋	たかおかおおはし	主要富山高岡線
	A-5	大門大橋	だいもんおおはし	主要高岡青井谷線
	A-6	南郷大橋（下り）	なんごうおおはし	主要高岡小杉線
		南郷大橋（上り）	なんごうおおはし	主要高岡小杉線
	A-7	中田橋（下り）	なかだばし	主要富山戸出小矢部線
		中田橋（上り）	なかだばし	主要富山戸出小矢部線
	A-8	庄川橋	しょうがわばし	北陸自動車道
	A-9	砺波大橋	となみおおはし	主要坪野小矢部線
	A-10	となみ野大橋	となみのおおはし	国道359号線
	A-11	太田橋（上り）	おおたばし	国道359号線
	A-12	太田橋（下り）	おおたばし	国道359号線
	A-13	雄神大橋	おがみおおはし	主要砺波細入線
	A-14	雄神橋	おがみばし	主要新湊庄川線
	A-15	藤橋	ふじばし	国道471号線
	A-16	大渡橋	おおわたりばし	国道156号線
	A-17	平橋	たいらばし	国道156号線
	A-18	湯出島橋	ゆでじまばし	国道156号線
	A-19	小原橋	おはらばし	国道156号線
	A-20	五箇山橋	ごかやまばし	東海北陸自動車道
	A-21	楮橋	こうずばし	国道156号線
	A-22	火の川原橋	ひのかわらばし	国道156号線
	A-23	宮川原橋	みやがわらばし	国道156号線
	A-24	小白川橋	こしらかわばし	国道156号線
	A-25	成出橋	なるでばし	国道156号線
	A-26	飛越橋	ひえつばし	国道156号線
	A-27	合掌大橋	がっしょうおおはし	国道156号線
	A-28	飛越大橋	ひえつおおはし	東海北陸自動車道

高岡市伏木錦町～吉久一丁目	平成21年	610	11.8(6.5)	富山県
高岡市荻布～伏木一丁目	昭和49年	364	8.0(6.5)	富山県
高岡市米島～城光寺	昭和36年	238.4	12.0(6.5)	富山県
高岡市米島～城光寺	昭和18年	238.4	9.0(6.5)	富山県
高岡市二上～米島	平成元年	216	12.5(6.5)	富山県
高岡市守護町一丁目・二丁目～開発本町	昭和35年	168	10.0(6.5)	富山県
高岡市長慶寺～守護町一丁目	昭和63年	167.6	12.5(6.5)	富山県
高岡市守山～長慶寺	昭和54年	198.2	22.0(14.0)	富山県
高岡市長江～答野出	昭和39年	187.9	9.5(6.5)	富山県
高岡市北島～答野出	平成7年	219.5	12.5(6.5)	富山県
高岡市荒屋敷～四日市	平成15年	274	11.0(7.0)	国土交通省
高岡市四日市～荒屋敷	昭和36年	202.3	8.3(5.5)	富山県
高岡市福岡町赤丸～上渡	昭和47年	217.5	8.0(5.5)	富山県
高岡市福岡町三日市～福岡町大野	平成11年	218	14.0(6.0)	富山県
高岡市福岡町土屋～福岡新	昭和40年	193.8	8.0(5.5)	富山県
高岡市福岡町下向田～荒屋敷	昭和54年	165.5	7.5(5.5)	富山県
小矢部市西中野～芹川	昭和59年	352.9	11.2(7.0)	国土交通省
小矢部市東福町～西福町	昭和36年	136.5	5.5(5.0)	富山県
小矢部市西福町～東福町	昭和31年	157	9.0(6.5)	富山県
小矢部市泉町～茄子島	昭和53年	141.1	12.3(6.5)	富山県
小矢部市茄子島～綾子	平成21年	133	28.5(13.0)	富山県
小矢部市矢水町～福上	昭和43年	132	6.0(5.5)	富山県
小矢部市経田～浅地	昭和42年	132	8.3(5.5)	富山県
小矢部市浅地～経田	昭和48年	168	20.0(14.0)	中日本高速道路
小矢部市新西～蓑輪	昭和58年	150.4	14.0(7.0)	富山県
小矢部市清水～蓑輪	昭和62年	138	6.0(5.5)	小矢部市
小矢部市下川崎～南砺市上津	昭和55年	137.4	7.0(6.0)	富山県
南砺市上川崎	昭和49年	143.9	5.5(5.0)	富山県
南砺市岩木～桐木	平成4年	108.3	9.5(6.0)	富山県

B小矢部川	B-1	伏木万葉大橋	ふしきまんようおおはし	臨港道路伏木外港１号線
	B-2	伏木港大橋	ふしきこうおおはし	臨港道路
	B-3	城光寺橋（下り）	じょうこうじばし	国道415号線
		城光寺橋（上り）	じょうこうじばし	国道415号線
	B-4	米島大橋	よねじまおおはし	主要高岡環状線
	B-5	二上橋	ふたがみばし	一般守山向野線
	B-6	二上大橋	ふたがみおおはし	主要高岡環状線
	B-7	守山橋	もりやまばし	国道160号線
	B-8	国条橋	こくじょうばし	主要高岡氷見線
	B-9	国吉大橋	くによしおおはし	主要高岡羽咋線
	B-10	小矢部大橋	おやべおおはし	国道470号（能越自動車道）
	B-11	国東橋	こくとうばし	主要高岡羽咋線
	B-12	五位橋	ごいばし	一般小野上渡線
	B-13	三日市橋	みっかいちばし	一般石堤大野線
	B-14	土屋橋	つちやばし	主要押水福岡線
	B-15	向田橋	むくたばし	一般福岡宮島峡公園線
	B-16	ひぐらし橋（茅蜩橋）	ひぐらしばし	国道８号線
	B-17	小矢部橋	おやべばし	主要坪野小矢部線
	B-18	石動大橋	いするぎおおはし	主要小矢部福光線
	B-19	島分橋	しまぶんばし	国道471号線
	B-20	小矢部川大橋	おやべがわおおはし	主要砺波小矢部線
	B-21	農免大橋	のうめんおおはし	一般藤森岡線
	B-22	経田橋	きょうでんばし	一般安養寺砺波線
	B-23	小矢部川橋	おやべがわばし	北陸自動車道
	B-24	新津沢大橋	しんつざわおおはし	国道359号線
	B-25	津沢大橋	つざわおおはし	市道清水蓑輪線
	B-26	阿曽橋	あそばし	一般小森谷庄川線
	B-27	川崎橋	かわさきばし	一般安居福野線
	B-28	荊波橋	うばらばし	一般西勝寺福野線

❷両側（岸）に因む地名（旧町名含む）			B－14土屋橋◎ B－15向田橋◎ B－17小矢部橋◎ B－27川崎橋◎
③地名＋名詞が付くもの		○ ○ ○	A－10となみ野大橋● B－１伏木万葉大橋● B－２伏木港大橋●
b 二つの地名を合成したもの			
①旧国名・（旧）市町村名・通称名・地区名 ・旧国名 ・（旧含む）市町村名		 ○ ○	A－25飛越橋● A－27飛越大橋● A－高新大橋● B－８国条橋● B－11国東橋●
②大字名			A－15大渡橋●
ニ　動・植物名が付くもの			
①動物名に因むもの			B－16茅蜩橋■
②植物名に因むもの			A－14藤橋■ A－20楮橋■
ホ　伝説に因んで付けたもの			A－21火の川原橋◆ A－22宮川原橋◆ B－22経田橋◆
へ　その他		○ ○ ○	A－26合掌大橋★ B－10小矢部大橋★ B－19島分橋★ B－21農免大橋★ B－26阿曽橋■

注（1）橋名欄のＡは庄川に架かる橋を、Ｂは小矢部川に架かる橋を示す。
　（2）橋名欄のマークについては、命名動機の視点を示す。
　　▲：川そのものの「川名」に視点を置く
　　▼：かつての「古称」に視点を置く
　　◎：川を跨ぐ所在（＝土地の名称：地名）に視点を置く
　　●：川を「跨ぐ」ということと橋の両岸（側）の所在（＝土地の名称：地名）に視点を置く
　　■：川を跨ぐ所在の景観面（地形・自然環境など）に視点を置く
　　◆：川を跨ぐ所在に纏わる伝承や伝説に視点を置く
　　★：以上の視点に該当しない個々の「橋」の状況による視点

表２ 庄川・小矢部川に架かる「橋（橋梁）名」に関する分類一覧表

橋名の分類項目	接頭に「新」	接尾に「大橋」	橋名
イ 川名が付くもの			
①庄川の「川名」が付くもの	○		A－１新庄川橋▲ A－８庄川橋▲
②小矢部川の「川名」が付くもの		○	B－20小矢部川大橋▲ B－22小矢部川橋▲
ロ 古称が付くもの			
①川名に関係するもの、②荘園名に関係するもの		○	A－12雄神大橋▼ A－13雄神橋▼
③条里制の里名に関係するもの			B－28荊波橋▼
ハ 地名が付くもの			
a 一つの地名について			
①（旧含む）市町村名・地域/広域名・通称名・地区名			
❶片岸（側）に因む地名			
・市町村名		○	A－４高岡大橋◎
・通称名		○	A－６南郷大橋◎
			A－17湯出島橋◎
・地区名			A－７中田橋◎
			B－５二上橋◎
		○	B－６二上大橋◎
		○	B－８国吉大橋◎
			B－12五位橋◎
	○	○	B－24新津沢大橋◎
		○	B－25津沢大橋◎
❷両岸（側）に因む地名			
・（旧含む）市町村名		○	A－５大門大橋◎
		○	A－９砺波大橋◎
			A－16平橋◎
・地域/広域名		○	B－18石動大橋◎
			A－19五箇山橋◎
②大字名			
❶片岸（側）に因む地名		○	A－２牧野大橋◎
			A－11太田橋◎
			A－18小原橋◎
			A－23小白川橋◎
			A－24成出橋◎
			B－３城光寺橋◎
		○	B－４米島大橋◎
			B－７守山橋◎
			B－13三日市橋◎

二〇メートルの橋である。小矢部川大橋は、主要地方道砺波小矢部線に架かる橋で、平成二十一年度に架設された橋長一三三メートル、幅二八・五メートルで富山県が管理する橋である。橋長を比較すると、「小矢部川橋」の方が三五メートル長い。幅は、小矢部川大橋の方が八・五メートル広い。「小矢部川」の付く橋名での「橋」と「大橋」の名づけた方の違いは何か。

ロ　古称が付くもの

①川名に関係するもの・②荘園名に関係するもの

庄川に架かる雄神大橋と雄神橋の二基は、この①・②の分類に属すると考えられる。「雄神」は、古代における『万葉集』に「雄神河」と見え、中世の荘園名「雄神荘」と見える。雄神河の名は、この地に鎮座する式内社「雄神神社」の社名と関係があると思われ、中世、この神社付近を「雄神荘」と称し、「雄神荘（庄）の川」という意から、略して「庄川」となったといわれる。

③条里制の里名に関係するもの

この分類項目に該当するのは、小矢部川に架かる荊波橋と考えられる。

ハ　地名が付くもの

ａ一つの地名について

この「一つの地名について」とは、単一の地名から名づけられているものである。橋の架かる片側の地名に因むものを❶とし、橋が架かっている両側（両岸）一帯の地名に因むものを❷とする。

①（旧含む）市町村名・地域／広域名・通称名・地区名

片側の「市町村名」に因むもので庄川に架かる橋は、高岡市に因む高岡大橋の一基である。また、南郷大橋は、橋が架かる片側の一帯を「通称名」で南郷地区と呼称しているので、この分類に属すると考える。上流部に架かる湯出島橋も、南郷大橋ほど「通称名」で呼ばれる範囲は大きくはないが、「通称」で湯出島と呼ばれていたことから、分類項目の上ではここの分類とした。中田橋も、この分類項目の「地区名」に該当すると考えられるのでこの分類とした。小矢部川に架かる橋では、片側の地名に因むものでは、「地区名」に因む橋名として、二上橋と二上大橋の「二上地区」に関するものと国吉大橋の「国吉地区」に関係するもの、五位橋の「五位地区」に関係するもの、さらに、新津沢大橋や津沢橋も、旧津沢町という分類もあるが、小矢部川東岸の「津沢地区」という意かと思うのでこの分類とした。計六基が①-❶の中でも「地区名」に属すると考えられる。

橋の両側一帯の地名に因むものは、庄川に架かる橋では、「(旧含む）市町村名」に因むものとして、旧大門町に因む大門大橋、現在の砺波市に因む砺波大橋、また、平橋は現在の南砺市に合併する前の旧平村に架かるから、この「(旧含む）市町村名」の分類に属すると思われる。五箇山橋が架かる地は、現在は南砺市内であるが、かつてここら辺りを「地域／広域名」として「五箇山」と呼称したので、この分類項目に属すると考える。小矢部川に架かる橋では、現在は小矢部市内である石動大橋は、架設された時は旧石動町であったので、この分類項目とした。

②大字名

この分類に属する片側の地名に因むものは、庄川に架かる橋では、高岡市の大字名に因む牧野大橋や砺波市の大字名に因む太田橋（上り・下り）。また、小原橋は、現在南砺市の大字名であるが、架設された当時は旧上平村の大字名に因んだ橋名で、この分類項目となる。小白川橋は、富山県と岐阜県の間に架かる橋で、富山県が管理する橋ではあるが岐阜県側の白川村の大字名に因む橋名で、この分類となる。少し庄川上流の成出橋も、富山県と岐阜県の間に架かる橋で、岐阜県が管理するが富山県側の現在の南砺市の大字名である成出に因む。架設された昭和五十一年度は、旧上平村の大字「成出」であった。

小矢部川に架かる橋で、この分類に属する橋名は、高岡市の大字名に因む新・旧の城光寺橋、米島大橋、守山橋、現在高岡市の大字名ではあるが架設された時は合併する前の旧福岡町の大字名に因む三日市橋、土屋橋、向田橋である。小矢部市の大字名「経田」から同市の大字名「浅地」の両地内の間に架かる経田橋があるが、大字「経田」の地名由来から鑑みて後記する伝承に因む橋名の分類項目とした。

橋の両側一帯の地名に因むものは、川崎橋が該当すると思われる。川崎橋が架かるところは、かつての砺波郡川崎村で、その後二か村に分離し、その時に小矢部川の下流に位置する村を「下川崎」、上流を「上川崎」とし、同橋が架かる地は、現在、南砺市の大字名「上川崎」地内である。南砺市に合併する前は、旧福野町の大字名「上川崎」であった。川崎橋の架かる地の変遷から鑑み、大字名に因むこの分類項目とした。

また、小矢部橋は、かつての石動町の大字名に因むともいわれているので、この分類項目内とした。

③地名＋名詞が付くもの

小矢部川に架かる橋では河口部に架かる伏木万葉大橋と伏木港大橋、庄川中流部に架かるとなみ野大橋が、この分類に該当すると考える。ちなみに、「新」を名詞とは扱わず、この分類項目には入れなかった。

b二つの地名を合成したもの

①旧国名・(旧)市町村名・広域名・通称名・地区名

庄川に架かる橋では、上流部に架かる飛越橋と飛越大橋の二基が、飛驒国と越中国の旧国名を合成した「飛越」が付く橋名である。また、市名の合成によるものとして、高新大橋がこの分類に属する。同橋は、富山県高岡市と、もと同県新湊市（現在の射水市新湊地区）に架かる橋ということで、両市名の頭文字を合成した橋名である。

旧村名の合成は、小矢部川に架かる橋で国条橋と国東橋の二基が、該当すると考えられる。国条橋はかつての国吉村と西条村の村名の一文字を合成した橋名、国東橋はかつての国吉村と東五位村の頭文字一字を合成した橋名である。このように、この分類項目に属する橋は五基である。

②大字名

庄川に架かる橋の大渡橋が南砺市「大崩島」と同市「渡原」の大字名を合成した橋名で、この分類に該当すると考えられる。

ニ　動・植物名が付くもの

①動物に関係するもの

この分類項目には、小矢部川に架かる茅蜩橋の一基が該当すると考えられる。『万葉集』巻十七の三九五一に詠まれている動物（昆虫）「茅蜩（ひぐらし）」に因んでの橋名である。

②植物に関係するもの

この分類に属するのは、庄川に架かる藤橋と楮橋の二基が該当すると考えられる。

ホ　伝説に因んで付けたもの

庄川に架かる橋では、上流部に架かる飛越七橋と言われている火の川橋・宮川原橋が該当すると思われる。また、小矢部川に架かる橋では、「経田」は小矢部市の大字名であるが、経田に纏わる伝説やキョウデンそのものの意から鑑みて、経田橋をこの分類項目とした。

ヘ　その他

以上の分類項目に該当しないものとして、庄川に架かる橋では合掌大橋、小矢部川に架かる橋では島分橋・農免大橋・阿曽橋の計四基を、この分類項目とした。

2　橋（橋梁）名の命名構造・名づけ方

イ　庄川・小矢部川に架かる「橋（橋梁）名」の命名構造及び名づけ方の特徴

取り上げた庄川・小矢部川に架かる橋名を見て感じたことは、庄川・小矢部川それぞれの川に架かる橋には同じ橋名がないということである。地名の場合は、同じ市町村内あるいは違う市町村にも同じ地名があったりする。しかし、川の場合は、例えば小矢部川の本流と支流、総じて小矢部川水系というが、このエリアには同じ橋名はない。一本の川（本流・支流）として、エリアとして、橋（橋梁）名が名づけられているのである。しかも、川を管理する管理者の方針・命名根拠もあるようである。

以下、庄川・小矢部川に架かる「橋（橋梁）名」の命名構造及び名づけ方の特徴を述べてみたい。

①　北陸自動車道の「橋（橋梁）名」の名づけ方

前記したように、富山県内には七大河川という川がある。それらの川には多くの橋が架かっている。中日本高速道路が管理する北陸自動車道も、これらの川を跨ぐため、それぞれの川に「七大河川名＋橋」という橋が架かっている。庄川に架かる橋は庄川橋、小矢部川に架かる橋は小矢部川橋である。他、神通川に架かる橋は神通川橋、常願寺川は常願寺川橋、早月川は早月川橋、片貝川は片貝川橋、黒部川は黒部川橋で、以上、県内の七大河川を跨ぐ北陸自動車道に架かる橋名である。「七大河川名＋橋」のパターン式の橋名を見れば、中日本高速道路が管理する「北陸自動車道に架かる橋」と分かるのである。

②　「新」の付く橋（橋梁）名について

「新庄川橋」は、現在の「庄川橋」に相対しての「新」橋ではない。

本章で取り扱った橋、計五五基は、いずれも永久橋である。永久橋以前は、木造橋や石橋・土橋などであった。現在、庄川河口付近に架かる「新庄川橋」の「新」とは、かつてこの新庄川橋近くに架かっていた木造橋の「庄川橋」に対して、永久橋として架かった橋を「新しい橋」の意から「新」を付け「新庄川橋」と名づけたと思われる。現在の「庄川橋」とは、まったく橋を管理する管理者も違うので、「新」を付ける命名動機（命名視点）も違うのである。

このような例が、小矢部川に架かる橋にも見られる。新津沢大橋と津沢大橋が、この例に該当すると思われる。新津沢大橋は富山県が管理し、付近にかつて富山県が管理する「津沢が付く橋」があって、新たに昭和五十八年度に架設された橋を「新」を付けて「新津沢大橋」としたのである。津沢大橋は小矢部市が管理する橋で、津沢地内に昭和六十二年度に架設された橋を「津沢大橋」としたのである。

③　「〜橋」と「〜大橋」の違いと、「新」か「大橋」かどちらかを「橋（橋梁）名」に付ける意図

「新津沢大橋」・「津沢大橋」は、いずれもの橋名にも「大橋」が付く。命名構造上、何を基準に「大橋」と名づけるのだろうか。

新津沢大橋の場合、橋長一五〇・四メートル、幅一四メートル。津沢大橋は橋長一三八メートル、幅六メートルである。ちなみに、両橋近くに架かる橋で、単に「橋」のみの「経田橋」は、橋長一三二メートル、幅八・三メートルである。橋の幅では、「大橋」の付く津沢大橋より広いのである。また、同じく近くに架かる「川崎橋」は、橋長は一四三・九メートル、幅五・五メートルで、川崎橋の方が、「大橋」の付く津沢大橋より橋長が約六メートルも長いのである。さらに、「経田橋」の近くに「農免大橋」という橋があるが、この橋の橋長は一三二メートル、幅六メートルで、橋長は「大橋」が付かない「経田橋」と同じである。橋の幅は、「経田橋」の方が「大橋」の付く「農免大橋」より二・三メートルも広いのである。

結局、「〜橋」と「〜大橋」のどちらを付ける（名のる）かの基準は、曖昧なように思われる。ただ、すでにある橋の近くにもう一基「橋」を架ける時や、橋を「新たな橋」に架けかえた時は、「新」と付く場合もあるだろうし、

また、橋長や幅が、同じかまたはどちらか一方でも上回っていれば、「何々大橋」と名づけたのではなかろうか。

小矢部川の下流部に架かる「二上橋」・「二上大橋」の場合は、両橋とも富山県が管理し、二上橋が昭和三十五年度に架設され、「二上大橋」は昭和六十三年度に架設された橋である。長さは「二上橋」が「二上大橋」より若干長く、幅は後で架設された「二上大橋」の方が二・五メートルも広い。以前に架設された橋より、橋長や幅が同じかまたはどちらか一方でも上回っていれば、「何々大橋」と名づけたと考えられる例ではなかろうか。

④　「～橋」と「～大橋」の読み方

「橋」の読み方は、訓読みの「はし」と「ばし」、音読みの場合は「きょう」である。本章で扱った橋五五基の内「～橋」と付くものは、庄川で一五基、小矢部川では一八基である。これら「～橋」の通常の発音は、「～ばし」と訓読みでしかも「濁音」である。例えば、新庄川橋（しんしょうがわばし）や城光寺橋（じょうこうじばし）と発音する。庄川・小矢部川に架かる「～橋」は、ほとんどが「～ばし」と発音していることが、表1に記す「呼び名」からもあらためて読み取れると思う。

ところで、本章で扱った中には、名詞と名詞を繋ぐ助詞「の」「ノ」が付く「橋（橋梁）名」はなかったが、氷見市内を流れる二級河川の上庄川や湊川には「北の橋」「中の橋」という橋が架かっている。「北の橋」を「きたのはし」、「中の橋」を「なかのはし」と、「～橋」を「～はし」と清音で発音している。「語呂によって「～橋」を「～ばし」「～はし」と発音するということではなかろうか。

「～大橋」の付く橋（橋梁）名で、本章で取り扱った橋では、助詞「の」・「ノ」の付く橋名はなかった。

名詞「野（の）」が付く「となみ野大橋」が、庄川に架かっている。この橋名の呼び方は「となみのおおはし」で、「～大橋」は清音である。氷見の上庄川という二級河川に架かる「比美乃（ノ）江大橋」と表記する橋名の読みは、「ひみのえおおはし」である。やはり「～大橋」は「～おおはし」である。他に「～大橋」の付く橋名を少しあげれば、牧野大橋(まきのおおはし)や伏木万葉大橋(ふしきまんようおおはし)などあるが、本章で扱った「~大橋」の付く橋名は、いずれも「~おおはし」と呼んでいる。

「~橋」に「大」が付いて「~大橋」になると、発音は「~おおはし」と「清音」となる。助詞「の」・「ノ」の付く橋の場合は、「中の橋(なかのはし)」「北の橋(きたのはし)」のように「清音」になる。

⑤ 木造橋から「半永久橋」・「永久橋」への架け替えの際の「橋(橋梁)名」の名づけ方

富山県では、昭和時代に入ってコンクリートによる「永久橋」が多くなった。戦後も、木橋から「半永久橋」に、そして「永久橋化」へと力が注がれた。ちなみに、昭和三十二年において県内には一一二三基の木橋があったが、昭和五十八年までの二六年間で、すべて「永久橋」に架け替えられた。よって、昭和五十八年以前までは、「木造橋」「半永久橋」「永久橋」が混在していたことになる。

橋(橋梁)名の名づけ方において、ある橋が架け替えられた場合など、以前に名のっていた橋名をそのまま引き継ぐ、または以前の橋名にあらたに「新」を付記したり、橋の大きさ(橋長・橋幅)が以前の橋から大きい場合は「橋」から「大橋」という語に代えて橋(橋梁)名が名づけられたのではなかろうか。

小矢部川に架かる経田橋は、「木造橋」から「半永久橋」、そして現在の「永久橋」まで引き継ぐ橋名である。経田橋は、明治四十二年に架けられた。大正八年と昭和九年の洪水によって一部流出し、昭和十四年に木橋が架けられた。一〇年後の昭和二十四年に架け替えられたが、二十八年にまた流出し、翌年の昭和二十九年六月に半永久橋に改められた[7]。その後、昭和四十二年度に現在の永久橋である「経田橋」となったのである。このように、「経田橋」は、木造橋から現在の永久橋に至るまで、何度かの洪水によって一部かすべて流出している。しかし、「経田橋」の橋名は、橋が流出し、いったん「カタチ」の上で消滅はするがまた復活し、永久橋となった現在においても継承されている。「経田橋」の橋名は、明治以来継承されている「橋名」ではないだろうか。

ちなみに、半永久橋とは、上構木造板橋でパイル（杭）橋脚などによるものである。

⑥「小矢部」が付く橋名について

本章で取り扱った小矢部川に架かる橋で、橋名に「小矢部」と付くものは、下流から順に記すと次のように四基である。

	橋（橋梁）名	管理者	架設年度	路線名	橋長（m）	幅員（m）
1	小矢部大橋	国土交通省	平成十五年度	国道四七〇号線（能越自動車道）	二七四	一一
2	小矢部橋	富山県	昭和三十六年度	主要地方道坪野小矢部線	一三六・五	五・五
3	小矢部川大橋	富山県	平成二十一年度	主要地方道務砺波小矢部線	一三三	一八・五
4	小矢部川橋	中日本高速道路	昭和四十八年度	北陸自動車道	一六八	二〇

現在、小矢部川には「小矢部川中橋」という「小矢部」が付く橋が架かっているが、右記の橋名についてのみ記すこととする。

まず、「小矢部」とは何かについては、前述を参照のこと。「小矢部」の付く四基は、2・3の二基は富山県が、1は国土交通省が、4については中日本高速道路が管理する橋である。よって、それぞれの管理者が最終的に「橋名」を決定する。ただ、小矢部川という一本の川として橋名を検討した場合、管理者が違っていようと、仮架設橋での橋名では同名があるかもしれないが、本来すでに存在する橋名と同じ橋名は命名しないという管理上からも暗黙の管理者間の了解があるように思われる。この了解は、庄川をはじめ他の七大河川にも言えることではなかろうか。

「小矢部」の付く橋名は、それぞれの管理者の命名理念や根拠と、小矢部川という一本の川での命名動機のもと、それぞれの管理者が「小矢部」の付く橋名を名付けているように考える。1の「小矢部大橋」は、小矢部川を跨ぐ国土交通省が管理する能越自動車道（国道四七〇号線）に架かる橋である。「小矢部大橋」という橋名から「小矢部」に関係する橋名ということを推測できるが、「小矢部市内に架かる橋か、小矢部川に架かる橋か。」ということを推測できない。同橋は、能越自動車道の高岡インターチェンジから氷見・七尾方面に向かう、高岡市荒屋敷地内から同市四日市地内の間に架かる橋である。「小矢部大橋」の橋名は、他の「小矢部」の付く橋名と比較検討して名づけられたと推察する。3と4の橋名からは、すぐに「小矢部川に架かる橋」と推測できる。3と4を比較した場合、3は「～大橋」と付くが、4の単に「～橋」のものより、橋長は短く、幅は大きい。4の「小矢部川橋」は、中日本高速道路が管理する北陸自動車道に架かる七大河川を跨ぐ橋名は「七大河川名＋橋」のパターン式で名づけられるという「ヨコ」との繋がりも鑑みた橋名である。

四基の「小矢部」の付く橋名は、小矢部川に架かる橋、あるいは橋長・幅についても名づける視点にはするが、むしろ前記した「すでに存在する橋名と同じ橋名は命名しない。」という命名視点のウエートをより重視して、橋名が名づけられたのではなかろうか。

よって、「小矢部」という名称に、「大橋」、「橋」、「川＋大橋」、「川＋橋」という単語や複合語が付く、「小矢部大橋」・「小矢部橋」・「小矢部川大橋」・「小矢部川橋」という橋名が名づけられたと考える。

ロ　「橋（橋梁）名」分類項目別にみる命名構造および名づけ方

本章で取り扱った庄川・小矢部川に架かる橋（橋梁）名が命名されたときの命名（名づけ方）動機となった視点は何なのか。

命名動機の視点とは、橋を架けようとする管理者が、

①　庄川・小矢部川という川そのものの「川名」に視点を置く。

②　庄川・小矢部川のかつての「古称」に視点を置く。

③　庄川・小矢部川を跨ぐ所在（＝土地の名称：地名）に視点を置く。

＊　所在に視点を置く場合は、川を跨いで橋は架けられるので、a片岸（側）かあるいはb両岸（側）の所在に視点を置くかという、橋を架けようとする所在に対して、さらに一歩踏み込んだ観点が、命名動機に加わると思われる。

④　庄川・小矢部川を「跨ぐ」という「跨ぐ」に視点を置き、さらに、橋が架かる両岸（側）の所在＝（土地の名称：地名）にも並行して視点を置く。

＊　「跨ぐ」＋「両岸（側）の所在（土地の名称：地名）」＝合成橋名（合成橋名とは、両岸それぞれの所在名の一字を合成した橋名。）

⑤　庄川・小矢部川を跨ぐ所在の景観面（地形・自然環境など）に視点を置く。

⑥　庄川・小矢部川を跨ぐ所在に纏わる伝承や伝説に視点を置く。

⑦　①～⑥の命名動機の視点に該当しない個々の「橋」の状況による視点。

以上、命名動機の七つの視点から、それぞれの橋（橋梁）名を管理者が名づけたのではないだろうか。①～⑥の命名動機の視点に該当しないものを、すべて⑦とした。⑦については、個々の橋の状況による視点のものである。

命名動機の①から⑦の視点で、庄川・小矢部川に架かる橋名の名づけ方について順に述べてみたい。

前記したが、橋（橋梁）名の名づけ方においては、一本の川には（仮架設橋を別として）同じ橋名がない。橋を管理する管理者が、最終的に橋（橋梁）名を決定する。橋名を名づけるにあたり、管理者は名称検討委員会や協議会を

設置して行うなど関係各位と何度も協議を重ね、地元の意見や要望なども聞き、慎重に橋名を決める。

かつての板橋・石橋・土橋とは違って、昨今の橋はほとんどが「永久橋」で災害には強く、永らく川に架かっている。よって、橋（橋梁）や橋（橋梁）名も、地名同様、橋が架かる所在地の歴史を紐解く大事な資料にも成り得るのである。

①　庄川・小矢部川という川そのものの「川名」に視点を置く。…表示マーク：▲

命名動機として、「川名」に視点を多く橋（橋梁）名として、庄川に架かる橋では「新庄川橋」と「庄川橋」の二基が該当すると考えられる。

この二基は、まったく管理者が違い、橋名の名づけた方の方針・根拠も異なり、両橋の橋名には直接の関係性はない。ただ橋名を名づける上で、「川名」に視点を置いての命名動機は同じである。しかし、庄川という「川名」の捉え方が、双方の管理者に違いがある。

「新庄川橋」を管理する富山県は、「庄川という一本の川」として捉えている。

一方、「庄川橋」の場合は中日本高速道路が管理するもので、同管理者が管理する北陸自動車道が跨ぐ富山県内の七大河川に架かる橋には、「七大河川名＋橋」という橋名が名づけられている。庄川に架かる北陸自動車道が通る橋は「庄川橋」、小矢部川に架かる橋は小矢部川橋である。

庄川に架かる「新庄川橋」の庄川は、「庄川という一本の川」として捉えた川名「庄川」に対して、「庄川橋」の「庄川」という川名は、七大河川の中の一つの川名「庄川」という捉え方をした名づけ方と考えられる。

いうなれば、「新庄川橋」の「庄川」は、庄川という一本の川の中で捉えた「タテ」の関係から命名され、「庄川橋」の「庄川」は、七大河川という七本の川の中の一本という捉え方をした「ヨコ」の関係から命名された「川名」ではないだろうか。

表３　庄川・小矢部川に架かる橋の命名構造項目別数量一覧表

＊命名構造：命名動機の視点→橋を架けようとする管理者が、	表示マーク	数　量
①　庄川・小矢部川という川そのものの「川名」に視点を置く。	▲	4（内訳：庄2、小2）
②　庄川・小矢部川のかつての「古称」に視点を置く。	▼	3（内訳：庄2、小1）
③　庄川・小矢部川を跨ぐ所在（＝土地の名称：地名）に視点を置く。	◎	28（内訳：庄13、小15）
④　庄川・小矢部川を「跨ぐ」という「跨ぐ」に視点を置き、さらに、橋が架かる両岸（側）の所在（＝土地の名称：地名）にも並行して視点を置く。	●	9（内訳：庄5、小4）
⑤　庄川・小矢部川を跨ぐ所在の景観面（地形・自然環境など）に視点を置く。	■	4（内訳：庄2、小2）
⑥　庄川・小矢部川を跨ぐ所在に纏わる伝承や伝説に視点を置く。	◆	3（内訳：庄2、小1）
⑦　①～⑥の命名動機の視点に該当しない個々の「橋」の状況による視点。	★	4（内訳：庄1、小3）
合　計		55（内訳：庄27、小28）

注（1）表示マークは、表２内の橋名右横に記すマークのことである。
　（2）数量内の（内訳）の庄は庄川に架かる橋、小は小矢部川に架かる橋を示している。

小矢部川に架かる橋では、川名に視点を置く橋として、「小矢部川大橋」と「小矢部川橋」の二基が考えられる。「小矢部川大橋」は富山県が管理する橋で、「小矢部川橋」は中日本高速道路が管理する橋である。両管理者が、川名に視点を置いての命名動機は同じである。富山県は小矢部川を一本の川として捉えた「タテ」の関係から川名「小矢部川」を付記した橋名の名づけ方をし、中日本高速道路は七大河川の七本の川の中の一本という捉え方をした「ヨコ」の関係から命名したと考えられる。この小矢部川の川名に視点を置き「タテ」・「ヨコ」の関係から命名する考え方は、庄川に架かる「新庄川橋」・「庄川橋」と同じ視点である。

②　庄川・小矢部川のかつての「古称」に視点を置く。…表示マーク…▼

この②の命名動機によって名づけられた橋名は、庄川に架かる橋では「雄神大橋」と「雄神橋」、小矢部川に架かる橋では、「荊波橋」が該当すると考えられる。これら三基の橋は、いずれも富山県が管理する橋である。

庄川下流にある「大門大橋」が、かつて「雄神橋」と名のった時があった。「大門大橋」を「雄神橋」と名づけた視点は、庄川が『万葉集』で見える「雄神河」のことで、雄神河という一本の川という視点から、下流であっても上流であっても「雄神河」という川から名づけるという命名動機から発生し、庄川の下流で「雄神橋」と名のってもまったく可笑しくないのである。

庄川の古称である「雄神」については、古代の天平二十年春に、当時の越中国守であった大伴家持が出挙のため諸郡巡行の折、「砺波郡雄神河の辺にして作る歌」と題して「雄神河」を詠んだ歌が『万葉集』に載っている。また、中世頃、現在の砺波市庄川町庄のあたりを「雄神荘」と称され、この雄神荘を流れる川ということから、現在の「庄（しょう）川」となったのであろう。

家持が詠んだ「雄神河」の「雄神」は、この地域に鎮座する式内社「雄神神社」の社名に関係するものといわれている。明治三十九年、砺波郡雄神村のここら辺りに木製の吊橋が架設され、庄川を跨ぐ両端の「庄」と「金剛寺」の大字名の名称から橋名を「庄金剛寺橋」と命名された。「雄神」という名称の発祥謂れのイメージの強い地の橋は、両岸の大字名を橋名とする「庄金剛寺橋」と名づけ、むしろ一本の川と捉えた庄川下流に架かる「大門大橋」の橋名を、『万葉集』に載る由緒ある川名「雄神河」に因んで「雄神橋」と改称したのである。大門大橋から「雄神橋」に改称されたので、「雄神」の名称の発祥謂れのあるこの地に架かる「庄金剛寺橋」を、「雄神」の元地に架かる橋の意も込めて、「元」という語を入れて「元雄神橋」と呼称した。その後、下流に架かる「雄神橋」が、現在の旧称「大門大橋」に再び改称されたのを契機に、「元雄神橋」から現在の「雄神橋」に改称されたのである。

このように、同じ橋名は、一本の川において同時期には発生しないのである。橋を管理する管理者が同じであるから、「雄神」や「大門」と付く橋名も移動は可能であり、また、橋名の復活も可能なのである。

小矢部川に架かる荊波橋も、「雄神大橋」・「雄神橋」と同様、富山県が管理する橋である。荊波橋が架かる辺りのかつての条里制の里名を示す橋名として、地名同様、歴史を解き明かす手掛かりとなる良い橋名だと思われる。

③　庄川・小矢部川を跨ぐ所在（＝土地の名称：地名）に視点を置く。…表示マーク：◎

富山県には多くの川があり、その川の多くは急流河川で、古来たびたび起こる洪水によって河道が変化し、なかなか橋を架けにくかった。また、藩政期における軍事上の政策により橋を架けなかったということもあった。富山県は、地勢上、横に移動しなければ「人」も「物資」も移動できない。「横（ヨコ）」に移動するということは、多くの川を渡らねばならない。川を渡るときは、道路や橋の整備が急務となり、富山県は明治以降、飛躍的に橋や道路の整備に着手し、今では日本有数の道路や橋が整備されている県である。

富山県人の「橋」に対する熱い思いは、橋が架かる所在（＝土地の名称：地名）に視点を置く橋名が多いことからも理解できる。ある土地に住む人が、自ら住む土地に愛着を感じ、「地名」にその思いが込められているのと同じように、橋名に「所在の付く橋名」が多いということは、橋の架かる所在に愛着を感じるから、橋名にもその思いが込められ、橋名として名づけられるのではなかろうか。

この③の所在に視点を置く「橋（橋梁）名」の名づけ方は、取り扱った橋名の約五割を占めている。前述したように、橋は「川」を跨いで架設されるので、所在に視点を置く場合は、片岸（側）の所在かあるいは両岸（側）の所在かという、「橋を架けようとする所在」に対して、さらに一歩踏み込んだ観点が命名動機に加わると思われる。川を跨ぐ橋は、片岸（側）と両岸（側）が「同じ所在である場合」もあれば、「片岸（側）が違う所在の場合」もあるので、橋名を名づける際には、「片岸（側）の所在名、両岸（側）の所在名を、どうを扱うか。」という観点も必要になってくる。

また、橋の「所在（地名あるいは名称）をどの範囲までとするか」という観点も考えた場合、所在名（土地の名称

＝地名）が単なる所在名から、通称名・地区名・広域名あるいは市町村名など表2のハに示したような項目が、橋名を名づける命名動機の対象となるのである。

橋が架かる片岸（側）や両岸（側）に因む所在名（地名）を橋名に反映させるかは、最終的には橋を管理する管理者が決めるのである。

④　庄川・小矢部川を「跨ぐ」という「跨ぐ」に視点を置き、さらに、橋が架かる両岸（側）の所在（＝土地の名称：地名）にも並行して視点を置く。…表示マーク：●

この④の視点は、川を「跨ぐ」という視点と、③の視点の所在（地名）をさらに広範囲に捉えたものである。③の視点は一つの所在（地名）を対象としたが、④の視点は二つの所在（地名）を対象としたり、あるいは、ある程度広範囲を示す所在（地名）にさらに名詞（名称）が付くような固有名詞的な橋名もこの名づけ方の視点とした。いうなれば、両岸それぞれの所在名の一字を合成した橋名や、広範囲の所在（土地の名称：地名）に名詞（「野」や「港」や「万葉」などの名称）を付けた固有名詞的な橋名が、この視点である。

取り扱った橋で、この④の視点によって名づけられた橋名は九基と考える。旧国名では飛驒国と越中国それぞれ一文字を合成した飛越橋・飛越大橋、旧及び現市町村名では高岡市と新湊市（現射水市新湊地区）それぞれ一文字を合成した高新大橋、通称名／地区名においては国吉地区と西条地区のそれぞれ一文字を合成した国条橋や国吉地区と東五位地区の国東橋、大字名では南砺市大崩島と同市渡原のそれぞれ一文字を合成して名づけた大渡橋が、橋の架かる所在名（地名）のそれぞれの一文字を取って名づけた「合成橋名」である。あるいは、庄川に架かる「となみ野大橋」のように「（広範囲を示す所在（地名）：となみ」＋「名詞（名称）：野」のもの、また、小矢部川に架かる「伏木万葉大橋」は「（広範囲を示す所在（地名）：伏木」＋「名詞（名称）：万葉」、「伏木港大橋」は「（広範囲を示す所在（地名）：と伏木」＋「名詞（名称）：港」というように広範囲を示す所在（地名）に名詞（名称）が付く固有名詞的な橋名である。これらがこの④の視点に該当する名づけ方と考える。

⑤　庄川・小矢部川を跨ぐ所在の景観面（地形・自然環境など）に視点を置く。…表示マーク：■

この⑤の視点は、橋の「所在の景観」に視点を置くものである。「景観」とは何か。景観には、自然景観と人文景観がある。本章で取り扱った橋の場合の景観は、「自然景観」に関するものがほとんどで、この自然景観が橋名を名づける一要因になったと思われる。なお、自然景観とは、水、地形、植生、棲息などを構成要素としたものと考える。

この⑤の視点を重視して名づけられた橋名として、小矢部川に架かる「阿曽橋」が該当すると考えられる。「阿曽（アソ）」とは、自然景観の中でも「地形」に関する崩岸・岩河原・岩塊の堆積する意があり、それから橋名が名づけられたのではなかろうか。「動物名に因むもの」として、小矢部川に架かる「茅蜩橋」が該当すると考えられる。この茅蜩橋は国土交通省が管理する。茅蜩がこの地に多く棲息したという観点からの命名ではない。管理者が名づけるにあたり、ふるさとのかおりがして、古来より親しまれている越中万葉に関するもので、ここら辺りの自然景観が詠み込まれたものという観点から、命名した橋名と考える。ここら辺りは、かつて夏に茅蜩が鳴く野原だったのか。

「植物に因んで名づけられた橋名」として、庄川に架かる「藤橋」と「楮橋」の二基が該当すると考える。「藤橋」は、かつて植物の「藤蔓」を使用して橋を造ったことから名づけられた橋名。「楮橋」は、植物の楮が架設した橋辺りに多く植生している意から名づけられたものと思われる。このように植物に関する橋名でも、それぞれ名づける観点が全く異なっていると思われる。

⑥　庄川・小矢部川を跨ぐ所在に纏わる伝承や伝説に視点を置く。…表示マーク：◆

この⑥の視点に該当する橋名は三基ある。庄川に架かる橋では「火の川原橋」と「宮川原橋」の二基である。この二基は、富山県と岐阜県境付近の庄川に架かる七本の橋の総称「飛越七橋」に属するものである。これら七本の橋の内、四本が富山県が管理し、三本は岐阜県が管理する橋である。「火の川原橋」と「宮川原橋」は、いずれも富山県が管理する橋である。これら七本の橋名の名づけ方は、橋を管理する富山県・岐阜県が、それぞれの県で最終的に橋名を決定したと思われるが、ほとんどの橋が富山県と岐阜県に跨っているので、両県で協議・検討されたと考えられる。

ちなみに、「火の川原橋」・「宮川原橋」は、片岸（側）は富山県南砺市楮地内、もう一方の片岸（側）は岐阜県大野郡白川村小白川地内である。

「火の川原橋」は橋の架かる近くの川原でかつて「焚き火」をしたいとう伝承から、また、「宮川原橋」は橋の架かる辺りで神社の御神体である木像が見つかったという伝説から、それぞれ名づけられた橋名と思われる。

小矢部川に架かる「経田橋」は、前記した橋（橋梁）名の分類でも「ホ伝説に因んで付けたもの」の分類とした。地名「経田」は、現在、小矢部市の大字名である。橋（橋梁）名の分類で、「ハ地名が付くもの」の「②大字名」の分類項目に分類することもできるが、あえて「橋（橋梁）名の分類」では「伝説に因んで付けたもの」に、「橋（橋梁）名の命名構造や名づけ方」ではこの「伝承や伝説」の視点とした。

なぜ、あえて「伝承や伝説」に関する分類や視点にしたのかというと、「経田橋」の橋名由来で述べたように、「経田橋」の「経田」には「貞観五年の大地震と洪水によって荘光寺が押し流された時に、同寺の経蔵が現在の「経田」の地で止まったので命名された。」という伝承があるのと、前記したように「経田橋」は明治以来何度も洪水などによって橋が流出し架け替えられているが、「経田橋」の橋名は継承され現在に至っていて、いわば橋名そのものが「伝承化」と捉えることができるからである。

地名が、その土地に伝わる「伝説・伝承」に因んで名づけられる視点と、橋名を「伝説・伝承」に因んで名づける視点には、それぞれ「伝説・伝承」の捉え方に違いがあるように思われる。

橋名の場合は、橋が架かる所在の土地に纏わる「伝説・伝承」と、以前橋の架かっていたところに新たに橋が架かった場合は、以前の橋に纏わる伝承が語り伝えられて「橋名」として名づけられることがある。

例えば、庄川に架かる橋の「藤橋」は、かつて「藤蔓」で編んだ橋が架かっていた事実が語り継がれ伝承化し、現在、橋名「藤橋」という橋が架かっている。

橋名は、橋という「有形物」に名づけられる名称である。しかし、地名は、「無形」のものに名づけられる名称である。よって、「橋名」・「地名」それぞれに「伝承・伝説」に因むものがあるが、橋名は「有形物」のもの、地名は「無形」という対象物の違いは、双方の名づけ方においても違いが発生することは当然である。

現在の橋は、ほとんどが永久橋である。木造橋に比べれば橋の耐久性は飛躍的に伸び、橋は永らく架設されている。永らく架設されているということは、橋名も永らく伝承されるということである。

よって、「橋名」は、橋の架かる所在の歴史を知る上に置いても、大変貴重なものなのである。

⑦　①～⑥の命名動機の視点に該当しない個々の「橋」の状況による視点。…表示マーク…★

①～⑥の命名動機の視点に該当しないものは、四基が該当すると思われる。庄川に架かる橋では「飛越七橋」の一基「合掌大橋」が該当し、橋は岐阜県が管理する。橋名の「合掌」とは、インド起源の礼拝の仕草や建物のカタチなどの意である。橋名「合掌大橋」と名づけられたのは、同橋が架かる地域には合掌造りの民家があり、これをモチーフに建造されたから名づけられたと考える。

他、この⑦に該当する橋は、小矢部川に架かる三基である。その一基は、橋名「島分橋」で、集落「島」を分ける意から名づけられたと考える。二基目は「農免大橋」で、農林漁業用揮発油税財源身替農道整備事業による農業用道路のことを「農免農道」といい、これを略して「農免」という。通常ガソリン（揮発油）の取引には揮発油税がかかるが、農林漁業用機械に消費されるガソリンについてはそれを免除することになっている。しかし、取引の際にそのガソリンが何に使われるのかを確かめるのは現実的ではないため、農林漁業用機械に消費される分の揮発油税に相当する額を財源として道路を整備することで、揮発油税の免除に代えている。この事業を「農林漁業用揮発油税財源身替農道整備事業」といい、その道路を一般に農免農道（農免道路とも）と呼ぶ。このことに因んで「農免大橋」という橋名が名づけられた。三基目は、能越自動車道に架かる「小矢部大橋」で、「小矢部川」に架ける橋という観点も含めて、橋名に「小矢部」が付く橋名が名づけられたのではなかろうか。このように、この⑦に属する視点の橋名は、この四基と思われる。

五　おわりに

「橋（橋梁）名」の名づけ方について、庄川・小矢部川に架かる橋を例に述べてみた。単に、橋名の由来を論じたのではなく、橋（橋梁）名を分析して、取り扱った橋（橋梁）名の分類と、その橋（橋梁）名の名づけ方や命名手順・命名視点などの橋（橋梁）名の構造について検討してみた。橋（橋梁）には、木造橋・半永久橋・永久橋へと橋の材料による変遷があり、ましてや富山県の河川は比較的急流河川が多く、大雨や暴風・洪水による災害で橋が決壊したり流出したりと、何度も架設を繰り返すこともあった。このようなことが、橋（橋梁）名からも読み取ることができた。

橋（橋梁）名は、単なる番号のような扱いで捉えるのではなく、「橋」が架かる所在の過去をも解き明かすことができる手掛かりになりうる資料でもある。

本章は、従来の橋（橋梁）名の由来などの「橋名の発生」に関する論考も取り入れながら、主に橋名の分類とその橋名の「名づけ方」や命名視点についてまとめてみた。

まだまだ、不十分な点が多々あるかと思うが、あくまでも現時点の私見を述べたものである。

また、本章をまとめるにあたり、あらためて富山の「河川名」と「橋名」の面白さをも再認識できた次第である。

注

（1）『藝文とやま』第二七号（富山県芸術文化協会、一九九九年）の「特集・とやまの橋―流域橋紀行〈庄川水系〉」の中で、筆者は「加須良橋から分水嶺まで―虹の架け橋」というエッセイを執筆した。

（2）「富山県の七大河川名」については、「富山県の七大河川考―河川名に見える自然災害との関係―」という題で、『全測連』第三一巻第二号（全国測量設計業協会連合会、一九九九年）に執筆した。「とやま橋に関する地名」については、同題で、注（1）と同じ『藝文とやま』第二七号（富山県芸術文化協会、一九九九年）に執筆した。また、「とやまの「橋」の名称」については、「富山県内の「橋」の名称とその願い」と題して、『万華鏡　富山写真語　九七号　かけ橋』（ふるさと開発研究所、二〇〇〇年）で執筆した。

『万華鏡』の出版・編集を奥野達夫氏と風間耕司氏お二人で主宰しておられた。主宰者のお一人の奥野達夫氏が、平成二十七年にお亡くなりになった。奥野氏には、長年、富山芸術文化協会の『藝文とやま』編集委員として、また、富山民俗の会の会員として大変お世話になり、『万華鏡　富山写真語』においては、テーマに応じて、何度も奥野氏から原稿依頼を受け執筆させていただき、私の地名研究の「発表の場」を提供してくださった。奥野氏には、謹んで哀悼の意を申し上げたい。合掌

（3）平成二十五年、私は富山県立福岡高校に勤務していた。同校には平成二十五年四月から二十七年三月までの二年間勤務した。平成二十五年度より、富山県では、県内で学ぶすべての県立高校生を対象に、日本や郷土の伝統文化に対する理解を深めるために、「郷土史・日本史学習」本格的導入に関する通達を県教委からした。この通達に対応するため、福岡高校では、同年度から、一年生の現代社会と二年生の世界史A・地理Aを選択する地歴Bクラスの生徒達を対象に、「郷土史学習」を実施することとなり、私と牧本雄大教諭が担当した。

私が担当した一年生全員を対象とした現代社会での「郷土史学習」の折、ある生徒が「橋の名前はだれが、どうやって決めるのですか?」と質問をしてきた。テーマ「福岡町という地域について」という授業で、生徒が発したこの質問が、本稿をまとめる一つのきっかけとなった。

その時は、本章の結論とほぼ同じ回答（「橋を管理する管理者が最終的に橋名を名づけると思われる。」）という回答をした。福岡町に架かる橋のみではあるが、橋を管理する管理者に問い合わせ、生徒に後日回答した。生徒の質問とそれに対する回答を得たことが、他の橋の橋名はどうか、また、管理者が違っていたら橋名はどうなるのか、同じ川に同じ橋名はないのかと、いろいろと疑問が生まれ、橋名の比較検討をしたいという思いが掻き立てられ、本稿をまとめる要因の一つになった。

（4）通勤や出張の折に小矢部川・庄川の両川に架かる橋を何度も渡り、渡るごとにある生徒からの質問が頭をよぎった。また、「橋」の架かる「河川」については、大きな思い入れがある。昭和五十四年五月に、故池田末則先生が編集や監修のお一人として担当なさった『日本全河川ルーツ大辞典』が刊行された。その頃、私は池田末則先生が主宰する日本地名学研究所へ通って、先生から「地名」についてご指導していただいていた。『同大辞典』が刊行される約二年前、池田先生から「富山と石川県の河川について、丹念に見て・歩いて・調べて、辞典原稿を書いてみなさい。」という電話があった。約半年をかけ、富山・石川県の主な川を一通り丹念に見て歩き調べた。そして、池田先生やいろいろな方からご教示を受け、約半年をかけ、辞典原稿をすべて書き上げた。もう三十数年前のことだが、書き上げた時の「達成感」と「充実感」は、自分の地名研究の「礎」と「支え」となっている。富山の河川や橋に関する地名・名称の研究は、一生涯、私の地名研究の一テーマかもしれない。

（5）富山県土木部道路課編集『富山の橋　一九八九』富山県土木部道路課、一九八九年。

（6）小矢部市教育委員会『おやべの地名と由来（その2）』小矢部市教育委員会、一九八三年。

（7）小矢部市史編集委員会『小矢部市史』下巻、小矢部市、一九七一年。

参考文献

拙者『越中富山地名伝承論』クレス出版、二〇〇九年
拙者『北陸地名伝承の研究』五月書房、一九九八年
池田末則監修・村石利夫編著『日本全河川ルーツ大辞典』竹書房、一九七九年

池田末則・丹羽基二監修『歴史と文化を探る　日本地名ルーツ辞典』創拓社、一九九二年
「角川日本地名大辞典」編纂委員会編『角川日本地名大辞典一六　富山県』角川書店、一九七九年
「角川日本地名大辞典」編纂委員会編『角川日本地名大辞典一七　石川県』角川書店、一九八一年
「角川日本地名大辞典」編纂委員会編『角川日本地名大辞典二一　岐阜県』角川書店、一九八〇年
楠原佑介・溝手理太郎編『地名用語語源辞典』東京堂出版、一九八三年
建設省北陸地方建設局・富山県監修『富山県の河川』建設省北陸地方建設局・富山県、一九八三年
富山県土木部道路課編集『富山の橋　一九八九』富山県土木部道路課、一九八九年
平凡社地方資料センター編集『日本歴史地名大系一六　富山県の地名』平凡社、一九九四年

資料提供
富山県の「橋」に関する資料を、富山県土木部道路維持課より提供していただいた。心から感謝申し上げます。

第八章　高速道路の「インターチェンジ名・トンネル名・橋名」の名づけ方

――能越自動車道の高岡インターチェンジから七尾インターチェンジ間を例に――

一　はじめに

地名とは、「土地の名称」（略して地名か）のことである。地名によっては、その地名が「狭い範囲」（狭義）で使用される場合もあれば、「広い範囲」（広義）で使用される場合もある。[1] 地名は、使用する用途によって、その地名を使用する「範囲」にも違いが生ずるということではないだろうか。いうなれば、地名を使用する「用途」と、その地名を使用する「範囲」を考慮した上で、地名を名づける（命名する）ことも大切ということではなかろうか。

地名は、至る所で使用されている。例えば、道路やビル、ダム、堤防などの「構造物」の名称に「地名」がよく使用されている。これら「構造物」の名称を名づけるにあたっても、その構造物を使用する「用途」や「範囲」、あるいはその役割をも考慮して名づけられるべきではないだろうか。

「（高速）道路」には、「インターチェンジ（ＩＣ）」・「トンネル（隧道）」・「橋（橋梁）」など、いくつかの「構造物」がある。本章では、能越自動車道の「高岡インターチェンジ」から「七尾インターチェンジ」間にある「インターチェンジ」・「トンネル」・「橋（橋梁）」などの構造物それぞれに名づけられている名称を例に、地名を使用する「構造物」の名づけ方について考えてみたいと思う。

二　能越自動車道とは

能越自動車道とは、富山県砺波市（小矢部砺波ジャンクション）から小矢部市、高岡市、氷見市を経由して、石川県七尾市や穴水町を通って輪島市（輪島インターチェンジ）に至る延長約一〇〇キロの高規格幹線道路で、一般国道の自動車専用道路である。同道路は国土交通大臣指定に基づくもので、国道四七〇に指定されている。

現在、能越自動車道の富山県側の開通区間は、平成二十七年二月二十八日に、灘浦インターチェンジから七尾大泊インターチェンジまでの間と、七尾インターチェンジから七尾城山インターチェンジの間の二つの区間が同時に開通したことによって、北陸自動車「小矢部砺波ジャンクション」から「七尾インターチェンジ」までの約五七・五キロが全面開通した。

この全面開通した「小矢部砺波ジャンクション」から「七尾インターチェンジ」の間（約五七・五キロ）は、供用区間でもある。この供用区間の「小矢部砺波ジャンクション」から「高岡北インターチェンジ」までの間の一八・二キロを「高岡砺波道路」と呼称、「高岡北インターチェンジ」から「氷見インターチェンジ」までの一一・二キロの供用区間を「氷見高岡道路」と呼称、「氷見インターチェンジ」から「七尾インターチェンジ」までの二八・一キロの供用区間を「七尾氷見道路」と呼称している。

ちなみに、これら供用区間である「小矢部砺波ジャンクション」から「高岡インターチェンジ」までの約一三・七キロを富山県道路公社が管理し、有料区間（「小矢部・砺波ジャンクション」から「小矢部東インターチェンジ」と「福岡インターチェンジ」から「高岡インターチェンジ」までの間に、それぞれ一か所料金所が設けられている。）である。「高岡インターチェンジ」から「七尾インターチェンジ」の約四三・八キロは、国土交通省が管理する無料区間である。

＊　以下、「インターチェンジ（英:interchange）」をＩＣと表記する。
能越自動車道の「高岡ＩＣ」〜「七尾ＩＣ」間までは、国土交通省北陸地方整備局の富山河川国道事務所と金沢国道河川事務所が管理運営している。同道は国道四七〇であるので、富山県側は能越国道維持出張所、石川県側は能登国道維持出張所が、道路の管理維持を行っている。

三　高岡ＩＣ〜七尾ＩＣ間にある「インターチェンジ名」について

能越自動車道の高岡ＩＣから七尾ＩＣ間には、九つのインターチェンジがある。そもそもインターチェンジとは、複数の道路が交差したり、あるいは近接する箇所において、その高低差のある場所を連結するランプもしくはランプウェイ（傾斜（道）路）を設置して、これらの道路を立体的に接続する構造物の施設をいう。このインターチェンジの構造上の特徴として、本線道路へ接続される流入口のランプウェイはすべて一方通行で、このランプウェイで車は十分に加速して本線の交通上の流れの中にスムーズに合流できるようになっている。

高岡ＩＣから七尾ＩＣ間にある九つのインターチェンジの名称は次の通りである。

1　高岡ＩＣから七尾ＩＣ間のインターチェンジ

①　高岡（たかおか）ＩＣ

高岡ＩＣは、富山県高岡市池田地内に設置されたものである。高岡ＩＣから小矢部砺波ジャンクション方面へは、福岡ＩＣから高岡ＩＣ間が開通したことに伴い、平成十二年七月十九日から供用開始された。この区間は富山県道路公社が管理し有料である。また、氷見・七尾方面は、同十六年六月十三日に高岡ＩＣから高岡北ＩＣが開通し、七尾ＩＣまで国土交通省が管理し無料区間である。

高岡ＩＣは、高岡市街地など中心部へのアクセスには最適なインターチェンジで、国道八号線や北陸新幹線の新高岡駅方面へ通じる高岡環状南線とも接続する。

高岡ＩＣの地名である「高岡」は、慶長十四年（一六〇九）、加賀藩二代藩主の前田利長が、当地（関野）に城と城下町を建設するのを契機に、この地「せきの」の名を「たかおか」に改称したといわれている。「たかおか」と命名するにあたって、現在の高岡市関町の総持寺の二二世快雄和尚が、利長より、「この土地の名称＝地名」を付けるように依頼を受け、中国の『詩経』の中にみえる「鳳凰鳴矣于彼高岡」の「高岡」に因んだと伝えられている。

高岡ＩＣの名称は、地名「高岡」[2]を使用し、高岡市中心部へアクセスするのに最適なICとして、分かりいいＩＣ名と考える。

②　高岡北（たかおかきた）ＩＣ

高岡北ＩＣは富山県高岡市五十里地内に設置されたもので、富山県道三二号小矢部伏木港線と接続する。

「高岡北」という名称は、「高岡」は高岡市にある意、「北」はインターチェンジのある位置・方向を示す北方の意で、字義通り「高岡市の北方にあるインターチェンジ」という意から名づけられたと考えられる。

③　氷見南（ひみみなみ）ＩＣ

氷見南ＩＣは、富山県氷見市惣領地内に設置されたものである。平成二十五年六月十一日に国土交通省から追加設置許可がおり、平成二十八年三月二十七日に供用開始されたインターチェンジである。能越自動車道の県内に設置されているＩＣ区間の平均距離は約六キロに対して、氷見南ＩＣが設置される前は高岡北ＩＣから氷見ＩＣ区間の距離は一一・二キロで、県内ＩＣ区間平均距離の二倍となり、緊急活動を迅速に行う上からも必要と考え、富山県・氷見市が国（所管は国土交通省）へ要請し、設置許可がおりたといわれている。この氷見南ＩＣは、富山県道・石川県道七六号氷見惣領志雄線と接続するインターチェンジでもある。

氷見南ＩＣの「氷見南」という名称は、「氷見」は氷見市にある意、「南」はインターチェンジのある位置・方向を示す南方の意で、字義通り「氷見市の南方にあるインターチェンジ」という意から名づけられたと考えられる。

④　氷見（ひみ）ＩＣ

氷見ＩＣは、富山県氷見市大野地内に設置されたものである。高岡北ＩＣから氷見ＩＣ間が平成十九年四月五日の開通に伴い供用開始し、同二十一年十月十八日には氷見ＩＣから氷見北ＩＣ間が開通。平成二十八年三月二十七日には、高岡北ＩＣから氷見ＩＣ間に、新たに氷見南ＩＣも設置された。氷見ＩＣは、国道四一五号鞍川バイパスに接続し、氷見市の市街地や石川県羽咋市方面への「アクセス玄関口」となっているインターチェンジである。

写真１　氷見北IC

氷見ＩＣの「氷見」(3)という名称は、氷見市にある意。

⑤　氷見北（ひみきた）ＩＣ

氷見北ＩＣは、富山県氷見市稲積地内に設置されたものである。氷見北ＩＣは平成二十一年十月十八日に氷見ＩＣからの開通に伴い併用を開始し、七尾方面には同二十四年三月二十五日に氷見北ＩＣから灘浦ＩＣ間が開通し供用を開始した。当初の計画では氷見ＩＣの次は灘浦ＩＣであったが、このＩＣ間の建設に時間がかかっていることと、国道一六〇号線の渋滞緩和などから、現在の稲積地内辺りにインターチェンジを設置してほしいという地元の稲積・余川地区をはじめ、氷見市、富山県の方から要望があり設置されたという経緯がある。氷見北ＩＣは、富山県道三〇四号鹿西氷見線の道路に接続している。

氷見北ＩＣの「氷見北」という名称は、「氷見」は氷見市にある意、「北」はインターチェンジのある位置・方向を示す北方の意で、字義通り「氷見市の北方にあるインターチェンジ」という意から名づけられたと考えられる。

⑥　灘浦（なだうら）ＩＣ

灘浦ＩＣは、富山県氷見市宇波地内に設置されたものである。灘浦ＩＣは、氷見北ＩＣからは平成二十四年三月二十五日に、灘浦ＩＣから七尾方面に向かって次の七尾大泊ＩＣ間は平成二十七年二月二十八日に開通し、それに伴って供用も開始された。富山県道七〇号万尾脇方線が接続道路となっている。

灘浦ＩＣの「灘浦」という名称は、富山県氷見市の大字「阿尾」辺りの海岸から、石川県七尾市の崎山半島の観音崎辺りまでの約三〇キロの呼称である。また、氷見市阿尾から富山・石川県境までを「越中灘浦」、石川県境から七尾市の観音崎までを「能登灘浦」とも称されている。このように、灘浦ＩＣが位置する辺りは、「灘浦」という名称が石川・富山県境辺りで「共通」に使用され認識されていることから、「灘浦」と名づけられたと考えられる。

⑦　七尾大泊（ななおおおとまり）ＩＣ

七尾大泊ＩＣは、石川県七尾市大泊町地内に設置されたものである。石川県側の七尾大泊ＩＣから七尾城山ＩＣ間が平成二十五年三月二十四日に開通し、富山県側の七尾大泊ＩＣから灘浦ＩＣ間は同二十七年二月二十八日に開通し、それに伴って供用開始された。国道一六〇号線が接続道路となっている。

七尾大泊ＩＣは仮称で「大泊ＩＣ」であったが、平成二十四年八月三十一日に「七尾大泊ＩＣ」という現在の名称に決定した。七尾大泊ＩＣの「七尾大泊」という名称は、「七尾」は七尾市にある意、「大泊」はインターチェンジのある土地が七尾市大泊町にあるので「大泊」、いうなれば「七尾市の大泊にあるインターチェンジ」という意から名づけられたと考えられる。

「大泊（おおとまり）」は、かつて王泊とも表記した。地名「大泊」の由来は、『鹿島郡誌』によれば「往古、北方の黒崎の宿那彦神像石神社へ参向の王が、この地の旧家に泊まったことによる。」と記す。また、『能登志徴』では「多くの船がこの地に泊まったことによる」と記す。昭和二十九年から石川県七尾市の大泊町となり、同市の町名となる。もともと近世期においては、加賀藩領で能登国鹿島郡の大泊村だった。明治五年石川県の所属となり、同二十二年の町村合併制により南大呑（みなみおおのみ）村の大字となり、以後、昭和二十九年に南大呑村が七尾市に合併するまで同村の大字だった。平成の大合併後、同地は七尾市大泊町という町名となり現在に至っている。

＊「七尾大泊ＩＣ」の「七尾」については、後述の「七尾ＩＣ」での記述を参照。

⑧　七尾城山（ななおしろやま）ＩＣ

七尾城山ＩＣは、石川県七尾市矢田町地内に設置されたものである。氷見方面の七尾大泊ＩＣからの区間が平成二十五年三月二十四日に開通し、それに伴い供用開始された。その後、同二十七年二月二十八日に七尾ＩＣまでの間が開通し供用開始した。もともと、七尾城山ＩＣを設置するという計画はなかったが、早期の開通などを理由に、氷見方面のみ出入り可能なインターチェンジとして、現在、工事用道路を転用して使用されている。本ＩＣの出入口からは七尾方面へは行くことができない、いわばハーフインターチェンジである。七尾城山ＩＣからは、石川県道一七七号城山線が接続する道路である。

七尾城山ＩＣの名称は、当初、仮に「七尾東」であったが、平成二十四年八月三十一日に「七尾城山」と正式決定した。仮称だった「七尾東」は「七尾市の東方にあるインターチェンジ」という意から名づけようとしていたが、同ＩＣは標高三〇〇メートルの山上にかつてあった七尾城の山麓沿いに位置するため、単に位置や方向を示す「東」よりも、具体的な構造物があったという「城」の方が馴染み深いから「城山」が使用され、「七尾城山」と命名されたのか。城山（シロヤマ）とは、「城塞の造られた山」の意。

＊「七尾城山ＩＣ」の「七尾」については、後述の「七尾ＩＣ」での記述を参照。

⑨　七尾（ななお）ＩＣ

七尾ＩＣとは、石川県七尾市八幡町地内に設置されたものである。平成二十七年二月二十八日に七尾城山ＩＣからの区間の開通に伴い供用が開始され、灘浦ＩＣから七尾大泊ＩＣ間も開通したことにより、富山県の小矢部砺波ＪＣＴからこの七尾ＩＣまで一本の道路で繋がった。七尾ＩＣは、国道一五九号七尾バイパスと接続する。

七尾ＩＣの「七尾」という名称は、『能登志徴』によれば「能登国の守護畠山氏が拠った城山が、松の尾・梅の尾・竹の尾・菊の尾・虎の尾・亀の尾・竜（龍）の尾（あるいは、松・鶴・竹・烏帽子・袴・亀・手）の七つの尾根から成っている」ので七尾と呼び、これが当地の地名になったといわれている。中世期の永正十一年十二月二十六日、畠山義元が大呑北荘百姓中に年貢の十分の一を「永代免除」した文書に、「七尾江御出張」と「七尾」の地名があり、初見と言われている（『温故足徴』）。

戦国期に七尾の地を治めていた畠山氏は、「七尾山」に城郭を築き、その麓に城下町を形成した。七尾は、近世においては加賀藩領の鹿島郡のうちで、明治二十二年の町村制で「七尾町」となり、以降、周辺の村や町を合併し、昭和十四年に「七尾市」となり、同二十九年にはさらに周辺の北大呑村や南大呑村・高階村・崎山村を合併した。「平成の大合併」により、今までの七尾市に、さらに鹿島郡の中島町・能登島町・田鶴浜町の三町を加え、十六年十月一日より新市制の七尾市となり現在に至る。

２　高岡ＩＣ～七尾ＩＣ間にある「インターチェンジ名」の名づけ方

高岡ＩＣ～七尾ＩＣ間の九つのインターチェンジ名は、次のように分類できるのではないだろうか。

Ｉ　固有名詞のみ

ａ　市町村名のみＩＣ　……①高岡ＩＣ、④氷見ＩＣ、⑨七尾ＩＣ

b　広域的な通称名ＩＣ　……⑥灘浦ＩＣ

Ⅱ　固有名詞的なもの

a　市町村名＋方位（方向）ＩＣ　……②高岡北ＩＣ、③氷見南ＩＣ、⑤氷見北ＩＣ

b　市町村名＋町名（大字名）ＩＣ……⑦七尾大泊ＩＣ

c　市町村名＋地名用語ＩＣ　……⑧七尾城山ＩＣ

高岡ＩＣ～七尾ＩＣ間の能越自動車道は、約四三・八キロの石川県七尾市と富山県氷見市・高岡市間を結ぶ、いわば生活道路でもある。能越自動車道は、国道一六〇号の渋滞解消や緊急活動時における素早い対応のためなど、単なる北陸自動車道や東海北陸自動車道へのアクセスだけの道路ではなく、地元地域に密着した道路である。

そんな道路の高岡ＩＣ～七尾ＩＣ間にある「インターチェンジ名」の名づけ方は、地元住民らの「意向」も汲み、また、富山県内の高岡・氷見市以外や富山・石川県以外の他県のドライバーにも分かり易く、インターチェンジの位置や場所、周辺の「景観」も理解できるインターチェンジ名だと思う。例えば、七尾城山ＩＣ名のように、インターチェンジ近くに「城山」という景観があることを、ドライバーに認識してもらえるインターチェンジ名でもある。

四　高岡ＩＣ～七尾ＩＣ間にある「トンネル名」について

1　高岡ＩＣ～七尾ＩＣ間のトンネル

トンネルは、隧道（ずいどう）ともいい、道路、鉄道、水路などを通すため地中を貫く通路のことをいう。もともとトンネルは水路によるものが最も古く、給水・排水・灌漑のために通す通路としてつくられたが、交通の発達により、鉄道や道路のトンネルが盛んに造られるようになった。トンネルの開削技術の進歩によるものだと思う。

高岡ＩＣから七尾ＩＣの間には、一九（高岡北ＩＣから七尾城山ＩＣ間にある。）ものトンネルがある。どのようなトンネル名が、どのインターチェンジ区間にあるのか、インターチェンジ区間別（①～⑥）に分けて記すこととする。

① 高岡北ＩＣ～氷見南ＩＣ間にあるトンネル

この区間には四つのトンネルがある。高岡五十里トンネルと海老坂トンネルは高岡市域にあり、神代トンネルと正保寺トンネルは、氷見市域にある。

ａ高岡五十里（たかおかいかり）トンネルは、仮称（工事名）の氷見第一トンネルが、正式名称として「高岡五十里トンネル」と命名された。長さ七五〇メートルである。

高岡五十里トンネルの「高岡」は、現在の市町村名の「高岡市」のことで、「五十里」は高岡市の大字「五十里」である。小矢部川左岸の二上丘陵の一角にあるトンネルで、大字「五十里」は五十里（いかり）・道重（みちしげ）・板屋（いたや）の三集落に分かれている。また、大字「五十里」の東は大字「須田（すだ）」、南は大字「百橋（どのはし）」、西は大字「岩坪（いわつぼ）」と接する。昭和四十四年から四十六年にかけて、大字の「五十里」・「須田」・「百橋」の一部に住宅団地が造成され、これら団地の行政区画の地名が「五十里東町」・「五十里西町」と命名され、「五十里」という名称は単なる大字名から少し広く使用される名称として浸透している。

五十里の意味は、①田に引く水路の水門や堰の意、②増水や洪水を示す意、③動詞イカル（怒）、イカル（埋）の連用形で「洪水の起こり易い所」の意、④イカ（厳）・リ（接尾語）で「厳しい・険しい所」の意など考えられている。

同地の「五十里」の意は、地形景観を鑑み、小矢部川左岸に位置し、古来より何度も洪水が起きたことから「洪水の起こり易い所」の意が穏当か。

b海老坂（えびさか）トンネルは、仮称（工事名）の氷見第二トンネルが、正式名称として「海老坂トンネル」と命名された、長さ一五三一メートルのトンネルである。高岡北ＩＣから七尾城山ＩＣ間では、三番目に長いトンネルでもある。

海老坂トンネルの「海老坂」とは、高岡市の地区名のことで、現在、大字名に「東海老坂」と「西海老坂」がある。小矢部川左岸の二上丘陵の一角に同トンネルがある。この地の地形から鑑み、「海老（エビ）」は、エビ形の台地や丘陵の意やエビの殻のように「段差がある」という意か、または「曲りくねった」意か。「坂（サカ）」は、傾斜して勾配のある所の意やサカヒ（境界）の意、サカ（峠）は「峠」を示す語でもある。また、高岡市東海老坂・西海老坂は、氷見市小竹との境に峠があり、この峠は標高が低い割には曲りくねった険しい坂（「峠」を示す語）である。海老坂は、「曲りくねった険しい坂」の意から命名された地名と考えられる。

c神代（こうじろ）トンネルは、仮称（工事名）の氷見第三トンネルが、正式名称として「神代トンネル」と命名された、三二三メートルのトンネルである。神代トンネルの「神代」とは、氷見市の大字「神代」のことで、同地は神代川上流の谷間に位置し、東と西方には低い丘陵山地が続き、また、中央を北方面に半島状の丘陵が突出し、その丘陵と丘陵山地の間は小平地で田畑に利用されている。同トンネルは、西方のやや低い丘陵山地の一角にある。「神代（コウジロ）」は、もとはカクミと呼称していたが、地名の伝承過程においてコウジロ（神代）と呼称されるようになったのであろう。コウジロ・カクシロと呼称して「神田」と同義ともいわれている。

また、神代（コウジロ）の地名起因は、神代川の谷間に位置し東・西・南方の三方が丘陵に囲まれている当地の地形から推測して、カクマ（角間）と同意の「囲まる」が訛ってカクミと呼称するようになったとも考えられる。

d正保寺（しょうぼうじ）トンネルは、仮称（工事名）の氷見第四トンネルが、正式名称として「正保寺（しょうぼうじ）」と命名された、二三三メートルのトンネルである。正保寺トンネルの「正保寺」は、氷見市の大字「神代」

名か。

内にある小字名の一つである。大字「神代」の地については、前記の神代トンネルを参照。正保寺とは、寺院に関する

②　氷見南ＩＣ～氷見ＩＣ間にあるトンネル

ａ中尾山（なかおやま）トンネルは、仮称（工事名）の氷見第五トンネルが、正式名称として「中尾山トンネル」と命名された、七一六メートルのトンネルである。

中尾山トンネルの「中尾山」は、氷見市の大字「鞍川」内にある山名であり、また小字名でもある。大字「鞍川」の地は、上庄川下流南岸に位置し、河畔に平野が開け、その背後には丘陵山地が連なる。同トンネルは、この丘陵山地の一角にある。トンネルのある地は、少し小高く盛り上がった丘陵山地になっている所である。中尾山は、ナカオの「オ」はヲ（峰・丘）の意や山裾の端の意で、丘陵と丘陵の間から「ナカオ」と、そしてその一方の小高く続く丘陵山地の意より、字義通り「中尾山」と命名されたのか。

③　氷見ＩＣ～氷見北ＩＣ間にあるトンネル

ａ恵比寿山（えびすやま）トンネルは、仮称（工事名）の氷見第六トンネルが、正式名称として「恵比寿山トンネル」と命名された、三六〇メートルのトンネルである。

トンネルの所在は、起点側が氷見市加納（本来、稲積は大字名であるが、現地での聞き取り調査で地元では「加納」を地区名として扱っていた。）で、終点側は氷見市稲積（聞き取り調査で地元では「稲積」を地区名として扱っていた。）で、二つの地区で話し合い（協議）が行われ、調整の結果、起点側の「加納」自治振興会の意見である「恵比寿山トンネル」を地元要望案として提出し、富山県・氷見市・地元の加納・稲積両地区の賛同を得て、最終的に国からの正式名称となった。

恵比寿山トンネルの「恵比寿山」は、氷見市の大字「加納」内にある小字名の「蛭子（えびす）」に因むもので、

小字名の「蛭子」を「恵比寿山」にしたという。大字「加納」地内には、今も俗称地名で「エビス」という呼び名が残っている。

エビスとは、古くから「エミシ」とともに異民族を示す語で、「辺境にある者の神」といわれたこともあった。それから、「市場」の守護神として勧請され、商業の発達とともに「福利の神」として広く信仰され、七福神の一つとされている。また、古くから「漁業の神」として崇められている。エビスは、恵比寿の他に、夷、戎、胡、蛭子、蝦夷、恵比須、恵美須等にも表記される。

④　氷見北IC〜灘浦IC間にあるトンネル

a日の丸山（ひのまるやま）トンネルは、仮称（工事名）の氷見第七トンネルが、正式名称として「日の丸山トンネル」と命名された、三七〇メートルのトンネルである。

トンネルの所在は、起点側が氷見市稲積（聞き取り調査で地元では「稲積」を地区名として扱っていた。）で、終点側は氷見市指崎（本来、指崎は大字名であるが、現地での聞き取り調査で地元では「指崎」を地区名として扱っていた。）で、二つの地区で話し合い（協議）が行われ、起点側の「稲積」自治会の意見である「日の丸山トンネル」を地元要望案として提出し、最終的に正式名称となった。日の丸山トンネルの「日の丸山」の由来は、トンネルが貫通した場所及びその周辺が通称名で「日の丸山」と呼ばれる山であることからという。

「日の丸山」という山名について、「その昔、天照大神を中心とした神々を祀っていたことにより「日の神の居ます城」、「城のある所」は「丸」ともいい、丸く盛り上がった所（山）の名称は「日の丸山」になった。」という。そんな伝承をかつて古老から聞いたことがある。

b指崎（さっさき）トンネルは、仮称（工事名）の氷見第八トンネルが、正式名称として「指崎トンネル」と命名された、五一一メートルのトンネルである。指崎トンネルの「指崎（サッサキ）」とは、氷見市の大字「指崎」のこ

写真２　指崎トンネル

とである。大字「指崎」は阿尾川下流の南北両岸に位置し、河岸に小平地があり、そこには水田が開け、他は丘陵地となっている。同トンネルは、丘陵地の一角にある。指崎の「指（サッ・サシ）」とは「傾斜、勾配」を意味し、「崎（サキ）」は「前方、先端・末端」などの意味がある。同地の地形から鑑て、指崎の地名は、丘陵部の先端・前方という意で命名されたのであろうか。

ｃ北八代（きたやしろ）トンネルは、仮称（工事名）の氷見第九トンネルが、正式名称として「北八代トンネル」と命名された、四一二メートルのトンネルである。

北八代トンネルの「北八代」とは、氷見市の大字名「北八代」のことで、この地は阿尾川の支流が何本か流れる谷間に位置し、この「谷間」全体を「八代谷」と呼称する。同トンネルは、同地の谷間の一角を貫くところにある。

同地は、この八代谷の北方にあるので「北八代」と呼ばれるようになったという。八代（ヤシロ）とは、葛城襲津彦命を祀る箭代（ヤシロ）神社に因む地名か。また、ヤシロは、神を祀る聖地をも意味する。

ｄ藪田宇波（やぶたうなみ）トンネルは、仮称（工事名）の氷見第一〇トンネルが、正式名称として「藪田宇波トンネル」と命名された、長さ一六四五メートルのトンネルである。高岡北ＩＣから七尾城山ＩＣ間では、二番目に長いトンネルでもある。

トンネルは、起点側が氷見市藪田（本来、藪田は大字名であるが、現地での聞き取り調査で地元では「藪田」を地区名として扱っていた。）で、終点側は氷見市宇波（本来、宇波は大字名であるが、現地での聞き取り調査で地元では「宇波」を地区名として扱っていた。）で、これら二つの大字名（地区名）を併せた名称が「藪田宇波トンネル」

である。

薮田（ヤブタ）の地は、東は海（富山湾）に面し、西方は丘陵山地が海に迫っている所である。トンネルは、この地の西方にある丘陵山地の一角にある。同地に鎮座する「垂姫神社」は、往古の垂姫神社八幡宮が通称八幡なる地にあったが、巨涛により崩壊。寛永年中、現在の社地である産神社の白山社に転座奉祀となり、天保十五年、垂姫神社に社号復古される。同社は、かつて通称八幡の地に鎮座したことから「薮田八幡宮」と呼称されたようである。『氷見市史』によれば、「薮田八幡社について、貞享二年寺社由緒書上に永仁年中に創建伝承を載せており、村の成立は中世にさかのぼる。当地の地名は八幡宮のヤハタノカミのヤハタがヤブタに訛ったとも考えにくいので、薮地を開墾し水田にした意であろう」。宇波（ウナミ）とは、後記するが「海辺」のことをいう意である。

⑤ 灘浦ＩＣ～七尾大泊ＩＣ間にあるトンネル

写真３　薮田宇波トンネル

ａ宇奈比（うなひ）トンネルは、仮称（工事名）の氷見第一一トンネルが、正式名称として「宇奈比トンネル」と命名された、長さ七七八メートルのトンネルである。トンネル名の「宇奈比」は、大伴家持が詠んだ『万葉集』「布勢の水海に遊覧する賦」巻十七の三九九一に「…　白波の　荒磯に寄する　渋谿の　崎徘徊り　松田江の　長浜過ぎて　宇奈比川　清き瀬ごとに　鵜川立ち　か行きかく行き　見つれども…」と、「宇奈比川」が見える。この川は、現在の氷見市の大字「宇波」地内を流れる宇波川のことであるといわれている。しかし、「宇奈比川」は布勢水海（現十二町潟）に求める説もある。「宇奈比（ウナヒ）」は、現在のウナミ（宇波）であり「海辺」のことである。ウナミは、「ウ」が接頭語で「大きい」の意もあるので「大きな海辺」となり、北方に「中波」という大字名があり、この「中波」に対応する地名とも考えられる。
ウナミの由来には、海辺説の他に、『和名抄』で「宇納郷」とあり、元和活字本に「宇奈美」と訓まれてはいるが、「納」は文字「網」の誤りとみる説やウナミはウノアミの縮まったもので鵜網説、さらにはウナミは一般的に良い漁場を示す説などがある。

b姿（すがた）トンネルは、仮称（工事名）の氷見第一二トンネルが、正式名称として「姿トンネル」と命名された、長さ六二四メートルのトンネルである。

トンネル名の「姿」とは、氷見市の大字名（現地での聞き取り調査で地元では「姿」を地区名として扱っていた。）のことで、同地は東北方に富山湾を望み、西方は山地及び丘陵山地で平地が少なく、海岸付近の一部は断崖絶壁の地形もある。

トンネルは、この地の西方にある丘陵山地の一角にある。地名「姿」は、地形から命名されたのか。スガタ（姿）のスガは、カタ・ガタとも同意で、海岸の砂地あるいは砂地の干潟の意や、沼沢・潟などの地形も示す。また、河川による土砂の堆積と卓越風による風波・潮流の運搬により形成された砂洲が、長年の歳月の中で縮小されついには干潟となり、それが開拓され耕作地になったと考えられる。

c旅木（たびのき）トンネルは、仮称（工事名）の氷見第一三トンネルが、正式名称として「旅木トンネル」と命名された、長さ四〇三メートルのトンネルである。

トンネル名の「旅木」とは、氷見市中田（本来、中田は大字名であるが、現地での聞き取り調査で、地元では「中田」を地区名として扱っていた。）にある小字名のことで、大字名「中田」内の西方にある丘陵山地から旅木川に沿う流域に位置する。

「旅木」と記して「タビノキ」と呼称する。タビノキは、タブノキが転訛したとも考えられる。大字名「中田」の俗称地名には「たぶノ木」という地名も残っている。「タブノキ」とは、クスノキ科タブノキ属の常緑高木をいい、同地にもこの樹木が多く生えている。また、「タブノキ」は、イヌグス・タマグス・ヤマグス・ツママとも呼称する。

d中田（なかだ）トンネルは、仮称（工事名）の氷見第一四トンネルが、正式名称として「中田トンネル」と命名された、長さ二一三メートルのトンネルである。

トンネル名の「中田」とは、氷見市の大字名のことで、同地は、片貝・下田両川の河口部に位置し、海岸付近には平地があるものの大部分は丘陵山地である。

トンネルは、丘陵山地の一角にある。地名「中田」は、かつては中太・仲太とも表記した。また、この地は、かつては目良（妻良）村とも呼ばれた。メラはヘラの転訛で、山腹・傾斜地などの意がある。また、動詞メル（減る）から、メ（減）・ラ（接尾語）で、断崖や傾斜面あるいは堤防などの意もあるといわれている。

地名「中田」は、「正保郷帳」などによれば「中田村・谷口村・片海村」の三か村あわせて一村の扱いがなされている。後に、谷口・片海は、「中田村」のカクナイ（垣内：中字名）となった。このように、行政単位の変遷や同地の地形から鑑みて、かつての「中田村・谷口村・片海村」の村名は、この地の「地形」のようすを顕著に示した村名（地名）と思われる。

中田村の中（ナカ）は中央・中心部などの意、田（タ）は田圃・耕作地の意や「処」を示す場所の意もある。谷口村の谷（タニ）は、谷や山と山との間の意。また、タ（田）と関連して小さくとも谷底などの平地を指す場合もある。谷口村は、中田村との関係から、タ（田）と関連する谷底の平地の意と考えられる。クチ（口）は、「出入り口」「川の合流点」「端、ヘリ」などの意がある。片海村の「片海」の片（カタ）は、一方・片側あるいは単に方向・方面を示す意がある。海（ウミ）は、海あるいは海沿いの地などの意がある。ここでの海とは富山湾を指すと考えられる。いうなれば、ここでの地名「中田」は、谷間にある平地の意の「地形景観」から命名された地名と思われる。

e中波（なかなみ）トンネルは、仮称（工事名）の氷見第一五トンネルが、正式名称として「中波トンネル」と命名された、長さ五九六メートルのトンネルである。

トンネル名の「中波」とは、氷見市の大字名（現地での聞き取り調査で地元では「中波」を地区名として扱っていた。）のことで、かつての能登佐々波と射水郡宇波村との中間にある意から命名されたと言われている。

同地は、東は富山湾に面し、西は丘陵山地が海まで迫っている。トンネルは、同地西方の丘陵山地の一角にある。

ちなみに、中波（なかなみ）の波（ナミ）には、ナミ（波）の意で、波打った地形やナメ（滑）の転訛で、緩傾斜地などの意もある。地名「中波」近くの宇波をはじめ、佐々波・鹿波・松波など「ナミ（波）」の付く地名が、能登半島内側の海岸沿いに多く見られる。中波も海に関係する「ナミ（波）」地名か。

⑥　七尾大泊IC～七尾城山IC間にあるトンネル

a東浜（とうのはま）トンネルは、七尾市東浜町にある長さ一五三メートルのトンネルである。「東浜（とうのはま）」は、富山湾に注ぐ熊渕川の河口に位置し、かつては「塔（とう）の浜」・「堂（どう）の浜」とも表記された。

地名「東浜」の由来は、隣接する黒崎町（かつては黒崎村）の関というところに真言系寺院があり、天正年間に起こった兵火によりほとんどの寺院が焼かれたが、二、三の堂坊（「塔」・「堂」）が残り、その堂坊の意から命名されたと言われている（『鹿島郡誌』より）。

地名「東浜」は、昭和二十九年より現在の七尾市の町名となっている。また、東浜トンネルは、当初の仮称（工事名）から同名である。

b麻生（あそう）トンネルは、七尾市崎山半島の基部の中央山間部に位置し、同市麻生町にある長さ五七六メートルのトンネルである。地名「麻生」の由来は、『能登志徴』によれば「この地に麻がよく生えていたためといわれる」と記している。地名「麻生」は、昭和二十九年より現在の七尾市の町名となっている。また、麻生トンネルは、当初の仮称（工事名）から同名である。

ｃ小栗（おぐり）トンネルは、七尾市崎山半島基部中央の山間地に位置し、同市小栗町にある長さ二七九メートルのトンネルである。地名「小栗」は、オク（奥）・リ（接尾語）という地名か。あるいは、ヲ（接頭語）・クリ（刳り）で、崖の意か。同地は、崩壊地形の多い所で、崩れ易い地形の意から命名された地名か。地名「小栗」は、昭和二十九年より現在の七尾市の町名となっている。また、小栗トンネルは、当初の仮称（工事名）から同名である。

ｄ七尾（ななお）トンネルは、七尾市崎山半島基部の中央山間部に位置し、同市万行町にある長さ一七六〇メートルのトンネルで、高岡北ＩＣから七尾城山ＩＣ間では、最も長いトンネルでもある。また、七尾トンネルは、当初の仮称（工事名）から同名である。地名「七尾」の由来については、前述の七尾ＩＣの記述を参照。

2　高岡ＩＣ～七尾ＩＣ間にある「トンネル名」の名づけ方

高岡ＩＣから七尾ＩＣ間のトンネルを取り上げたが、実質的には高岡北ＩＣから七尾城山ＩＣ間に一九のトンネルがある。

これら一九のトンネルの管理運営は国土交通省北陸地方整備局が行っているが、実務的には富山県側の一五のトンネルは富山河川国道事務所が行い、道路の管理維持は能越国道維持出張所が行っている。また、石川県側の四つのトンネルは、実務的には金沢河川国道事務所が行い、道路の維持管理は能登国道維持出張所が行っている。

一九のトンネル名は、「地名」の種類に差異はあるが、いずれも「地名」を付している。「地名」の種類とは、小字名・大字名・大字名以上の地区名（ところによっては、大字名を地区名の単位にする場合もある。）や市町村名などの名称のことである。

一九のトンネル名を分類すると、次のようになると思われる。分類内の各「トンネル名」のトンネルという表記は省略した。＊の付くものは、本来、大字名であるが、地区名の単位として扱っていたものを示す。また、トンネル名に傍線を引いてあるのは、石川県側のトンネル名である。

Ⅰ　固有名詞のみ

a　旧名のみのトンネル名　……⑤a宇奈比

b　市町村名のみのトンネル名　……⑥d七尾

c　地区名のみのトンネル名　……①b海老坂

d　大字名・町名のみのトンネル名　……①c神代、④b指崎、④c北八代、⑤b姿＊、⑤d中田＊、⑤e中波＊、⑥a東浜、⑥b麻生、⑥c小栗

e　小字名のみのトンネル名　……①d正保寺、⑤c旅木

f　その他（山名など）のトンネル名　……②a中尾山、③a恵比寿山、④a日の丸山

Ⅱ　固有名詞（の複合語）的なもの

a　市町村名＋大字名（地区名）のトンネル名……①a高岡五十里、

b　大字名＋大字名のトンネル名　……④d藪田宇波

一九のトンネル名のうち、トンネルのある所在地の「大字名・町名」が名づけられるケースが、全体の約五割を占め最も多い。また、「高岡五十里」や「藪田宇波」のように、固有名詞（の複合語）的なものは、地元地区の住民にとってはわかりいいトンネル名である。

石川県側の四つのトンネル名のうち、「七尾トンネル」の場合は市町村名の「七尾」から名づけられ、他の三つはトンネルが所在する七尾市内の町名（大字名）から名づけられている。この四つのトンネル名は、当初の仮称（工事名）から、「地名」を付した現在のトンネル名であった。石川県・七尾市、トンネルが所在する地元の地区住民の賛

同を得て、仮称（工事名）トンネル名から正式名称へと変更となっている。

富山県側の一五のトンネルについては、能越自動車道の本道である北陸自動車道に近い順に、仮称（工事名）として接頭に地名「氷見」を付けた番号順「氷見第〇（番号）トンネル」と名称が付けられた。例えば、高岡北ＩＣから七尾方面に向かう最初（一番目）のトンネルである高岡五十里トンネルの場合は「氷見第一トンネル」、一〇番目の薮田宇波トンネルは「氷見第一〇トンネル」、最後の一五番目の中波トンネルは「氷見第一五トンネル」というように仮称された。

トンネルの「正式名称」の名づけ方　―仮称、氷見第一一トンネルから氷見第一五トンネルまでを例に―

富山県側の一五のトンネルは、仮称（工事名）と正式名称が異なる。正式名称の名づけ方を仮称「氷見第一一トンネル」から「氷見第一五トンネル」までの五つの「トンネル名」を例に述べてみる。

仮称（工事名）「氷見第一一トンネル」から「氷見第一五トンネル」までを実質的に管理運営しているのは、富山河川国道事務所である。同所が、トンネルが所在する氷見市ならびに地元地区へ意見聴取を行い、富山県・氷見市・トンネルが所在する地区の住民の賛同を得て、最終的に国が正式名称を決定するという流れで、「トンネル名」が名づけられている。

手順は、次のようである。

① 富山河川国道事務所の担当課から、氷見市（担当部署）へ「意見聴取」の依頼をする。

＊ 条件として、①名称については、「地名」・「山名」・「旧地区名」・「地区通称名」など謂れのある名称から選定すること、②該当する地区の確認を必ずする。

② 氷見市（担当部署）から、トンネルが所在する各地区（自治振興委員）へ「意見聴取」の依頼をする。

③　各地区では、自治振興委員を中心に、「トンネル名」について地区内で検討され、意見の集約が図られる。

所在するトンネルが、二つの地区にまたがる場合は、氷見市（担当部署）から二つの地区にまたがる各地区（自治振興委員）へ協議・調整の依頼をする。二つの地区の自治振興委員が中心となって、二つの地区内で協議・調整が図られる。

④　氷見市が回答期限を設けた、正式名称に対する意見書を、トンネルが所在する各地区から氷見市（担当部署）へ提出（回答）される。

⑤　氷見市（担当部署）では、トンネルが所在する各地区から提出された意見書をまとめ、氷見市（担当部署）から、今度は富山河川国道事務所の担当課へ意見書（要望書）を提出（回答）する。

＊　氷見市（担当部署）から富山河川国道事務所へ提出される意見書（要望書）には、「地元要望名称（案）」や要望の根拠・由来、そして備考欄などには、二つの地区にまたがる場合は協議や調整をしたかどうか、いつ回答したかなども記入され、地元の要望を十分に組み入れたものを提出（回答）している。

⑥　氷見市から富山河川国道事務所（担当課）へ提出された意見書（要望書）を、十分に国の関係部署で検討する。

⑦　検討結果（名称決定）について、富山河川国道事務所（担当課）から氷見市（担当部署）へ照会する。

⑧　照会のあった名称について、氷見市（担当部署）から富山河川国道事務所（担当課）へ回答する。

このような一連の手順を経て、地元の要望を十分に聴取して、富山県・氷見市・トンネルが所在する地元住民の賛同を得て、最終的には国（所管国土交通省）が正式名称を決定している（名づけられている）のである。

以下、仮称（工事名）の「氷見第一一トンネル」から仮称（工事名）の「氷見第一五トンネル」までの五つの「トンネル名」の正式名称の名づけ方について考えてみたい。

仮称「氷見第一一トンネル」…正式名称「宇奈比《うなひ》トンネル」

トンネルの起点側は宇波地区で、終点側は姿地区である。トンネル全長の約七割が宇波地区の住民は、現在でも地区の旧名である「宇奈比」の呼び名に愛着をもっている。現在、宇波地区内を流れる宇波川が『万葉集』の中で「宇奈比川」と詠まれている川と考えられ、この川の「宇奈比」がトンネル名に相応しいのではないかと、宇波地区からの意見があり、姿地区との協議の結果、地元要望名称として「宇奈比トンネル」を提出し、最終的に正式名称「宇奈比トンネル」と名づけられたのである。

仮称「氷見第一二トンネル」…正式名称「姿《すがた》トンネル」

トンネルの起点・終点両側とも姿地区である、地元姿地区では、姿地区の名称を入れたいということで、地元要望名称として「姿トンネル」とし、最終的には正式名称「姿トンネル」と名づけられたのである。

仮称「氷見第一三トンネル」…正式名称「旅木《たびのき》トンネル」

このトンネルは起点・終点両側とも中田地内にあり、特に起点側の近くを「旅の木川」という川が流れ、トンネルのあるところを地名（小字名）で「タビノキ」という。地元中田地区から、小字名である地名「旅木（タビノキ）」が良いという要望があり、地元要望名称として「旅木トンネル」とした。小字名は「旅木」と記して「タビノキ」と発音する。表記を「旅木」とするか助詞「の」を入れて「旅の木」にするかは、地元中田地区も氷見市も国での判断に委ねたいとした。最終的には、正式名称「旅木トンネル」と名づけられた。

仮称「氷見第一四トンネル」…正式名称「中田《なかだ》トンネル」

トンネルの起点・終点両側とも中田地区で、地元中田地区では、中田地区の名称を入れたいということで、地元要望名称を「中田トンネル」とした。最終的に正式名称「中田トンネル」と名づけられた。

仮称「氷見第一五トンネル」…正式名称「中波《なかなみ》トンネル」

トンネルの起点側は中田地区で、終点側は中波地区である。また、トンネル全長の約七割が中波地区である。終点

表１　氷見第11トンネルから氷見第15トンネルまでの所在地区と正式名称

仮称（工事名）トンネル名	起点側地区名	終点側地区名	正式名称	備　考
氷見第11トンネル	宇波	姿	宇奈比トンネル	トンネル全長（778m）の約７割が宇波地区
氷見第12トンネル	姿	姿	姿トンネル	
氷見第13トンネル	中田	中田	旅木トンネル	
氷見第14トンネル	中田	中田	中田トンネル	
氷見第15トンネル	中田	中波	中波トンネル	トンネル全長（596m）の約７割が中波地区

側の地元中波地区では「中波地区」の名称を入れたいということで、起点側である中田地区へ申し入れ、協議・調整の結果、地元要望名称として「中波トンネル」とし、最終的には正式名称「中波トンネル」と名づけられたのである。

以上、仮称（工事名）氷見第一一トンネルから仮称（工事名）氷見第一五トンネルまでの正式名称決定の経緯について少し記した。国からの正式名称を選定するにあたっての「条件」や該当する地区への意見聴取と確認、表1からも分かるように各トンネルの起点側と終点側が同じ地区の場合あるいは二つの地区にまたがる場合、トンネルの全長のうち地区のトンネルの割合など、とにかく一つの名称「トンネル名」を決定するのに色々な視点から「名称決定根拠」などを探り、正式名称に至っているのである。

仮称「氷見第一一トンネル」から「氷見第一五トンネル」までの五つの「トンネル名」を例に記したが、能越自動車の開通している道路内にある「トンネル名」をはじめ、その他の構造物名称が正式名称に至るまで、この五つのトンネル例のような過程を経て、「正式名称」として名づけられていると思う。

トンネルが所在する宇波・姿・中田・中波の四つの地区が、各地区であるいは二つの地区で協議・調整を重ね賛同を得て、地元住民に馴染みのあるトンネル名となっており、良いトンネル名だと思う。

起点・終点がいずれも中田地区内である二つのトンネルがある。その一つの仮称「氷見第一三トンネル」が小字名「旅木」を根拠に正式名称として「旅木トンネル」と命名され、もう一つの仮称（工事名）「氷見第一四トンネル」が正式名称「中田トンネル」と命名されたことは、特に地名を研究するものとして、大変嬉しいことである。「旅木トンネル」が「中田第一トンネル」、「中田トンネル」が「中田第二トンネル」というように、地名「中田」の後に「番号」を付したトンネル名がもし命名されたのであったならば、地元住民の間でもあまり認識されない、単なるトンネル（構造物）という程度の親近感の薄い「トンネル」となったかもしれないからである。

五　高岡ＩＣ～七尾ＩＣ間にある「橋（橋梁）名」について

1　高岡ＩＣ～七尾ＩＣ間にある「橋（橋梁）名」

高岡ＩＣから七尾ＩＣの間には、多くの「橋（橋梁）」がある。そもそも橋の語源は「端」であったといわれ、ハシは「ものの周辺部」や「ものの辺縁部」を示し、いわば「端と端」を結ぶことから「橋（はし）」と呼ばれるようになったという。

橋（はし）は、河川や海峡・渓谷などの上を越えて対岸側へ道路を造るための構造物で、橋梁（きょうりょう）とも呼ばれている。能越自動車道のように高規格幹線道路の一般国道自動車専用道路として整備されている道路には、高速道路と同様に、高速道路の上空を横断する道路のための「跨道橋」（正式名は跨高速道路橋という。また、オーブィ（Ｏ．Ｖ．）ともいう。）という橋（橋梁）や、高速道路の本線のように河川や渓谷や海峡等の上を越えるための「本線橋（ほんせんきょう）」という橋や、町や一般国道などを並走や横断するため地上に道路を造れない場合の「高架橋（こうかきょう）」という橋など、三つの橋（橋梁）構造がある。

どんな橋（橋梁）構造のものがどのインターチェンジ区間にあるのか、インターチェンジ区間別（①～⑧のように）に分けて記すこととする。

① 高岡ＩＣ～高岡北ＩＣ間にある橋（橋梁）

この区間に、「本線橋」は二基、「高架橋」は四基、「跨道橋」は六基で、合計一二基の橋が架かっている。

ａ高岡ＩＣ橋（たかおかインターチェンジばし）は、能越自動車道上の高岡市の大字「荒屋敷」地内の高岡ＩＣ内にある橋のことをいう。

ｂ荒屋敷跨道橋（あらやしきこどうきょう）の高岡市荒屋敷地内にある「跨道橋」のことをいう。「荒屋敷」とは、高岡市の大字「荒屋敷」のことで、小矢部川右岸の氾濫原に位置する。『福岡町史』によれば、「かつて木舟城主石黒氏が、寛正二年、この地に「新しく屋敷」を設ける予定であったことから「新屋敷」と称していたが、後に「荒屋敷」と称するようになったという。

ｃ荒屋敷高架橋（あらやしきこうかきょう）は、高岡市の大字「荒屋敷」地内にある「高架橋」のことをいう。

ｄ小矢部大橋（おやべおおはし）は、小矢部川に架かる橋である。小矢部川は富山県西部の砺波平野を北流する一級河川で、五九もの支流を有し、流長約六九キロである。小矢部川には、多くの橋が架かっている。能越自動車道にある橋を「小矢部大橋」という。ちなみに、北陸自動車道にある橋は「小矢部川橋」という。小矢部川には、単に小矢部が付く「小矢部橋」という橋名もある。

ｅ四日市高架橋（よっかいちこうかきょう）は、高岡市の大字「四日市」地内に架かる高架橋で、「四日市（よっかいち）」とは、その昔、毎月四の日に市が開かれたことに由来すると言われている。

ｆ高辻第一跨道橋（たかつじだいいちこどうきょう）は、高岡市の大字「高辻」地内に架かる跨道橋である。「高辻（たかつじ）」の「高（タカ）」は単に高い所の意、「辻（つじ）」は四つ角、道の追分、先端・崎、その他には市場という意もある。同地の周辺には、「市」の付く地名もいくつかある。同地は「少し高いところにある市場」の意で、「市」に関係する地名か。高辻第一跨道橋の「第一」とは、能越自動車道砺波小矢部ジャンクションの富山県側から石川県側へ向かって、高岡市の大字「高辻」の第一番目の「跨道橋」の意からの番号である。

g高辻第二跨道橋（たかつじだいにこどうきょう）は、高岡市の大字「高辻」地内に架かる第二番目の「跨道橋」のことをいう。

h手洗野高架橋（たらいのこうかきょう）は、高岡市の大字「手洗野」地内に架かる高架橋で、小矢部川の西方、二上山丘陵つづきの山麓に位置する。『越中志徴』によれば、「昔二上山養老寺の仁王門があったと伝え」、元亨三年越中国最初の曹洞宗寺院信光寺が創建され、寺院を中心として開けた地ともいわれている。

i手洗野跨道橋（たらいのこどうきょう）は、高岡市の大字「手洗野」地内に架かる「跨道橋」のことをいう。

j岩坪高架橋（いわつぼこうかきょう）は、高岡市の大字「岩坪」に架かる高架橋で、「岩坪（いわつぼ）」は小矢部川左岸に沿って位置し、小矢部川の河原であった砂利の多い荒地を開墾して村立てされたといわれているところである。

k岩坪第一跨道橋（いわつぼだいいちこどうきょう）は、高岡市の大字「岩坪」に架かる第一番目の「跨道橋」のことをいう。「第一」とは、能越自動車道砺波小矢部ジャンクションの富山県側から石川県境側へ向かって、「岩坪」地内の第一番目の「跨道橋」の意からの番号である。

l岩坪第二跨道橋（いわつぼだいにこどうきょう）は、高岡市の大字「岩坪」地内に架かる第二番目の「跨道橋」のことをいう。

②　高岡北ＩＣ～氷見南ＩＣ間にある橋（橋梁）

この区間に、「本線橋」は四基、「高架橋」は一基、「跨道橋」は二基で、合計七基の橋が架かっている。

a高岡北ＩＣ橋（たかおかきたインターチェンジばし）は、高岡市の大字「五十里」地内の高岡北ＩＣ内にある橋のことをいう。

b五十里高架橋（いかりこうかきょう）は、高岡市の大字「五十里」地内にある「高架橋」のことをいう。

c五十里跨道橋（いかりこどうきょう）は、高岡市の大字「五十里」地内に架かる「跨道橋」のことをいう。

d神代橋（こうじろばし）は、氷見市の大字「神代」地内に架かる「橋」のことをいう。

e仏生寺川橋（ぶっしょうじがわばし）は、氷見市の大字「飯久保」地内から大字「惣領」地内に架かる橋のことで、仏生寺川は氷見市の大字「吉池」地内に源を発し、十二町潟に注ぐ川のことである。仏生寺川の「仏生寺」とは、現在、氷見市の大字名である。同地は、寺中・上中・脇之谷内・吉池・細越・上原・大窪・大覚口の八つの集落に分かれ、それぞれの集落ではさらに小さい垣内（中字名）に分かれている。同地「仏生寺」は、古くは「御田《みた》」とも呼称した。御田とは、「神社の田」のことである。当地には、天平時代に創建されたという「御田神社」が鎮座している。当地は、御田神社に因んで、初めは「御田（三田）」村と呼称されていたが、建久年間に同社地に密教寺院の「仏生寺」が創建され、神仏習合で同寺を「金鶏山白山社」と称し、御田社の別当となり、同寺号が村名となったといわれている。

f惣領跨道橋（そうりょうこどうきょう）は、氷見市の大字「惣領」に架かる「跨道橋」のことをいう。至徳二年十二月十二日の足利義満御判御教書案（飯尾文書）に、耳浦又五郎入道跡であった越中国耳浦庄惣領分地頭職について記されている。当地の「惣領」は、この「越中国耳浦庄惣領分」の意に因む地名と考えられる。

g鞍骨川橋（くらぼねがわばし）は、氷見市の大字「惣領」地内の氷見南ＩＣ近くの所で、そこを流れる仏生寺川の支流である鞍骨川に架かる「橋」のことをいう。鞍骨川橋の「鞍骨」とは、氷見市の大字「鞍骨」のことか。

「鞍骨」の地名由来について、『越中志徴』は不詳としつつ、「民部式に、常陸国鞍橋十具……鞍橋は鞍骨の事なりといへり。鞍骨は鞍木をいへり。」と説明を加え、また、『同書』には「一書に言ふ。昔飯久保に在城する加納中務、鞍骨山に本城を構へ、……飯久保・惣領・仏生寺・鞍骨の四ヶ村を領せしかど、後滅亡し、その子孫鞍骨村に居住し、鞍骨を拵へ業とす。故に夫より……村名を鞍骨村と称すと言ひ伝へりと」と記している。同地「鞍骨」の地形景観から、クラボネは、もとはクラハゲで、それからクラボケに訛り、さらに、クラボネになったのではなかろうか。クラとは「暗」・「闇」の字義をあてる形容詞クラシの語幹で「暗いところ」の意で、いうなれば「日当たりの悪い所・日陰」の意である。ハゲ・ボケとは「崖」の意である。この地は、鞍骨川が狭長な谷間をつくりつつ、仏生寺川本流と合流するところで、大字「鞍骨」は、この鞍骨川沿いの谷間の形状から命名された地名と思われる。

③　氷見南IC～氷見IC間にある橋（橋梁）

この区間には、「高架橋」の「橋」が二基架かっている。

a矢田部高架橋（やたべこうかきょう）は、氷見市の大字「矢田部」地内に架かる「高架橋」のことをいう。矢田部とは、仁徳天皇の皇后の八田皇女（または矢田皇女）に御子がいなかったので御名代《みなしろ》（皇子名を後世に残すために設けた田荘のこと）として、全国数十か所に八田部造の率いる部民、矢田部（八田部）を置いたといわれる。『越中志徴』に「此地にも定め置れし故に、村名に成て今に残りたるなるべし」と記す。また、『和名抄』には「越中国砺波郡八田、摂津国八田郡八部…。」と、ヤタベ地名が見える。地元では、一四世紀から一五世紀頃、摂津国八田部より移住して開拓した地であるという伝承があり、『布勢村誌』には「大字矢田部村は、平盛俊越中守在任の頃、摂津国矢田郡内の或る村々の百姓の移住開拓した」と記している。当地の「矢田部」の地名は、御名代部に由来するよりも、ヤタベという地からこの地に移住したことに因んで命名された地名ではなかろうか。

b栗原高架橋（あわらこうかきょう）は、氷見市の大字「粟原」地内に架かる「高架橋」のことをいう。粟原地内は、十二町潟に注ぐ久津呂川上流に位置し、三方（西・南・北）が山地に囲まれ中央部が平坦地になっているところである。アワラは「じめじめしている低湿地」の意で、当地の「粟原」の地名は、地形景観より命名されたものと考えられる。

④　氷見ＩＣ～氷見北ＩＣ間にある橋（橋梁）

この区間に、「本線橋」は一基、「高架橋」は二基、「跨道橋」は二基で、合計五基の橋が架かっている。

ａ大野高架橋（おおのこうかきょう）は、氷見市の大字「大野」地内に架かる「高架橋」のことをいう。次の「大野第二高架橋」の橋名との関連から、同橋は、能越自動車道砺波小矢部ジャンクションの富山県側から石川県境側へ向かって順に「大野第一高架橋」と命名されてもおかしくない。大字「大野」の第一番目の「高架橋」の意がある。大字「大野」の地は、上庄川中流右岸に位置し水田地帯の中にある。近世の頃は「大野新村」と呼称し、大正三年から「大野」と改称した。「大野新村」とは、元和三年九月に当時の上田村（現氷見市上田）の庄八郎が、加賀藩の許可を得て新開したことによる。大野とは、字義通り「大きい・広い野原」の意である。

ｂ大野第二高架橋（おおのだいにこうかきょう）は、氷見市の大字「大野」地内に架かる第二番目の「高架橋」のことをいう。

ｃ加納跨道橋（かのうこどうきょう）は、氷見市の大字「加納」地内に架かる「跨道橋」のことをいう。当地は、上庄川下流北岸に位置し、北西部は丘陵が連なり、その東南に水田が広がるところで、「加納」とは荘園制度における本庄に対する追加開墾地の意をいう。かつての阿努（あぬ）庄の「加納田」だったのであろう。また、当地は、俗称でカンノとも呼称されている。

ｄ稲積跨道橋（いなづみこどうきょう）は、氷見市の大字「稲積」地内に架かる「跨道橋」のことをいう。当地は、余川川下流の両岸の肥沃な平地に位置し、また、東北と西南方は丘陵が連なる。

この稲積の地名は、『播磨風土記』の揖保郡稲積山の条の説明と同様、「イネツミバ（稲積み場）」で、稲場または稲干場の意からの命名であろう。

e氷見北ＩＣ橋（ひみインターチェンジばし）は、氷見市の大字「稲積」地内の氷見北ＩＣ内にある橋のことをいう。

⑤　氷見北ＩＣ～灘浦ＩＣ間にある橋（橋梁）

この区間に、「本線橋」は四基、「高架橋」は三基、「跨道橋」は一基で、合計八基の橋が架かっている。

a余川川橋（よかわがわばし）は、氷見市の大字「稲積」地内の氷見北ＩＣ近くの所で、そこを流れる余川川に架かる「橋」のことをいう。余川川橋の「余川」とは、氷見市の大字「余川」のことか。この地は、余川川上流の南北に広い丘陵山地が連なるところで、余川川の本流にさらに一ノ瀬川・一刎川の支流が合流している。この地の「余川」の地名は、『日本地名学』に「ヨカワは二つの川がＴ字型を呈している河相を示す語」と記すように、現在の碁石郵便局近くで北から南へ流れてきた余川川の支流である一刎川と本流の余川川がちょうど直角に合流する河相に由来しているのではなかろうか。

ちなみに、応永十一年の佐竹文書では、現在の表記「余川」を「与河」と記している。

b阿尾高架橋（あおこうかきょう）は、氷見市の大字「阿尾」地内に架かる「高架橋」のことをいう。当地の東方は、大きな岬が富山湾に突き出し、西方は丘陵山地が連なり、北方は阿尾川の河口を境に大字「薮田」と接し、南方は余川川河口で大字「間島」と接するところである。同橋は、北方の阿尾川中流の大字「指崎」地内に接する辺りに設置されたものである。大字「阿尾」の地名は、当地が海（富山湾）に面するので、単にその海の色の「青（あお）」から命名されたのではないだろうか。「阿尾」の表記の初見は、天正年間の菊池氏の「阿尾城居城」である。また、『万葉集』では、あを＝アオは、「英遠の浦に寄する白波いや増しに…」と見え、古代では「安乎」とも表記されていた。

c北八代第一高架橋（きたやしろだいいちこうかきょう）の「第一」とは、能越自動車道砺波小矢部ジャンクションの富山県側から石川県境側へ向かって、氷見市の大字「北八代」地内の第一番目の「高架橋」の意からの番号で、氷見市の大字「北八代」に架かる第一番目の「高架橋」のことをいう。

d北八代第二高架橋（きたやしろだいにこうかきょう）は、氷見市の大字「北八代」地内に架かる第二番目の「高架橋」のことをいう。

e薮田橋（やぶたばし）は、氷見市の大字「薮田」地内に架かる「橋」のことをいう。

f宇波川橋（うなみがわばし）は、氷見市の大字「宇波」地内の灘浦ＩＣ近くの所で、そこを流れる宇波川に架かる「橋」のことをいう。

g宇波跨道橋（うなみこどうばし）は、氷見市の大字「宇波」地内の灘浦ＩＣ近くに架かる「跨道橋」のことをいう。

h灘浦ＩＣ橋（なだうらインターチェンジばし）は、氷見市の大字「宇波」地内の灘浦ＩＣ内にある「橋」のことをいう。

⑥　灘浦ＩＣ〜七尾大泊ＩＣ間にある橋（橋梁）

この区間に、「本線橋」は一基、「高架橋」は一基、「跨道橋」は二基で、合計四基の「橋」が架かっている。

a下田川高架橋（しもだがわこうかきょう）は、氷見市大字「中田」地内の下田川に架かる「高架橋」のことをいう。橋が架かっている地名（小字名）は、「下田」である。本来、この地の橋名（橋梁）は「下田高架橋」と命名されるだろうが、高岡市の国道八号線に「下田高架橋」という同名建造物がすでに存在するため、「下田川高架橋」と、川名に因んで名づけられた橋名である。

この「下田川高架橋」の名称は、他の構造物の正式名称と同様に、国（実務的に富山河川国道事務所）が富山県・氷見市そして地元地域から意見聴取をし、要望も十分取り入れ賛同を得て、命名した名称である。

b中波橋（なかなみばし）は、氷見市の大字「中波」地内の女子川に架かる橋で、大字名「中波」が橋名となったものである。

c中波跨道橋（なかなみこどうきょう）は、氷見市の大字「中波」地内に架かる「跨道橋」のことをいう。

d脇跨道橋（わきこどうきょう）は、氷見市の大字「脇」地内に架かる「跨道橋」のことをいう。大字「脇（ワキ）」は、「何かのそば・脇」の意の他に、高く盛り上がった所や分村・分岐点などの意もある。当地は、この地が越中・能登の国境にあったため「ワキ（脇）」と命名されたのであろう。また、この地の南方に連なる丘陵山地のその「ワキ」に人家があったので、ワキという地名が起こったという伝承が地元に残っている。

⑦　七尾大泊IC〜七尾城山IC間にある橋（橋梁）

この区間に、「本線橋」は五基、「高架橋」は五基で、合計一〇基の橋が架かっている。

a東浜川橋（とうのはまばし）は、七尾市の町名「東浜町」地内を流れる東浜川に架かる「橋」のことをいう。

b熊渕川橋（くまぶちがわばし）は、七尾市の町名「黒崎町」地内から町名「東浜町」地内の間を流れる熊渕川に架かる「橋」のことをいう。熊渕川とは、富山・石川県境に聳える石動山（せきどうさん）の北側斜面に源を発し、多根ダムから富山湾に注ぐ流長約一一キロの二級河川である。熊渕川の「熊渕」とは、熊渕川上流山間部に位置する地名（七尾市熊淵町辺り）で、その地名は『鹿島郡誌』などには「その昔、荒熊を阿良加志比古や少彦名神が退治したことによると伝え、また、高麗（こま）が淵の訛ったとも…。」といわれる。

c黒崎高架橋（くろさきこうかきょう）は、七尾市の町名「黒崎町」地内にある「高架橋」のことをいう。黒崎の地名の起こりは、『能登志徴』によれば「かつて諏訪明神の森に黒岩という霊場があり、上杉謙信が春日山城普請の際、この石を船で運ぼうとしたが、動かなかったので、この石から黒崎の地名が起こった。」という。

d黒崎川橋（くろさきがわばし）は、七尾市の町名「黒崎町」地内を流れる黒崎川に架かる「橋」のことをいう。

e佐々波川橋（さざなみがわばし）は、七尾市の町名「佐々波町」地内を流れる佐々波川に架かる「橋」のことをいう。佐々波とは、「ささやかな波」で小さな波の意か。この周辺には、波の付く地名がいくつか分布する。

ｆ麻生第二高架橋（あそうだいにこうかきょう）は、七尾市の町名「麻生町」地内に架かる「高架橋」のことをいう。麻生第二高架橋の「第二」とは、七尾ＩＣの石川県側から富山県境側へ向かって、「麻生町」地内の第二番目の「高架橋」の意からの番号である。

ｇ麻生第一高架橋（あそうだいいちこうかきょう）は、七尾市の町名「麻生町」地内に架かる第一番目の「高架橋」のことをいう。

ｈ新八幡川橋（しんやわたがわばし）は、七尾市の町名「八幡町」地内を流れる八幡川に架かる「橋」のことをいう。「新」と付くのは、すでに八幡川に「八幡川橋」という橋が架かっているので、「新」を付け「新八幡川橋」となったらしい。

八幡川の「八幡」の由来は、『鹿島郡誌』によると「かつて能登国八幡宮の総社が創建されたことによる。」という。

ｉ万行第二高架橋（まんぎょうだいにこうかきょう）は、七尾市の町名「万行町」地内に架かる「高架橋」のことをいう。万行第二高架橋の「第二」とは、七尾ＩＣの石川県側から富山県境側へ向かって、「万行町」地内の第二番目の「高架橋」の意からの番号である。万行とは、仏語で「さまざまな行」の意をいうが、この地にあった寺号や山号が地名化されたのだろうか。

ｊ万行第一高架橋（まんぎょうだいいちこうかきょう）は、七尾市の町名「万行町」地内に架かる第一番目の「高架橋」のことをいう。

⑧　七尾城山ＩＣ～七尾ＩＣ間にある橋（橋梁）

この区間に、「本線橋」は一基、「高架橋」は四基で、合計五基の橋が架かっている。

ａ城山高架橋（しろやまこうかきょう）は、七尾市の町名「小池川原町」地内から町名「矢田町」地内までに架かる橋長八三五メートルの「高架橋」のことをいう。「城山（シロヤマ）」は、「城塞の作られた山の意」で、かつての七尾城のことを示す。

b大谷川橋（おおたにがわばし）は、七尾市の町名「古城町」地内から町名「古府町」地内までに架かる「橋」のことをいう。同橋は、七尾市街地東部を南北に横断するように流れる大谷川に架かる橋で、七尾城山東南部に源を発し、七尾湾南湾に注ぐ。大谷（オオタニ）とは、水源の七尾城山東南部の地形景観から命名された名称か。

c千野第三高架橋（ちのだいさんこうかきょう）は、七尾市の町名「千野町」地内に架かる「高架橋」のことをいう。千野第三高架橋の「第三」とは、七尾ＩＣの石川県側から富山県境側へ向かって、「千野町」地内の第三番目の「高架橋」の意からの番号である。「千野（ちの）」の地名由来は、『鹿島町誌』によれば「昔、この地にアイヌ人が住んでいて、地元の人たちと争い血の雨を降らしたことからつけられた。」という。

d千野第二高架橋（ちのだいにこうかきょう）は、七尾市の町名「千野町」地内に架かる第二番目の「高架橋」のことをいう。

e千野第一高架橋（ちのだいいちこうかきょう）は、七尾市の町名「千野町」地内に架かる第一番目の「高架橋」のことをいう。

2　高岡ＩＣから七尾ＩＣ間にある「橋（橋梁）名」の名づけ方

能越自動車道上の「高岡ＩＣ」から「七尾ＩＣ」間にある「橋（橋梁）」は、「本線橋」は一八基、「高架橋」は二二基、「跨道橋」は一三基で、合計五三基がある。

これら「橋（橋梁）」の名称を分類・整理すると、表2のようになる。

1「本線橋名」の名づけ方

本線橋については、五つの分類項目を設定して整理してみた。本線橋には一八基の橋（橋梁）が属し、その名づけ方の内訳は、次のようになるかと思う。(1)インターチェンジ名が付くもの。富山県側で氷見市の大字地内に架かる場合は、(2)大字名が付くもの。(3)町名の付くものはなかった。川に架かっている場合は(4)川名が付くもの。(5)その他の小矢部大橋は、小矢部川に架かっている橋なので、本来ならば「小矢部川」が付く橋名となるのであるが、小矢部川には多くの橋が架かり、「小矢部川橋」（北陸自動車道）、「小矢部川大橋」（富山県道一六号砺波小矢部線）という名称がすでに存在するので、能越自動車道上の小矢部川に架かる「橋（橋梁）」の場合は、「小矢部大橋」と名づけられたようである。

２「高架橋名」の名づけ方

高架橋名については、この区間にある二二基を、六つの分類項目を設定して整理してみた。(1)大字名が付くものは九基あり、その内訳は、高岡市の大字名が付くものは五基、氷見市の大字には四基が属すると考えられる。(2)町名が付くものは一基で、石川県側の七尾市の町名によるものである。高岡市・氷見市の「大字」の行政単位が、七尾市の場合は「町」がその行政単位となっている。(3)川名の付くものは一基で、氷見市の大字「中田」地内を流れる下田川に架かる高架橋である。この橋が架かるところ（所在）は、大字「中田」にある小字「下田（しもだ）」である。高岡市に「下田高架橋」という同名構造物が一般国道の国道八号線にあるので、川名から名づけられたようである。(4)大字名＋数詞の付くものは三基で、いずれも氷見市にあり、同じ大字名地内に短い距離で連続して「橋」が架かっていることが多く、(4)のような名づけ方が分かり良いことから名づけられたと考えられる。(5)町名＋数詞の付くものは七基あり、いずれも七尾市にあり、同じ町名地内に短い距離に連続して「橋」が架かっている場合が(4)と同様である。ただ(4)と違うのは、(5)の場合、町名に「数詞」が付く起点は、石川県側の七尾ＩＣから富山県境方向に向って順に「数詞」が付けられるということである。よって、富山県側から「高架橋」を順に追っていくと、「数詞」の番号

表２　高岡ICから七尾IC間にある「橋（橋梁）」の分類表

NO.	構造分類	橋（橋梁）名と、その名づけ方根拠について	備　　考
1	本線橋 18基	⑴インターチェンジ名が付くもの 1-① a 高岡IC、13-② a 高岡北IC、26-④ e 氷見北IC、34-⑤ h 灘浦IC	４基 すべて富山県側のIC橋
		⑵大字名が付くもの 16-② d 神代、31-⑤ e 薮田、36-⑥ b 中波	３基 すべて氷見市
		⑶町名が付くもの	
		⑷川名が付くもの 17-② e 仏生寺川、19-② g 鞍骨川、27-⑤ a 余川川、32-⑤ f 宇波川、39-⑦ a 東浜川、40-⑦ b 熊渕川、42-⑦ d 黒崎川、43-⑦ e 佐々波川、46-⑦ h 新八幡川、50-⑧ b 大谷川	10基 富山県側　４基 石川県側　６基
		⑸その他 4-① d 小矢部大	１基 市町村名及び川名
2	高架橋 22基	⑴大字名が付くもの 3-① c 荒屋敷、5-① e 四日市、8-① h 手洗野、10-① j 岩坪、14-② b 五十里、　20-③ a 矢田部、21-③ b 栗原、22-④ a 大野、28-⑤ b 阿尾	９基 高岡市　５基 氷見市　４基
		⑵町名が付くもの 41-⑦ c 黒崎	１基 七尾市の町名
		⑶川名が付くもの 35-⑥ a 下田川	１基 氷見市の川名
		⑷大字名＋数詞が付くもの 23-④ b 大野第二、29-⑤ c 北八代第一、30-⑤ d 北八代第二	３基 氷見市の大字名・数詞
		⑸町名＋数詞が付くもの 44-⑦ f 麻生第二、45-⑦ g 麻生第一、47-⑦ i 万行第二、48-⑦ j 万行第一、51-⑧ c 千野第三、52-⑧ d 千野第二、53-⑧ e 千野第一	７基 七尾市の町名・数詞
		⑹その他 49-⑧ a 城山	１基 七尾市の城塞
3	跨道橋 13基	⑴大字名が付くもの 2-① b 荒屋敷、9-① i 手洗野、15-② c 五十里、18-② f 惣領、24-④ c 加納、25-④ d 稲積、33-⑤ g 宇波、37-⑥ c 中波、38-⑥ d 脇	９基 高岡市　３基 氷見市　６基
		⑵町名が付くもの	
		⑶大字名＋数詞が付くもの 6-① f 高辻第一、7-① g 高辻第二、11-① k 岩坪第一、12-① l 岩坪第二	４基 高岡市の大字名・数詞
		⑷町名＋数詞が付くもの	

＊　高岡ICから七尾IC方面へ順に橋名（橋梁名）を表記。

は第三、第二、第一と、富山県側とは逆になる。⑹その他は一基で、「城山高架橋」が該当する。同橋は、石川県側の七尾城山ＩＣを過ぎたところにあり、「城塞の作られた山の意」で、かつての七尾城のことを示すものである。

３「跨道橋名」の名づけ方

この区間に一三基の「跨道橋」がある。四つの分類項目を設定したが、一三基はすべて富山県側の高岡市と氷見市に所在するもので、⑴大字名が付くもの九基と⑶大字名＋数詞の付くもの四基、計一三基と考える。

以上のことから、「橋（橋梁）」に関する構造物の名称を名づけるにあたって、「本線橋」の名称の場合は、「インターチェンジ名」や「大字名」、あるいは「川名」から名づけるものがほとんどであった。また、「高架橋」の名称では、「大字名」や「町名」、さらに「大字名」・「町名」に数詞が付くものが多かった。「跨道橋」の名称においては、単に「大字名」が付くものが大部分で、他に「大字名」に数詞が付くものがあった。

このように、「橋（橋梁）」の正式名称の名づけ方には傾向があるようである。

六　おわりに

本章では、能越自動車道上の「高岡インターチェンジ（ＩＣ）」から「七尾インターチェンジ（ＩＣ）」間にある「インターチェンジ」・「トンネル」・「橋（橋梁）」などの構造物それぞれに名づけられている名称を例に、「地名」とそれら「構造物」がどのように関わっているのか、また、それぞれの「構造物」に名づけられた名称の「名付け方（手順）」について探ってみた。

地名が至る所で使用されていることが、今回の能越自動車道上の「インターチェンジ（ＩＣ）名」・「トンネル名」・

「橋（橋梁）名」の検討から、あらためて認識・意識することができた。地名は、単なる「二人以上の記号ではない。」ということである。

名称は「思い付き」で名づけるのではない。名づける者は意見聴取を行い、その際は回答者に命名に当っての「条件」をしっかりと提示することが大切である。回答を求められた者は、命名に当っての「根拠」をしっかりと提示することが、とても重要となる。これら双方からの忌憚のない提示があってこそ十分な話し合いとなり、周囲からの賛同も得られ、良き名称が名づけられると思う。

地名の研究は、とかく地名の由来や地名の起こりなどの「地名発生論」が研究テーマとなり、現在も「地名の研究」の大部分はこの領域の研究である。地名の研究は、もっと幅広く、もっと違う視点からの研究もあってもいいのではなかろうか。本章では、従来の地名由来や地名の起こりなどの「地名発生」に関する論考も取り入れながらも、「名づけ方」という視点を主に、特に名づけ方の手順と名づけられた名称の分類の面からまとめてみた。まだまだ不十分な点が多々あるかと思う。特に、石川県側については、まだまだ調査不足の点は否めない。今後さらに資料分析と現地調査を行っていきたいと思っている。

注

（1）どこまでが「狭い範囲」・「広い範囲」の基準かといわれれば、確固たる「決め手」はないが、本稿を論じる上において、土地台帳に記載されていない地名である「私称地名」や「俗称地名」をはじめ、土地台帳に記載はされてはいるが「小字名」あたりが「狭い範囲」の地名と考えられる。

地名分類上、私称地名・俗称地名や小字名の次は、中字名・大字名となる。中字名とは、氷見地方で俗にいう「何々出（デ）」という、例えば「上出」「下出」などが該当する。大字名とは、例えば高岡市江尻の「江尻」や氷見市阿尾の「阿尾」などの「現行行政地名（大字名）」をいう。

そしてこのような、「中字名」と「大字名」の二種類の地名は「やや広い（広義）範囲」に属する地名と捉える方が良いのではなかろうか。

いうなれば、「大字名」以上が「広い（広義）範囲」の地名と考える。市町村名をはじめ、例えば、氷見市大字阿尾辺りから石川県の崎山半島にかけて呼称されている「灘浦」という名称は、「広域名」で「広い（広義）範囲」の地名と考える。

（2）地名「高岡」については、拙著『越中富山地名伝承論』「近世高岡城と高岡・高岡町の由来」を参照。

（3）氷見ＩＣの地名「氷見」の由来は、拙著『北陸地名伝承の研究』「地名「ひみ」の起因について」や、池田末則・丹羽基二監修『歴史と文化を探る　日本地名ルーツ辞典』の「富山県関係分」を参照。

参考文献

拙者『北陸地名伝承の研究』五月書房、一九九八年

拙者『越中富山地名伝承論』クレス出版、二〇〇九年

池田末則・丹羽基二監修『歴史と文化を探る　日本地名ルーツ辞典』創拓社、一九九二年

小田吉之丈ほか編『石川県鹿島郡誌』鹿島郡自治会、一九二八年

「角川日本地名大辞典」編纂委員会編『角川日本地名大辞典一六　富山県』角川書店、一九七九年

「角川日本地名大辞典」編纂委員会編『角川日本地名大辞典一七　石川県』角川書店、一九八一年

楠原佑介・溝手理太郎編『地名用語語源辞典』東京堂出版、一九八三年

富山県神社庁『富山県神社誌』富山県神社庁、一九八三年

氷見市史編さん委員会編『氷見市史６　資料編四　民俗、神社・寺院』氷見市、二〇〇〇年

平凡社地方資料センター編集『日本歴史地名大系一六　富山県の地名』平凡社、一九九四年

氷見市史編さん委員会編『氷見市史９　資料編七　自然環境』氷見市、一九九九年

森田柿園著・石川県図書館協会編『越中志徴』上・下巻、富山新聞社、一九五一年・一九五二年

森田平次著・太田敬太郎校訂・解説『能登志徴』上・下編、石川県図書館協会、一九六九年

資料提供

平成二十七年度　事業概要　パンフレット（国土交通省　北陸地方整備局　富山河川国道事務所）
一般国道四七〇号能越自動車道　七尾氷見道路　パンフレット（国土交通省北陸地方整備局金沢河川国道事務所及び富山河川国道事務所）
能越自動車道　パンフレット（北陸地方整備局　金沢河川国道事務所　富山河川国道事務所）

追記

平成二十七年五月下旬頃、勤務先の県民カレッジ砺波地区センターで、同年度の後期講座である「ふるさと発見講座　人間探究コース」の講座内容について、本地区センターの担当者である清水稔先生を中心に、同地区センターの寺井康之先生、そして私の三人で、何気なく話している内に、「道」をテーマとして取り上げることとなった。これが、本稿をまとめる発端となった。同年五月下旬以降、折に付けて、「道」に関して意識し始め、少しずつ「道」に関する資料を集めたりした。そして、同年十二月十九日、本地区センターで行ったふるさと発見講座で、北陸地方整備局富山国道河川事務所の調査第二課長の飴谷卓也氏をはじめ、田中義太郎、外英樹諸氏の講義を聴講し、「道」の中でも普段通っている能越自動車道に興味・関心が湧き、もっと知りたいという気持ちが芽生え、平成二十八年二月に同事務所を訪ね、資料を提供していただき、また、色々とご教示していただいた。同課長の飴谷氏をはじめ、谷俊秀専門官など同課の皆様に感謝申し上げたい。

さらに三月には氷見南インターチェンジが開通したことも、もっと「能越自動車道」について調べたいという気持ちが高まり、この頃から「IC名」・「トンネル名」・「橋（橋梁）名」などの構造物に関する名称について研究してみたいと思うようになり、四月下旬からは、高岡ICから七尾IC間に区画を設定し、現地確認・景観調査や聞き取り調査を何度も行い、また、氷見市役所・七尾市役所の担当部署を訪ねて資料提供やご教示を受け、本稿をまとめた。

地元での聞き取り調査では、多くの古老の方々からご教示を受けお世話になった。また、氷見市役所では、特に、担当部署の建設課課長補佐の釣賀勝行氏や、同課主幹の夷卓也氏には、大変お世話になった。七尾市役所では、特に、担当部署の土木課課長補佐兼能越道建設推進室室次長の中家忠司氏には、大変お世話になった。記して感謝申し上げたい。

普段何気なく行っている動作（「見ること。」・「聞くこと。」・「話すこと。」）を、少し意識して行えば、そこから興味・関心が湧き、それが研究テーマへとさらに発展するということをあらためて実感し、また「地名の研究」の面白さも再認識できた次第である。

第二編　地名研究からの様々な出会い

我が恩師、池田末則先生

一　池田末則先生との出逢いは『大和地名大辞典』の「序」から

私は、幼少の頃、父母の仕事がら自分が生まれ育った氷見市の各地域へよく連れて行ってもらった。そこで、古老らからその土地に伝わる昔話や地名由来などについて聞いたり、また、私の祖父から日本の歴史・地理についての本をよく読み聞かせをしてもらった。それが、きっかけで地名に興味をもつようになった(1)。

その後、一冊の本との出逢いから、さらに地名に興味が深まり、今度は地名の研究をやってみたいという気持ちになっていった。その一冊の本（辞典）とは、『大和地名大辞典』（大和地名研究所、昭和二十七年）である。この辞典との出逢いがなければ、今の自分がないといっても過言ではない。

この辞典との出逢いは、高校三年の夏。東京の某大学をめざし、東京神田の古本屋街近くの予備校が主催する夏期講習の最中、「ふと」立ち寄った古本屋で『同大辞典』を見つけた。この辞典を手に取り頁を捲った。「序」には、「昭和十七年の早春、地名研究所の創設を思ひ立って、同好の数氏に御協力を御願ひし、御意見を承る意味で御集り頂き、その席上一通り二十年計劃の事業内容を説明したのであった。そこで前々から多少手初めていた小字名採集の仕事に本腰を入れ池田末則君の他に助手も増員して、カード記入や地籍図謄写に専念した。二十年末には……を残して各郡別五十音索引も一應完了し、その後複本を作って県立奈良図書館に寄託したのであった。戦火の拡大するに

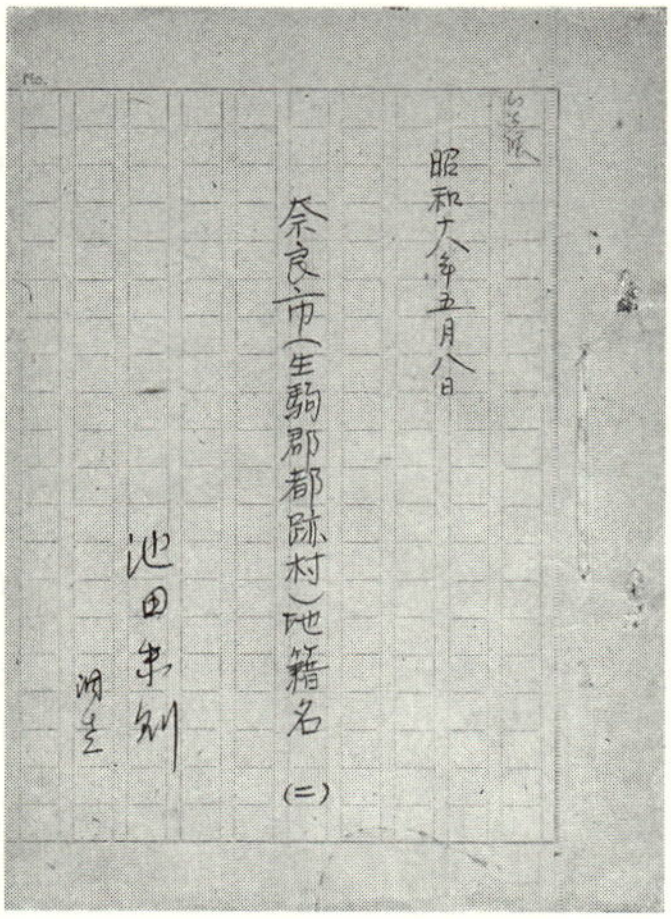

写真１　池田末則先生が採集した
小字名原稿
（池田末則先生の遺品より）

つれ、池田君は應召する物資不足と交通の混乱、燈火管制、その他あらゆる悪条件が重なり合って事業は殆んど麻痺状態に陥ったまま終戦となった。敗戦後の混乱した社会状勢が漸く落着きを取り戻した頃、予期せぬ公職で出張する日が多くなった事も禍して、仕事は遅々として進まなかったが、二十六年八月漸く印刷に着手するに至り、一年を経て、ここに第一冊を世に贈り得たのである。まことに牛の歩みのそしりは免れまいが、十年間のひたみちな学的執心の結果であって、未曾有の大戦をさしはさんでの苦闘でもあつたので、渺たる一研究所の事業としては、よくここまで来たものだと思っている。………採集については、一重に県下の各市町村当局並びに区長や古老篤志の方々の御協力に俟つところが多い。ここに御協力を賜った数千人の方々に深く感謝したい。………本書は、創設当初より奔走した所員池田末則君に負ふ所多く、………。」と記されていた。

この「序」を読み終えた瞬間、全身に鳥肌が立ち、言葉で表現できないほどの衝撃を受けた。（今もあの時の衝撃は忘れられない。）そして、序に書かれた大和地名研究所、中野文彦（先生）、池田末則（先生）に興味関心が芽生えた。特に池田末則（先生）という人物はどんな人なのだろう、どんな研究をしているのだろうと思いながら店内を見て回った。すると、奈良県内の市町村史が何冊も並んでいた。『大和高田市史』（昭和三十三年）・『二上村史』（昭和三十一年）・『大三輪町史』（昭和三十四年）・『御所市史』（昭和四十年）を代わる代わる手に取り見ると、いずれにも池田末則（先生）が地名に関する論文を執筆したり編集に携わっている。これは凄いと。

翌日、別の古本屋に立ち寄った。『大和郷土名のゆかり　奈良県市町村地名考』（大和地名研究所、昭和二十八年）

を見つけ買い求めた。さらに明後日、また別の古本屋に入り、『奈良文化論叢』（昭和四十二年）と『吉野町史』下巻（昭和四十七年）の二冊の頁を捲ると、池田末則（先生）が、前者には「古代地名語構成」というタイトルで論文を書き、後者では吉野町の地名について書いておられた。

約一か月間、夏期講習で東京に滞在した。その間、古本屋を何度も回っている内に、大和地名研究所は日本地名学研究所と改称され、研究所は奈良県南葛城郡吐田郷村から京都市伏見区桃山長岡越中北町へ移転、また、中野文彦（先生）、池田末則（先生）はご存命ということが刊行物の発行年月から推察できた。池田末則（先生）は、『大和地名大辞典』をはじめ奈良県内の市町村史など多くの刊行物に地名に関わる文を書き、地名への研究姿勢・情熱を伺い知ることができ、夏期講習を終える頃には一度お会いしたいという気持ちになった。

夏期講習を終え富山に帰る時、私の大きな手提げバックには、大和地名研究所編『大和地名大辞典』（大和地名研究所、昭和二十七年）、大和地名研究所編『大和郷土名のゆかり　奈良県市町村地名考』（高田郷土文庫、昭和二十八年）、鏡味完二『地名学』〈地名学選書〉（日本地名学研究所、昭和四十年）、柳田国男『地名の研究』（古今書院、昭和十一年）、金沢庄三郎『地名の研究』（創元社、昭和二十四年）、畑中友次『古地名と日本民族　先史時代の研究』（創元社、昭和三十五年）、山口弥一郎『開拓と地名』〈地名学選書〉（日本地名学研究所、昭和三十二年）など、神田の本屋街で買った地名に関する専門書が入っていた。食費を切り詰めて何とか買うことができたが、まだまだ買いたかった専門書が多くあった。

両親に切に頼んで、冬期講習を受けるため再び上京した。講習は受講するものの、予備校へ行く道すがら神田の本屋街の古本屋に立ち寄って、地名の専門書を立ち読みする時間が増えていった。冬期講習を終える頃には、日本地名学研究所は昭和四十一年に京都市伏見区から奈良市へ移転し、所長も中野文彦（先生）から池田末則（先生）に引き継がれたことも、日本地名学研究所の発行物から知ることができた。池田末則（先生）が市町村史や日本地名学研究所の『地名学研究』に書かれたものを読み、お会いしてお話をお聞きしたいという思いがさらに強くなった。

冬期講習を終え、年の瀬の十二月二十九日、一人で上野駅発の寝台急行「能登」に乗り、翌日の三十日朝早く高岡駅に着いた。駅改札口には両親が迎えに来ていた。私の大きな手提げカバンを見て、母が「博文、また、本。」と。その後は、父・母も何も言わなかった。(2) その時にカバンに入っていた本は、日本地名学研究所編『大和地名大辞典　続編』〈地名学選書〉（日本地名学研究所、昭和三十四年）、柳田国男『地名の研究』（実業之日本社、昭和二十九年）、日本地名学研究所編『地名学研究』年報（日本地名学研究所、昭和四十五年）、山口恵一郎編『地図と地名』（古今書院、昭和四十九年）、丹羽基二『地名』（秋田書店、昭和五十年）、柳田国男『地名の研究』（角川文庫、昭和四十六年）だった。その他に、何軒かの古本屋で貰った古書目録が入っていた。

東京から帰って、大学受験の追い込みだというのに、神田の古本屋で買った地名に関する本ばかり読んでいた。結局、目指す大学へは入れず、四月から地元の予備校に籍を置きながら自宅で浪人生活を送っていた。(3) 家での浪人生活は、受験勉強をしているというより、地名に関する専門書を読むという日々を過ごしていた。そんな中、池田末則（先生）に、一度お会いしたいという思いが日に日に募っていった。

ある日、池田末則（先生）の書かれた文を読んでいると、「青」地名の解釈が私自身の解釈と違い、「青」地名全体の解釈にまで疑問が生じた。ぜひ一度お会いしたいという思いも交叉して、思い切って自分の「青」地名に対する解釈を書き、池田末則（先生）に手紙を出した。若気の至りというか大胆なことをしたものだと、当時の自分の行動力には驚いている。

それから二、三日後に、池田末則（先生）より自宅に「一度、奈良へ遊びに来なさい。」というお電話がかかってきた。さっそく二日後、池田末則（先生）が所長をなさる奈良の日本地名学研究所へお伺いした。

このように、私から池田末則（先生）へお出しした一通のお手紙がご縁で、我が恩師であり、また私にとって「父

親」のような存在であった池田末則先生との出逢いが生まれたのである。(4)

二　金沢から研究所へ通っていた頃の池田末則先生との思い出

金沢での大学生活を送りながら二か月に一度、池田先生が主宰する日本地名学研究所へ通って、先生から直接、地名についてご指導を受けていた。池田先生との多くの思い出があるが、特に、忘れられない思い出を三つほど書き記そうと思う。

1　大きな手提げカバンやリュックの中身―地名本

池田先生の所へ通うこととなり、先生にご指導を受けた。池田先生はよく次のようなことをおっしゃった。「中葉君、今説明したことは、この本に書いてあるから。読んでおきなさい。最近、私が書いたものを渡そう。」と。このような感じで、たくさんの本や資料をいただいた。

一度、小さなショルダーバック一つを持って研究所に行ったことがあった。すると池田先生は、「知識は大きな袋（バック）のように……」とおっしゃった。以来、研究所を訪れる時は、大きな手提げバックかリュックを背負ってとなった。研究所から金沢へ帰る時は、いつもバックやリュックは池田先生からいただいた本でいっぱいだった。先生からいただいた多くの本は、今は自宅の書棚に並んでいる。(5)

2　池田先生からの原稿依頼と地名「ヒミ」に関する調査旅行

昭和五十四年五月に『日本全河川ルーツ大辞典』（竹書房）が刊行された。凄く思い出に残る辞典である。池田先

写真２　夏休み
地名「ヒミ」の調査旅行
（広島県瀬戸田町にて）

生が、この大辞典の編集及び監修者のお一人だった。大辞典が刊行される約二年前、池田先生から金沢の下宿先に、「中葉君、丹念に石川・富山の河川を見て・歩いて・調べて、富山と石川県の河川について辞典原稿を書いてみなさい。」というお電話があった。これを機会に地元をじっくりと歩きなさいという、先生からのご教示とご指示だった。金沢経済大学の一年の頃で、約半年をかけ富山・石川県の主な川を一通り見て歩き、その後、約半年をかけ何とか辞典原稿をすべて書き上げた。書き上げた時の達成感と充実感は、今もとても懐かしく思う。[6]

ちょうどその頃、同時進行で、拙著『氷見市地名の研究』（日本地名学研究所、昭和五十五年七月）を出版するための資料収集や現地調査、原稿の下書きなどを行っていた。大学二年の夏季と冬季の長期休みを利用して、全国で「ヒミ」と付く地名を訪ねる調査旅行を行った。この調査旅行では、地名研究や生き方をじっくりと考えることにもなった。

旅行の主な資金源は、池田先生を通して出版社から依頼のあった原稿を少しずつ仕上げて入る原稿料だった。少しでも旅費を安く上げるため、鉄道は主に普通列車、船は最も安い二等室、極力、徒歩、宿泊先はユースホステルを利用した。

夏季休みの調査旅行は、金沢—奈良（研究所で一泊）—広島県尾道市（一泊）—広島県三原市・瀬戸田町—山口県岩国市（一泊）—佐賀県唐津市・長崎県平戸市（フェリーで渡る・一泊）—長崎市（地名「ヒミ」あり・二泊）—天草—熊本市（一泊）—阿蘇（一泊）—大分県竹田市・津久見市（地名「ヒミ」あり・二泊）—山口県山口市（一泊）

—奈良（研究所で一泊）—金沢の行程で、一二泊一三日だった。

冬季休みを利用しての調査旅行は、金沢—奈良（研究所で一泊）—岡山県玉野市（地名「ヒミ」に関連する「ヒビ」あり）・鷲羽山（二泊）—宇高連絡船（フェリー）～高松（一泊）—愛媛県西条市氷見（地名「ヒミ」あり・二泊）—松山～周防大島（フェリー）～山口県周防大島（地名「ヒミ」あり・二泊）—広島県広島市（一泊）—奈良（研究所で一泊）—金沢の行程で、一〇泊一一日の調査旅行だった。

写真2は、広島県瀬戸田町のフェリー乗り場からほど近い所で撮影したものである。また、写真3は、岡山県の鷲羽山ユースホステル前で撮影したものである。調査で訪ねた市町村の役所や図書館、古老からの聞き取りなど、調査旅行での思い出が尽きない。私にとって「旅」とは、人のあたたかさと自分を発見する場だと思う。

冬の調査旅行で松山から周防大島にフェリーで渡った時、あたりが真っ暗となり宿を探していると、「もし、よかったら、神社の社殿でも……。」と、神社の宮司さんが社殿の片隅に布団までご用意して下さった。その日は社殿で一夜を過ごし、朝、島特産の周防みかんを沢山いただいた。食べきれなくて広島で泊まったユースホステルでお裾分けした。

また、愛媛県西条市の氷見地区を訪ねた後、市立図書館で氷見に関する資料を見ていると、地元の氷見市の郷土史家、橋本芳雄先生が「氷見の地名」についてお書きになった論文があった。その論文が、この地にあることに驚き感激した。

夏季休みの調査旅行で、山口市の高橋文雄先生宅を訪問した時のことも忘れることができない。先生は、銀行を定年退職後、山口県地名研究所を自ら

写真3　冬休み
地名「ヒミ」の調査旅行
（岡山県鷲羽山ユースホステル前にて）

設立し、徹底的に調査研究をなさった。そして、その成果を、『山口県地名考』（山口県地名研究所、昭和五十三年）でおまとめになった。高橋先生は、池田先生の研究所に著書を持参された。偶然にも、私も池田先生の研究所に金沢から来ていた時で、高橋先生とはじめてお会いした。このご縁で、調査旅行の途中、高橋先生のご自宅にお寄りした。納屋を改築して研究所になさった部屋や書庫を見せていただき、先生のお車で山陽本線の小郡駅まで送っていただいた。先生の研究姿勢や研究内容について直接お聞きすることができた。先生は、『続・山口県地名考』（山口県地名研究所、昭和五十四年）もおまとめになった。これから本格的に調査研究しようとする時期に、高橋先生とお会いしたことは、私自身、本当に良い刺激となった。

高橋先生は、長年の山口県における地道な地名研究のご功績が認められ、昭和五十九年に第三回地名研究賞を受賞なさった。今はもうお亡くなりになった。心から哀悼の意を申し上げます。合掌

調査旅行では、池田先生がその頃よくおっしゃっていた「地名の研究は、まずは資料を広く求めて現地に立って研究しなさい。そして、一日もはやく自分の意見をまとめなさい。」とのお言葉通りと、あらためて痛感した。調査旅行から約二年後に『氷見市地名の研究』(7)をまとめた。その後、富山に帰って高校教員になってから「地名「ひみ」の起因について」と「氷見万葉「地名」考」というようにカタチにすることができた(8)。

この調査旅行で、忘れられない思い出がもう一つある。調査旅行の始めと終わりは、必ず池田先生の所へ行き、旅行の計画や内容を報告し、ご指導・ご教示を受けた。奈良の研究所で一泊し、翌日、調査旅行に出る時、池田先生は決まって、近鉄奈良駅の階上にあるレストランでの朝食に誘って下さった。先生と一時間ほど歓談してから出発した。先生は、決まってこのレストラン特製の「カツサンド」を、私に持たせて下さった。今でも「カツサンド」を見ると、当時のことを思い出す。

3　池田先生や研究所にお出でになった方との現地調査

池田先生の調査に数多く同行させていただいた。先生または研究所が編集している『市町村史』に関わる調査、あるいは先生ご自身の地名研究に関する調査、さらには依頼された地名に関する報告書や原稿執筆のための調査など、先生や研究所は多岐にわたった現地調査を行っていた。

写真4は、先生と奈良・京都の境にある浄瑠璃寺から岩船寺に至る当尾（とおの）の里の石仏の道を歩きながら地名・石仏調査を行っている時の写真である。池田先生にお供して現地調査に行くと、池田先生の恩師である中野文彦先生が提唱する「地名研究十か条」の第八条までを、必ず確認せよとおっしゃった。

一、足で聞け　現地でどう呼んでいるか
二、足で見よ　どんな地形か
三、地図は読むもの　伝説は聞くだけ
四、解釈はまず日本語で　近隣語はそれから
五、同じ文字でも読みが違う　同じ読みでも字が違う
六、同じ地形でも呼び名が違う　同じ呼び名でも地形が違う
七、いつからいつまで　どこからどこまで
八、好字でないか　飾りはないか　寄せ字でないか
九、カード　索引　整理
十、外国の研究方法に参考に

この中野文彦先生が提唱された「地名研究十か条」は、いうなれば地名研究の「原点」だと思う。

写真４　池田先生と地名・石仏調査
（当尾の里にて）

写真５　秋田県雄勝町現地調査
（宿泊先・稲住温泉前にて）

写真６　池田先生・小島先生と私
（岩手県盛岡市駅前の居酒屋にて）

現地調査のそれぞれの現場で、古老からの聞き取り方、地籍図の見方、小字名の収集の仕方、役場など関係者との折衝の仕方など、池田先生には数多くのことを直接ご教示していただいた。先生の現地調査には、私が富山に帰って高校教員になってからも何度か同行した。

平成七年三月下旬に、当時、日本民俗学会の評議員であり、群馬県文化財保護審議会委員で群馬地名研究会会長だった都丸十九一先生を、群馬県伊香保町にお訪ねした。都丸先生は、著書『地名のはなし―群馬の地名のルーツを探る』（煥乎堂、昭和六十二年）で、平成五年度に第一二回地名研究賞を受賞なさっている[9]。受賞理由は、群馬県の山村生活・芸能・伝説など長年にわたって調査し、地名研究に関してその指針となりうる方向性を示したことである。池田先生の調査旅行に同行しての群馬県行きだった。現地を見ながら都丸先生の地名解説を聞き、先生の着眼点を知ることができ、とてもためになった。

写真5は、平成九年の夏、私が高岡市万葉歴史館で研究員をしている頃、池田先生と秋田県雄勝町への現地調査に行った時に撮ったものである。写真6は、秋田県雄勝町での現地調査後、岩手県の地名研究の第一人者である小島俊一先生（岩手県宮古市在住）と池田先生と共に歓談している時の写真である。この調査旅行での成果は、後に日本地名学研究所編『みちのく縄文地名発掘　雄勝―秋田県雄勝町文化調査報告書』（五月書房、平成十年）としてまとまった。同書には、池田先生が小島先生をお訪ねした時に依頼なさった「雄勝町地名考」が載る。小島先生は、岩手県のアイヌ語地名と思われる地名の研究もなさっていたので、直接アイヌ語地名との相関関係について聞くことができ、随分と刺激的だった。

三　奈良での二年間、池田末則先生の助手をした頃の思い出

1　奈良大学文学部史学科三年に編入学して

昭和五十六年四月から池田先生の助手となり、奈良大学文学部史学科三年に編入学した。大学には、池田先生のスケジュールを見ながら通学した。金沢経済大学で取得した単位が奈良大学でかなり履修単位として認められ、奈良大学では学芸員資格を取得し無事卒業できた[10]。多くの先生方や学友と交流ができ、大変充実した大学生活を送ることができた。大学では古代史を専攻し、三年次の専攻ゼミは東野治之、四年次は水野柳太郎の両先生にご指導をいただいた。大学では、史学科以外の先生方からも示唆を受けた。中でも、古文書学の堀池春峰、地理学の藤岡謙二郎、古代史の井上薫、中世史の松山宏、美術工芸史の毛利久、考古学の水野正好、文化財保存科学の西山要一らの諸先生から多くのご教示をしていただいた。藤岡先生が実践しておられたＦＨＧ（野外歴史地理研究会の略）の巡検活動方法

写真７　池田先生の「地名伝承学」で研究発表
奈良大学にて

は、後に私が二上工業高校で生徒達と共に行ったＦＦＨＧ（二上工業野外地理談話会）の活動に大いに活かすことができた。また、井上先生の講義で「続日本紀」を『国史大系　続日本紀　前編・後編』（吉川弘文館）を使って丁寧に読み下し、そこに記されている時代背景を探る史料講読は、私の地名研究においてとても稔り多い講義であった。講義後、先生によく質問をした。

当時、池田先生は、奈良大学で毎週水曜日の第一限目に、地名に関する講義（開講科目名「地名伝承学」）をなさっていた。全学科共通の選択科目で、多くの学生が受講した。金沢から研究所に通っている時、一度だけ先生の講義を聴講したことがある。奈良での二年間は、助手の立場で先生の講義をサポートした。研究発表というカタチで、年に二回ほど講義をした。富山で高校教員になってからも、私に時間的に余裕がある時は奈良に赴き、池田先生をサポートするために、年に一、二回講義を行った（写真７）。私の講義（研究発表）は、その時その時に自分が地名研究（旬の地名研究）したものを、学生の皆さんに聞いてもらった。講義（研究発表）後、学生の皆さんから多くの質問を受け、私自身、大変刺激となり、とても励みとなった。

２　日本地名学研究所での日々

池田先生の助手として、日々の生活の中でとても印象に残ったことを、いくつか書き記したいと思う。

(1)　普段の生活

池田先生にご予定がない日は、先生はいつも午前七時過ぎには研究所にいらっしゃった（写真８）。それから約三〇分、先生は、ご自分の机の上（身の回り）の整理をしながら、その日のスケジュールをチェックされる。そして午前七時半過ぎになると、いつも「中葉君、モーニング行くぞ。」とおっしゃって、近くの喫茶店へ行き朝食を取った。先生と朝食を共にしながら約一時間から一時間半、地名に関するお話を聞く。先生が何か研究のことで、アイデアがお浮かびになったら、そこで中止となり、研究所にお戻りになり、研究に没頭される。

当時、研究所の所員だった大矢良哲さんと比嘉紀美枝さんが、午前一〇時過ぎに研究所にお出でになるので、約一時間、池田先生は地名研究に没頭なさる。二年間、先生のご様子を間近で見て、この約一時間が先生の多くの地名自説を誕生させたと思う。この時間帯は意外にも電話もあまりかからず、先生は最も集中してご研究をなさっていたように思う。

写真８　池田先生と私
（日本地名学研究所玄関前にて）

私はこの時間帯、先生から何かご指示があったら瞬時に対応できるように待機した。待機時は、私自身、興味関心のある地名についての文献などを読みながら資料分析を行った。

大矢さん、比嘉さんがお出でになって、池田先生とその日の日程などの簡単な打合せをする。打合せ後、池田先生は、依頼を受けている原稿の執筆か、ご自分の研究をなさった。大矢さん、比嘉さんは、研究所に依頼のあった原稿や『市町村史』などの編集に関わることをなさっていた。私は、池田先生、大矢さん、比嘉さんからご指示のあったことをはじめ、来客へのお茶出し、タクシーの手配、新聞・郵便物の主分け、発送、電話対応など、雑用一切を行った。

昼食は、原稿執筆や編集作業が大変忙しい時は、近くの喫茶店・食堂から店屋物を注文した。そうでない時は研究所を出て、それぞれの仕事（研究・編集作業）の進捗状況を池田先生にご報告しながら食事を共にした。

池田先生をはじめ、大矢さん、比嘉さんから何かご指示がなければ、私はその時に興味・関心を持っている地名について自由に研究をさせていただいた。書庫に自由に出入りし、研究室の文献も自由に使用し、もし自分が研究している地名のことで疑問が生じた場合は、いつでも池田先生や大矢さん、比嘉さんに質問して、ご指導を受けた。(11)

午後三時半を過ぎると、池田先生はいつも「中葉君、向かいの銭湯に行くぞ!」とおっしゃり、研究所真向かいにあった銭湯へ行った。先生は、湯船に浸かりながら、いつも地名のことを考えられていた。何か良いアイデアが浮かんだならすぐに銭湯を出られ、研究所に戻り机に向かわれた。池田先生の地名研究に向かう姿勢や情熱から、多くのことを学んだ。

夕食後、池田先生は、私が地名のことで何か疑問があれば、丁寧にご教示して下さった。比嘉さんは、夕方、帰宅された。大矢さんは、いつも夜遅くまで研究所で仕事（研究・編集）をなさっていた。先生が夕方からいらっしゃらない場合は、大矢さんが親身になって、私の地名研究のことについて対応して下さった。池田先生は、私からの質問がない場合は、夕方ずっと文献をお読みになっていた。

午後一〇時半を過ぎる頃、池田先生と大矢さん、私の三人で近鉄奈良駅まで歩き、いつも屋台ラーメンを池田先生からご馳走になった。池田先生と大矢さんはご自宅に帰られ、私は研究所へ戻った。研究所に戻ってからは、その時に疑問に思っている地名のことについて、時間を忘れて関係資料や文献を読んだ。

このような助手生活を二年間、池田先生のもとで送った。池田先生には、本当に自由に地名研究をさせていただき、大変、充実したものだった。当時を振り返ると、池田先生は、ご家族とお過ごしなさる時間より、私と過ごす時間の方が多かった。池田先生は、我が恩師であり、父親のように接して下さった。

(2)　地名研究資料を作成するにあたって、研究会立ち上げの意義

池田先生の助手になって、早々忘れられない出来事があった。兵庫県高砂市から担当者の方が研究所にお出でにな

り、池田先生に「高砂市では、住居表示の実施によって散逸していく地名（小字）を記録保存したいので、地名に関する報告書を作成していただけないか。」という依頼があった。池田先生はご承諾なさり、高砂市の担当者の方に「たぶん、私の横にいる中葉君が担当する一人になると思うので、そちらに現地調査に入ったら、よろしくお願いします。」とおっしゃった。高砂市の職員の方がお帰りになった後、池田先生は「中葉君、播磨の方の地名を研究してみるのも良い機会だと思って引き受けた。木村先生にも加わっていただいて、大矢君、比嘉ちゃんにも手伝ってもらいながらやってくれないか。高砂市はもと播磨の国、この機会に『播磨風土記』をじっくり読むのもよいだろう。」とおっしゃった。そして、池田先生はこうもおっしゃった。「『播磨風土記』を早く理解する方法は、何かわかるか…。」と。「研究会を作って、輪読会を行う。こうすれば、真剣に『播磨風土記』を理解しようとする。来週、奈良大の私の講義で、学生に呼びかけるから、君が事務局をしなさい。」と、続けておっしゃった。(12)

池田先生は、翌週、「地名伝承学」のご講義の中で、「今度、播磨風土記研究会を立ち上げようと思う。もし、『播磨風土記』に興味のある学生諸君がいたら、直接、私の研究所に来てくれるか、私の傍にいる中葉君に話してくれ。」とおっしゃった。講義終了後、三人の学生が私のところに来た。そしてその日の夕方、わざわざ研究所にも二人の学生が入りたいと訪ねてきた。二、三日経って、三人の学生が大学キャンパスで、播磨風土記研究会に入りたいと、私に話しかけてきた。

研究会立ち上げ初日の日曜日、研究所には、結局、奈良大生七名が来た。この七名で「播磨風土記研究会」が結成されスタートした。会の顧問は池田先生と大矢さん、事務局は私が担当するという陣容で、二週間に一度、研究所で輪読会を行うこととなった。後に研究会には、奈良芸術短期大学の木村芳一先生が加わって下さった。会員になった学友は、他大学の木村先生と交流ができると、大そう喜んだ。この研究会の結成により、私自身、『播磨風土記』と真剣に向き合い、輪読会に備え事前にかなりの量（頁）を読み込むこともでき、先生のおっしゃった研究会を結成する意味がしっかりと理解できた。そして、会員である史学科以外の学生とも幅広く交流することができることとなった。また、池田先生は、研究会の親睦会にも積極的にご参加して下さった。研究所四階にある先生の書斎を開放して下さり、会員のみんなと先生とで、若草山の山焼きを見た。先生の書斎から見た若草山の山焼きは絶景だった。一生忘れられない思い出である。

高砂市からの依頼の地名調査報告書は、私一人での現地調査、池田先生との二人での現地調査、木村先生と池田先生と私の三人での現地調査を行い、木村先生、大矢さん、比嘉さんが原稿をチェックし、当時、奈良女子大学の学生だった小林仁美さんや大谷女子短期大学の学生だった清崎裕子さんが資料の整理などをし、池田先生に報告書の総括をしていただいた。日本地名学研究所編『高砂市地名調査報告書』（高砂市、昭和五十七年）として出版となった。この『高砂市地名調査報告書』作成に関わり、池田先生の私への愛情の深さをヒシヒシと感じ、研究会の活動や高砂市の関係各位、地元の古老から多くのことを学んだ。本当に忘れられない出来事である。

播磨風土記研究会は、私が奈良を離れる（奈良大学卒業）時に解散した。研究会解散の懇親会で、ある学友が思い出に各自好きな『播磨風土記』の条文を読もうと言い、私は印南郡の条の地名「池原」が載る「故、美保山といふ。山の西に原あり。名を池の原といふ。原の中に池あり。故に、池の原といふ。」を読んだ。その後、富山に帰って「原」についてまとめるきっかけにもなった思い出多き播磨風土記研究会だった。研究会の学友とは、今も連絡を取り合っている。[13]

(3)　研究所に集う地名研究者や学者

地名研究者

研究所には、全国から数多くの地名研究者が、池田先生を訪ねてお出でになった。各地で地道に地名研究をなさって、その成果を冊子にまとめておられる先生方が、全国にこんなにもいらっしゃるのかと、つくづく思った。

数年前、私も地名「青」の解釈で疑問が生じ、池田先生を初めてお訪ねした時のことを思い出しながら、全国から池田先生を慕ってお出でになる研究者の方々とお話した。研究所にお出でになった地名研究者で、とても印象に残る先生がいらっしゃった。

兵庫県、特に神戸市の地名について長年ご研究なさっていた落合重信先生である。落合先生は、神戸の図書館に時間があれば通って、兵庫県、神戸市の地名に関する資料を丹念に収集・分析された。私は高校時代に東京神田の古本屋で見た兵庫県・神戸市の郷土史で、先生のお名前だけは存じ上げていた。先生が研究所にお出でになったのは、昭和五十七年の七、八月頃だったと思う。四月に出版された著書『地名研究のすすめ』(国書刊行会、昭和五十七年)を持参された。私も落合先生からご著書をいただいた。私は、前年に落合先生が出版なさった『地名にみる生活史 兵庫県の地名 神戸市の地名』(神戸新聞社、昭和五十六年)を読んでいたので、研究所にお出でになった時は、とても先生のことを身近に感じ、その後も先生のご教示を受けた。先生は、長年のご研究が認められ、平成七年に第一四回地名研究賞を受賞なさっている。生前、先生から多くのご示唆をいただいた。心から哀悼の意を申し上げます。合掌

学者

研究所には、多くの学者(先生)もお出でになった。また、池田先生のご指示で学者(先生)のご自宅へもお伺いしたことが何度かある。この奈良での「ご縁」が、その後、自分の地名研究や仕事にも活かすことができた。忘れられない学者(先生)がいらっしゃる。国文学者の臼田甚五郎先生(国学院大学名誉教授)と、歴史学者の直木孝次郎先生(大阪市立大学名誉教授)である。

臼田先生[14]は、池田先生と谷川先生の尽力で実現した日韓地名研究会に出席されたメンバーのお一人である。先生は、昭和五十六年八月二十日の研究所での研究会後も二、三日奈良にご滞在なさった。

八月二十二日、臼田先生を、日本地名学研究所の前身である大和地名研究所のあった御所市や大和三山(畝傍・耳

成・香具山）のある橿原市、そして高天彦神社、葛木坐一言主神社、高鴨神社などが鎮座する葛城の里を、一日かけてタクシーでご案内した。前日、池田先生が、臼田先生を先生の行きたいとおっしゃるところに案内するようにとおっしゃられた。

二日前の日韓の研究会ではじめて臼田先生にお会いし、臼田先生をご案内することとなり、ホテルまで先生をタクシーでお迎えに行った時の緊張感は今も忘れられない。臼田先生はとても気さくに、「中葉君、大和三山や葛城方面を、ゆっくり回ろう。君よりも私の方がここら辺りはよく知っているから、楽しく回ろう。」とおっしゃった。かつて大和地名研究所のあった辺りは、私が臼田先生にご説明したが、後は臼田先生からご説明を受けた。特に、葛城方面の伝承地については、色々とご教示していただいた。また、私に研究するときの手法のことなどを分かり易く説いて下さったり、先生の日頃の関心事を楽しくお話し下さった。

臼田先生をご案内して、一端、研究所に戻った。臼田先生は研究所に着くや否や、瞬時に和歌をお詠みになり、一六首の和歌を色紙にお書きになった。私は臼田先生の凄さに驚嘆し言葉が出なかった。しばらく研究所で過ごし、臼田先生を池田先生が待つ大阪までご案内した。そして、池田先生と臼田先生とのお食事会にご一緒させていただいた。

臼田先生は、東京にお帰りになる時、東京に来ることがあったら、自宅に来なさいとおっしゃった。東京大田区の臼田坂近くの臼田先生のご自宅には二度ほどお伺いした。お伺いすると、先生は随分とお喜びになり、先生と楽しい一時を過ごした。本当に、臼田先生からご教示していただいたこと、生涯忘れられない思い出である。

それから数年後、私が高岡市万葉歴史館へ研究員として出向した折、館長だった大久間喜一郎先生に臼田先生のことをお話しする機会があった。大久間先生も臼田先生のことをよくご存じだった。ここでも人との出会いと繋がりの大切さを痛感した。池田先生が臼田先生を一日ご案内するようおっしゃったことから、臼田先生とのご縁が生まれた。

臼田先生は、平成十八年十月にお亡くなりになった。心から哀悼の意を申し上げます。合掌

池田先生の助手をしていた時、先生のご指示で直木孝次郎先生のご自宅をお訪ねしたことも、忘れられない思い出の一つである。

昭和五十六年六月か七月頃だったと思う。池田先生が『河合町史』（昭和五十五年）を直木先生のご自宅に届けるよう、おっしゃった。私は驚いて「古代史で多くのご著書を執筆なさっている直木先生ですか。」[15]とお尋ねした。池田先生は「そうだ。中葉君が、今、奈良大の古代史ゼミでご指導を受けている東野先生の恩師でもあり、義父にもあたる直木先生だ。かつて『五条市史』で大変お世話になった。ぜひ、直木先生にお会いして来なさい。」とおっしゃられた。さっそく、ご自宅をお訪ねした。近くまで行ったが、なかなか直木先生のご自宅が見つからず探していると、窓が開き、お声をかけて下さった方がおられた。その方が直木先生だった。池田先生からご指示のあった『河合町史』をお届けに参りましたとご挨拶すると、直木先生が、池田先生から私が『河合町史』を届けに上がる旨の電話があったことを私に言って下さった。池田先生の心配りは本当に嬉しかった。

直木先生は、「これからのあなたの人生において参考になれば幸いです。」とおっしゃって、最近お書きになった『歴史学との出会い—古代史を学ぶに至るまで—』（一九八一年三月一三日発行）・『歴史学との出会い（續）—大学時代前後—』を私に下さった。前者の冊子を捲ると、直木先生のお写真が載っていた。大阪市立大学に赴任するころ（一九五〇年四月、京都大学にて）と記されたお写真だった。この直木先生のお写真を見て、大きな力をいただいた。今も、この二冊の冊子は私の宝物である。自宅の書棚の直木先生関係のご著書の中に並んでいる。

翌日、大学でちょうど東野先生の「古代史ゼミ」の授業があったので、東野先生に、昨日、直木先生にお会いしたお話をすると、東野先生はニコニコと笑っておられた。

それから私は富山に帰って高校教員となり、平成七年から四年間、高岡市万葉歴史館への出向で研究員を務めた。

万葉歴史館では、平成八年七月開催を念頭に置き常設企画展の展示替えをすることが決まっていた。約一年ちょっとの期間を経て、平成八年七月七日（日）に第三回常設企画展「万葉の風土と歌人～ミヤコとヒナ～」が始まった。この常設企画展開催を記念して、記念講演会を開くことになった。当初から、館長の大久間先生、主任研究員の松尾先生のお考えの中に、直木先生に高岡に来ていただこうと思っておられた。松尾先生は、直木先生のことをよくご存じで、学会（木簡学会）でもお会いになっていて、直木先生に直接お電話された。直木先生による記念講演会「ヒナとミヤコ―旅人と家持の場合―」は、多くの受講者が集まり大変盛況だった。

十数年ぶりに直木先生とお会いした。直木先生は私のことを思い出され、「あの時の中葉君、松尾さんとご一緒なんだ。松尾さんに色々と教わり、頑張りなさい。」とおっしゃった。

直木先生と十数年ぶりにお会いした時、池田先生が口癖のように私におっしゃっていた「人の出会いは巻貝（人）の「渦」（出会い）だよ。「渦」を大切にすればするほど、「渦」は大きくなり、「縁」（人のつながり）も多くなる。人生も豊かになる。」を思い出した。

多くの学者の方々が、私が池田先生のもとにいた二年間に、研究所にお出でになった。黒沢幸三、永島福太郎、倉田正邦、朝倉弘、藤田佳久、北谷幸冊などの諸先生がよくお出でになり、多くのご教示をいただいた。また、当時、『万葉開眼』をお書きになった土橋寛、宗教民俗学の五来重両先生も数度お出でになった。

池田先生を通して得た多くの出会い・繋がりは、私の地名研究においても人生においても、今も大きな支えとなっている。

(4)　池田末則著『日本地名伝承論』―地名伝承学とは

池田先生は、昭和五十二年四月、総頁数七五六頁の大著『日本地名伝承論』（平凡社）を出版なさった。

池田先生は、昭和十七年三月、先生の恩師である中野文彦先生の創設になった大和地名研究所に所員として入所した。学問の自由研究など到底考えられない暗澹たる時代ではあったが、地名研究一筋に地道に学究生活を送られた。同研究所の創設と同時に着手した「全国大字地名索引」（全国・地方別単位、五十音別）に携わり、また、当時の奈良県内各市町村にある土地台帳記載の小字（呼称法及び俗称地名の採集も）収集をも担当なさり、食糧不足と交通難の時代の中、県内千百余の大字を踏査され、古老ら約二千人もの方々から現地聞き取り調査を行い、昭和二十七年十月に『大和地名大辞典』（大和地名研究所編）を大和地名研究所から発刊された。

次いで、昭和三十一年に研究所（日本地名学研究所と改称）を京都市伏見桃山に移し、三年後に池田先生を実働の中心に『大和地名大辞典　続編』（日本地名学研究所―地名学選書―・昭和三十四年七月）を刊行。また、『同大辞典』とは別に、「全国大字地名索引」と「県内市郡別小字索引」（複本）を編纂された。

研究所が京都伏見桃山に移ってからは、池田先生は恩師の所長である中野先生を今まで以上にサポートし、学術研究会誌の季刊『地名学研究』を五か年計画で全二〇巻別冊一巻を限定出版し、柳田国男、新村出、柴田実、沢瀉久孝の諸先生から激励の序文が寄せられ、会員約三〇〇人という全国的組織に研究会は発展した。会員名簿には、一志茂樹・金田一京助・末永雅雄・辻村太郎・西宮一民・松尾俊郎・三品彰英・宮本常一諸先生や、私自身ご教示を受けた池田源太・土井実・永島福太郎先生のお名前が見える。また、その頃、鏡味明克先生のお父様である完二先生著『日本地名学』科学編、『同』地図編、『地名学』をはじめ、山口弥一郎著『開拓と地名』、中島利一郎著『日本地名学研究』や日本地名学研究所編『奈良地誌』、『愛知県地名集覧』、『愛知地名集覧・索引編』を地名学選書として刊行し、地名を幅広い観点から捉えた。昭和四十一年、研究所は京都市伏見桃山から奈良市高天市東町の、池田先生が所有する池田ビルに移転し、これを契機に所長は中野先生から池田先生に引き継がれた。池田先生は、再び奈良県内の実地調査研究をはじめ、県内の地名分布図の作成や地籍図の複写を実施、奈良・五條・室生・明日香・斑鳩・当麻など五市一〇か町一六か村の『市町村史』の編纂、再調査、小字資料の収載に努められた。同四十五年以降、同研究所は、顧問として前所長の中野文彦・池田源太・土井実の諸先生、所長は池田先生、常勤所員は大矢良哲さん、比嘉紀美枝さんというスタッフで、積極的に地名調査研究を行った。

池田先生は、昭和十七年に大和地名研究所に所員として入所されて以来、恩師の中野文彦先生のご指導・ご鞭撻をお受けしながら、黙々としてたゆまない地名研究を地道にお続けになり、実に約三五年という長きにわたって一心不乱に「地名伝承学」という「池田地名学」樹立を志された。その成果は昭和五十二年『日本地名伝承論』として結実された。この大著『日本地名伝承論』は、日本の地名を研究する上において、地名研究者が一度は目を通さねばならない不朽の名著ではないだろうか。池田先生は、昭和五十六年一月に「日本地名伝承論」で国学院大学から文学博士の学位を授与された。大学で言語学や地理学や歴史学を学んでなく、しかも大学で地名に関する開講科目を担当して学位を授与されたと思われるのは、明治時代に『大日本地名辞書』の業績をもって文学博士を叙位された吉田東伍[16]以来の快挙ではないだろうか。

池田先生から、ご著書『日本地名伝承論』を昭和五十二年の秋にいただいた。先生が最初におっしゃったのは、「まずは、時間をかけて読みなさい。」だった。総説、地名起源論、各説、文献目録、地図編というように『同書』は構成されている。総説では、地名学研究の意義・重要性、研究史（日本・奈良県・地名学の将来）、地名用字論、古代地名表記法、地名の音・訓読化の問題、古代地名語（文字）の構成、転訛・誤写地名、地名の正書法など、地名を研究する上においての基本的問題を、また、当時における最新の情報による諸外国の地名学や隣接諸学と地名学、外国地名の表記法などを論じている。地名起源論、各説、地図編は、池田先生が長年追い求めてきた奈良県の膨大な地名データから論証したものである。

私が池田先生にご教示を受けるきっかけとなったのは、「青」の解釈である。池田先生から最初にご教示を受けたことは、「地名」という語そのものの解釈だった。地名は、一般的には特定の地点や区域につけられた固有の名称をいうが、先生は「地名は単なる地表面の位置、境域を明示するだけのものではなく、学問の対象資料として、貴重な意義を有するものである。」とおっしゃった。先生のこの教えから、私の地名研究がはじまったのかもしれない。

金沢から研究所に通っていた頃、先生は、『日本地名伝承論』に載る項目について一つ一つ丁寧に順をおってマンツーマンでご指導してくださった。まさに、先生の「地名伝承学」の理論を学びながら、それを地元富山県氷見市の地名を題材にしながら実践した。地名愛好家が地名を研究する場合、最初に興味関心を持つテーマは、その土地の地名由来だと思われる。私も、やはり地名の由来だった。ただ私の場合は、現地を何度も歩き、小字名の他に俗称地名なども数多く収集した。かつて池田先生が『大和地名大辞典』を作成するにあたって、奈良県内を何度も何度も歩かれ、小字名以外にも多くの俗称地名などを収集された。先生は私に、「まずは現地を歩く。そして、多くの地名を現地で採集する。採取する時は、現地でどう呼んでいるか、それを丁寧に聞き取る。この地道な作業をすることが、地名の解明につながる。そして、地名の由来（の解釈）に迷ったら現地まで足を何度も運ぶ。現地をしっかり把握することが地名研究には最も大切なことだ。」と、何度も何度も「現地調査の大切さ」を説いて下さった。

氷見市の現地調査から、ただ単に取り扱う地名だけを見るのではなく、その土地の大字名の中に分布する小字名や俗称地名をも丹念に見る（採集する）ことによって、その土地の大字名の由来を総合的に解明するヒントが隠されていることが分かった。よって、多くの地名を採集すればするほど、地名由来を解明する手掛かりとなるのである。氷見市の地名で自ら実践して、あらためて池田先生の「地名伝承学」の理論の凄さを実感した。

地名を収集して、地名の由来を説き、地名の分類に取り組む。地名の分類について取り組むことが、本格的な地名研究への第一歩ではないかと考える。昭和五十五年七月に出版した拙著『氷見市地名の研究』は、氷見市の地名（大字・小字・俗称地名）収集と、地名の由来だけで終始したのではなく、氷見市大字の地名の分類まで述べた。地名分類まで述べたことによって、学問として地名を本格的に研究してみようと思った。地名の分類は、机上ではできない作業である。何度も現地を歩き、その土地に関する資料を丁寧に読み解くことによって、はじめて地名の分類作業へ進むことができるのである。

池田先生は、ご著書『日本地名伝承論』の「地名起源論」で、吉田東伍の『大日本地名辞書』の「地名起因論」を引用し、自らの言葉で「すなわち、地名は「自然地名」と「文化地名」（人文地名）の二つに分けられ、その発生の事情は単純・素朴であった。」と述べられ、また、柳田国男が「地名を「自然地名」と「利用地名」「記念地名」に大別し、新地名に「分割地名」の名を用い、分布については突発的に発生した特異な地名は別として、まず全国的に分布する地名、ある地方に限って幾つか存在する地名の、その共通性をたどって分類すると、次第に命名の趣意も明確になることを仔細に述べられた。」（柳田国男『地名の研究』）と紹介し、「つまり、自然発生的な地名は土地利用が進むにつれて、上下・方位・大小・新古などの区別法が生じ、また、個人・集団の占有を表現した占有地名も、占有の強化によって種々に分類され、分割地名となるわけである。」とおっしゃっている。

また、池田先生は、考古学者をたとえに、『日本地名伝承論』の中で次のように地名学という学問について述べられている。「たとえば、考古学者が実地に即し、遺跡を全国的に網羅、遺物の年代を科学的に測定、その立論が極めて体系的であるように、地名学も地名の収集・分類、発生時期・分布・用字・伝承過程の法則的事象の把握を必要とする。地名学という学問を正確に定義することになると、若干の疑問が生じてくるが、端的にいえば「意義」と「語音」「文字」との関係を正しく理解する学問である。」とおっしゃっている。

すなわち、池田先生の地名学、「地名伝承学」は、地名の発生時期の確認、比較考察、意義、分布、伝承過程の究明、特に文字（文献資料）との関係を体系的に立証することによって、古代の地理・歴史・言語などの解明を試みようとする学問をいうのである。古代における奈良（大和）の地名を例に、日本の地名を見るというものであるとおっしゃっている。池田先生の「地名伝承学」の理論は、特に古代に関する文献の少ない地方でそのまま合致するとは思わないが、ただ地名を研究する上において、永らく先生のご教示・ご指導を受けた一学徒として、池田先生の「地名伝承学」の理論は、地名研究における王道を行く一方法論と確信する。

池田先生は、昭和五十三年十二月『古代地名発掘』（新人物往来社）を上梓されている。このご著書も先生からいただいた。先生は、古代地名発掘は『日本地名伝承論』のエキスだと言われた。谷川健一先生は『古代地名発掘』の序で、次のように述べられている。「……本書は「日本地名伝承論」をより具体的に発展させたものであり、それだけ、古代史に関心を寄せる人たちの注目する重要な視点を孕んでいる。奈良県の一三万（小字）におよぶ地名は著者の手中にある。この地名を駆使しながら、古代史のかくれた部分の究明を目指すことは、これまで机上の文献の操作に終始してきた学者の企て及ばなかったものであり、余人の追随を許さないものである」と、池田先生の地名学（地名伝承学）の理論を賞賛されている。

池田先生が学位を取得された時、お祝いを申し上げると、先生は「学問をしている証だよ。若い人が、励み（目標）に精進してくれれば、ありがたい。」とおっしゃった。

池田先生は、昭和四十五年から平成九年までの二七年間、奈良大学で地名学（地名伝承学）の講義をなさった。当時、日本国内で唯一、地名に関する開講講座だった。現在、日本では、地名に関する専門講座が大学などの高等教育機関において開講されていないのが現状である。たいへん寂しい限りである。

四　池田先生がお亡くなりになって思うこと

池田先生の助手を二年間勤め、富山に帰り高校教員になった。地名研究は、今も続けている。富山に帰ってからも、年に二、三度は池田先生のもとを訪れご教示を受けた。また、先生には、よくお電話をしていた。先生からも時折、電話がかかってきた。いつの頃からか池田先生にお電話をする時間、先生から電話がかかってくる時間が、暗黙のうちに決まっていた感じがする。

池田先生にお電話する時間は午後九時半頃だった。ちょうど先生が研究を終え、少しリラックスされている時間帯である。お電話すると、「どないしたんや……。」とおっしゃり、いつも即座に私の問いに答えてくださった。その後、「今、こんな研究をしているんや。……。」と、約四、五〇分、先生がその時に取り組んでおられる地名研究についてのお話をお聴きした。また、先生から電話が掛かるのは、いつも午後九時前後だった。まずは私の母か女房が電話に出て約一〇分ほど先生とお話をし、それから私のいる書斎に電話を回すというものだった。

平成二十一年の秋だったと思う。池田先生のご自宅をお訪ねした時のことである。[17] 以前に比べ、先生が少しお痩せになったように感じ、体調をお尋ねすると、別に体は大丈夫だが、少し食欲がないとおっしゃられた。そして、「もし、私に何かあっても、君は富山にいるから、わざわざ、すぐに来なくていいから。娘から、しばらく経ってから君に連絡するから……。」とおっしゃった。「何をばかなこと、おっしゃるんですか。先生、どこか悪いんですか。」と聞き返したが、先生は何もおっしゃらなかった。その晩、先生のご自宅に泊まった。

翌日、池田先生は「中葉君、君にこの袋を渡しておく。私から君への地名研究の贈り物だ。」とおっしゃり、角形二号の封筒をいただいた。封筒の中には、見覚えのある写真が何枚も入っていた。先生のご著書『日本地名伝承論』のあとがきに載る「柳田国男先生と対談（国学院大学長室—昭和三十三）」など、先生がとても大事になさっていた写真である。さらに、先生が『大和地名大辞典』を作成する折に採集された「昭和十八年五月八日　奈良市（生駒郡都跡村）地籍名（二）」と記された池田先生の直筆の原稿が入っていた。しばらく、私は言葉が出なかった。

その後、富山に帰ってから、池田先生が私の息子を一度、奈良に連れて来なさいとおっしゃった。同年の初冬頃だったと記憶する。年が明け、父が、三月の連休に池田先生にお会いしに奈良に行くことを勧めてくれ、研究所に池

写真９　池田先生・松尾先生と私（奈良にて）

田先生を女房（とよみ）・息子（史人）そして私の三人でお訪ねした。池田先生に、息子の史人を紹介すると、先生は大そうお喜びになった。短い時間ではあったが、池田先生と息子の最初で最後の対面となった。[18]

数か月後、私の父は内臓疾患で入院をした。それから二か月半後の九月十一日に、父は亡くなった。父が亡くなる一か月ほど前、池田先生から「おとうさんを最後まで悔いのないように見てあげなさい。」という内容の電話が、私の携帯に突然かかってきた。先生からの電話で、しばらく涙が止まらなく、そして、とても嬉しかった。

時間の許す限り、家族全員で看病した。病室で父と二人だけの時間を何回かもつことができた。そんな中、父は私に「博文。悔いのないように、好きな研究をしろ、また世に問え」と言った。この父の一言は、平成二十一年に拙著『越中富山地名伝承論』を出版してしばらくして、父が「博文。定年までにもう一度、世に問え（発刊せよ。）」と言った一言である。父が、あの時、私に言った一言を、病身であるのに関わらず覚えていたことに驚いた。父は、それから暫くして亡くなった。

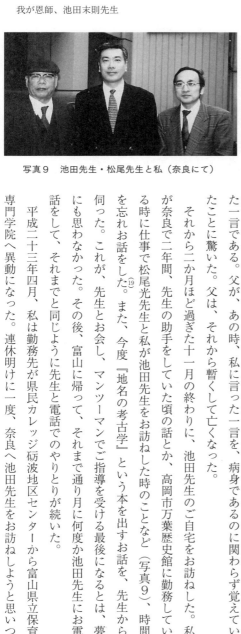

それから二か月ほど過ぎた十一月の終わりに、池田先生のご自宅をお訪ねした。私が奈良で二年間、先生の助手をしていた頃の話とか、高岡市万葉歴史館に勤務している時に仕事で松尾光先生と私が池田先生をお訪ねした時のことなど（写真９）、時間を忘れお話をした。[19] また、今度『地名の考古学』という本を出すお話を、先生から伺った。これが、先生とお会し、マンツーマンでご指導を受ける最後になるとは、夢にも思わなかった。その後、富山に帰って、それまで通り月に何度か池田先生にお電話をして、それまでと同じように先生と電話でのやりとりが続いた。

平成二十三年四月、私は勤務先が県民カレッジ砺波地区センターから富山県立保育専門学院へ異動になった。連休明けに一度、奈良へ池田先生をお訪ねしようと思いつつ、目の前のことに追われていた。六月上旬、先生にお電話をした。いつもと何ら変わらない先生とのやり取りだった。今忙しくてお伺いできない旨をお話しすると、先生は落ち着いたらまた遊びに来なさいとおっしゃった。この電話が先生との最後の電話となった。しばらく先生にお電話もできずにいた中、先生のお嬢様の敦子さんから自宅にお電話がかかってきた。「父が七月十八日に亡くなりました。父からの遺言通り、今お伝えしました。」とおっしゃった。生前、池田先生がおっしゃっていたように、先生が亡くなってから約二週間後にお聞きした。敦子さんから連絡を受けた七月三十一日は、池田先生とのことが走馬灯のように頭の中を駆け巡り、涙が溢れ止まらなかった。母も女房もそうだったようである。それから三日後の八月三日、奈良に赴き、お仏壇にお参りをした。先生の遺影を見て、また涙が込み上げてきた。

先生は、日々、弛まず地名研究に精進なさっていた。今、私の書斎には、池田先生が携われた大和地名研究所編『大和地名大辞典』（大和地名研究所、昭和二十七年）、日本地名学研究所編『大和地名大辞典　続編』（日本地名学研究所、昭和三十四年）、池田末則著『日本地名伝承論』（平凡社、昭和五十二年）、『古代地名発掘』（新人物往来社、昭和五十三年）、『地名伝承論―大和古代地名辞典―』（名著出版、平成二年）、『地名伝承学論』補訂（クレス出版、平成十六年）、日本地名学研究所編・池田末則著『地名伝承学』―日本地名学研究所創設六〇周年論文集―（日本地名学研究所、平成十四年、五月書房）、『地名伝承学』（日本地名学研究所、昭和六十一年（非売品））、奈良県史編集委員会編・池田末則著『奈良県史　第一四巻　地名―地名伝承の研究―』（名著出版、昭和六十年）、そして先生の遺作となった池田末則著『地名の考古学―奈良地名伝承論』（勉誠出版、平成二十四年九月）などの辞典や論集関係の著作が並んでいる。

本当に、凄い先生だ。池田末則先生。

最後に、池田先生の遺作となった『地名の考古学』に載る池田先生が「地名」に対する思いを述べられた文と、敦子様から同書をご恵贈していただいた時に敦子様にお出ししたお礼の手紙の一部（抜粋）を掲載して、「我が恩師、池田末則先生」の思い出の記を終えたい。

「地名は古くから土地に定着して残存することから、地名の分布・移動する実態を見ると、文化の移動が理解される。地名は考古学の出土資料と同等の価値をもつといっても過言ではない。しかし、考古学的遺物と同様、地名も発生以来、永い歳月のために、転訛・用字の変化を積み重ねてきた事実がある。したがって、地名という学問は、全国地名の収集・整理・比較・編年・正書法などの研究を積み重ね、体系化、理論化することから新しい視野が広がるという地道な学問である。」（『地名の考古学』より）

前略

ご無沙汰いたしております。敦子様、お変わりありませんでしょうか。生前、池田先生には父のように大変お世話になりました。一昨年の九月十一日に、実父の中葉宏が亡くなり、九月に三回忌法要をすませたところです。池田先生が昨年の七月に亡くなり、八月にそちらにお参りに行き、実父（中葉宏）の死については、最近やっと気持ち的に受け入れられるようになってきました。

しかし、池田先生の死は、まだ、なかなか信じられないです。私の中では、まだ受け入れられないです。少し離れた富山の地にいるからかもしれません。

池田先生には、父のように、ごく自然に、今までは、地名研究で、わからなくなった時や近況報告などで、不定期に、よく電話をさせていただきました。

昨年は、職場が以前のところから異動した初年度で、けっこう忙しくしていた頃（今の職場は立場上大変忙しいところです。）、しばらく、池田先生に電話をしなかったところへ、突然、敦子様からの電話、さすがに驚きと同時に呆然としました。実父同様、しばらくは涙が止まらなかったです。

今、私事ですが、私自身気にかけていることが一つあります。それは、池田先生のお墓にご報告ができなく、未だ果たせないことがあります。

少しでも早く、池田先生に、ご報告できればと思っています。

それは、生前、実父や池田先生と約束した富山の地名に関する「地名本」の発刊です。生前、池田先生には、その構想をしっかりお話しし、原稿構成や内容などもお伝えしてあるものです。まだ原稿が三割ほどしか仕上がっていません。

何とか早いうちに、原稿を完成させ、実父や池田先生との約束を果たしたいと思っております。

発刊の折りには、ぜひ、そちらにお伺いして、池田先生にしっかりとご報告したいと思っております。

この度は、生前、池田先生からもお聞きしていた「地名の考古学」の本をご恵贈いただき誠にありがとうございます。先生の遺作になろうとは、思いもよらなかったです。

本の頁をめくるたびに、池田先生から直接、お聞きした地名のことが思い出されます。

私自身、初心を忘れることなく、これからも池田先生のように、死の直前まで好きな地名研究ができるよう、地道にコツコツとやり続け、少しでも日本の地名が解明できればと思っております。

今後ともよろしくお願い申し上げます。

少しずつ寒くなって来ましたご自愛下さい。

この度はご恵贈していただき誠にありがとうございました。大変、嬉しく思います。

お礼かたがたご一報申し上げます。

草々不一
中葉博文

平成二十四年十月十四日
永井敦子　様

『大和地名大辞典』との出逢いから、池田末則先生のお名前を知り、私が池田先生に一通のお手紙をお出ししたことから、今の私があるのである。

我が恩師であり、私のもう一人の父親のような存在だった池田先生、本当にありがとうございました。心から感謝の意と共に、哀悼の意を捧げます。合掌

注
（1）父（宏）母（朝子）は、私が生まれる前後に脱サラをして、クリーニング業を始めた。なかなか父母と話ができる時間がないので、幼心に父母と話がしたくて、配達に行く時に一緒について行ったのだと思う。父母は、私を車の中で一人待たせるのは寂しいだろうと思い、配達で回っている間、その地域の知り合いの古老らの家に預けたのだと思う。古老らから聞いた地域に伝わる昔話や由来などが面白く、地名に興味を持つきっかけの一因になったと思う。
父母は朝早くから夜遅くまで必死に働いていた。その姿を見て、私や弟（孝治）は育った。毎晩、午後九時頃、父母は仕事を終え、夕食後、二人揃って必ず私と弟の勉強部屋に来て、四人でしばらくの間歓談した。このようなスタイルが高校の頃まで続いた。

本当に、両親には大変感謝している。毎日忙しい中、父母が二人揃って必ず勉強部屋に来てくれ、ちゃんと自分らのことを見ていてくれたから、私も弟も両親との「絆」、両親への尊敬の念を自然と感じ、今の自分があるのだと思う。

私と弟の食事の世話は祖父母がやってくれた。父母と一緒に食事をしたのは、お盆・正月と月に何度かの仕事休みの時だけだった。その時はとても嬉しかったことを覚えている。

祖母は料理が上手で、昔から伝わる郷土料理を作ってくれた。また、祖父母と毎年暮れに行う餅つきはとても楽しく、祖父から地域によって雑煮が違う話を聞いた。雑煮を食べると祖父を思い出す。祖父母には本当に可愛がってもらった。祖父母にも本当に感謝している。

（2）仕事で忙しい中、高校三年の五月、生まれて初めて父と二人で大学受験の下見に東京に行った。志望する大学、夏期講習を受ける予備校、宿泊でお世話になる父母の知り合いの家など、時間の許す限り下見をして戻った。夏期講習が始まる時は、父が一緒に東京まで付いて来てくれたが、後は大学受験も含め一人で東京へ行った。

父母は、私が東京から帰るたびに部屋の書棚の本が増えているのに、一切、何も言わなかった。父も母も「読みたい本があれば言われ！」と言ってくれた。本当に父母には頭が下がった。感謝をした。

（3）父母は、大学受験に失敗したこと、私が受験勉強そっちのけで専門書ばかり読んでいたことも気づいていたと思うが、一言も責めなかった。この頃から、父母は、私に「好きなことしられ。」「（お金）心配しなくていいから」と、今まで以上に言ってくれた。古本屋でもらった蔵書目録で、地名に関する本をよく注文した。父母は、何も言わず協力してくれた。今の自分があるのは、両親のおかげである。

（4）私は、二人の父親がいたと思っている。一人は実父である中葉宏である。もう一人は、池田末則先生である。それほど、池田先生は、私の人生において忘れられない存在の先生である。

（5）奈良で池田先生からいただいた本は、金沢の下宿先にいったん置くが、自宅に帰る機会がある度に持ち帰った。いざ見たいという時は不便ではあるが、手元にないということで必ずしっかりと読み、大変良かった。今も、あの当時読んだ本のことは割と覚えている。

（6）原稿を執筆する上で、どうしても二冊の高価な辞典が必要となった。両親から十分な仕送りをして貰ってはいたが、東京への往復の旅費と辞典代の資金を工面するため、両親には内緒で真夜中の土木作業のアルバイトを約一か月間行った。アルバイトを通して、両親が私を支えてくれている有難さが、身に染みて分かった。

工面した資金で、東京神田の古本屋に二冊の辞典を買いに行った。辞典は、八木書店古書部で買った上代語辞典編修委員会編『時代別国語大辞典上代編』（三省堂、昭和四十二年）と、日本書房で買った丸山林平『上代語辞典』（明治書院、

写真10　大矢ご夫妻と私

昭和四十二年）である。今も書棚にあるこの二冊を見ると、当時を思い出す。

（7）中葉博文『氷見市地名の研究』日本地名学研究所、昭和五十五年七月発行。車の免許をまだ取得していなかったため、父母に忙しい仕事にも関わらず車で送ってもらって、同書で扱った町名・大字名一二六か所すべての写真を撮影した。本当にありがたかった。

同書の表紙の装丁は、池田先生から言われて日本地名学研究所の研究機関誌『地名学研究』と同じ装丁である。大変嬉しかった。

（8）古代日本海文化研究会『古代日本海文化』創刊号（昭和六十年九月）・第一七号（平成元年九月）に所収。

（9）昭和五十六年十月に神奈川県川崎市の支援を受けて日本地名研究所が設立され、翌年、第一回全国地名研究者大会が行われた。地名研究賞は、この大会に連動して、該当者がいれば受賞式が行われている。ちなみに、池田末則先生（昭和五十七年、第一回）、鏡味明克先生（昭和五十九年、第三回）、高橋文雄先生（昭和五十九年、第三回）、落合重信先生（平成七年、第一四回）も、地名研究賞を受賞なさっている。

（10）教員免許（中高の社会、高校の商業）は、金沢経済大学で取得した。奈良大学で取得した学芸員の資格は、高岡市万葉歴史館で博物館実習の実習生をはじめて同館で受け入れる時、役立った。

（11）大矢良哲さんと比嘉紀美枝さんには、兄・姉のような感覚で接し、研究でも生活面でも親身になって支えていただいた。感謝の気持ちでいっぱいである。大矢さんは、その後、国立奈良工業高等専門学校に着任し、現在は国立奈良高等専門学校特任教授をなさっている。比嘉さんは、大矢さんとご結婚された。写真10は、私が三〇代の頃、お二人がご結婚されて数年経った頃、奈良のご自宅をお訪ねした時の写真である。

（12）高砂市から依頼のあった日の晩、大矢さんが「中葉君、池田先生の真意がわかるか。」とおっしゃった。「君を育てようと、先生は思っておられる。私も比嘉ちゃんもバックアップするから頑張りなさい。」とおっしゃり感激した。

（13）「「野」と「原」地名―呉西地方の「野」と「原」の付く地名を例に―」（『藝文とやま』第二八号、富山県芸術文化協会、平成十二年三月）。

(14) 臼田甚五郎先生は、国文学者で国学院大学名誉教授。大正四年、東京都にお生まれになり、平成十八年十月逝去なさった。折口信夫に師事され、歌謡・伝説などの口承文芸や芸能の民俗学的なご研究を長らくなさった。また、日記や物語文学のご研究でも知られ、さらに神道に関する研究も多い。

(15) 高校時代、直木先生のお書きになった『古代国家の成立』（日本の歴史2）（中公文庫、昭和四十五年）、『奈良　古代史への旅』（岩波新書、昭和四十六年）、『倭国の誕生』（小学館、昭和四十八年）などを読み、先生のお名前を知り、古代史を学ぶには直木先生の本は必読書だと思っていた。その先生とお会いできる。驚きと緊張感が交差した。

(16)『大日本地名辞書』を十数年の歳月を要し完成させ、その間、東京専門学校（後の早稲田大学）の講師となり、後に早稲田大学教授となった。

(17) その頃は、かつて近鉄西大寺駅近くにあったご自宅から、お嬢様の敦子さんの家の近くに転居なさっていた。

(18) 女房は電話で何度もお話はしているが、先生とお会いするのは二度目だった。父母は、何度も池田先生と電話で話はしていたが、先生のもとへお伺いしたのは三度ほどである。ちなみに、池田先生は、私の自宅に二度ほど来て下さった。

(19) 仕事の面においても池田先生に大変お世話になった。平成八年度開催された高岡市万葉歴史館の第三回常設企画展「万葉の風土と歌人～ミヤコとヒナ～」での展示品の借用交渉のため、平成七年にたびたび松尾先生と私は奈良へ赴いた。その折、池田先生を松尾先生とともにお訪ねし、池田先生のご自宅に宿泊させていただいたことがある。また、私が池田先生の助手をしている頃、私の親友である玉井伸哉君が研究所へ遊びに来たことがある。池田先生は、この二つの出来事をとても良く覚えておられて、時折、私にお話しされた。

参考文献

池田末則『古代地名発掘』新人物往来社、一九七八年

池田末則『地名の考古学―奈良地名伝承論』勉誠出版、二〇一二年

池田末則『日本地名伝承論』平凡社、一九七七年

日本地名学研究所編『日本地名学研究所五十年史―池田末則編著書目録』（非売品）一九九二年

日本地名研究所編『日本地名研究所の歩み―一九八一年一〇月～二〇〇一年一〇月』二〇〇一年

大和地名研究所編『大和地名大辞典』大和地名研究所、一九五二年

池田源太先生・高瀬重雄先生から学んだこと
――「文質彬彬、然後君子」を説く――

一　出会い―池田源太先生と高瀬重雄先生との交流から

私が、初めて池田源太先生とお会いしたのは、昭和五十一年の晩秋である。その年、大学受験に失敗し、四月から地元の予備校に籍を置きながら自宅で浪人生活を送っていた。受験勉強というより、地名に関する専門書を読むという日々を過ごしていた。そんな中、池田末則先生にお手紙を出し、それがご縁で先生の主宰される日本地名学研究所で、ご厄介になることとなった。

その年の晩秋だったと記憶する。研究所の顧問のお一人である池田源太先生が、研究所にお越しになった。事前に末則先生が源太先生に私のことをお話しされていたからだと思うが、源太先生から「金沢の経済大学に、京都大学の後輩である高瀬重雄先生がおられる。高瀬先生は、君の地名研究の力になってくれる良い先生だよ。地名の研究頑張りなさい。」[1]という温かい助言をいただいた。その時、頑張りますとお返事をしたが、何を頑張りますと言ったのか、どのようなお話をしたか、緊張のあまり覚えていない。ただ、その時、末則先生が「地名の研究を本当にしたいのなら、まずは地元の地名を知り、まとめることだ。地元の大学もいいな。」と何気なくおっしゃった。

翌年（昭和五十二年）、縁あって金沢経済大学へ進学することとなった。四月から金沢での大学生活が始まり、金沢市の中心部を流れる浅野川に程近い下宿屋に間借りすることとなった。

金沢での大学生活も少しずつ慣れた五月連休後、末則先生へお手紙を書いた。手紙には、本格的に地名の研究をしたいという意気込みを書いた。末則先生から下宿先に奈良に来るようにとの電話がかかってきた。その後、金沢から二か月に一度、先生の研究所へ通って、先生から本格的に地名について直接ご指導を受けることとなった。今思うと、私の地名研究、もっといえば私の人生におけるターニングポイントとなった末則先生からのお電話だった。

末則先生からお電話をいただいた翌週の木曜日に、先生の研究所に伺った。金曜日の午後、源太先生が研究所にお出でになり、色々なお話をした。源太先生が帰り際に「高瀬先生の所へ中葉君が行くことになったことを池田さんから聞き、高瀬先生宛に手紙を書いたから、金沢に帰ったら、この手紙とこれを持って高瀬先生の所へご挨拶に行きなさい。」とおっしゃって、お手紙と源太先生のご著書『大和文化財散歩』（学生社、昭和五十年）を預かった。そして、私にも先生のご著書『大和三山』（学生社、昭和四十七年）を下さった。(2) 源太先生も末則先生も私のことを考えて下さり大変嬉しかったと共に、人とのつながりと出会いの大切さをあらためて実感し、昨年（昭和五十一年）初めて末則先生にお会いした時、先生がおっしゃった「人の出会いは巻貝（人）の「渦」（出会い）だよ。「渦」を大切にすればするほど、「渦」は大きくなり、「縁」（人のつながり）も多くなる。人生も豊かになる。」を思い出した。

金沢に戻り、高瀬先生の大学の研究室をお訪ねした。地名が好きで地名の研究をしていて、奈良の日本地名学研究所の池田末則先生にご指導を受けていること、研究所の顧問の池田源太先生から、お手紙と本を預かってきたことをお伝えし、高瀬先生にお手紙と本をお渡しした。

高瀬先生は、その場でお手紙をじっくりと読まれ、「中葉君というのか。源太先生には、大変お世話になっている。よく存じ上げている。池田（末則）さんのことは、以前、源太先生からお聞きしたことがある。そうか地名の研究しているのか。今少し世間では、地名ブームになりつつあるな。私も地名に関心をもっている。中葉君、若いんだから、まずは好きなことに取り組んだらよい……。」とおっしゃられ、先生の午後の講義が始まる五分ほど前までお話をした。研究室を出る時、高瀬先生が「明後日（木曜日）また研究室に来なさい。」とおっしゃった。

木曜日、高瀬先生の研究室をお訪ねすると、先生は「昨日、源太先生に手紙を出した。本のお礼と中葉君のことは、分かったので……。」とおっしゃった。本当に嬉しかった。この時、高瀬先生からご著書である『北前船長者丸の漂流』（明治書院、昭和四十九年）をいただいた。

源太先生のご指示で研究室をお訪ねしたことが高瀬先生との初めての出会いであり、これがご縁で高瀬先生からご指導・ご鞭撻を受けることとなった。[3] その後、源太先生のご著書を高瀬先生の研究室や当時お住まいだった富山市呉羽へお届けしたり、また、高瀬先生のご著書を源太先生のご自宅へお届けするなど、金沢での四年間と奈良での二年間の約六年間、年に数回、両先生の近況を直接お伝えする（橋渡しをする）、そのような感じで両先生と交流した。

この交流も、私の地名研究を志す進路選択がきっかけである。源太先生、高瀬先生には本当にお世話になった。私にとって生涯忘れられない先生方である。心から感謝申し上げます。ありがとうございました。

二　恩師、高瀬重雄先生から受けた「学恩」―金沢経済大学時代

金沢経済大学の三年生となり、経済の専門課程に入った。迷わず高瀬先生の研究室（日本経済史専攻）に入った。高瀬先生とのことで忘れられない思い出が数多くある。

大学三年の夏頃にはすでに卒論で「地租改正」のことを書こうと決め、どの場所を対象にしようか、対象とした場所の地名に関することも同時に現地調査もできないかと思案した。九月のはじめに対象地を、今は石川県宝達志水町である旧志雄町に決めた。この志雄町の「明治政府が行った明治六年以降の地租改正について」を卒論テーマに、同

時に「志雄の地名について」何か書こうと、九月の終わりに高瀬先生にご相談した。すると高瀬先生は、「地租改正の資料閲覧と地名に関する現地調査をする時、区長や古老を紹介してもらえるような内容の紹介状を書いてあげるから、それを持って志雄町の役場に行きなさい。」とおっしゃった。先生から紹介状をいただき、さっそく志雄町の役場を訪ねた。先生の紹介状のおかげで、スムーズに資料の閲覧ができ、約三か月間、大学での授業のない日には同町に通って現地調査を行うことができた。この丹念に行った現地調査の成果により、卒論の素案は翌年（昭和五十五年）の二月頃にはできあがり、また、志雄の地名については後に『志雄の地名概況』という冊子にまとめることができた。(4)

また、当時、高瀬先生には、地名研究での氷見市の地名の変遷のことについて随分とご教示をいただいていた。大学四年の七月に出版した拙著『氷見市地名の研究』を高瀬先生にお渡しした時、「中葉君、一つのカタチになったな。これが、君の地名研究のはじまりと思いなさい。」とおっしゃられた。

この時、先生がおっしゃった「君の地名研究のはじまりと思いなさい。」ということが、何を意味するのか分からなかった。その後の先生の言動や源太先生のお言葉から、その真意が分かった。それは、私の地名研究がしやすい環境を、高瀬先生なりに親身になって考えて下さったということであった。

大学四年の八月頃に、高瀬先生に、奈良大学文学部史学科三年の編入試験を受け、来年四月から奈良大の学生として、また池田末則先生の所で先生の助手をしながら、地名研究をしようと考えていることをお話しした。すると高瀬先生は、編入試験に合格できるのか、助手はちゃんとできるのか、大そうご心配してくださった。

秋に編入試験を受け、十二月上旬には合格がわかり、正式に翌年（昭和五十六年）四月からの研究所の助手も決まった。高瀬先生にご報告すると、「本当にそれでよいのか。」とおっしゃった。年が明け一月下旬、先生から呼び出しがあり、「私立高校の先生の話があるんだが、どうか。二、三日考えて返事しなさい。」とおっしゃった。誰にも相談せず、自分の気持ちは固まっていた。高瀬先生をお訪ねしてお礼を述べ、「自分の気持ちは、まったく変わっていません。今度は、奈良の池田先生のところで地名研究をします。」とお答えした。「そうか。」と、先生は後に何もおっしゃらなかった。

三月の終わり、両親とともに池田先生の研究所に伺った。ここから私の二年間の奈良での生活がはじまった。奈良に来て少し落ち着いた頃、池田源太先生のところへご挨拶に行った。すると源太先生が、「数日前に高瀬先生から私の所へ手紙が届いた。何年か前に、私が高瀬先生宛に書いたように、今度は高瀬先生が心配して、私の所へ書いて送ってきた手紙だよ。頑張りなさい。」とおっしゃった。

高瀬先生そして源太先生が、何とか私を育てようというお心遣いが伝わって、源太先生の前で「目を赤くしたこと」を覚えている。地名の研究をする以前に「人間として何が大切なのか。」を、改めて見つめることともなった。

三　池田源太先生との思い出―奈良での二年間

池田源太先生には、奈良に来る以前から、ご教示とご示唆を多くいただいた。奈良に来てからの二年間も、先生には節目節目に大変お世話になった。

富山に一時帰省することがあると、源太先生は「中葉君、これ、高瀬先生に届けてくれないか。」と、よく研究所にお出でになった。源太先生と高瀬先生とのやり取りを通じて、「恩師の大切さや研究者同士の交流の大切さ」、何よりも「人間として何が大切か」を、源太先生は私に自然とご指導して下さった。

池田源太先生は、明治三十二年、大分県にお生まれになり、京都帝国大学文学部国史科を卒業された。昭和七年に『日本文化史序説』を出版し、「文化史学」の学風を確立し、戦前の京都学派の一つの学問的伝統となった西田直二郎先生の門下生である。奈良教育大学名誉教授、龍谷大学教授。平成七年十一月逝去された。日本地名学研究所の前身である大和地名研究所を昭和十七年に創設するための設立準備の会合に出席された約一〇名のメンバーのお一人で、長年、日本地名学研究所の顧問をなさっていたお一人でもある。源太先生は、日本文化史学者であり、俳号東畝の歌人でもあった。

高瀬重雄先生は、明治四十二年、富山県立山山麓にお生まれになり、京都帝国大学文学部史学科を卒業され、同大学大学院で五か年研究後、立命館大学教授、富山大学教授（名誉教授）。金沢経済大学教授（名誉教授）。平成十六年十一月に逝去された。

高瀬先生は、源太先生と少しお歳は離れてはいるが、西田直二郎先生の門下生で、お二人とも西田直二郎先生を師事されたということ。高瀬先生は若かりし頃立命館大学にお勤めで、同じ関西圏がご研究拠点だったこともあり、両先生は研究者のお立場で古くから交流なさっていた。

源太先生は、人との出会いのきっかけをつくって下さった。昭和五十七年十一月初旬頃だったと思う。源太先生が、来年四月から富山で教員をする院生を紹介するから、自宅での研究会の例会に来なさいとおっしゃった。当時、源太先生は、奈良教育大学や龍谷大学の教え子や現役学部生や大学院生を中心に、研究会「人間生態学談話会」を主宰され、月に一度、ご自宅で研究会（例会）を開催しておられた。例会は、毎回、人間そのものに関することについて、二人の発表者が話題提供のカタチで発表し、その発表に関して出席者全員で議論するという、とてもレベルの高い例会で、私も源太先生からのお誘いで二度ほど出席しており、よい刺激となった。源太先生から、久しぶりにお誘いのあった十一月の例会で、現在、富山東高校副校長の蔵堀茂尚さんと初めてお会いした。富山に帰ってお互い高校教員となり、蔵堀さんとは勤務先がご一緒することは今までまったくなかったが、お会いする度に互いの近況を知らせ、よい刺激となっている。

源太先生との、忘れられない思い出がある。私が奈良から富山に教員として戻る時に、源太先生から「文質彬彬、然後君子」という『論語』の一文を書き記した色紙をいただいた。「人は、質（内面）と文（外面）のバランスがうまくとれて初めて君子（立派な人物）という。そしてバランスのとれた様子を、文質彬彬というのだ。人間本来の素朴さは大切だけれど、学問をすることで身につける人格形成がなされなければ、人は粗野のままでしかないのです。相手に対して、いい方や立ち居振る舞いがそつがなかったとしても、相手を思いやる気持ちが込められていなければ、本当の意味で心が通うことはないでしょう。(5)」と、このような意味が込められている。色紙の意味は分かってはいるものの、なかなか「文質彬彬」とはいかない。しかし、自分自身、何とか少しでも近づきたいと日々努力はしている。

源太先生は、平成七年十一月にご逝去された。源太先生には、富山に教員として戻っても、色々とご教示していただいた。源太先生からの「恩」は生涯忘れることはできない。心から哀悼の意を申し上げます。ありがとうございました。合掌

四　恩師、高瀬重雄先生との思い出―富山で高校教員になってから

奈良での二年間も、池田源太先生から預かった歌集やご著書を持って、何度か富山市呉羽の高瀬先生のご自宅へ伺い、源太先生の近況や私の大学・研究所での様子をお伝えしていた。高瀬先生をお訪ねする度に、ご著書や論文の抜刷をいただいた。

その頃いただいた論集（高瀬重雄文化史論集1『立山信仰の歴史と文化』名著出版、昭和五十六年）は、当時、立山信仰に関してあまり興味がなく、そのまましばらく私の家の書棚にあった。その後、富山に戻って昭和六十三年四月から二上工業高校に赴任し、生徒達とともに二上山を研究する際、また平成十一年四月からの四年間、立山信仰に

関する立山博物館に勤務した時は、高瀬先生のこの論集が私の必読書になった。立山博物館では本当に驚いた。館長が米原寛先生で、米原先生の恩師が高瀬重雄先生であらせられた。人の「縁」と人との繋がりを凄く実感した。

高瀬先生の心優しさに、ただただ恐縮したことがあった。平成五年四月頃、突然、『万華鏡』の編集人だった岡田順一さんから「越中の舞」の原稿依頼のお電話があり、高瀬重雄先生からの推薦とのことであった。高瀬先生からのお声がかりで嬉しいやら戸惑うやらで、はじめて『万華鏡』で原稿を書くこととなった。しばらくして先生から電話があった。昨年、佐伯（安一）先生を高校に呼んで、講演をしてもらったことを新聞で見て(6)、私が相当勉強しているのだろうと思い、私に原稿執筆の機会を与えてくださったとのことだった。

高瀬先生は、平成二年から財団法人富山県いきいき長寿財団の雑誌『VITA』で、「史林を歩く」というタイトルで年間四回ほどエッセイをお書きになっていた。このシリーズは、同十年十二月まで三五回続いた。高瀬先生が、「史林を歩く」の原稿をお書きになるための取材に、何度か同行したことがある。写真は、平成六年十二月発行の『VITA』第一九号の「史林を歩く―道神社・伊須流岐比古神社・気多大社を歩く―」での取材に同行した折に、気多大社の折口信夫父子の歌碑近くで、私が撮影したものである。

高瀬重雄先生（気多大社にて）
平成６年10月13日撮影

その後、このシリーズは「富山の民俗を歩く」（平成十一年三月）とタイトルが変わり、高瀬先生から佐伯安一先生へと引き継がれ、現在は母体が富山県いきいき長寿センター（社会福祉法人富山県社会福祉協議会）となり、内容も若干様変わりし、タイトルは「伝承を訪ねて」となり、樽谷雅好さんがお書きになっている。高瀬先生から現在の樽谷さんまで、好評のエッセイである。

いつの頃からか年二回、お盆前後と年末に、太田久夫さんと共に高瀬先生のご自宅をお訪ねしていた。お伺いすると、先生は学問的なこともお話したが、人間として大切な本質的なことを、分かりやすく丁寧に諭すようにお話して下さった。それが、高瀬先生との良き思い出となって私の「心の中」に残っている。今思うと、高瀬先生は、源太先生が色紙に書いて下さった『論語』の一文「文質彬彬、然後君子」と同じことを、長年、私に説いて下さっていた。

太田さんとの慣例行事のような年に二回の高瀬先生宅への訪問は、平成十六年十一月に先生がご逝去される年まで続いた。本当に、高瀬先生を囲んでの楽しい歓談だった。高瀬先生には、心から感謝するとともに、哀悼の意を申し上げます。ありがとうございました。合掌

注

(1)その時、池田源太先生から高瀬重雄先生のお名前をお聞きしても、まったく、高瀬重雄先生のことは知らなかった。後に高瀬先生は我が恩師となる。

(2)池田源太先生から、その後も先生のお書きになった随想本や研究書、歌集などいただいた。書棚のそれらの本の横には、その後我が恩師となる高瀬重雄先生からいただいた先生のご著書が並んでいる。

(3)高瀬先生は、平凡社発行の『日本歴史地名大系一六　富山県の地名』の監修・編集委員代表となられた。また当時、高瀬先生は、金沢経済大学には毎週主に火・木曜日に出講されていた。

(4)卒論は、かなり早い段階でできあがった。一五〇枚ほど書いたと記憶する。志雄の地名については、池田先生の了解を得て、日本地名学研究所発行として『志雄の地名概況』(昭和五十五年八月)を刊行した。

(5)石田琢智監修『図解　論語がよくわかる』日本文芸社、二〇一〇年、一〇六頁を引用。

(6)平成四年五月二十五日に佐伯先生に二上工業高校に来ていただき、「富山県の郷土芸能—獅子舞について—」という演題で講演をしていただいた。その後、生徒たちによる獅子舞を実演するというユニークな内容の地理授業(「地域調査学習」の一環)を行った。そのことが北日本新聞朝刊に掲載された。高瀬先生はこの新聞記事を見て、私にお声をかけて下さった。

佐伯安一先生から「学ぶ」

——真摯な研究姿勢とお人柄——

（佐伯先生の米寿を記念して）

佐伯安一先生が、米寿をお迎えになったこと心からお祝い申し上げます。
私と佐伯先生との色々な関わりなどについて、つれづれなるままに書き記したいと思います。

一　先生との「出会い」——一通の手紙から

大学時代、氷見市の地名について一冊の本（拙著『氷見市地名の研究』）にまとめるために、富山県立図書館や氷見市立図書館へ通いました。その時、富山民俗の会の機関誌「とやま民俗」も読み、佐伯先生の論文がよく掲載されていたことから、先生のお名前を知りました。

それから数年後の昭和五十八年、私は高校教員の傍ら、富山で再び地名研究をスタートさせました。昭和五十八年から六十二年頃、私の興味・関心は、氷見市内の「越中万葉地名」と、「富山県内の平野部に分布する地名」の特徴でした。

何気なく砺波市の住宅地図を見ていると、「割」・「島」の付く地名が砺波市の平野部に多くあり、なぜこんなにも多いんだろうと素朴な疑問をもちました。この疑問を解決したく、かつて図書館で見ていた機関誌「とやま民俗」から、佐伯先生が砺波市在住の方だということを思い出し、すぐに先生にお手紙を出しました。数日後、先生から、「なぜ、砺波市に「割」・「島」地名が多いのか。」について、その理由が書き記された、大変丁寧で温か味のあるお手紙が届きました。先生からのお手紙を読み終え、すぐにお礼のお電話をしました。電話口から、先生の温厚でお優しいお人柄がヒシヒシと伝わってきました。

お電話をしてから数か月後、小地名（俗称地名）のことでまた疑問が生じました。今度は、先生にお会いして、ご教示を仰ぎたいと思い、ご自宅へお伺いしました。小地名のことをはじめ、地名研究に関すること、我が恩師池田末則先生（前日本地名学研究所長）や高瀬重雄先生（富山大学名誉教授・金沢経済大学名誉教授）のこと、富山民俗の会の活動のことなど、時間を忘れて歓談しました。

佐伯先生との出会いは、昭和五十一年五月の故池田先生との出会いによく似ています。いずれの出会いも、地名研究において生じた「疑問」を解決したいということから、一通のお手紙をお出ししたことが先生との「出会い」です。

二　先生からの大きな力添え―我が教員人生の中で

佐伯先生と関わりが深くなった要因の一つとして、私が富山民俗の会に入会したことがあると思います。私が入会したのは、昭和六十三年の一月です。私の地元、氷見市でご活躍されていた郷土史家の故円佛三郎兵衛、故橋本芳雄、故高西力諸先生方(1)からの入会のお勧めもありましたが、何よりも佐伯先生のお人柄に魅かれて入会しました。

その年の四月に私が高岡商業高校から二上工業高校へ転任したことも、先生との関わりがさらに深まったように思います。私は転任当初から、学校周辺の自然や歴史的環境、生徒達の積極的な地域行事（特に祭り）への参加状況などから、教科指導や生活指導、課外活動で、同校の実態に即した指導ができないかと模索していました。自分なりの指導方針や内容がある程度まとまり、一度、佐伯先生から助言をいただきました。それがきっかけとなり、先生には講師として生徒達に直接ご指導していただくこととなりました。先生には力強いお力添えをいつもいただきました。

平成四年五月二十五日に佐伯先生に二上工業高校に来ていただき、「富山県の郷土芸能—獅子舞について—」という演題で講演をしていただきました。これは、「地域調査学習」の一環の地理授業で、二年生全員を対象に行いました。日頃、多くの生徒達が身近に接する題材「獅子舞」ということで、生徒達は大変高い関心を示し、真剣に佐伯先生の講演を聞いていました。講演後、男子生徒二〇人余りが氷見市に伝わる氷見獅子の「舞」を衣装をつけて実演し、その舞いを見ながら佐伯先生と私が衣装や踊り方の解説を加えました。この授業が一つのきっかけとなり、その後多くの生徒が高い学習意欲をもって授業に取り組むようになりました。このユニークな授業のようすが翌日の北日本新聞で紹介され、この記事が縁で、その年の十一月十三日、富山県高岡文化ホールで開催された第五回富山県高校文化祭のオープニングで生徒達は「獅子舞」を披露し、多くの観衆を魅了しました。

佐伯先生に講演をしていただき、この年一年間をかけて「獅子舞」をテーマにした「地域調査学習」を実施し、年度末には生徒達と獅子舞に関する調査報告書を刊行しました。そのことが、私の教員人生における教科指導の一つの起点にもなりました。その後、私は学校周辺の自然や歴史景観を扱った「巡検学習」なる指導法を開発し、高いレベルでの教科指導ができました。

また、二上工業高校は、県の「特別教育活動」指定校であることから、学校近くに聳える「二上山」に関する調査・研究を行っていました。佐伯先生に来ていただいた授業が誘因となり、生徒達による「学校周辺の「地名」や「屋号」などを扱った聞き取り調査活動ができないか。」という発想がわき上がり、以後、生徒達と積極的に「地名」・「屋号」調査を実施しました。後に、私がまとめた二上山周辺に関する地名論文は、この生徒達と共に行った聞き取り調査が「礎」となっています。

佐伯先生には、現在に至るまで多大なお力添えをいただいております。平成十九年度から同二十二年度まで、県民カレッジ砺波地区センターに学習専門員として在職した時は、同センターから佐伯先生のご自宅が近いということで、よくご自宅にお伺いしました。先生には、平成十九年十月十八日に学術講座である人間探究講座の講師として「庄川の洪水と治水―松川除を中心に―」という演題でお話をしていただきました。また、平成二十年八月十日に県民カレッジ二〇周年記念の一行事として、私が企画した内容（「となみ野の食文化フォーラム」）で、佐伯先生にはとなみ散居村ミュージアム情報館で基調講演（演題「砺波地方の風土と郷土料理」）の講師やパネルディスカッション（テーマ「語り・学ぶ―砺波地方の食文化―」）のコーディネーターをしていただきました。フォーラム終了後、石井隆一富山県知事との歓談や知事を囲んでの郷土料理の試食会では、佐伯先生に本当にお世話になりました。

このフォーラムが契機となり、その後、砺波地区センターでは砺波地方の郷土料理に興味・関心を持つ人（受講

写真１　県民カレッジ砺波地区センター
人間探究講座

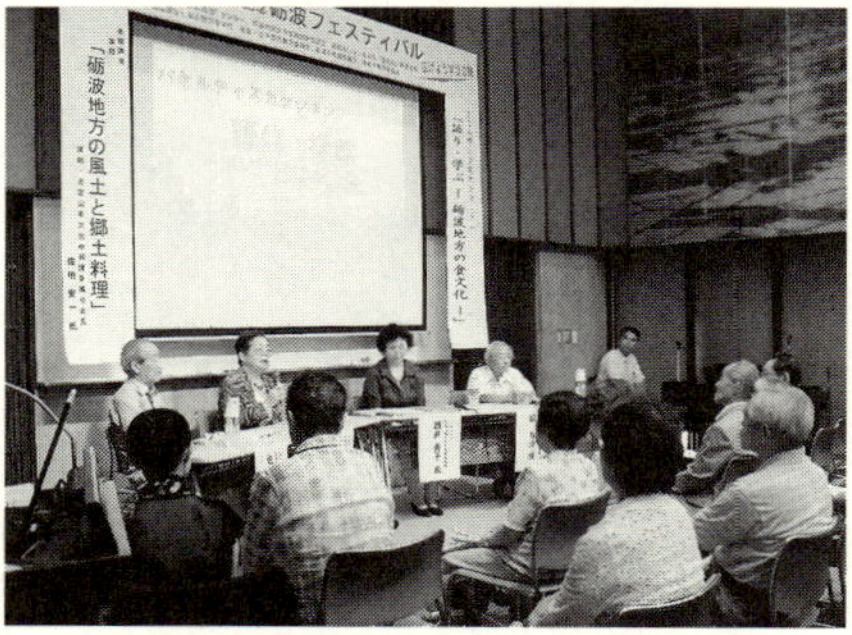

写真２　となみ野の食文化フォーラム

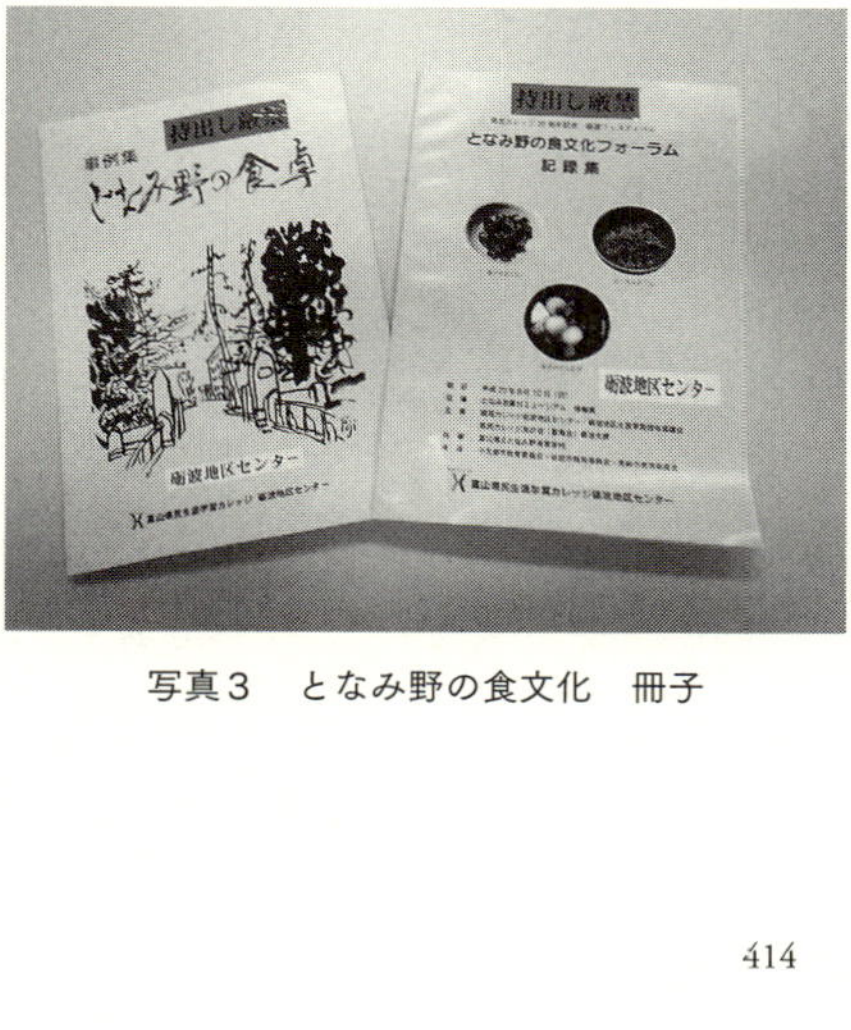

写真３　となみ野の食文化　冊子

生）が増えました。また、フォーラムに参加した人達の交流の「輪」が、学びの「輪」へと発展し、あらためて生涯学習の素晴らしさを、私自身、肌で実感できました。

今年（平成二十七年）四月、五年ぶりに同地区センターに再赴任（今度は副所長として）し、七年前に作成したフォーラムの記録集が、今でも同地区センターでの講座（「郷土料理」・「となみ野の食文化」）での献立レシピとして活用されていることに、大変感動しております。あらためて佐伯先生にフォーラムで大変お世話になったことに対して、感謝の意を申し上げたく思います。ありがとうございました。

三　先生にご一緒した現地調査から学んだこと

我が恩師である故池田末則先生は、地名研究おいて「まずは、現地に立って調べ、考えなさい。」という現地調査の大切さをいつも説かれました。佐伯先生とは、富山民俗の会が行った「民俗誌」調査や「氷見市史　民俗篇」に関わる調査、あるいは高岡市が行った二上射水神社古文書調査など、多くの現地調査をご一緒させていただきました。特に、私が高岡市万葉歴史館に研究員として県から出向した平成七年から同十一年頃、先生とよく現地調査をご一緒しました。

写真４　佐伯安一・友尾豊先生と私
氷見市長坂調査（平成２年）

佐伯先生のお車のトランクには、いつも「合羽」と「長靴」が入っていました。なぜ、入っているのか。一度、先生にその理由をお尋ねすると、「雨が降っても、雪が降っても、いつでも、どこの場所でも、現地の人たちにすぐに話が聞けるから……。」というお答

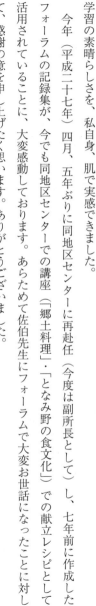

えでした。

また、先生の聞き取り調査は、いつもメモ帳を片手に、先生のお優しい語り口で聞き取り者を和ませ、話しやすい雰囲気をまずは自然と作られ、それから聞き取り調査がはじまります。先生はあまり合いの手を入れず、聞き取り者に自由に語らせ、その間、丹念にメモを取られ、最後に聞き取り調査のようすを持参されたカメラで必ず写真に収められる。いつ聞き取り調査が始まっていつ終わったのかなと思うくらい、自然体での聞き取り調査です。先生のお人柄、そして真摯に向き合う研究姿勢が、そのまま聞き取りの仕方にも出ていて、この佐伯先生の一連の聞き取り調査のスタイルがとても新鮮で、先生と現地調査をご一緒するだけで、故池田末則先生から学んだ現地調査とはまた違った観点から、「現地調査の大切さ」を学びました。

四　我が地名研究の良き理解者―佐伯先生

佐伯先生は、私が長年やり続けている地名研究の良き理解者のお一人です。私は、今までに二冊の論集（『北陸地名伝承の研究』・『越中富山地名伝承論』）を上梓しました。佐伯先生には、いずれの拙著においても巻頭言や序文などを書いていただきました。特に、『北陸地名伝承の研究』においては、書評（平成十年七月二十八日の北日本新聞朝刊掲載）まで書いていただきました。その時の書評は、地名研究で「自説」を立案・立証する過程において「迷い」が生じた時、再読することによって、我が地名研究の原点に立ち返る「教書」となっています。

これまで、本当に多くのことを、佐伯先生のお人柄と真摯な研究姿勢から学びました。佐伯先生、これからも、今まで同様変わらぬご指導ご鞭撻のほどよろしくお願いいたします。

最後になりますが、佐伯先生が、今後、ますますご壮健でご活躍されることを祈念し、先生が米寿をお迎えになったお祝い文とさせていただきます。

注

（1）私を富山で最初に郷土（地名）研究の道に導いてくださった先生は、円佛三郎兵衛先生である。円佛先生と父が大変親しい関係から、父より円佛先生を紹介してもらい、ご自宅にお伺いした。また、橋本芳雄先生と高西力先生は、父と大変親しい関係だった上野務先生からご紹介していただいた。地元の多くの先生方からご教示していただくきっかけをつくってくれた、亡父に感謝したい。

平成元年三月氷見市教育委員会から刊行された『国指定史跡　石動山文化財報告書』に、私も「八代仙周辺の地名について」という報告文を記した。この執筆に当たり、橋本先生にご教示していただいた。高西力先生には、私が勤務していた二上工業高校の「二上山研究会」の講師をしていただいた。

追記

佐伯先生は、主著『富山民俗の位相』（桂書房、二〇〇二年）、『近世砺波平野の開発と散村の展開』（桂書房、二〇〇七年）、『合掌造り民家成立史考』（桂書房、二〇〇九年）などの大著をまとめられ、長年、地道に積み重ねたご研究のご功績により、平成十二年に勲五等瑞宝章、同十四年に北日本新聞文化功労賞、同十五年に竹内芳太郎賞（日本民俗建築学会より）、同二十五年には日本建築学会文化賞など数々の賞を受章・受賞されている。

佐伯先生は、平成二十八年八月三日ご逝去された。佐伯先生には、県民カレッジ砺波地区センターにおいて、「砺波地方の祭り」をテーマにした講座の中で、同年五月と六月に二回講義をしていただいた。六月二十六日に「となみ野の獅子舞の伝播と種類」という演題での講義が、佐伯先生が公で講義された最後の講義だと思われる。

また、佐伯先生には、拙著の「発刊に寄せて」の発刊文の原稿をご逝去される一か月ほど前にいただいた。佐伯先生の直筆である最後の原稿かもしれない。恐縮の極みである。

生前、本当に佐伯先生には大変お世話になった。心から感謝するとともに、哀悼の意を申し上げます。ありがとうございました。合掌

誠実なお人柄と海外地名事情のご紹介、鏡味明克先生

一　最初の出会いは「論考」から

鏡味明克先生に最初にお会いしたのは、昭和五十二年の秋頃だったと思う。私は金沢経済大学の一年生で、二か月に一度、金沢から池田末則先生が主宰する日本地名学研究所にご指導を受けに通っていた時だった。氷見市の地名（大字・小字名）について現地調査をしていずれまとめようと、そんな意気込みでご指導を受けている頃だった。(1)

鏡味先生にお会いする前に、先生のお名前と先生の地名のご研究については多少知識があった。鏡味明克先生のお名前を初めて知ったのは、高校三年（昭和五十年）の冬休み、東京神田の本屋街で『地図と地名』（古今書院、昭和四十九年）という一冊の本を買い求めた時である。同書に、明克先生は「地名の言語学的諸問題と展望」という論考をお書きになっていて、先生のご専門（言語・国語学）を知った。また、それ以前に、先生のお父様である鏡味完二先生のご著書（『地名学』日本地名学研究所、昭和四十年二月）を、やはり神田の本屋街で買い求めていた。同書の「序」で中野文彦先生(2)が、明克先生のことについて少し触れられていたので、鏡味完二先生と明克先生が親子ということを知った。

明克先生にお会いするちょっと前に、池田先生や明克先生が執筆された『地名の知識一〇〇』(3)（新人物往来社、昭和五十二年）が出版され、さっそく金沢の書店で購入して一読していた。鏡味明克先生は、『地名の知識一〇〇』

で「地名研究の原則」について書いておられる。現地での聞き取り調査、地名研究における基礎資料の取り扱い方など、池田先生とはまた違った目で「地名」というものに向き合えるようなお話を、先生から直接お聞きすることができるという期待感があった。

鏡味先生（当時、岡山大学教育学部助教授）は、岡山から研究所の方へいらっしゃった。さっそく、鏡味先生にご挨拶をした。すると、鏡味先生は、まだ学生だった私に丁寧に名刺を差し出され、「鏡味です。よろしくお願いします。」とおっしゃった。なんてお優しい、そして紳士的な先生なのだろうと、これが鏡味先生に初めてお会いした時の印象である。以来、鏡味先生には大変お世話になっている。先生にお聞きしたいことを色々と用意はしていたが、結局は先生とじっくりとお話しする間もなかった。

その後、何度か、池田先生の研究所で鏡味先生とご一緒した。『氷見市地名の研究』の出版を目指し、氷見市の大字名の由来についてまとめる作業に入る頃、鏡味先生にお会いしたことがあり、お父様である完二先生との共著『地名の語源』（角川書店、昭和五十二年）を参考にしてますとお話しした。また、明克先生から地名研究の国際交流についてのお話をはじめて伺った。私は語学はあまり堪能ではないが、諸外国の地名研究の現状についてお話しされた。私自身、その当時から、諸外国における地名研究について、かなり興味関心があった。

二　奈良での二年間、鏡味先生から受けた「学恩」

昭和五十六年三月、金沢経済大学を卒業し、同年四月から奈良大学文学部史学科三年へ編入学し、池田先生の主宰する日本地名学研究所の所員として、先生の助手として、今まで以上に先生からご指導を直接受けることとなった。

明克先生とは、同年四月十七、十八日に、神奈川県川崎市の川崎市民プラザで行われた「'81地名を通して「地方の時代」を考える全国シンポジウム」の会場でお会いしている。住居表示法による全国的な地名改変と、それに対する批判の動きを背景にしてのシンポジウムの開催ということもあり、一般市民・研究者・自治体関係者など約六五〇人もの参加者があり、全国的な反響を巻き起こした。地名に対する認識を深める上で、このシンポジウムが一つの起爆剤となり、その後、全国的に「地名ブーム」を巻き起こすきっかけとなった。

このシンポジウムの出演者は、画家の岡本太郎氏、作家の井上ひさし氏、哲学者の梅原猛氏、実行委員長で民俗学者の谷川健一氏をはじめ、歴史・地理・国文・文化人類・経済・社会・建築など諸学問領域の学者・研究者、地名研究者、知事、市長など様々な専門分野にわたっての多彩な顔ぶれだった。池田末則先生や明克先生も出演された。池田末則先生の奈良県の事例での「地名用字の誤写について」、明克先生の「欧米の地名研究の現況」、いずれの研究報告も、その後の私の地名研究において、それらのテーマを意識し、何らかのカタチでそのテーマを継承し実現（実行）することへと向かった。シンポジウムで得た多くの「刺激」と「出会い」は、今の私の地名研究における一つの起点にもなっている。

このシンポジウムでは、谷川健一先生や姓氏研究者の丹羽基二先生ともお会いした。両先生から「池田末則先生のもとで地名を研究することになったんだね。頑張りなさい。」(4)と、励ましのお言葉をいただいた。

明克先生は、その頃、奈良県内の市町村史における「方言調査」を数多くご担当なさっていた関係で、方言調査の打合せや現地調査などで、よく研究所にお出でになった。明克先生とは、現地調査をご一緒したことはなかったが、池田先生を囲んでご講説を拝聴したり、また、私たち所員との少しリラックスした雰囲気での会話など、明克先生との色々な思い出が懐かしい。

その時々に受けた「学恩」が、今の私の地名研究における「礎」となっている。明克先生のお書きになった「地名の言語学的諸問題と展望」（『地図と地名』所収）の中でも、「1．地名の起源と変遷から見た諸類型」と「2．言語学的地名調査の歴史」の「⑵欧米の地名調査の発達と特色」や、お父様完二先生との共著『地名の語源』の中の「郷土の地名の調べ方」「地名の語源の調べ方」の論考や、また明克先生からのご教示から、我が地名研究の三つのテーマ（①地名の分類、②地名の調査方法、③諸外国の地名研究）は、直接あるいは間接的な影響を受けている。

三　我が家へお出でになった明克先生

昭和五十八年十月、明克先生が富山大学で開催された第三八回日本方言研究会秋季大会の国語学会終了後に、我が家にお出でになった。その時、先生から「地名の誤字」（『岡山大学教育学部研究集録』第六二号）の抜刷をいただいた。その後もお会いする毎に、先生からはその時々のご研究のご成果の論文（抜刷）をいただき、私は先生のご研究の成果を参考・引用させていただいている。

写真１　鏡味明克先生　布勢神社境内（布勢の円山）にて

明克先生と、我が家で両親を交えて食事をした後、先生を氷見地方の万葉故地にご案内した。写真1は、万葉故地の一つである氷見市布勢に鎮座する布勢神社境内（布勢の円山）で、私が撮影したものである。約二時間半、万葉故地をご案内し、夕方、次の宿泊先である石川県和倉温泉へお送りした。富山で高校教員となって半年が過ぎ、少し気持ちに余裕ができてきた頃であり、久しぶりに地名研究について先生と直接お話ができ、随分と会話が盛り上がり、また、先生から多くのご教示もしていただいた。この時の明克先生からのご教示・ご講説が、後に、私が二上工業高校で書き記した「二上山周辺の地名に関する論考」や、高岡市万葉歴史館での「越中・能登の万葉地名考に関する研究ノート」をまとめる下地にもなった。

全国地名研究者大会や、京都地名研究会、日本語源研究会の例会、あるいは池田先生の研究所などで、年に一、二度、明克先生にはお会いする機会があったり、また、先生のご自宅にお電話をしたり、お手紙を出したりと、折に触れ今も本当にお世話になっている。

我が家にお出でになった昭和五十八年頃は、明克先生は岡山大学に勤務され、昭和六十一年にはご実家のある愛知県名古屋市に近い三重大学にご転勤され、平成九年に三重大学を退官された。平成十年四月からは愛知学院大学に勤務され、拙著『北陸地名伝承の研究』のあとがきには、「今でも大変お世話になっている愛知学院大学の鏡味明克先生……から多くの指導を受けた。」と記している。現在、先生は愛知学院大学を退職され、三重大学名誉教授である。長年にわたり、明克先生には本当にお世話になっている。

四　長年の「夢」叶う——ICOS（国際名称科学会議）への出席

1　外国地名への興味は「韓国地名」から

高校三年生の時に、『地図と地名』で、明克先生が「欧米の地名調査の発達と特色」という項目でお書きになった文章と、完二先生の著書『地名学』で明克先生が編集基準・凡例の文末に「今後、地名学の国際交流がますます盛んになることを期す意味において、目次、著者略歴、著作目録等に英文を並記した。」と記された文章に触発された。当時の時流から外国へのあこがれもあり、心の片隅に外国の地名研究というものを意識する「気」が芽生えた。地名による国際交流、いずれ、地名の国際学会にも出席してみたいという「夢」を抱くようになった。

昭和五十四年（金沢経済大学三年）の秋頃、研究所で明克先生とご一緒することがあった。その時、池田先生が、カナダからの留学生のジル・ピノ氏が研究所に来所されたお話をなさった。ジル・ピノ氏は、文部省の奨学金制度で東京都立大学大学院国文学教室に籍を置き地名を研究していた。この話がきっかけとなり、明克先生から海外における地名研究の実情を直接お聞きした。その後、昭和五十六年四月に神奈川県川崎市で開催された「全国シンポジウム」で、明克先生がご報告された「外国の地名研究の現状」を会場でお聞きした。また、シンポジウムの冒頭で国際地名・人名研究委員会幹事長であるH・ドライ氏が、同氏が編集する雑誌（年報）「ONOMA」について話された。このことで、海外の地名研究や国際交流ということへの意識とあこがれがさらに強まった。

具体的には、韓国の地名に興味関心を持つようになった。きっかけは、昭和五十七年四月三日～六日の日程で、奈良芸術短期大学の木村芳一先生と大矢良哲さんらと韓国の釜山・慶州・安東・ソウルを訪れたことである。また、前年の八月二十日、研究所に日韓の著名な先生方がお集まりになり、地名研究会が開催された。その末席に私も同席した。そこで、韓国・慶熙大学校の徐延範先生が、「日本海側の海の地名と韓国の海の地名は似ているよ。地道に、海の地名を採集して、日韓の地名の対比研究をやりなさい。」と何気なくいわれた。

さらに、韓国・釜山大学校の李炳銑先生が、日本国際交流基金の招聘で池田先生の研究所に、昭和六十一年七月から同六十二年六月までの約一年間留学なさっていて、研究所で李先生から韓国の地名についてご教示いただいた。このことで外国地名の中でも「韓国の地名」に傾倒していったように思う。

李先生の帰国後の昭和六十二年八月十六日～二十日に、私は夏休みを利用して訪韓し、写真2・3・4のように李先生の勤務される釜山大学校をお訪ねした。その時、李先生の同僚である同大学校の金蘭英先生に、日本語でわかりやすく韓国の地名についてご教示していただいた。李先生や金先生からのご教示により、韓国の地名と日本の地名との対比研究において、どのような地名を材料にすればよいかのヒントをいただき、「日本海側の地名と韓国の地名の対

写真３　私と金蘭英先生（金研究室にて）

写真２　釜山大学校正門前にて

写真４　私と李炳銑先生
（ホテル前にて）

比研究について」という壮大な研究テーマに、いずれ挑戦してみたい気持ちになった。また、「海」の地名について関連して、李先生が韓国・済州島には「海女が多い」とおっしゃった。この一言がヒントとなり、限られた人達のみに伝わる「口承地名」、しかも海中に潜ってアワビやサザエを採集する「海女達」のみが知る「海女海中地名」に着目した。平成二年に、石川県輪島市の沖合四八キロに浮かぶ舳倉島の現地調査をした。その後、現在の福井県坂井市の東尋坊、新潟県村上市の粟島などの海の地名を、特に海女の命名した海中地名について取り扱い、いくつかの論考を書いた。

その後、高岡市万葉歴史館へ研究員で出向していた折、韓国・漢陽大学の李相俊先生が同館にお出でになった。[5] その時、韓国の地名についてご教示していただいた。平成八年二月中旬には、同館の主任研究員だった松尾光先生と東海

写真５　中野謙二・松尾光・李相俊諸先生と私
（韓国・高麗大学博物館前にて）

大学教授の中野謙二先生らと訪韓し、李先生に漢陽大学や高麗大学の博物館（写真５）などをご案内していただいた。久しぶりに韓国の地（現地）を見ることによって、さらに韓国の地名について興味関心が深まった。

韓国の地名との対比研究は、まだ道半ばである。折を見て、この研究を再開したいと思っている。

２　国際名称科学会議（ＩＣＯＳ）とは

一度、明克先生に、国際名称科学会議（ＩＣＯＳ＝International Congress of Onomastic Sciences）にご一緒したいとお話しをしたことがある。

平成二十三年スペイン・バルセロナでの会議開催終了後、一年半ほど過ぎた頃、京都地名研究会の例会で、先生に「次回（平成二十六年イギリス・グラスゴーの会議）は、ぜひ、明克先生にご一緒したい。」とご相談した。結局、私の勤務先の異動と重なってしまい、イギリス・グラスゴーでの会議への出席に関わる色々な手続きが、日程的に困難となり断念することとなった。

国際名称科学会議[6]（ＩＣＯＳ＝International Congress of Onomastic Sciences）とは、地名研究と人名研究を包括した「固有名詞の研究」の唯一世界規模の国際会議である。この会議は、三年ごとに開催され、世界各国からの研究者が集まり、研究の交流とともに各国の地名・人名研究についての情報を交換する。次の大会の準備の「総会」が日程中に用意され、次の開催地の決定や準備・運営などについて議することになっている。

かつては、国際名称科学評議会によって協議、運営、開催が行われていた。同評議会の委員（正委員）になるには、研究業績を認定する審査推薦と国際会議での承認が必要で、この二つの条件をクリアーして決定するというものであった。同会議のはじまりは、一九三八年にフランスの言語地理学者ドーザの提唱によってパリで組織された国際名称科学委員会（International Committee of Onomastic Sciences=ＩＣＯＳと略称される）である。本部はベルギー・ルヴェン・カトリック大学に置かれた国際名称学センターである。本部（事務局）では、世界各地の言語別各委員からの情報と文献目録を収録して、年報『ＯＮＯＭＡ』を刊行していた。そして、三年ごとに国際名称科学会議（研究発表と講演・シンポ・総会）と委員会が開かれていた。

一九六三年（昭和三十八年）アムステルダムでの第八回会議で、明克先生のお父様で、その研究がヨーロッパに知られていた地名地理学がご専門の完二先生が、評議会委員に選出された。しかし、同年、完二先生はご逝去されたため、次の一九六六年（昭和四十一年）第九回会議（ロンドン）で、後任として、当時、東京都立大学で教鞭をとっておられたＷ・Ａ・グロータース先生が委員に、完二先生のご子息である明克先生（当時、東京都立大学大学院博士課程の院生）が委員代理に選出された。明克先生は、年報『ＯＮＯＭＡ』の世界の言語別名称学文献目録の作成のための資料収集の補助にあたられた。この文献目録作成のため、世界各地に言語別の分担報告者を委員として依頼していた。この委員の初代はＷ・Ａ・グロータース先生であり、明克先生がその委員代理となられた。

当初、日本語やアイヌ語の地名・人名研究は、「アジアの諸言語」の文献目録の中で簡単にしか紹介されていなかったが、一九六六年以降、日本語とアイヌ語の地名・人名研究は、日本語とアイヌ語という項目で載るようになった。明克先生は、アメリカのミシガン大学大会での一九八一年（昭和五十六年）第一四回国際名称科学会議で正委員となられた。

一九九三年（平成五年）、ドイツのトリア大学で行われた第一八回の国際名称科学会議において、会議の開催、運営などについて審議され、その結果、会員には特別な資格はなく、年会費を払えば自由に会員になれる「自由会員制」に移行されることとなった。国際会議の開催は、今まで通り三年ごとに開催することを確認し、会員以外の研究発表も自由であった。さらに、会議の運営についての審議機関も、国際名称科学評議会（委員会）から選出される委員と、三年ごとの大会開催地で開かれる参会者の中の正会員による「総会」が最高決定機関となった。よって、総会において、委員の選挙と次の大会を開催する施設を選ぶことになった。

第一八回会議での改組により、長く同会議や会報（年報）などの運営機関として機能していたベルギー・ルヴェン・カトリック大学内にあった本部（事務局）から、スウェーデンのウプサラ大学内に事務局が移行した。事務局では実務を継承し、会費の納入や刊行物の編集などを管掌している。

年報の『ONOMA』（ギリシア語で「名」の意。）は一九五〇年（昭和二十五年）から刊行され、当初は、地名人名に関する世界各国の研究状況、文献目録、学会消息、特に研究家の長寿記念や追悼の評伝、国際会議の研究発表などを収録するものであった。しかし、インターネットの普及により、個人相互の情報の確認収集が容易になり、平成五年に年報の文献目録（地名人名研究文献目録）を廃止した。

事務局移行後、年報『ONOMA』は会誌『ONOMA』として、一九九四年と九五年との合併号（三二号）が刊行され、一九九六・九七年合併号（三三号）は一九九六年開催の第一九回大会に関する大会開催報告号として編集され、一九九八・九九年合併号（三四号）は共通テーマを「人名研究」とする特集号であった。これ以降、特集テーマ号として編集刊行されている。編集に数年を要し、会員への配布には時間がかかっているのが現状でもある。

3　長年の「夢」だったICOSへの出席そして研究発表

平成二十七年の五月末、数年ぶりに明克先生に全国地名研究者大会・大垣大会でお会いした。明克先生は、シンポジウムのパネラーとしてご出席されていた。懇親会の席で、明克先生に、最近の国際名称科学会議（ICOS＝International Congress of Onomastic Sciences）の様子をお聞きした。今度（第二六回）は、ハンガリーのデブレツェン大学で開催される予定とのこと。そのことをお聞きした瞬間、「今度こそ出席したい。」と思ったが、その場では「国際名称科学会議のことは、また、ぜひ、ご教示下さい。」とお伝えし、私の長年の「夢」である会議出席への思いを伝えなかった。

かつて私が勤務していた富山県芸術文化協会（略して芸文協と呼称。）は、ハンガリーのデブレツェンと長年交流していた。私も知っている富山親善大使をしているハンガリーのピンツェーシュ・イシュートヴァーンさんが、来年六月に富山に来る予定があり、ハンガリーのことやデブレツェンのことを直接聞いたらよいのではとの助言をいただいた。(7)

ところで、平成十七年の九月中旬から下旬にかけて、「とやま舞台芸術祭　利賀２００５」が利賀の野外劇場や新利賀山房を会場に開催された。芸術祭に出演するため、ハンガリーの「ＳＯＮＵＳパーカッション・アンサンブル」のメンバーが来富した。公演を大盛況のうちに終え、富山から東京を経由してハンガリーに帰国するまでの約一日半を、縁あって私と女房の二人でメンバーに随行した。女房も私も、ハンガリーの人たちとわずか数日間ではあったが寝食を共にし、ハンガリーという国・人を身近に感じた。この経験を思い出し、会議出席への「夢」実現に向けて、よい発奮材料になった。

明克先生に大垣でお会いして、ハンガリーのデブレツェン大学で開催されるということをお聞きしてから、先生が今までに「国際名称科学会議」に関してお書きになった私の手元にある関連資料をすべて今一度読み返した。また、テレビや新聞、インターネットからのハンガリーを含めたヨーロッパ情勢を、以前に比べ注視するようになった。

一昨年（平成二十七年）、原稿を作成していて、「序」をどの先生にお願いしようかと悩んでいた。本来であれば、我が恩師池田末則先生にお願いするのが筋であるが、先生は平成二十三年にお亡くなりになった。若かりし頃から地名研究のことで直接ご教示を受けている先生は、自ずと明克先生である。拙著の目次、内容について整理し、国際名称科学会議への出席についても、自らの意思を再確認をした。そして、明克先生にお電話して、拙著の「序」の執筆の依頼と国際名称科学会議に出席したい旨をお伝えした。

先生から、すぐに「序」執筆のご快諾と、国際名称科学会議に出席するための会員手続きから出席、研究発表までの一連の流れをレクチャーしていただけることになった。拙著の「序」については、早々に原稿をいただいた。また、国際名称科学会議に関しても、色々な資料を送って下さった。同会議のことで分からないことがあり、明克先生にご連絡すると、すぐに電話やお手紙でご回答して下さる。明克先生からの丁寧なご教示により、長年の「夢」である国際名称科学会議への出席は、平成二十九年八月二十七日から九月一日までハンガリー・デブレツェン大学で開催される第二六回国際名称科学会議（ＩＣＯＳ）で、実現しそうになってきた。

二〇〇二年の第二一回大会はスウェーデンのウプサラ大学（かつて一九五二年に第四回大会が開催された。）、第二二回大会はイタリアのピサ大学、第二三回大会はカナダのヨーク大学、第二四回大会はスペインのバルセロナ大学、第二五回大会はイギリスのグラスゴー大学で開催された。そして、第二六回大会は、平成二十九年八月にハンガリー・デブレツェン大学で開催される。

同大会には非会員でも参加することはできるが、ＩＣＯＳ正式会員になって参加する利点を、明克先生にお電話でお聞きしたり、先生から送付していただいたＩＣＯＳに関する最新の資料を読み、非会員での出席か正式会員での出席かを検討をした。正式会員になると、随時メールにより本会員の学会関係の情報を得られる。三年ごとの同会議（大会）での「総会」に出席でき議決権を持つことができる。会誌『ＯＮＯＭＡ』への投稿資格を得られる。さらに、年一回の会誌『ＯＮＯＭＡ』特集号の配布を受けることができる。会費は年額、現時点で二〇ユーロである。このように、正式会員になるといくつかの利点がある。検討した結果、平成二十八年六月中旬に、ＩＣＯＳ正式会員への手続きを行った。

今まで同会議に出席した日本の研究者のほとんどは、研究発表も行っている。一九八一年（昭和五十六年）第一四回国際名称科学会議であるアメリカのアナーバー会議（ミシガン大学）では、日本から出席した研究者は明克先生をはじめ五名で、出席者のほとんどが研究発表も行っている。かつて日本に留学していたカナダのジル・ピノ氏も、「屋号と家の人々の由来について」という題目で、沖縄久高島の調査による研究発表を行っている。

研究発表は、明克先生にもご相談し、タイトル名「日本の高速道路における「トンネル名」の名づけ方の現況―能越自動車の富山・石川間のトンネルを例に―」とし、平成二十八年十月はじめに発表要旨が受理された。発表原稿は、大会終了後、締切期日までに提出し、その後、発表論文集として刊行される。ただし、編集・印刷・刊行には数年かかることも少なくないという。

私自身、長年「夢」であった同会議への出席及び研究発表が、後、数か月で実現する。感無量である。明克先生には、大変お世話になった。特に、ICOSに関する最新の資料や、ICOSで先生がご発表なさった資料など数多くお送り下さり、また、お電話でご教示して下さった。

さらに、ICOSに関する記述は、明克先生がお書きになったICOSに関する論文やご著書を引用あるいは参考にしてまとめたものである。明克先生には、心から感謝申し上げます。本当にありがとうございます。

注

（1）池田末則先生のご指導のもと、金沢経済大学四年生の昭和五十五年七月に、氷見の地名について、主として発生・由来・起源に重点をおいてまとめた『氷見市地名の研究』（日本地名学研究所）を出版した。

（2）中野文彦先生は、池田末則先生の恩師で、昭和十七年に奈良県御所市に大和地名研究所を創設された。同研究所は昭和三十一年に京都市伏見区伏見桃山に移転し、研究所名を「日本地名学研究所」と改称、中野先生は初代同研究所長であった。その後、昭和四十一年に研究所は奈良市高天市東町に移転し、これを契機に所長は中野先生から池田先生に引き継がれた。

私自身、中野先生に大変可愛がっていただいた。最初に中野先生にお会いしたのは、金沢経済大学三年生の秋頃（昭和五十四年）、池田先生にお供し中野先生をお訪ねした時であった。緊張のあまり、その時のことはあまり覚えていない。ただ、中野先生が帰り際に、「池田君から君のことは前から聞いていた。池田君にいろいろと教わって研究に精進しなさい。」とおっしゃった。

その後も、池田先生にお供して、何度も中野先生をお訪ねした。拙著『氷見市地名の研究』を出版した折も池田先生にお供してお訪ねし、中野先生に拙著をお渡しした。すると中野先生は、「池田君から聞いていた。本できたか。」とニコニコしながら受け取られた。「池田君にいろいろと教わって研究に精進しなさい。」と、最初に先生にお会いした時と同じ言葉をおっしゃった。中野先生から二回もいっていただいた「研究に精進しなさい。」は、私にとって生涯忘れられない言葉である。

池田先生は、本を出版なさったら必ず、中野先生をお訪ねしてご報告なさっていた。また、時折、中野先生を訪ねられ、ご教示を受けられていた。池田先生は、生涯我が恩師として中野先生からご指導を受けておられた。

（3）池田末則先生が同書でお書きになっている「小字地名調査の方法」について、池田先生から直接お聞きし、また、研究所所員の大矢さん・比嘉さんからも小字地名調査の方法をお聞きした。そして、『氷見市地名の研究』で自ら実践し、その後、二上工業高校「二上山研究会」での生徒達による地名聞き取り調査活動においても実践した。

（4）私が、金沢から二か月に一度、池田先生のもとに通っている時、谷川健一・丹羽基二両先生と何回かお会いし、ご教示を受けた。

（5）漢陽大学の李相俊先生は、中野謙二先生のご紹介で高岡市万葉歴史館にお出でになった。かつて中野先生は、漢陽大学に留学されていた。そのご縁で、李先生とお知り合いだった。

（6）国際名称科学会議（ＩＣＯＳ）については、長年、鏡味明克先生がご出席され、ご紹介なさったりご報告されている。また、海外の地名研究についても、明克先生は長年ご紹介なさったりご研究なさっている。

（7）平成二十八年七月四日、芸文協の小泉名誉会長や舟本幸人専務理事のお計らいにより、ちょうど来富していたピンツェーシニ・イシュートヴァーンさんと、富山での公演先であった南砺市立福野小学校で久しぶりにお会いし、来年八月にハンガリー・デブレツェンに行くことになるかもしれないことをお伝えし連絡先を確認した。

引用及び参考文献

鏡味明克「地名の言語学的諸問題と展望」山口恵一郎編『地図と地名』古今書院、一九七四年
鏡味明克『地名の知識一〇〇』新人物往来社、一九七七年
鏡味明克『地名学入門』大修館書店、一九八四年、一七四～一七六頁
鏡味明克『地名が語る日本語』南雲堂、一九八五年、一九九～二〇三頁
鏡味明克「日本の地名標識におけるローマ字表記の問題点」『三重大学教育学部研究紀要』第四八巻、一九九七年
鏡味明克「地名標識における日本語特殊音節のローマ字表記の問題点」『愛知学院大学人間文化研究所紀要　人間文化』第一五号、二〇〇〇年
鏡味明克「日本語地名とアイヌ語地名の人体語表現の比較」『愛知学院大学人間文化研究所紀要　人間文化』第一七号、二〇〇二年
鏡味明克「国際名称科学会議の先住民族部会とアイヌ語地名の痕跡研究」『愛知学院大学文学部紀要』第三八号、二〇〇九年
鏡味明克「国際名称科学会議（ＩＣＯＳ）の機関紙ＯＮＯＭＡの歴史と現在」『地名あいち』第一三号、愛知地名文化研究会、二〇一五年
鏡味完二『地名学』日本地名学研究所、一九六五年
鏡味完二・鏡味明克『地名の語源』角川書店、一九七七年

（平成二十九年五月二十日脱稿）

高校地理教育での巡検学習実施の意義と方法

――二上工業高校での実践を例に――

一　はじめに

平成元年に公示された新高等学校学習指導要領（総則編）の中で、「指導の全般を通じて、情報を主体的に活用する学習活動を重視するとともに、作業的、体験的な学習を取り入れるよう配慮するものとする。そのために、……観察、見学及び調査・研究したことを発表したり報告書にまとめたりすることなど様々な学習内容を取り入れる……。」と示している。これは、生涯学習体系への移行のために、特に自己教育力の育成を重視し、また、学校教育の果たす役割も大きいことを示している内容である。いうなれば、昨今の社会の変化に対応し、生涯にわたる学習を継続させるためには、自ら学ぶ意欲と主体的な学習の仕方を身につけさせることが大切であるという内容ではないだろうか。

学ぶことの楽しさや成就感を体得させ、自ら学ぶ意欲を育てるためには、生徒達自身が自分の目と手と足を使って学習するという学習（筆者が提唱する巡検学習。以下この学習をこのように記す。）を重視し、指導計画の中に位置づけていく必要がある。今回の同要領（地理歴史編）の地理A及び地理Bともに「地域調査」の項目で、地理Aでは野外調査の時間を、地理Bでは野外調査と文献調査の時間を設けて積極的に「地域調査」を実施することと示している。いずれの地理においても、いうなれば、巡検学習を積極的に取り入れ実施せよという内容である。

巡検学習は、地理学習の最も基本的かつ重要な学習項目であって、地理学習の要であると言ってよい。生徒達が、巡検で、直接、観察し、調査し、考察することによって地理の学習方法を身に付けるとともに、地理的な見方・考え方を育成することが、この学習の大きな特色である。

このような巡検学習の必要性は誰でもが認め、また、地理を学習する意義とその楽しさを理解させるのに効果が大きい学習であることは、異論のないことではあるが、この学習を実施するには多くの課題があり、なかなか実践できないのが現状である。

だが、この学習は、前述したように地理学習の要である。私は、平成元年度より、勤務校でこの巡検学習を導入し実践している。地理教師は、新学習指導要領をもとに、平成六年度より指導していかねばならない。

本稿では、この要領の趣旨及び内容（地域調査など）を踏まえ、室内学習と対比させながら、この学習（巡検学習）の実施意義を、もう一度検討し、勤務校の実践をもとにこの学習（巡検学習）の実践方法を模索してみたい。

二　巡検学習の意義

室内学習と対比される言葉としては、野外学習という言葉かと思われる。しかし、私はあえて「巡検学習」という言葉で表現している。野外学習という表現でも良いのであるが、私の実践している学習は、一定のコース（巡回）が設定してあるということ、生徒達に対し野外で何をどう見るのか、それによりどんなことがわかるのか、といったこと（検証）を野外で実際に体験させる。この点からあえて巡検学習という名称で行っている。当初、私自身、この学習を野外学習と表現していたが、大学の授業ではこのような学習のことを野外実習または巡検と呼称すると生徒達に言ったところ、生徒達には「巡検」という言葉がかなりインパクトの強い言葉に思えたのか、生徒間で「巡検」「巡検」という言葉でこの学習に対して興味を示してくれたので、この学習を巡検学習と表現（呼称）するようになったという経緯がある。ちなみに、学説によれば、巡検とは巡回検証の略とも言われている。

では、室内学習と対比しながら巡検学習の意義を述べてみたい。

巡検学習は、室内学習に対して有機的な相互補完の関係としてとらえられる。そして、地理学習への関心や意欲を高める有力な学習方法であり、室内学習における教材は、教師が意図する系統性を有しながらも一定の限定的な枠組みをもつものであるのに対して、巡検学習の教材は社会事象そして自然景観そのものであるので、生徒達は幅広く自由にその地理的教材と接し取り組むことができる。だから、その教材を通し直接受ける感性が大きいばかりではなく、生徒達の心をもゆさぶるという作用もかなり大きい。よって、巡検学習を通して興味や疑問も起き、関心度も高まり主体的に問題意識や空間認識が深まってゆく。

それだけに、室内学習との間に質的性格の差異と関連性が存在することを理解して取り組む必要がある。質的性格とは、巡検学習の活動の場はフィールドであるから直接的・実証的に学習できることであること、そして諸事象を構造的・立体的に考察でき、それが総合的に把握できることなどである。室内学習では得られない利点が巡検学習にはある。室内学習をより効果的にするためにも、巡検学習を実施する意義は大きいといえる。

このように地理教育において巡検学習は、不可欠な学習と分かっていても、実践となると困難なことが多くある。巡検学習の実施指導計画には、事前指導段階においてどのような教育的配慮と指導の成果を予測するプログラムであるかや、実践段階においても、学級数が多いため同時展開が困難で物理的に実施が容易ではないとか、また、学校周辺などの交通事情などの条件・制約がある。現段階では巡検学習の意義は理解できても、実践及び実施方法が暗中模索の状況であるといえるのではないだろうか。

次節では、私が実践している例をあげて巡検学習の実践方法を模索してみたい。

三　二上工業高校での巡検学習実践例

1　学習方法への模索

二上工業高校は、職業科高校工業科の単独校である。普通科高校での地理教育は、一概にはいえないが、大学受験という目標を掲げ、生徒達に地理への興味・動機づけはできると思われる。しかし、職業科しかも理科系の工業科の生徒達には、地理という科目は進学受験科目でもなく専門教科にも実践的につながらない、まったく無味乾燥な科目のように思われる状況であった。そこで、まず、生徒達の学習意欲を掻き立てる学習方法はないのかと模索した。卒業後の進路は、ほとんどの生徒が就職を希望している。生徒達は卒業してしまうと、地理という科目は受けることもない科目である。

よって、生涯教育につながる地理教育でなければならないという、私自身の強い信念のもと、実施方法を模索した。

2　本校の状況

二上工業高校は工業科単独校で、各学年は機械科・電子機械科・化学工業科各一クラス、土木科二クラスの計五クラスより構成されている。地理的に富山県の西部、高岡市北方を流れる小矢部川の左岸の二上丘陵の谷間に位置し、国道一六〇号線沿いの集落、高岡市東海老坂地内の風光明媚な高台にあり、学校周辺には二上山をはじめとして価値の高い文化遺産の多く残存しているところである。

表1　本校の通学状況

通学方法＼学科・時間	機械科			電子機械科			化学工業科			土木科			計
	30分未満	30分～60分未満	60分以上	30分未満	30分～60分未満	60分以上	30分未満	30分～60分未満	60分以上	30分未満	30分～60分未満	60分以上	
徒歩	2			2						1			5
自転車	12	46	2	40	45	1	34	63	1	51	109	8	412
自転車バス	11	26	3	1	9	1		2			9	3	65
JR自転車					2				2		4	1	9
電車バス									4				4
JRバス		4			1			3			3	5	16
バス	5	3	1		15	1	2	5		5	12	7	56
その他	1				1				1		1	9	13
計	31	79	6	43	73	3	36	73	8	57	138	33	580

いうなれば、高校地理教育での学習内容の一つ「地域調査」という、身近な地域を扱う地域学習を導入できる環境である。

3　生徒達の実態

二上工業高校の生徒達は温和で純朴で、とても素直である。しかし一方では、粘り強さに多少欠ける面もある。地理教育で行っている白地図などを使った作業学習や各専門教科の実習など、「体」を動かすことに関してはあまり苦にならない。

また、ほとんどが高岡・氷見市出身の生徒達で、しかも七割以上は自転車通学をしている（表1）。自転車で通学しているので、学校周辺の大まかな景観について知っているが、文化的に価値の高い史跡・遺跡が多く残存しているということまでは、はっきりとは知らない。

このような状況・生徒達の実態から、「地域調査」いうなれば「地域学習」実施の要素は十分にあるのである。

4　地域学習の内容

学習内容は、科目「地理」への学習意欲を掻き立て、生涯教育につながるものでなければならない。それと、設置されている四学科の特色を活かし、生徒達が他の専門教科への理解と興味関心を持つような

	社寺、石仏	2	社寺、石仏について 学校周辺の社寺、石仏について	26・27
	巡検（1） 五十里地区	2	歴史学習での総合的な仕上げ（1）	巡検プリント〈提出〉
	巡検（2） 二上山麓地区	2	歴史学習での総合的な仕上げ（2）	巡検プリント〈提出〉
	レポート作成	1	歴史学習及び巡検で学んだことを感想文にする	レポート〈提出〉
	スライド鑑賞	1	自分達の巡検の様子を鑑賞する	
生活（17時間）	農業	1	学校周辺の農業	28
	林業	1	学校周辺の林業	29
	鉱・工業	1	学校周辺の鉱・工業	30
	開発	1	西山丘陵の開発と二上山周辺の観光開発	31
	交通	3	国道160号線の交通量調査	32
	巡検（1）	2	工場見学	巡検プリント〈提出〉
	巡検（2）	2	施設見学	巡検プリント〈提出〉
	レポート作成	1	生活学習及び巡検で学んだことを感想文にする	〈提出〉
	半日巡検	3	工場・施設見学	巡検プリント〈提出〉
	レポート作成	1	半日巡検で学んだことを感想文にする	レポート〈提出〉
	スライド鑑賞	1	半日巡検での自分達の様子を鑑賞する	
まとめ（1時間）	レポート作成	1	地域学習を学んでの意見、感想をまとめる	レポート〈提出〉

写真1　巡検のようす

表２　指導計画　63時間

大単元（総時数）	単　　元	時数	学　習　内　容	プリント
本年度：地理授業オリエンテーション		1	地理の年間計画を説明する	
読図（14時間）	地図とは何か	2	地図の概念など	1
	地形図の表現１	2	等高線	２・３・４
	地形図の表現２	2	縮尺、地図記号、方位、面積、傾斜など	５・６
	作業学習	2	学校周辺の地形図を教材にしたもの	７・８・９ 10・11
	巡検（１） 学校西方地区	2	読図学習での総合的な仕上げ（１）	巡検地図 〈提出〉
	巡検（２） 東・西海老坂、 守山地区	2	読図学習での総合的な仕上げ（２）	巡検地図 〈提出〉
	レポート作成	1	読図学習及び巡検で学んだことを感想文にする	レポート 〈提出〉
	スライド鑑賞	1	自分達の巡検の様子を鑑賞する	
地名（10時間）	地名概論	3	地名とは何か 地名分類と由来について 地名の調査方法について	12 13 14
	学校周辺の地名	3	学校周辺の地名現状 学校周辺の地名由来１ 学校周辺の地名由来２	15 16 17
	巡検 学校周辺	2	地名学習での総合的な仕上げ	巡検地図 〈提出〉
	レポート作成	1	地名学習及び巡検で学んだことを感想文にする	レポート 〈提出〉
	スライド鑑賞	1	自分達の巡検の様子を鑑賞する	
歴史（20時間）	時代区分と主な出来事	2	中央の主な出来事と、学校周辺の出来事の年表作成	18
	原始時代	2	原始時代とは 学校周辺の原始時代	19
	古墳時代	2	古墳時代とは 学校周辺の古墳時代	20
	万葉時代	4	万葉時代とは 大伴家持について 『万葉集』について 学校周辺の万葉地名	21 22 23 24
	中世時代	2	守山城について	25

学習内容にすれば、学習効果が高められるとも考えた。機械科・電子機械科の専門教科への理解は、両科ではコンピュータ実習を行っているので、コンピュータ実習を理解するために、交通量調査のデータ処理をコンピュータで行う。化学工業科の専門教科への理解は、巡検時に薬品についても説明する。（塩酸を土にかけ泡が出る。この泡は貝殻が溶けた泡。かつてはこの地は海であったことへの実証体験。）土木科の専門教科への理解は、同科で行っている測量・測量実習についても関連することを説明する。

この学習は、表2の指導計画でわかるように、読図・地名・歴史・生活の四つの大単元に分けて行っている。例えば、大単元読図では、地図とは何か、地形図の表現1・2、作業学習などは、室内で行う学習である。そして、その大単元の仕上げとして巡検を行う。巡検は、「地域学習」の中の一ジャンルである（写真1）。前述のように巡検学習は室内学習との相互完了の関係にある重要な学習方法で、地理教育の要である。

そういう意味合いからも大単元の仕上げには、必ず巡検学習を導入している。

5　巡検の実施方法と地理の時間割

二上工業高校の社会科教諭は三名である。地域学習いうなれば巡検学習を行う地理は、二年生で行われている。二年生の地理は三単位なので、二時間で巡検できるコースで実施している。巡検を実施する時は社会科教諭三名のうち二名が必ず付き添いができるように、毎年年度当初に、学校当局にお願いして特別の地理時間割を作成してもらっている。

表3・4のような時間割であれば、巡検を実施する当日が雨でも順延し、他の教科の授業にもまったく影響がない。だから、巡検はいつでも実施できるということである。ちなみに、巡検を雨など天候不良で順延した場合、室内で二時間の地理学習を行う。

表３　平成３年度　社会科の地理時間割

	月						火						水					
	1	2	3	4	5	6	1	2	3	4	5	6	1	2	3	4	5	6
A教諭	32 世史	33 世史		31 世史	35 世史		34 世史	○	○	31 世史		33 世史	32 世史	○	○		35 世史	34 世史
B教諭	21 地	○	○	15 社A		14 社A			12 社A	11 社A	24 地			25 地	25 地		14 社A	
筆　者		23 地	23 地	12 社B		15 社B		22 地	22 地	13 社B		15 社B		○	○	11 社B	12 社B	14 社B

	木						金						土			
	1	2	3	4	5	6	1	2	3	4	5	6	1	2	3	4
A教諭	35 世史	33 世史		13 社A			32 世史	○	○	31 世史		34 世史			13 社A	社会
B教諭		21 地	21 地	15 社A				24 地	24 地		12 社A	11 社A			25 地	社会
筆　者		○	○	23 地			11 社B	○	○	22 地	13 社B				14 社B	社会

＊例えば、32は、３は学年・２はクラスを示す。世史は世界史のこと。社Aは現代社会（経済）のこと。社Bは現代社会（政経・倫理社会）のこと。地は地理のこと。土曜日４限目は社会科部会（教材研究など）。○は巡検時付き添いを示す。３・４限の間に昼休み（昼食時間）がある。

表４　平成４年度　社会科の地理時間割

	月						火						水					
	1	2	3	4	5	6	1	2	3	4	5	6	1	2	3	4	5	6
A教諭		15 現社	14 現社	13 現社	12 現社			15 現社	14 現社		12 現社		12 現社	○	○	11 現社		15 現社
B教諭	34 世史	○	○		35 世史	35 世史		○	○		33 世史	33 世史	35 世史	33 世史			34 世史	34 世史
筆　者		21 地	21 地	24 地				22 地	22 地			21 地		23 地	23 地	13 現社		25 地

	木						金						土			
	1	2	3	4	5	6	1	2	3	4	5	6	1	2	3	4
A教諭	13 現社	○	○	14 現社	15 現社		12 現社	○	○	14 現社		11 現社		社会		
B教諭		11 現社	32 世史		31 世史	31 世史		31 世史	11 現社	32 世史	32 世史			社会		
筆　者		24 地	24 地	13 現社				25 地	25 地		22 地	23 地		社会		

＊例えば、３２は、３は学年・２はクラスを示す。世史は世界史のこと。現社は現代社会のこと。地は地理のこと。土曜日２限目は社会科部会（教材研究など）。○は巡検時付き添いを示す。３・４限の間に昼休み（昼食時間）がある。

巡検を実施する時は、現地で事故のないように安全性を考え、前後に必ず教師が付き添いする。そして役割分担として、前の教師はハンドマイクを使用して説明し、後の教師は巡検学習を終えた後に巡検を振り返って反省に用いるためのスライド用の写真撮影をし、また、怪我に備えて救急箱を持つ（読図巡検の場合は、地図記号を記したカードの提示役も務める。）。

巡検時に用意するものは、教師側は当日の巡検コースのプリント・画板、生徒側はフィールドノート・赤ボールペン・タオル・（動きやすさと汚れをも勘案して）体操服・ズックである。

6　主な巡検の展開例

表5　「歴史」巡検（2）二上山麓地区

学習内容	学習活動	指導上の留意点	思考展開
（集合）		出欠を取る。 巡検コースを説明する。 寺社見学での心得を説明する。	課題
社寺見学により歴史（仏教・神道）と地理との関わり、そして「地域」についても理解させる。	■光台寺へ着く。 ・本堂に入る。 ＊本堂を出て境内にある石造物を見る。 ■金光院に移動。 （周辺の景観を観察しながら移動）	■寺院でのマナーを説明する。 ・光台寺の沿革を説明する。 ・仏像などを説明する。 ・石造物を説明する。 ・金光院の沿革を説明する。 ・光台寺との違いを説明する。	

	・本堂に入る。 ・本堂を出て境内の石造物を見る。 ・周辺の景観を見ながら学校へ向かう。	・仏像などを説明する。 ・金光院の掛け軸・仏像などの秘蔵品や秘仏について（実物）を見ながら説明する。 ・石造物を説明する。	検証
まとめ （解散）	■本時の巡検の要点について答える。	■発問する。 （巡検プリントを回収する）	再構成

表6　「読図」巡検（2）東・西海老坂・守山地区

学習内容	学習活動	指導上の留意点	思考展開
（集合）		出欠を取る。 地図を配布し、巡検コースを説明する。	課題
巡検により総合的な読図学習を理解させる。	①現在地の高さ（二二・三メートル）を地図に記入させる。 ②現在地の高さ（二一・九メートル）を地図に記入させる。竹林記号を地図に記入させる。 ③現在地の高さ（二三・一メートル）を地図に記入させる。	発問	検証

検証		③から④へ移動中、地形確認地図に崖B、谷Cを記入させる。 ④地図に有限会社山口工業の工場の記号を記入させる。 ⑤物部神社と境内のこま犬を地図に記入させる。	
再構成	■発問する。 （巡検地図を回収する）	⑬ ■地図により、本時の巡検の要点について答える。	まとめ （解散）

四　おわりに

新学習指導要領は、生涯学習体系への移行と国際化への社会の変化の対応を掲げ、従来にない大幅な内容の改善がされている。これは、今までの知識中心の地理学習から脱却し、人間の営みを感じさせる地理をめざしており、いかに直接肌で感じる「地域調査」巡検学習が大切であるか述べている内容であると思う。

本稿は、同学習指導要領の趣旨と内容を踏まえ巡検実施の意義と方法を勤務校での実践を例に模索してみた。

新学習指導要領において年間計画の中で「地域調査」の時間を適切に位置づけ確保するようにと示されているから、今後各学校で巡検学習は積極的に実施されると思われる。実施するにあたっては、その学校の実態に即した実施方法が一番望ましいと思う。例えば、二上工業高校では、表2でわかるように、指導時間は六三時間で、二学期の中間考査まで、この学習を実施している。しかし、普通科高校においては、これだけの指導時間は確保できないと思われる。

そういう各学校の実態から、普通科・職業科問わず一つのパターンによる巡検学習が実施できないかということで、平成六年度から地理Bでの野外調査と文献調査の時間を設けた「地域調査」の指導内容をもとに、別の巡検学習を実験的に行っている。その学習とは、学校の実態に即し、生徒達が興味・関心を示す調査項目を選び、実際に生徒達に実演など調査項目を体験させ、その選んだ項目についての専門知識を学び、自らが夏休みなどを利用して調査し、それをまとめる（報告書）というようなパターンである。これであれば、そんなに色々な制約などがなく、普通科・職業科どちらでもわずかな時間で実施できると思う。

二上工業高校では、獅子舞をテーマとして実験的に実践している。二上工業高校は地域の伝統芸能である獅子舞に参加している生徒がかなり多いということから、このテーマを選んだ。平成四年五月二十五日に獅子舞の実演を行い、専門家からも講演をしていただき、夏休みに生徒達が獅子舞について調査して、現在はそれをまとめている最中である。

今後どのように進展していくかわからないが、この例も踏まえ、これからも巡検学習の意義、そして実施方法について、色々な角度から実践研究したいと思っている。

追補

昭和六十三年四月から平成七年三月まで、二上工業高校に勤務した。その間、巡検学習を実践した。主に地理Bの科目において実施していたが、他教科と合同で行うことによって、生徒らの学習意欲がさらに高まるのではないかと、国語科主任の藤井恵美子教諭にお話したところ、国語Ⅰの科目の古典「万葉集」で一年生を対象に合同で行えないかということになった。社会科部会でも検討した結果、一年の現代社会の「地域」についての項目で取り扱おうということとなり、国語科・社会科合同で行うこととなった。

何をテーマに巡検を行うか、何度も合同の打合せ会とそれぞれの科内会を開き、巡検内容を検討した。そして、次のような内容の巡検（万葉巡検）を実施した。

「万葉巡検」について

(1)日程

万葉の地を巡検することによって、集団行動の大切さを学ぶと共に、さまざまな知識の把握にも努め、生涯学習への一助とする。

(2)学年・参加人数

第一学年　五クラス（二〇〇名）

(3)巡検先

高岡市伏木地区（万葉コース）

(4)期日

平成五年七月七日（水）　機械科・電子機械科・化学工業科の三クラス
　　　七月八日（木）　土木科の二クラス

(5)日程

一三時　ＪＲ伏木駅前集合～一三時一五分　越中国守館跡～一三時三〇分　勝興寺～一四時一〇分　伏木神社～一四時三五分　かたかご歌碑～一四時五〇分　越中国分寺跡～一五時一〇分　気多神社・大伴神社～一五時五〇分　万葉歴史館～一七時　現地解散

(6)講演・演題

『越中万葉について』高岡市万葉歴史館研究員　古岡英明先生

(7)引率教諭

引率者数　六名

引率責任者　藤井恵美子、中葉博文

引率者（国語科）　藤井恵美子、城畑正克、広瀬徹
　　（社会科）　中葉博文、高尾直和、松井真一郎

(8)持ち物

小冊子「万葉巡検」、筆記用具、メモ帳

生徒達には、国語科・社会科合同で作成した「万葉巡検」の小冊子を渡し、巡検に臨んだ（写真(2)）。

この合同巡検が一つの契機となり、教師間の教材研究がさらに活発となり、

写真２　巡検のテキスト

写真３　万葉巡検のようす

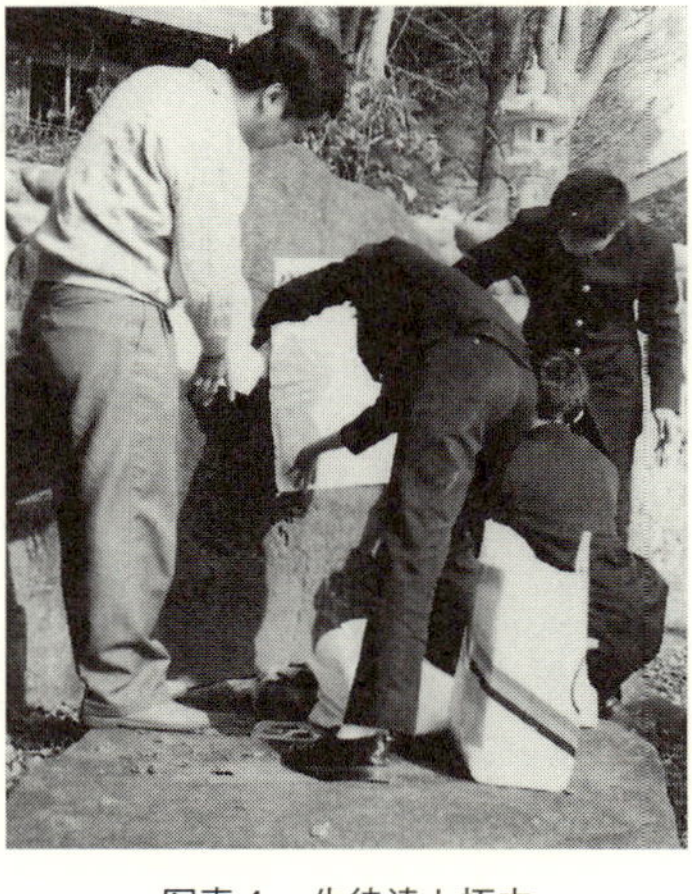

写真４　生徒達と拓本

また、生徒達も今まで以上に学習意欲が高まり、大変良かった。

写真３は、巡検のようすを示す一枚である。写真４は、この「万葉巡検」が学習意欲の発端となり、生徒達の中で「万葉歌碑」を拓本で採ってみたいという生徒があらわれ、何人かの生徒達と「拓本」を採っている時の写真である。

かつて二上工業高校で多くのパターンの巡検学習を実践した。その後、志貴野高校や福岡高校に赴任した折にも同学習を実践した。昨今の高校教育にそのまま同学習が合致するとは思わないが、生徒たちへの学習意欲を高める有効な一学習方法だと、今も確信している。（二上工業高校は、平成二十二年度からは、高岡工芸高校と再編統合となり、平成二十四年三月三十一日をもって閉校となった。）

本稿は、「高校地理教育での巡検学習実施の意義と方法―二上工業高校での実践を例に―」（『富山社会科教育』一二号、富山社会科教育研究会、一九九二年）および「巡検学習の意義とその実施方法について―二上工業高校の万葉巡検を例に」（『巡検研究』第二号、富山巡検研究会、一九九四年）をベースに追加・補訂したものである。

巡検学習について、本稿以外に、今までにいくつかの研究誌や実践報告書などで紹介した。以下、同学習について書き記した論文名などを紹介したい。

「職業高校における地理教育―地域学習の実践例に―」『地域研究』第二三集、高教研地理部会、一九九〇年

「職業科高校の「地域学習」について―巡検を取り入れた実践を例に―」『富山教育』七五九号、富山県教育会、一九九二年

「職業科高校における地域調査実施について―巡検を取り入れた「地域学習」の実践を例に―」『地理月報』三九八号、二宮書店、一九九二年

「新学習指導要領での「地域調査」実施方法について―富山県二上工業高校での実践を例に」『地理の広場』第八二号、全国地理教育研究会、一九九三年

「高校地理教育における「地域調査」実施に関する研究―志貴野高校での巡検を取り入れた「地域調査」の実践を通して」『地理「地域調査」報告　平成十六年度　巡検学習に関する報告書』志貴野高校地歴科、二〇〇五年

「郷土史学習を行って―福岡高校での実践例―」『平成二五年度　郷土史学習に関する報告書』福岡高校地歴科、二〇一四年

初出一覧

第一編　富山の自然・人工地名いろいろ―海・野・山の地名から―

第一章　シマ（島）に関する地名

新稿

第二章　土砂災害に関連する地名―氷見市久目地区を例に―

第三六回北陸三県民俗の会年会研究発表「災害地名について―氷見市久目地区を例に―」研究発表資料（二〇一一年）に補訂

第三章　「山名」の名づけ方について

新稿

第四章　「溜池名」の分類とその特徴について―氷見市を例に―

「氷見市における「溜池名」の分類とその特徴について」（『とやま民俗』第八五号、富山民俗の会、二〇一六年）

第五章　路線バスにおける「バス停名」の命名構造―加越能バス　高岡から氷見方面の路線を例に―

新稿、及び日本民俗学会第六八回年会研究発表「コミュニティバスにおけるバス停名の名づけ方」研究発表資料（二〇一六年）の一部

第六章　コミュニティバスの「バス停名」における名づけ方―氷見市・小矢部市を例に―

新稿、及び日本民俗学会第六八回年会研究発表「コミュニティバスにおけるバス停名の名づけ方」研究発表

第七章　資料（二〇一六年）の一部
「橋（橋梁）名」の名づけ方―庄川・小矢部川に架かる橋を例に―
新稿

第八章　高速道路の「インターチェンジ名・トンネル名・橋名」の名づけ方
―能越自動車道の高岡インターチェンジから七尾インターチェンジ間を例に―
新稿、及び第二六回国際名称科学会議ハンガリー・デブレツェン大会での研究発表「日本の高速道路における「トンネル名」の名づけ方の現況―能越自動車道の富山・石川間のトンネル名を例に」研究発表資料（二〇一七年）の一部

第二編　地名研究からの様々な出会い

我が恩師、池田末則先生
新稿

池田源太先生・高瀬重雄先生から学んだこと―「文質彬彬、然後君子」を説く―
新稿

佐伯安一先生から「学ぶ」―真摯な研究姿勢とお人柄―
「佐伯安一先生から「学ぶ」～真摯な研究姿勢とお人柄」（佐伯安一先生米寿記念文集編集委員会編『常民へのまなざし（佐伯安一先生米寿記念文集）』桂書房、二〇一六年）に一部加筆

誠実なお人柄と海外地名事情のご紹介、鏡味明克先生
新稿

高校地理教育での巡検学習実施の意義と方法―二上工業高校での実践を例に―

「高校地理教育での巡検学習実施の意義と方法―二上工業高校での実践を例に―」（『富山社会科教育』第一二号、富山社会科教育研究会、一九九二年）及び「巡検学習の意義とその実施方法について―二上工業高校の万葉巡検を例に―」（『巡検研究』第二号、富山巡検研究会、一九九四年）に加筆

あとがき

本書は、平成十年六月二十八日発行『北陸地名伝承の研究』、平成二十一年十一月二十五日に発行した『越中富山地名伝承論』に続くもので、いわば私の地名研究における一つの区切りとするものである。

当初、本書は昨年（平成二十八年）の晩秋頃、出版する予定であった。ところが、同年四月、私は少し体調を崩した（今は体調の方は回復している）。このことによって、これまで地名研究を通して出会い、大変お世話になった先生方から受けた「学恩」についてまとめた冊子を定年退職後に出版しようと思っていたが、今書き記そう、今書き記しておかねば書けなくなるかもしれない、そのような心境となり、急遽、項目立てを大幅に修正し、第一編と第二編の項目立てのものとなった。

第一編「富山の自然・人工地名いろいろ—海・野・山の地名から—」は、今までに発表した越中・富山の地名に関する小論を一部補訂したものもあるが、ほとんどが、ここ数年、興味関心を持つ「山名」や「溜池名」あるいは二次的な地名ともいわれる「バス停名」や「高速道路」に関する名称の名づけ方についての新稿を収めた。

第二編「地名研究からの様々な出会い」は、恩師の池田末則先生、高瀬重雄先生をはじめ、池田源太・佐伯安一・鏡味明克の諸先生との想い出を記した。多くの先生方から「学恩」を受けたが、とりわけ、この五人の先生方から得た、学恩や人間として大切な所作や考え方を学んだことは生涯忘れられない。また、私が地名研究をはじめたきっかけから、どのような地名関係の専門書を読み、恩師とどのように出逢い何を学んだか、そして恩師の地名理論（地名伝承学）を理解しながら自ら実践し、その実践の中から得たことは何か、さらに自らの地名研究のテーマの見つけ方、現地調査の仕方、あるいは昨今の地名の保存の意義と継承、日本や外国の地名研究の現状などについても記した。

そしてまた、第二編には、我が地名研究を仕事にも活かす発端となった、二上工業高校での地名を活かした地理の授業（「高校地理教育での巡検学習実施の意義と方法」）の実践例を、一部補訂して収めた。この巡検学習に関する実践例の一編は、その後、私が勤務した志貴野高校や福岡高校で、地歴・公民に関する授業を担当した「地域調査学習」や「郷土史学習」での私自身の「マニュアル的存在」となったものである。

このように、第二編は我が出会い・学び史であり、「我が地名研究史」でもある。これから地名研究を志す人たちの何かの参考になれば幸いである。

本書出版にあたっては、多くの方々から学恩とご支援・ご協力をいただいた。「発刊に寄せて」をお書き下さった今は亡き佐伯安一先生には、本書構想段階から、そして、急遽、大幅な項目変更した時も色々とご教示下さった。先生には数年前から「発刊に寄せて」を依頼していた。先生がお亡くなりになる一か月前に「発刊に寄せて」をいただいた。生前、佐伯先生がお書きになった最後の直筆の原稿かもしれない。佐伯先生には、事前に当初の予定（平成二十八年の晩秋）より出版が遅れることをお伝えしてあった。にもかかわらず、早々、先生自ら車を運転し、近くの郵便局まで車を走らせ、「発刊に寄せて」の原稿を投函して下さったという。後にある人からお聞きした。先生から直筆の原稿を見る度に、涙が溢れてくる。佐伯先生、心から深く感謝の意を申し上げるとともに、哀悼の意を申し上げる次第である。合掌

また、「序」をお書き下さった鏡味明克先生は、今は亡き池田末則先生の次に、私の若かりし頃からの地名研究のようすをご存じの先生である。鏡味先生は、佐伯先生とも学会（日本民俗建築学会）を通して、永らくご交流があった。鏡味先生には、拙著の出版が一年遅れたことにより再度「序」をお書き下さった。（恐縮の極みである。）そして、さらに、第二編で書き記したように、私の学生時代からの大きな「夢」の一つであった国際名称科学会議（ＩＣＯＳ）への出席そして研究発表実現に向けて、多大なるご尽力・ご支援をして下さった。そのおかげで、過日、平成

二十九年八月二十八日から九月一日まで、ハンガリーのデブレツェン大学で開催された第二六回国際名称科学会議（学会）において長年の「夢」の一つがようやく実現した。

会議（学会）期間中、特に鏡味先生の長年のご友人であるベルギー・ルヴェン・カトリック大学のランゲンドンク名誉教授をはじめ、学会事務局のあるスウェーデン・ウプサラ大学のスタッフの方々、中でも色々と心配りをして下さった同大学のステファーン教授や、私の研究発表で司会を担当されたノルウェー・オスロ大学のボトルブゥ教授に

ICOSの生き字引　ベルギー・ルヴェン・カトリック大学のランゲンドンク名誉教授と私（デブレツェン大学本館にて）

スウェーデン・ウプサラ大学のステファーン教授と私（ICOS一日見学会　ハンガリー・トカイにて）

ICOSでの私の研究発表のようす（ハンガリー・デブレツェン大学にて）

は、一角ならぬお世話になった。心から感謝申し上げる次第である。これもひとえに、鏡味先生が、事前に色々とご尽力して下さった賜物である。

今回の国際会議（学会）を通して、世界の多くの研究者とも交流ができ、また、友人もでき、地名研究の奥の深さと素晴らしさを改めて知る機会ともなり、本当に、充実感と達成感に満ち溢れた会議への出席と研究発表となった。

「夢」をもって地道にコツコツと積み重ねて行けば、いずれ、実現するということも、今回のことで再認識することができた。これからも「夢」・「目標」を持って日々精進したいと思う。鏡味先生には、心から深く感謝の意を申し上げる次第である。

次に記す三つの文は、私自身、とても好きな文で、私の心の支えになっている。

「　人生。

最初の三分の一は、あとで世の中の役に立つようなことを習う。

次の三分の一は、世のため、人のために尽くす。

残りの三分の一は、自分で好きなように使う。

きっちり三分の一ずつとはいかないまでも、わたくしは人生をこのような三分割で考えています。

このうちどれが欠けても、この世に送り込まれた理由、価値がないと。　」

「人生においては、いい人との出会いが大きな運をもたらします。自分にどんな才能があっても、それを認めてくれる人、発見して伸ばしてくれる人、それを世の中に広めてくれる人がいなければ埋もれてしまうのです。」

「……、さまざまな人と会い、見て、聞いて、知る。そして、それがただ自分のものにだけなって終わるのではなく、……喜んでくれる人たちがいる。人に尽くしていると、張り合いや、やりがいがあり、飽きることがありません……。」

兼高かおる著『わたくしが旅から学んだこと』（小学館文庫・平成二十五年三月）より

本書は、私の地名研究における一区切り的なものである。しかし、まだまだ日本の地名で解明したいものが数多くある。亡き池田先生や佐伯先生は、死の直前まで好きな研究をなさっていた。私も命の続く限り、好きな地名研究を続けたいと思う。

兼高さんがいう人生において、自分はまだまだ「世のため、人のために尽くす。」段階だと思う。これからも、いい人との出会いと学びを大切に日々精進したいと思う。

本書執筆に際しては、日頃から公私にわたって大変お世話になっている太田久夫、晒谷和子、盛野成信、米田憲三、浅田茂、長尾順子、魚川洋子諸氏らをはじめ、学兄である松尾光、大矢良哲両氏や親友の玉井伸哉君、そして、須山盛彰、米原寛、藤井一二、安カ川恵子、荒井晴美、南部千恵子、菊池浩、浦俊夫、茶山浩二、指崎泰利諸氏らからもご教示、あるいは激励をいただいた。感謝の気持ちでいっぱいである。

また、富山県民生涯学習カレッジの山﨑弘一現学長をはじめ、私が勤務する富山県民生涯学習カレッジ砺波地区センターの中山良一所長、そして職員の方々にも深謝の意を表す次第である。

本書に掲載した写真や資料提供については、古澤尋三、平木文子、西野裕人、敦賀勝行、加治友晃、今村優介、川田文博、中家忠司、寺井康之諸氏や、日本地名学研究所、日本地名研究所、加越能バス株式会社、国土交通省（北陸地方整備局富山河川国道事務所）、富山県庁（農林水産部農村整備課、土木部道路課、河川課）、富山県立図書館、富山県［立山博物館］、となみ野高校、福岡高校、（一社）富山県芸術文化協会、高岡市立中央図書館、高岡市立博物

館、氷見市立図書館、高岡市万葉歴史館、国際名称科学会議事務局（スウェーデン・ウプサラ大学内）、日本民俗学会、富山民俗の会、富山県郷土史会、高岡市役所（市民生活部共創まちづくり課、都市創造部交通政策課）、氷見市役所（建設農林水産部建設課、まちづくり推進部都市計画・コミュニティバスデザイン応援課）、小矢部市役所（生活環境課）、砺波市役所（福祉市民部生活環境課）、射水市役所（市民環境部生活安全課）、七尾市役所（土木課、能越道建設推進室）より、格別のご高配をいただいた。記して厚くお礼申し上げたい。

本書の刊行に際して、近年の出版事情の困難な時期にもかかわらず、上梓をご快諾下さった桂書房の勝山敏一代表に深甚の敬意を表すとともに、お礼申し上げる次第である。

最後に私事にわたって恐縮であるが、私は良き家庭に恵まれていると思う。父（宏）亡き後も母（朝子）、妻（とよみ）、息子（史人）も私の地名研究を静かに見守ってくれている。ここにあらためて深謝したいと思う。

本書を、亡き父（宏）、池田末則先生、そして、池田源太・高瀬重雄・佐伯安一諸先生らに捧げたい。ようやく、亡き父（宏）、池田末則先生との約束が果たせた。感無量である。

平成二十九年十月

自宅書斎にて

中葉博文

中 葉 博 文（なかば ひろふみ）

昭和32年、富山県氷見市に生まれる。

金沢経済大学（現、金沢星陵大学）経済学部経済学科（日本経済史専攻）卒業。

奈良大学文学部史学科（古代史・地名伝承学専攻）卒業。

昭和58年より、富山県立高岡商業高校、二上工業高校、高岡市万葉歴史館、富山県［立山博物館］、富山県立志貴野高校、富山県芸術文化協会、富山県民生涯学習カレッジ砺波地区センター、富山県立保育専門学院、富山県立福岡高校を経て、現在は、富山県立となみ野高校教頭兼富山県民生涯学習カレッジ砺波地区センター副所長。

主な著書に、『地名資料集・志雄の地名概況』（日本地名学研究所、昭和55年）、『氷見市地名の研究』（日本地名学研究所、昭和55年）、『北陸地名伝承の研究』（五月書房、平成10年）、『越中富山地名伝承論』（クレス出版、平成21年）。

その他、『日本全河川ルーツ大辞典』（竹書房、昭和54年）、『日本地名ルーツ辞典』（創拓社、平成４年）、『日本「歴史地名」総覧』（新人物往来社、平成６年）、『日本地名大百科』（小学館、平成８年）、『日本山岳ルーツ大辞典』（竹書房、平成９年）、『大和古代地名辞典』（五月書房、平成10年）、『奈良の地名由来辞典』（東京堂出版、平成20年）等、多数に執筆。

富山 自然・人工地名の探究

2017年11月11日　初版発行

定価 4,000円＋税

著　者　中 葉 博 文
発行者　勝 山 敏 一
発行所　桂 書 房
〒930-0103 富山市北代3683-11
Tel 076-434-4600
Fax 076-434-4617

印　刷／株式会社 すがの印刷
製　本／株式会社 澁谷文泉閣

地方小出版流通センター扱い
ISBN978-4-86627-037-1